AI융합 교육을 위한 수업 설계의 원리와 모형

임철일, 홍수민 편저

교육과학사

머리말

우리는 지금 인공지능(AI)이라는 거대한 기술적 변혁의 풍랑 속에 서 있습니다. AI는 이미 우리 사회 전반에 깊숙이 침투하여 삶의 방식을 근본적으로 변화시키고 있으며, 이러한 변화는 교육 분야에도 예외 없이 새로운 도전과 기회를 제시하고 있습니다. 이제 교육은 단순히 지식을 전달하는 것을 넘어, 학생들이 AI 시대의 복잡한 문제들을 해결하고, 변화에 능동적으로 대처할 수 있는 고차적 사고 역량을 길러주는 방향으로 나아가야 합니다.

이러한 시대적 요구에 발맞추어, 본 서는 고차적 사고 역량과 직간접으로 관련된 인공지능 융합 교육 혹은 AI 융합 교육을 위한 수업 설계의 원리와 모형을 소개하고자 기획되었습니다. AI 융합 교육은 인공지능 관련 지식의 이해와 적용을 기반으로 기존 교과 지식을 통합함으로써, 학생들은 개별 교과 지식에 대한 새로운 관점을 획득할 뿐만 아니라 문제 해결 능력, 데이터 리터러시, 창의적 사고 등의 신장을 목표로 합니다. 이러한 AI 융합 교육의 실제적 구현 과정을 안내하는 다양한 수업 설계 원리와 모형에 관한 연구가 지난 몇 년 사이에 이루어졌습니다. 본 서는 이러한 연구 결과들을 관련 전문가와 교사들이 이해하고 활용할 수 있는 형태로 변환하여 종합적으로 제공하고 있습니다.

이 책은 일반적인 이론적 기반에 대한 설명에 이어서 특정 상황에서 활용할 수 있는 처방적인 수업 모형과 원리를 다루고 있습니다. 크게 다음과 같이 4부로 구성되어 있습니다. 제1부는 AI 융합 교육의 의미와 의의 그리고 이를 구현하기 위한 수업 설계 모형과 원리의 필요성을 소개합니다. AI 융합 교육이 실제로 구현되기 위해서는 특정화된 수업 설계 모형과 원리가 필요하다는 것을 논의하면서, 다양한 유형의

AI 융합 수업을 설계하는 과정을 안내하는 모형과 원리가 '데이터 리터러시 향상', '교과 기반', 그리고' 문제해결력 향상'의 세가지 측면에서 가능하다는 것을 보여줍니다.

제2부는 데이터 리터러시를 위하여 특정한 조건에서 활용 가능한 AI 융합 수업 모형과 원리를 소개합니다. 2장 '데이터 리터러시 향상을 위한 교과 간 AI 융합 수업 설계 모형'은 체계적 수업 설계 차원에서 설계자로서 협력 교사들이 데이터 리터러시 향상을 목표로 교과 간 AI 융합 수업을 설계할 때 따라야 하는 단계들과 설계 원리를 제시하고 있습니다. 3장 '데이터 리터러시 향상을 위한 인공지능 융합 문제해결학습 수업 모형'은 2장의 거시적 설계 모형과는 달리 미시적 모형으로서 실제 수업 과정의 단계와 구체적인 교수 전략을 포함하고 있습니다. 고등학교 수업 상황을 전제로 하고 있으며, 인공지능을 활용하는 데이터 수집과 분석 단계로부터 시작하여 최종 문제해결 및 정리 단계를 구체적으로 제시하고 있습니다. 4장 '데이터 리터러시 향상을 위한 AI 융합 SSI(Socioscientific Issue) 수업 모형 및 교수전략'은 과학 기술 관련 쟁점 (SSI) 수업에 AI를 융합하여 데이터 리터러시를 향상할 때 참고할 수 있는 지침을 제시하고 있습니다. 고등학교 상황에서 적용 가능한 수업 모형과 전략을 소개하고 있습니다. 5장 '데이터 리터러시 향상을 위한 AI 융합 초등 과학 탐구 수업 모형'은 초등학생들을 대상으로 AI와 과학탐구를 융합하여 데이터 리터러시를 향상시키려 할 때 참고할 수 있는 모형과 원리를 소개하고 있습니다. 과학적 탐구 활동 과정에서 학생들이 AI 기술을 비계로 활용하는 구체적인 방법을 다루고 있습니다.

제3부는 개별 교과의 학습 내용이 AI 관점과 지식에 의하여 새롭게 구성될 수 있음을 보여주는 수업 설계 모형과 원리를 제시하고 있습니다. 여기서는 데이터 리터러시 혹은 문제해결력과 같은 고차적 사고보다는 교과 내용이 AI와 융합되어 이루어지는 새로운 교육 방식에 초점을 맞추고 있습니다. 6장 '생성형 AI 챗봇 기반 수학과 인공지능 융합 수업 모형'은 수학 교과의 특정 내용을 학생들이 학습하는 과정에서 AI 챗봇과 상호 작용이 이루어질 수 있는 방법을 제시하고 있습니다. 수학 문제에 대한 생성형 인공 지능의 할루시네이션을 학생들이 해결하는 과정을 안내하는 것에 초점을 맞춘 수업 설계 모형과 원리를 담고 있습니다. 7장 '데이터 기반의 인공지능 융합 초등 사회과 탐구학습을 위한 수업 모형'은 초등학교 사회 교과의 탐구 활동 과정에 데이터 분석을 도입하는데, 이 과정에 인공지능 도구를 이해하고 활용하는 융합 수업이 가능하게 됩니다. 8장 '오개념 교정을 위한 AI 융합 과학 수업 설계 원리'는 과학의 오개념 교정 과정에서 데이터 분석과 추론 과정을 학습자가 주도할 수 있게 하는 수업 원리를 제시하고 있습니다. AI 도구를 활용하는 시각적 자료와 데이터 기반 피드백이 학습자의 과학 관련 오개념을 교정하게 하는 수업이 가능함을 보여주고 있습니다. 9장 '인공지능 융합 영어 읽기 수업 설계 원리 개발'은 영어 읽기 과정에 어떻게 AI 지식이 융합될 수 있는가를 보여주고 있습니다. 영어 읽기 수업을 심화시키는 과정에 AI의 자연어 처리 원리가 어떻게 적용될 수 있는가를 포함하고 있습니다.

제4부는 문제해결력을 목표로 하는 특정한 AI 융합 수업의 모형과 원리를 포함하고 있습니다. 10장 '초등학생 대상 게임 기반 AI 융합교육 모형'은 AI를 활용하는 게임을 개발하는 수업을 게임 기반으로 실행

하는데 참고할 수 있는 모형과 원리를 소개하고 있습니다. 11장 '문제 이해 역량을 위한 창의적 문제해결(CPS) 모형기반 인공지능 융합 수업 모형(AI-CPF)'은 문제 해결 중 문제 이해 단계에서 필요한 역량을 개발하기 위하여 인공지능을 사고의 도구로 활용하는 수업의 모형과 원리를 제시하고 있습니다. 컴퓨팅 사고를 결합한 창의적 문제해결 모형을 기반으로 모형을 개발하였습니다. 12장 '디자인 씽킹 기반 인공지능 챗봇 제작 수업 모형'은 디자인 씽킹이라는 문제해결 과정을 학생들이 실천하는 과정에서 인공지능 챗봇을 개발하는 수업을 위한 모형과 원리를 소개하고 있습니다. 가정과의 합리적 소비 생활 지식 내용을 바탕으로 하고 있다는 점에서 교과 기반의 AI 융합 수업이기도 합니다. 13장 '피지컬 컴퓨팅 도구를 활용한 AI STEM 수업 모형'은 기존의 STEM수업이 AI와 결합하면서 어떻게 AI 융합 수업이 가능한가를 보여주고 있습니다. 이 수업을 통하여 초등 학생들의 컴퓨팅 사고 기반의 문제해결능력의 향상을 기대할 수 있습니다. 14장 '창의적 문제해결을 위한 AI 융합 수업 설계 지원 시스템 개발 모형'은 창의적 문제해결력을 향상시키려는 목적으로 AI 지식과 도구를 활용하는 AI 융합 수업의 설계를 지원하는 시스템 개발 모형을 다루고 있습니다. 앞의 모형과는 구분되게 지원 시스템 개발을 위한 설계 모형이라는 점에서 차이가 있습니다.

이상과 같은 AI 융합 수업의 모형과 원리는 현장의 요구에 비추어 볼 때 일부에 불과하며, 향후에도 다양한 조건과 상황을 반영하는 AI 융합 수업 모형과 원리가 개발될 필요가 있습니다. 본서를 통하여 AI 융합 수업의 실천을 안내하여 주는 지식이 가능하다는 것과 함께 향후 추가적인 모형과 원리의 개발이 필요하다는 것을 확인할 수 있기를 바래 봅니다. 예컨대, AI 윤리 측면을 반영하는 AI 융합 수업을 위한 모형과 원리에 대한 개발이 요구되고 있습니다.

본 서에 수록된 각 장은 활발한 연구를 수행하고 있는 교수설계 전문가와 현장 교사들의 깊이 있는 논의와 연구 결과를 바탕으로 구성되었습니다. 또한 일반적인 설명이나 프로그램을 소개하는 차원에서 벗어나 학교 현장에 바로 적용 가능할 수 있는 처방적인 수업 설계 모형과 구체적인 수업 원리를 담고 있습니다. AI 융합 교육이라는 새로운 길을 모색하는 모든 교육 전문가, 연구자, 그리고 현장의 교사들에게 이 책이 실질적인 지침서이자 영감을 주는 실용적 지식이 되기를 기대합니다.

끝으로 바쁜 연구와 교육 일정 속에서도 귀한 원고를 기꺼이 집필해주신 모든 저자분들께 진심으로 감사드립니다. 또한 본서의 출간을 위해 어려운 출판 여건 속에서도 지원해주신 교육과학사 관계자 여러분께도 깊은 감사를 표합니다.

2025년 12월
대표 편저자
임철일

목 차

머리말 / 3

PART 01 AI 융합 교육과 수업 설계 11

CHAPTER 01 AI 융합 교육을 위한 수업 설계 모형과 원리의 필요성, 실제, 발전 방향 13

PART 02 데이터 리터러시를 위한 AI 융합 수업 모형과 원리 33

CHAPTER 02 데이터 리터러시 향상을 위한 교과 간 AI 융합 수업 설계 모형 35

CHAPTER 03 데이터 리터러시 향상을 위한 인공지능 융합 문제해결학습 수업 모형 59

CHAPTER 04 데이터 리터러시 향상을 위한 AI 융합 SSI (Socioscientific Issue) 수업 모형 및 교수전략 87

CHAPTER 05 데이터 리터러시 향상을 위한 AI 융합 초등 과학 탐구 수업 모형 111

PART 03 교과 기반 AI 융합 수업 모형과 원리 141

CHAPTER 06 생성형 AI 챗봇 기반 수학과 인공지능 융합 수업 모형 143

CHAPTER 07 데이터 기반의 인공지능 융합 초등 사회과 탐구학습을 위한 수업 모형 169

CHAPTER 08 오개념 교정을 위한 AI 융합 과학 수업 설계 원리 199

CHAPTER 09 인공지능 융합 영어 읽기 수업 설계 원리 개발: 자연어처리 원리를 중심으로 225

PART 04 문제해결력을 위한 AI 융합 수업 모형과 원리 251

CHAPTER 10 초등학생 대상 게임 기반 AI 융합 교육 모형 253

CHAPTER 11 문제 이해 역량을 위한 창의적 문제해결(CPS) 모형 기반 인공지능 융합 수업 모형(AI-CPF) 281

CHAPTER 12 디자인 씽킹 기반 인공지능 챗봇 제작 수업 모형 307

CHAPTER 13 피지컬 컴퓨팅 도구를 활용한 AI STEM 수업 모형 335

CHAPTER 14 창의적 문제해결을 위한 AI 융합 수업 설계 지원 시스템 개발 모형 363

찾아보기 / 388

제1부는 AI 융합 교육의 의미와 의의 그리고 이를 구현하기 이한 수업 설계 모형과 원리의 필요성을 소개한다. AI 융합 교육을 AI 활용 교육, AI 이해 교육과 구분하여 설명하면서 그것의 필요성을 인공지능 전환(AX) 시대 대비 측면과 모든 교과에서 AI를 융합하여야 하는 측면에서 다룬다. AI 융합 교육이 실제로 구현되기 위해서는 특정화된 수업 설계 모형과 원리가 필요함을 제시하면서, 다양한 유형의 AI 융합 수업을 설계하는 과정을 안내하는 모형과 원리를 데이터 리터러시 향상, 교과 기반, 그리고 문제해결력 향상의 세 가지 측면에서 가능하다는 것을 보여주면서 향후 발전 방향을 제안한다.

PART 01

AI 융합 교육과 수업 설계

CHAPTER 01 AI 융합 교육을 위한 수업 설계 모형과 원리의 필요성, 실제, 발전 방향

CHAPTER 01

AI 융합 교육을 위한 수업 설계 모형과 원리의 필요성, 실제, 발전 방향

임철일

1. 왜 AI 융합 교육인가?

2025년 현재 생성형 인공지능으로 대변되는 인공지능, AI가 우리 사회 변화를 주도하고 있다. AX(Artificial Intelligence Transformation), 즉 인공지능 전환 현상이 우리 사회의 전 분야에서 일어나고 있다. 정보화, 디지털 전환에 이어 인공지능 전환은 교육에서도 예외는 아니다. 교육 목표와 내용으로서 인공지능을 어떻게 교육과정에 포함할 것인가(AI 이해 교육)를 필두로 해서, 인공지능을 교과의 학습목표를 달성하는 데 어떻게 방법론적으로 활용할 것인가에 대한 관심과 실제가 증가하고 있다(AI 활용 교육). ChatGPT와 같은 생성형 인공지능 기반의 대화형 언어 모델을 활용하여 영어 작문 활동에 도움을 주거나, Brisk Teaching과 같은 크롬 확장 프로그램 기반 AI 도구를 활용하여 교사가 수업 설계, 평가, 피드백 작업을 할 수 있다. 여기에 한 걸음 더 나아가서 AI 이해 교육 목표와 기존 교과 교육 목표를 융합하려는 시도가 이루어지고 있다. 이러한 접근을 앞의 AI 이해 교육 혹은 AI 활용 교육과 구분하여 AI 융합 교육이라고 한다(임철일 외, 2025).

AI 이해 교육, AI 활용 교육, AI 융합 교육은 서로 영향을 주고받으면서 전통적 단일 교과 중심의 현재 교육 체제에 도전을 가하고 있다. 먼저 AI 이해 측면에서 기존 정보, 기술 교과 등에서 기존 컴퓨터 관련 교육 내용을 다루는 것을 벗어나서 다른 교과에서도 AI와 관련된 교육 내용을 포함하려는 시도가 교육과정 개정 차원에서 이루어지고 있다. 2022 개정 교육과정에 따르면 2025년부터 정보, 기술 교과를 벗어나서 모든 교과에서 디지털 리터러시를 다루어야 한다(송미영 외, 2025). 예컨대, 음악 수업을 실행할 때, 음악과 관련된 디지털 지식을 다루어야 하며, 최근 AI의 발전 추세를 고려하여 자연스럽게 음악과 관련된 AI 리터러시(사례: 왜 특정 노래가 특정 시점에 많이 스트리밍이 되는가)를 다룰 수 있다. 이 점은 기존 단일 교과 중심의 교육과정 운영 방식에 큰 변화를 가져오게 될 것이다.

AI 활용 교육 측면은 훨씬 빠르고 다양하게 표준 교과 내용 중심의 교육 체제에 변화를 가져 오고 있다. 2025년 영어, 수학, 정보 수업에서 활용된 AI 디지털 교과서를 통하여 학생의 수준에 따른 맞춤형 수업이 가능하다는 것을 확인할 수 있었다. 1인 교사 중심의 수업 체제에서는 구현하기 힘든 개별화 수업이 실천되고 있다. 예컨대, 초등 수학 수업을 진행할 때 특정 시간에는 학생들이 자신들의 수준에 맞는 연습 문제를 풀고 그에 따른 피드백을 AI 디지털 교과서를 통하여 받고 있다. 또한 ChatGPT와 Gemini와 같은 생성형 인공지능을 통하여 텍스트, 이미지, 동영상 자료의 추가 교육 내용 자료를 교사와 학생들이 활용하면서 수업과 학습에서 많은 도움을 받고 있다. 예컨대, NotebookLM은 자료 기반 AI 노트 작성 프로그램으로서 교사의 문제 작성, 학생의 문서 이해 활동을 지원하고 있다. 이제는 교과 교육을 실행함에 있어서 AI를 제외하고는 생각을 할 수 없을 정도로 자연스럽게 AI가 스며들어 있다.

한편, AI 융합 교육은 AI 이해, AI 활용 교육과는 다르게 본격적으로 단일 교과 중심의 현재 교육 체제에 도전한다. AI 융합 교육은 간단히 말하면 AI의 내용 지식을 고려하면서 원래의 교과 지식을 다루는 교육이다(임철일 외, 2025; 최숙영, 2023). 현재 학교교육의 지배적 형태는 단일 교과 중심의 교육과정(curriculum)에 기반을 두고 있다. 국어, 수학, 과학, 정보, 미술 등 개별 교과의 내용을 중심으로 하는 교육 과정을 표방한다. 이러한 단일 교과 중심 교육 과정의 장점에도 불구하고, 여러 가지 한계가 드러나고 있는데 그에 대한 대안으로 크게 두 가지가 제안되었다. 하나는 역량 중심 교육과정이며, 다른 하나는 융합 교육과정이다. 역량 중심 교육과정은 기존의 교과 중심의 교육과정이 주로 특정 교과의 내용 지식, 즉 사실, 개념, 원리, 절차를 가르치는 데만 집중한다는 문제를 지적한다. 그러면서 문제해결력, 창의력, 의사소통능력, 협업, 공감과 같은 상위 혹은 일반적인 역량을 제대로 다루어야 한다고 주장한다(김용민, 2023). 이는 특히 21세기에 필요로 하는 미래 역량 개발 차원에서 정당화되면서 지금까지 다양한 방식으로 교육 체제에서 시도되고 있다.

역량 중심 교육과정과 유사하면서도 구분되는 성격의 융합 교육과정 시도가 이루어지고 있다. 역량 중심 교육과정이 별도의 역량을 강조한다는 점에서는 단일 교과를 강조하는 교육과정의 한계를 극복하기는 하지만, 교과 간의 융합에 대해서는 특별한 안내를 제공하고 있지는 못하고 있다. 이에 비하여 융합 교육과정은 여러 교과 간의 융합을 강조하고 있는데(Forgaty, 1991) 구체적으로 STEM 혹은 STEAM에 의하여 학교 현장에서 구현되어 오고 있다. 즉, 과학(Science), 기술(Technology), 공학(Engineering), 수학(Mathematics) 그리고 여기에 예술(Art)이 포함된 STEM 혹은 STEAM이 단일 교과 중심의 교육에서 벗어나서 여러 교과들이 융합되어 실제적인 문제를 해결하는 교육으로 실천되고 있다(김영홍, 김진수, 2017).

이러한 융합 교육의 실천 과정에서 지난 몇 년간 국내 교육 현장에 새롭게 시도되고 있는 것으로 AI 융합 교육이 있다(정제영 외, 2023). AI 융합 교육은 기본적으로 AI 이해 교육을 어떻게 할 것인가에 대한 하나의 대안으로 출발하였다. 즉, AI 내용 획득 자체에 초점을 맞춘 AI 이해 교육도 필요하지만, AI가 지니고 있는 의미와 영향력을 볼 때 다른 내용 지식(domain knowledge)과 융합적 측면에서 교육을 실시할 필요가 있는 점이 초기부터 강조되었다. 예컨대, 대부분의 교과는 특정의 데이터를 가지고 있는데, 이를 활용하여 교과 지식을 새롭게 이해하고, 교과 관련 문제를 해결하는 것이 AI가 데이터 기반 학습을 하고 이를 기반으로 추론한다는 지식과 연결될 수 있다(이종원, 2024)(사례: 지리교육과의 인구 데이터를 활용하여 특정 지역의 인구 분포의 특성을 파악하거나, 미래를 예측하는 수업 활동).

이러한 AI 융합 교육이 국내에서 이론적, 실제적 관심을 불러일으키는 데는 지난 2020년 전국의 교육대학원에 AI 융합 교육 전공이 개설된 것이 중요한 영향을 끼쳤다(정제영 외, 2023). 정부의 예산 지원 정책으로 시행된 이 사업으로 인하여 매년 1,000명의 일반 교과 교사들이 대학원에 진학하여 AI 융합 교육이라는 주제로 강좌를 수강하고, 관련 연구를 수행하게 되었다. 2025년 현재까지 대략 5,000명 정도의 교사가 AI 융합 교육에 대하여 공부하였으며, 이는 향후에도 지속될 것으로 보인다. 이 과정에서 자연스럽게 AI 융합 교육의 정의와 실천과 관련된 많은 연구가 수행되었으며, AI 융합 교육 연구 지원센터가 설립되어 관련된 활동을 지원하고 있기도 하다.

한편, 2022년 하반기부터 실천되고 있는 또 하나의 정부 주도 정책, 즉 AIEDAP(AI EDUCATION ALLIANCE & POLICY LAB) 또한 AI 융합 교육 실천에 영향을 주고 있다(임철일, 박철규, 황윤정, 2024). 교사의 AI 이해와 실천 역량 개발을 목표로 수행되고 있는 AIEDAP 사업은 초기 설계 과정의 논의 결과를 바탕으로 교사의 AI 융합 수업 설계 능력 개발을 매우 중요한 원칙과 방향으로 설정하였다. 즉, 자신의 교과 수업에 AI의 내용 측면을 융합하여 수업을 설계하고, 실행하는 역량을 개발하기 위한 교사 연수 프로그램의 운영과 지원 체제의 확보에 집중하고 있다. 2025년 현재 2,800명 정도의 마스터 교원이 이 연수 프로그램을 통하여 AI 융합 수업 설계 훈련을 받았으며, 이를 기반으로 일반 교원들에 대한 다양한 형태의 연수를 향후 실시하게 될 예정이다.

요컨대, AI 융합 교육은 인공지능 전환(AX) 시대를 일찍이 예견하고 학생들을 위한 AI 이해 교육을 모든 교과에서 통합적으로 다룰 필요가 있다는 문제의식에서 출발한 것으로 볼 수 있다. 특히 2022년 말 ChatGPT가 등장하면서 인공지능에 대한 기본적인 이해가 필요로 하는 사회로 전환되면서 교육에서 인공지능에 대한 이해와 활용은 더 이상 선택이 아닌 필수가 되었다. 이 과정에서 정보나 기술 교과에서만 제한하지 않고, 범교과적으로 AI를 융합하여 다루는 방식이 검토되었다. 2020년부터 시행되고 있었던 AI 융합 교육 대학원 석사과정 및 2022년에 시작된 교사의 AI 역량 개발을 위한 AIEDAP 사업은 AI 융합 교육의 이론적, 실제적 관심을 높이는 기폭제 역할을 하였다. 이 과정에서 도구로서 AI를 활용하는 교육과 구분되는 AI 융합 교육의 의미와 가능성이 확인되었다. AI 융합 교육을 대부분의 교과의 모든 교사들을 대상으로 안내하고, 결과적으로 초·중·고 학생들의 교과 수업에 AI 융합 수업이 자연스럽게 이루어지는 목표를 가지게 되었다.

2. AI 융합 교육을 위한 수업 설계 모형과 원리의 필요성

AI 전환 시대에 대비하는 AI 융합 교육의 필요성 확인이 되었다고 해서 AI 융합 교육이 학교 현장에서 쉽게 적용될 수 있는 것은 아니다. 기존 교육 체제에서 익숙한 것이 아니기 때문에 AI 융합 교육이 하나의 실제로 자리를 잡기 위해서는 체계적이며 장기적인 노력이 수반되어야 한다. 2020년 교사를 위한 AI 융합 교육 대학원 과정의 설립, 2022년 교사의 AI 역량 개발을 위한 AIEDAP 사업의 실행 등을 포함하는 제도, 정책, 보상 체계, 교사 연수 프로그램과 관련 자원의 제공 등 다양한 방식들이 총체적으로 움직일 필요가 있다. 이 중에서 매우 중요한 요소로 교사의 AI 수업 설계 및 실행 역량 개발을 위한 연수 프로그램의 제공이 있다.

특정 교과 중심의 교사가 새로운 형태의 AI 융합 수업을 설계 및 실행하기 위해서는 (1) AI의 기본 지식에 대한 이해와 함께 (2) 수업 현장에서 적용할 수 있는 교육 방법론을 획득해야 한다. 이를 위하여 다양한 연수 프로그램이 국가, 지역 교육청, 학교 단위 그리고 각종 연구 단체 등을 통하여 제공되고 있다. 특히 교육 방법론과 관련해서는 두 가지 접근이 가능하다. 하나는 성공적으로 운영된 것으로 보고된 AI 융합 수업 사례를 안내하고, 그대로 반복하거나 약간의 변형을 하여 사용하도록 한다. 예컨대, 노지예와 박광현(2023)은 초등학생을 대상으로 로봇 기반의 SW · AI 융합 교육 프로그램을 개발하였다. 이 프로그램 사례를 연수에서 제시하면 교사들은 이 프로그램을 참고하여 그대로 자신의 수업에 재현하거나 약간 변형을 하여 수업을 진행하게 된다. 이 경우는 별도의 수업 설계 역량은 필요하지 않고, 관련된 사례를 이해하여 자신의 수업에 활용하면 된다. 교육 프로그램 사례 제시 접근은 특정 사례와 동일하게 다른 학생들을 대상으로 이루어진다는 점에서 적용 가능성이 높기는 하지만, 비슷한 조건의 다른 상황에 확대 적용하는 데에는 어려움이 있다. 특정 상황에 적용될 수 있는 일반적인 모형이나 원리를 제시하고 있지 않기 때문이다.

이에 비하여 다른 하나의 접근은 특정화된 상황에서 적용 가능한 수업 설계 모형이나 원리를 사례와 함께 제시하는 것이다. 전유선(2024)은 데이터 리터러시 향상을 위한 AI 융합 SSI(Socioscientific Issue) 수업 모형과 전략을 개발하였다. 이 모형은 과학과 관련된 사회적 딜레마를 대상으로 하는 수업을 AI와 융합하는 방식으로 사례와 함께 제공하고 있다. 따라서 이 모형과 전략 혹은 원리를 사례와 함께 제시하게 되면, 원칙적으로 교사들은 자신의 상황에 따른 수업을 설계하고 적용하게 된다. 즉, 새로운 수업 사례를 설계하여 실행하게 되는 것이다.

특정 상황과 조건에서 활용될 수 있는 수업 설계 모형과 원리 개발은 교육공학적 수업 설계 모형과 원리 접근 차원에서 검토되어 왔다(임철일, 2012; Reigeluth & Honebein, 2020). 많은 상황에 적용 가능한 일반적인 수업 설계 모형과 원리도 나름대로 의의가 있지만, 특정의 상황과 조건에서 활용 가능한 처방적 수업 설계 모형과 원리도 필요하다. 특히 학습의 유형이 다양하다는 조건을 고려하여 학습과제(learning task) 유형에 따른 수업 설계 모형과 원리에 대한 개발이 이루어져 왔다. 개념의 적용, 원리의 적용, 관계의 이해, 창의적 문제해결력, 자기조절학습을 위한 별도의 수업 설계 모형이 개발되었다(임철일, 2012; Reigeluth, & Carr-Chellman, 2009).

특정 상황과 조건에 따른 수업 설계 모형과 원리의 개발 접근은 AI 융합 수업을 위한 설계 모형과 원리 개발에도 적용될 수 있다. 임철일 외(2025)의 연구에서는 AI 융합 교육의 유형을 AI 융합 교육의 목표, AI 내용 요소, AI 융합의 방식에 따라 구분하였다. AI 융합 교육에 관한 연구들을 종합적으로 검토한 결과, AI 융합 교육은 우선 목표가 교과 및 AI 지식에 대한 이해, 적용, 창출인가에 따라서 구분될 수 있다. 또한 AI 융합 교육은 AI 내용 중 '지각, 표현과 추론, 학습, 자연스러운 상호작용, 사회적 영향'(Touretzky et al., 2019)과 같은 내용 중 어디를 다루는가에 따라서 구분될 수 있다. 마지막으로 AI 융합 교육은 융합의 방식에 따라서도 구분된다. 교육과정의 통합 관련 Fogarty(1991)의 틀을 참고하여 주제 연결형 융합, 내용 요소 기준 융합, 중심교과 기준 융합, AI+교과 개발형 융합, 핵심역량 기반 융합의 다섯 가지 융합 방식에 따라서 유형 구분이 가능하다는 것을 보여주었다.

AI 융합 교육이 이렇게 구분될 수 있다면 이를 위한 AI 융합 교육을 위한 수업 설계 모형과 원리도 각 조건과 상황(유형)에 따라서 다르게 개발될 수 있다. 아직까지는 초기 단계이기에 특정 조건과 상황 혹은 유형에 따른 AI 융합 수업을 위한 설계 모형과 원리가 개발되었지만, 향후 다양한 유형에 따른 수업 설계 모형과 원리가 개발될 수 있다. 지난 2023년 이후 국내에서 수행된 대표적인 AI 융합 수업을 위한 설계 모형과 원리에 관한 연구들은 대체로 다음과 같은 세 가지 유형에 속한다. 첫째, AI 융합 교육의 AI 내용 중 학습과 연관된 데이터 리터러시를 대상으로 한 설계 모형과 원리가 개발되었다. AI를 이해하기 위한 가장 기본적인 지식으로 AI가 데이터를 통하여 학습을 한다는 것이다. 따라서 데이터에 대한 이해, 즉 데이터 리터러시는 AI 이해의 기초로서 평가되며, 이를 위한 수업 설계 모형과 원리들에 관한 연구(노동규 외, 2023; 노지영, 2023; 임은선 외, 2024; 전유선, 2024)가 다수 수행되었다.

둘째, AI 융합 교육이 일반 교과를 중심으로 전개되는 현상은 자연스럽게 A 융합 방식 중 특정 교과를 중심으로 AI 융합 방식이 이루어지는 중심 교과 기준 융합에 대한 연구가 다수 수행되는 결과로 나타났다. 즉, 수학과, 사회과, 과학과, 영어과와 같은 특정 교과의 목적 달성을 주로 하면서 AI 내용 지식과 융합을 시도하는 연구가 수행되었다(고보경, 임철일, 신병철, 2024; 김승하, 2025; 전민선, 2025; 서유나, 노지영, 2023). 이러한 현상은 일반 교과 중심의 교육 체제에서 자연스럽게 나타날 수 있으며, 향후에도 지속될 가능성이 있다. 다만, 특정 교과로 한정되지 않고, 다양한 교과에서 시도될 필요가 있다.

셋째, AI 융합 교육의 융합 방식 중 문제 해결력과 같은 핵심 역량 기반 융합에 관한 수업 설계 모형과 원리에 관한 연구가 다수 수행되었다. 이 점은 융합 교육이 본래 문제 해결력의 향상을 염두에 두고, 이를 위한 수업 설계를 고려하였다는 측면에서 나타난 결과이기도 하다. 문제 해결을 위한 활동을 지원하는 융합 방식을 고려한 AI 융합 교육 수업 설계 모형과 원리가 다양한 수준에서 개발되었다(윤지원, 2024; 이다연, 임철일, 2025; 이은서, 2024; 이창권 외, 2024; 정수진, 임철일, 2024).

요컨대, AI 융합 교육이 학교 현장에서 적절하게 실천되기 위해서는 상이한 조건과 상황을 고려한 특정 수업 설계 모형과 원리가 필요하다. AI 융합 교육의 유형에 따른 다양성을 반영하여 특정한 상황에서 수업 설계와 실행을 안내하여 주는 처방적 모형과 원리가 요구된다. 이론적으로 근거가 있고, 현장에서 사용 적합성과 효과성을 검증받은 모형과 원리가 제공됨으로써 각종 교사 연수 프로그램에서 교사들이 안내받고, 이를 토대로 실제 교육 현장에서 창의적으로 설계할 수 있도록 지원해야 한다.

3. AI 융합 수업을 위한 설계 모형과 원리의 실제와 향후 발전 방향

임철일 외(2025)의 연구에서는 2024년 상반기까지의 AI 융합 교육에 관한 학술지 연구를 검토하였는데, 다수가 AI 교육 프로그램의 개발에 관한 것이었다. 이후 AI 융합 교육을 구현하는 것을 도와주는 다수의 수업 설계 모형과 원리에 관한 연구가 학술지 및 학위 논문 형태로 수행되었다. 본서는 이러한 연구 결과를 종합적으로 검토하면서 일종의 안내 및 지침서로 제공한다.

본서에서 AI 융합 수업을 위한 설계 모형과 원리는 크게 세 부분으로 나누어져 소개되고 있다. 제2부는 데이터 리터러시를 위한 AI 융합 수업의 모형과 원리를 담고 있다. 초기 AI 융합 수업은 AI 지식 내용 중 특히 데이터 학습에 관심을 보였다. AI가 데이터 학습을 통하여 그 기능을 보여준다는 점을 이해하기 위하여 데이터 리터러시를 위한 AI 융합 수업에 관한 모형과 원리 개발에 관한 연구가 수행되었다.

제2장은 데이터 리터러시 개발을 위한 교과 간 AI 융합 수업 설계 모형을 제시하고 있다. 데이터 리터러시를 교육의 목표로 설정하여 교과 간 교사가 협업하여 수업을 설계할 때 참고할 수 있는 단계와 절차를 RPISD(Rapid Prototyping to Instructional Systems Design) 모형을 참고하여 개발하였다. 협력교사 협의체 구성, 분석, 설계, 사용성 평가, 개발, 시행, 총괄평가의 단계에 따라서 참여 교사의 역할과 기능을 제시함으로써 데이터 리터러시 개발을 위한 AI 융합 수업의 설계 과정을 실제적으로 안내하고 있다.

제3장은 AI 융합 수업 맥락에서 데이터 리터러시 개발을 위한 문제해결학습 수업 모형을 제시하고 있다. 일반 고등학교 상황에서 적용 가능한 수업 모형을 개발하였는데, 총 7단계로 구성되어 있다. 인공지능을 활용한 데이터 수집 및 분석으로부터 최종 문제해결 및 정리로 이어지는 단계에서 특별히 데이터 관련 활동 시 인공지능 활용을 포함시키고 있다. 그리고 각 단계별로 참고할 수 있는 설계 원리와 상세 전략을 제시하고 있다. 실제 적용 과정에서 드러난 학생들의 디지털 관련 수준 차이, 시간의 제약 등 현실적 문제를 고려하는 발전 방향도 제안하고 있다.

제4장은 과학 기술 관련 쟁점(Socioscientific Issue, 이하 SSI) 수업 상황에서 데이터 리터러시 개발을 위한 AI 융합 수업 모형을 제시하고 있다. SSI 수업에서 데이터에 대한 분석, 공유, 평가가 중요한 요소라는 점에 착안하여, SSI 수업에서 데이터 리터러시를 위한 AI 융합 수업 모형을 개발하였다. 고등학교 과학 수업 맥락에서 적용 가능한 수업 전, 중, 후에 걸친 단계를 제시하였으며, 특히 수업 중에는 SSI 문제 인식, 데이터 분석 및 공유, 실천의 세 가지 하위 단계와 교수 전략과 상세 지침을 통하여 교사의 수업 설계를 안내하고 있다.

제5장은 초등학교 고학년 학생들을 대상으로 실천 가능한 데이터 리터러시를 위한 AI 융합 수업 모형을 제시하고 있다. 초등학생의 조건을 고려할 때 데이터 수집, 처리, 분석, 해석, 표현의 과정에서 인공지능의 융합이 필요하며 이를 반영한 수업 모형을 개발하였다. 과학과 탐구과정의 맥락에서 활용할 수 있는 교수자 수업 준비의 단계로부터 마지막 평가 및 성찰에 이르는 9단계의 모

형으로 구성되어 있으며, 실제 적용 과정을 거치면서 학습 환경 조성 측면에서 개선의 여지가 많이 있음을 밝히고 있다.

제3부는 교과의 주제를 중심으로 하면서 운영되는 AI 융합 수업 모형과 원리를 포함하고 있다. AI 융합 교육이 각 교과 교육과 AI의 융합을 기대하면서 출발하였기 때문에 일반 교과 교사들은 자신의 교과 교육 목표를 우선으로 두고 AI 융합 수업을 실행할 가능성이 많다. 제3부에 속한 수업 모형과 원리들은 이러한 요구를 반영하고 있다.

제6장은 수학 교과의 지식을 획득하는 과정에서 학생들이 생성형 인공지능 챗봇을 활용하는 AI 융합 수업의 모형을 제시하고 있다. 이 모형은 프롬프트 엔지니어링을 통한 AI 출력 및 디버깅 학습을 포함하면서 수학적 개념 학습과 인공지능의 이해를 통한 창의적 문제해결 및 공유 및 피드백 활동을 안내한다. 이 수업 모형의 경우는 특별히 교사의 AI 리터러시 수준이 높아야 하며, 융합 수업 경험이 있는 경우에 효과적으로 적용되는 제한점을 지니고 있다.

제7장은 초등 사회과 탐구 학습에서 AI 융합 수업의 가능성을 보여주는 모형을 제시하고 있다. 데이터 기반 사회과 탐구 수업을 위한 모형은 초기 수업 안내, 탐구학습 준비로부터 시작하여 데이터 탐색 및 문제발견, 데이터 수집, 데이터 분석 및 시각화, 탐구 결론 도출, 산출물 제작 및 공유, 정리 및 평가의 8단계로 구성되어 있다. 또한 문제 발견의 원리를 포함한 7가지 설계 원리와 상세 전략을 포함하고 있다. 앞의 다른 모형에서와 같이 AI 융합 수업이 최적으로 적용되기 위해서는 데이터 분석 도구를 포함하여 사

용자 친화적 디지털 환경의 조성이 필요함을 강조하고 있다.

제8장은 과학 수업에서 오개념 교정을 하는 데 있어서 AI 융합 수업의 가능성을 제시하고 있다. 기존 과학 수업에서는 학생이 수동적으로 따르는 경우가 많았다면, 본 연구의 AI 융합 수업에서는 학습자가 데이터를 분석하고 추론하는 과정을 스스로 주도하면서 과학적 개념을 탐구하고 이해할 수 있게 하는 원리를 제시하고 있다. 본 연구에서 개발된 11개의 설계 원리와 29개의 상세 지침은 수업 환경, 수업 전, 수업 중, 수업 후의 체계적인 구성을 통해 학습자의 선개념 진단부터 과학적 개념의 내면화까지 전 과정을 지원한다.

제9장 영어 읽기 수업에서 AI 융합 수업이 가능하게 하는 원리들을 담고 있다. 제8장과 마찬가지로 별도로 모형 개발은 하지 않고, 기존 영어과에서 기 개발된 읽기 수업 모형 등을 참고하면서 그 모형에서 활용할 수 있는 AI 융합 수업을 위한 원리를 제안하고 있다. 자연어처리(NLP)를 중심으로 한 AI 융합 수업은 영어 학습의 심화를 지원함과 동시에 인공지능 리터러시를 함양할 수 있는 교육적 잠재력을 지니고 있는 점에 주목하여 설계 원리를 개발하였다. 구체적으로 영어 읽기 교육 목표 달성과 인공지능 리터러시 함양을 동시에 지원할 수 있는 설계 원리를 제안하였다.

제4부는 AI 융합 수업이 새롭게 시도되면서 주목을 받은 문제해결력과 같은 핵심 역량 개발을 기반으로 하는 수업 설계 모형과 원리를 포함하고 있다. 원래 융합 교육은 기존의 문제를 새로운 시각 혹은 융합적 시각으로 파악하거나 해결책을 추구하는 차원에서 제안되었다. AI 융합 교육도 이러한 문제의식을 반영하여 문제

해결력의 개발을 중심으로 하는 모형과 원리들을 제시하고 있다.

제10장은 초등학생을 대상으로 문제해결 활동으로서 게임을 개발하는 수업을 게임기반학습으로 진행하면서 AI 융합을 시도할 수 있는 모형과 원리를 제시하고 있다. 학생들은 이 수업에서 인공지능 도구 활용 게임 산출물을 제작하게 되며, 이 과정은 게임 전 과정, 게임 중 과정, 게임 후 과정에 걸쳐서 10단계로 이루어진다. 또한 단계별 설계 원리와 상세 전략이 제공되어 있어 이를 참고하여 초등학교 맥락에서 실천 가능한 수업을 설계할 수 있다.

제11장은 창의적 문제해결 역량 중 특히 초기 문제의 이해 역량에 초점을 맞춘 AI 융합 수업 모형을 제시하고 있다. 이 수업 모형은 기존의 창의적 문제해결 모형을 기반으로 하여 문제 이해 단계에 집중한다. 문제 인식, 데이터 수집, 문제화, 데이터 전처리, 탐색적 데이터 분석, 문제해결전략 수립의 5가지 단계로 구성되어 있으며, 이 과정에 AI 원리와 피드백 및 상호작용 요소가 지속적으로 작용된다. 또한 AI 모델 선정의 원리, AI 윤리 실천의 원리가 각 단계에 활용될 수 있도록 안내한다.

제12장은 중학교 맥락에서 챗봇을 개발하는 문제를 해결하기 위하여 디자인 씽킹 기반의 AI 융합 수업 모형과 원리를 제시하고 있다. 가정과 지식을 적용하여 문제를 개발하는 과정을 안내하는 수업 모형은 도달점 확인, 팀 빌딩, 공감, 문제 인식, 챗봇 서비스 목표 설정, 챗봇 시나리오 개발, 챗봇 제작, 챗봇 제작 발표회로 구성되어 있으며, 각 단계별 설계 원리와 상세 지침이 제공되어 있다. 이 모형을 통하여 학생들은 가정과 지식과 인공지능 챗봇 개발의 융합을 경험하게 되며 결과적으로 문제해결능력을 획득하게 된다.

제13장은 초등학교 맥락에서 AI와 STEM의 융합을 통하여 문제해결능력을 위한 AI 융합 수업 모형과 원리를 제공한다. 본 모형은 인공지능의 개념과 원리에 대한 이해를 토대로 과학, 수학, 기술, 공학, 예술 등 다양한 교과 지식을 연계하여 문제를 해결하는 능력을 목표로 한다. 이 과정에 특별히 피지컬 컴퓨팅 도구를 활용하여 학생들이 추상적 프로그래밍 문법이나 코드 구조 이해에 어려움을 극복하게 한다. 모형은 문제 인식 및 정의, 문제해결 설계 및 실행, 문제 해결 결과 공유 및 평가, 정리 및 실행의 4단계로 구성되어 있다.

제14장은 다른 수업 모형과 달리 창의적 문제해결을 위한 AI 융합 수업 설계 지원 시스템을 개발하는 데 활용할 수 있는 모형을 제시하고 있다. 교사들이 AI 융합 수업을 설계할 때 이를 지원하여 줄 수 있는 시스템을 개발하기 위한 설계 요소, 설계 원리 및 개념 모형을 개발하였다. 이 모형은 크게 분석, 설계, 개발 사용성 평가로 구성되며, 이 중에서 특별히 설계 단계는 인공지능 도구 학습, 문제 발견, 문제 분석, 해결안 도출, 문제 해결, 평가의 과정을 지원하게 되어 있다. 하위 설계 원리를 활용하여 프로토타입 시스템이 개발되었으며, 이후 최종 시스템이 개발되어 현장에서 활용되고 있다.

이상과 같이 다양한 상황과 조건을 반영하는 AI 융합 수업을 위한 모형과 원리가 개발되어 있음에도 불구하고, AI 융합 교육의 다양한 유형에 비추어 볼 때 아직도 개발이 요구되는 모형과 원리가 많이 남아 있다. AI 지식 내용으로 기계 학습과 연결되는 데이터 리터러시에 관한 AI 수업 모형의 개발이 시도되었으나, 다른 AI 지식 내용 예컨대, 인식, 추론, 인간과의 상호작용, 인공지능의 사회적 영향을 고려한 AI 융합 수업 모형은 아직은 충분히 개발되어 있지 못하다. 또한 중심 교과 기준 융합에 있어서도 특정 교과의 중심으로 많이 시도되고 있으나, 다른 교과 예컨대 국어, 역사, 음악, 미술, 체육 등에서도 가능한 시도들이 이루어질 필요가 있다.

AI 융합 수업이 구현되는 과정에서 무엇보다도 설계개발연구 방법론(임철일 외, 2024)을 활용함으로써 현장의 특정화된 상황과 조건에 맞는 모형과 원리의 개발이 요구된다. 이를 위해서는 관련된 선행 연구를 참고하는 이론적 검토와 함께 현장 전문가들의 의견을 반영하는 내적 타당화 과정이 필수적이다. 특별히 앞에서 제시한 수업 모형에 관한 연구 결과에서 밝혀졌듯이 AI 융합 수업이 구현되는 과정에서 참여하는 초등, 중등 학습자들의 특성(예컨대, 디지털 리터러시의 수준)을 적절하게 반영해야 하는 것이 필요하다. 일반적인 평균적인 학습자를 전제하기보다는 다른 수준의 학습자를 고려한 맞춤형 수업 모형과 원리의 개발이 요구된다. 또한 현장 전문가 검토를 거치면서 AI 융합 수업의 전제 조건인 디지털 환경의 구축이 확보될 수 있는가를 확인하여 보다 실제적인 수업 모형과 원리를 개발할 필요가 있다. 이론적으로 최적화된 모형이지만, 현장 환경이 이를 지원해 줄 수 없다면 모형의 실제성이 떨어지기 때문이다.

마지막으로 현재 제시된 AI 융합 수업을 위한 모형과 원리는 기본적으로 특정화된 조건과 상황을 반영하면서 개발된 것이다. 또한 현장 검증을 거치면서 일정한 효과성을 가지는 것으로 확인되었다. 그럼에도 불구하고 제안된 수업 모형과 원리들은 여전히 개선될 가능성이 남아 있다. 수업 모형과 원리가 개별적인 수준이 아니라 총체적이기 때문에 개별 요소들이나 원리들이 개선될 수가 있다. 제안된 수업 모형과 원리를 적용하여 수업을 설계하고 적용하는 시도를 반복적으로 실시하면서(모형 사용 연구) 모형의 개선점을 찾는 시도도 이루어질 필요가 있다.

‖ 참고 문헌 ‖

김영흥, 김진수 (2017). 국내 STEAM 교육 연구 논문의 현황 분석. 대한공업교육학회지, 42(1), 140-159.

김용민 (2023). 역량 중심 교육과정의 역할에 대한 고찰 -2015 개정 및 2022 개정 교육과정을 중심으로-. 열린교육연구, 31(6), 1-21.

송미영, 신안나, 남민우, 권영락, 양윤정 (2025). 2022 개정 초 · 중학교 교과 교육과정의 디지털 미디어 리터러시 교육 내용 탐색을 위한 키워드 네트워크 분석. 교육과정평가연구, 28(1), 47-73. DOI: https://doi.org/10.29221/jce.2025.28.1.47

이종원 (2024). AI는 지리 교수학습을 어떻게 바꿔놓을 것인가?-지리탐구를 중심으로. 지리교육논집, 68(1), 45-62. https://journal.geoedu.or.kr

임철일 (2012). 교수설계 이론과 모형(2판). 교육과학사.

임철일, 이다연, 이진연, 한옥결, 고보경, 홍수민, 임은선, 채지윤 (2024). 교수설계 연구를 위한 설계 · 개발연구 방법론. 교육과학사.

임철일, 한옥결, 채지윤, 홍수민, 고보경, 임은선 (2025). 인공지능 융합 교육 연구 동향과 발전 방향. 교육공학연구, 41(1), 363-395.

정제영, 김갑수, 박보람, 박휴용, 이선복, 전우천, 정영식, 조헌국, 최숙영, 하민수 (2023). AI융합교육개론. 박영스토리.

최숙영 (2023). AI 융합 교육의 이해와 해결 과제에 대한 고찰. 산업융합연구, 21(1), 147-157.

Fogarty, R. (1991). *How to Integrate the Curricula.* IRI/Skylight Publishing.

Touretzky, D., Gardner-McCune, C., Martin, F., & Seehorn, D. (2019, July). Envisioning AI for K-12: What should every child know about AI?. In *Proceedings of the AAAI conference on artificial intelligence* (Vol. 33, No. 01, pp. 9795-9799).

Reigeluth, C. M., & Honebein, P. (2020). The instructional theory framework appears lost. Isn't it time we find it again?. *Revista de Educación a Distancia (RED), 20*(64).

Reigeluth, C. M., & Carr-Chellman, A. A. (Eds.). (2009). *Instructional-design theories and models, volume III: Building a common knowledge base* (Vol. 3). Routledge.

최근 교육 현장에서는 데이터 중심의 사고력과 문제해결력을 함양하기 위한 데이터 리터러시 교육의 중요성이 강조되고 있다. 특히 인공지능 기술이 빠르게 발전하면서, 학생들이 데이터를 분석·해석하고 이를 바탕으로 합리적인 의사결정을 내릴 수 있는 능력은 미래 핵심 역량으로 부상하고 있다. 이러한 흐름 속에서 AI와 데이터 리터러시를 융합한 교육은 단순한 기술 활용을 넘어, 학습자가 데이터에 기반하여 사고하고 사회적 문제를 해결하는 통합적 사고력을 기르는 데 중요한 역할을 한다. 제2부에서는 데이터 리터러시 함양을 목표로 하는 AI 융합 수업의 모형들과 실제 적용 결과를 다룬다. 먼저 데이터 리터러시 향상을 위해 여러 교과가 협력하여 하나의 수업을 만들어 내기 위한 교과 간 수업 설계 모형의 개발 사례를 다루고, 다음으로 데이터 리터러시 향상을 목표로 하되 문제해결학습에 초점을 맞춘 수업 모형의 사례를 확인한다. 이어서 데이터 리터러시 향상을 위해 SSI(Sociosientific Issue)를 중심으로 전개되는 수업을 위한 모형과 교수전략 사례를 확인한다. 마지막으로, 초등 과학 탐구 맥락에서 데이터 리터러시를 함양하기 위한 AI 융합 수업 모형을 제시함으로써, 탐구 과정 전반에서 데이터 활용 역량을 체계적으로 기르는 방안을 살펴본다.

PART 02

데이터 리터러시를 위한 AI 융합 수업 모형과 원리

CHAPTER 02 데이터 리터러시 향상을 위한 교과 간 AI 융합 수업 설계 모형

CHAPTER 03 데이터 리터러시 향상을 위한 인공지능 융합 문제해결학습 수업 모형

CHAPTER 04 데이터 리터러시 향상을 위한 AI 융합 SSI (Socioscientific Issue) 수업 모형 및 교수전략

CHAPTER 05 데이터 리터러시 향상을 위한 AI 융합 초등 과학 탐구 수업 모형

CHAPTER 02

데이터 리터러시 향상을 위한 교과 간 AI 융합 수업 설계 모형[1)]

임은선

1. 모형 개발의 배경과 필요성

1) 실제적 요구

미래 사회의 교육은 개별 학문 지식의 축적보다 필요한 정보를 다양한 수준에서 스스로 수집·해석·활용하는 역량을 중시한다. 이에 따라 학교 현장에서는 단일 교과 중심에서 벗어나, 전통적 교과 체계와 다른 융합적 접근을 도입하려는 시도가 지속되고 있다(이병규 외, 2021). 이러한 흐름 속에서 2015 개정 교육과정은 창의융합형 인재 양성을 강조하며 STEM 기반의 융합 교육을 주요 과제로 제시했고, 실제 학교 현장에서도 이를 실현하기 위한 교과 간 융합 수업의 필요성이 제기되었다(류은수, 오현아, 2019). 한편 2022 개정 교육과정은 모든 교과에서의 AI 역량 함양을 명시적으로 강조하면서, 여러 융합 유형 가운데 특히 'AI 융합 교육'의 중요성을 부각시킨다. 여기서 AI 융합 교육이란 AI의 핵심 개념과 원리에 대한 이해를 바탕으로 타 교과와의 결합을 통해 교과 문제를 해결하고 새로운 가치를 창출하는 수업을 의미한다(최숙영, 2023).

1) 본 장의 내용은 임은선 외(2024)의 논문을 보완하여 작성되었다.

다만 정보 교과와 같은 AI 관련 교과의 제한된 시수만으로는 충분한 학습 경험을 제공하기 어려워, 정보 이외의 교과와의 실질적 연계가 필수적으로 요구된다(임다미 외, 2022). 이처럼 AI에 대한 이해를 토대로 여러 교과 내용을 연계하는 수업을 '교과 간 AI 융합 교육'이라고 정의한다(경기도교육청, 2023.07.14.).

교과 간 AI 융합 교육의 핵심 목표 중 하나는 데이터 리터러시이다. 데이터 리터러시는 데이터를 읽고 쓰는 능력을 뜻하며(조예진, 김철, 2023), 학교 교육에서 AI가 기초 소양으로 부상함에 따라 중요성이 더욱 커졌다. 교육부·한국과학창의재단의 AI 교육과정에서도 데이터 요소가 핵심 축을 이룸을 확인할 수 있으며(임다미 외, 2022), 중학교 목표 수준에서는 데이터가 AI 발전의 원동력으로 규정되고 학생의 가치 이해가 요구된다(조예진, 김철, 2023). 국제 프레임워크 역시 같은 방향성을 보인다. 미국 AI4K12는 인식, 표현·추론, 학습, 자연스러운 상호작용, 사회적 영향의 5요소를 제시하고, 캐나다의 ACTUA(2020)는 여기에 데이터를 추가해 데이터 이해가 AI 기초 이해에 필수적임을 강조한다. 더 나아가 STEAM 융합 수업이 데이터 리터러시 향상에 긍정적 효과를 갖는다는 증거도 제시된다(Wolff et al., 2019).

그러나 교과 간 AI 융합 수업은 현장에서 활발히 확산되지 못하는 현실적 제약에 직면해 있다. 과학과처럼 비교적 융합이 활발한 영역에서도 교사들은 필요성에는 공감하지만 실행에는 소극적인 경향이 보고되며(송신철 외, 2012), 타 교과에서는 그 난도가 더욱 높다. 대표적 문제로는 융합 교과 내용이 단순 병렬 배치에 머무르는 설계, 교사 간 협력의 어려움(정민주, 2015), 그리고 테크놀로지를 도구로만 쓰던 과거와 달리 AI의 원리・개념 자체가 학습 내용이 되는 특성에 따른 진입장벽이 지적된다(최정원 외, 2022). 또한 현장 교사가 참조할 구체적・체계적 설계 절차와 검증된 사례가 부족하다는 점도 반복적으로 제기된다(류은수, 오현아, 2019). 현재 제공되는 자료 역시 정보 교과 혹은 STEAM 모형 편중 경향이 강해(이준행 외, 2021), 다른 교과 교사가 데이터 리터러시 중심의 교과 간 AI 융합 수업을 설계할 때 활용할 실질적 가이드가 부족한 실정이다. 이러한 공백을 메우기 위해 본 모형은 데이터 리터러시 향상을 목표로 한 교과 간 AI 융합 수업 설계를 위한 구체적 단계를 제시하고 문헌 분석-전문가 타당화-현장 적용을 통해 타당성을 검증하고자 한다. 본 모형은 현장 교사의 설계・개발・실행을 절차적으로 안내하고, 교과 간 협력 구조와 데이터・AI 특화 요소를 통합함으로써 실행 가능하고 개선 가능한 설계 틀을 제공하는 데 목적이 있다.

2) 이론적 배경

데이터 리터러시는 수치나 값 등의 데이터와 문해 능력을 의미하는 리터러시가 결합한 단어로, 데이터를 읽고 쓸 수 있는 능력을 의미한다(조예진, 김철, 2023). AI 시대의 교육이 데이터에서 시작하는 이유는 AI는 사람과 환경에서 생성된 방대한 데이터를 바탕으로 패턴을 학습하고, 그 패턴을 활용해 분류하거나 예측하기 때문이다. 따라서 데이터의 질과 양, 수집・가공 과정의 투명성, 그리고 숨겨진 편향까지가 AI의 성능과 윤리에 직접적인 영향을 준다. AI를 이해하고 현명하게 활용하려면, 먼저 데이터를 이해해야 한다. 데이터는 AI의 '연료'이자 '언어'이며, 동시에 사회적 합의와 규범이 작동해야 하는 '공공재'이기도 하다.

캐나다의 ACTUA(2020)에서는 AI 교육 프레임워크로 데이터, 인식, 표현 및 추론, 학습, 자연스러운 상호작용, 사회적 영향과 같은 6가지 요소를 제시하고 있다. 그중 데이터에 대한 내용을 살펴보면 데이터와 관련해 이해(understanding), 탐구(investigations), 교육과정 연계(curriculum connections), 수준에 따른 진행 단계(progression), 적용 영역(applications)과 같은 범주에서 데이터 교육이 가능함을 제시한다. 먼저 이해와 관련하여 학생들은 데이터에 대한 이해, 데이터가 AI와 어떻게 연결되는지에 대해 배울 수 있다. 데이터와 관련해서 데이터란 무엇이며 사람들은 그것을 어떻게 사용하는지, 일상생활에서 사용되는 데이터에는 어떤 유형이 있는지, 데이터는 직업 세계와 사회에서 어떤 방식으로 적용되는지 등의 질문을 활용해 학생들과 탐구 활동을 할 수 있다. 또한 수학, 과학, 사회 등의 교과 교육과정과 연계가 가능하며, 학생들의 수준에 따라 다양한 방식으로 수준을 적용해 볼 수도 있다.

〈표 2-1〉 Actua의 인공지능(AI) 교육 프레임워크 중 Data에 대한 설명(Actua, 2020)

Theme	Data
이해(Understanding)	• 데이터에 대한 이해 및 인공지능(AI)과의 연계
탐구(Investigations)	• 데이터란 무엇이며, 인간은 이를 어떻게 사용하는가? • 일상생활에서 사용되는 데이터의 유형은 무엇인가? • 데이터는 직업과 사회에서 어떤 방식으로 활용되는가?

<table>
<tr><th colspan="2">Theme</th><th>Data</th></tr>
<tr><td colspan="2">교육과정 연계
(Curriculum Connections)</td><td>• 수학: 질적 · 양적 데이터
• 과학/융합: 데이터 수집, AI의 활용
(예: STEM 진로 및 연구)
• 사회: 의사결정과 추론</td></tr>
<tr><td rowspan="4">단계
(Progression)</td><td>초급/입문
(Novice/Entry)</td><td>• 기초 데이터/정체성 데이터</td></tr>
<tr><td>수습
(Apprentice)</td><td>• 데이터 출처/유형; 데이터셋 생성; 데이터 해석</td></tr>
<tr><td>숙련
(Practitioner)</td><td>• 추론적 분석: 범주형 데이터 vs. 수치형 데이터</td></tr>
<tr><td>전문가(Expert)</td><td>• 데이터 과학을 적용해 실제 문제 해결</td></tr>
<tr><td colspan="2">적용(Applications)</td><td>• 인식(Recognition)
• 예측 분석(Predictive Analytics)
• 이상 탐지 및 패턴 인식(Anomaly Detection & Pattern Recognition)</td></tr>
</table>

2. 모형 개발 과정

본 모형은 Richey와 Klein(2007)이 제안한 설계 · 개발연구 방법 중 유형 2(모형 연구) 방법론에 따라 개발되었다. 모형 연구는 모형의 핵심 구성요소와 포괄적 구조를 제시하고, 내적 및 외적 타당화 절차를 통해 타당성을 확보하는 데 초점을 둔다(Richey & Klein, 2007). 모형 개발 절차는 〈표 2-2〉와 같다. 첫째, 선행연구 분석을 통해 초기 모형을 도출하였다. 둘째, 내적 타당화 단계에서 전문가 4인을 대상으로 두 차례의 타당화 과정을 수행하고, 그 결과를 반영해 초기 모형을 수정 및 보완하였다. 셋째, 외적 타당화 단계에서는 서울 소재 B중학교에서 국어 교사와 정보 교사가 1학년

1개 학급을 대상으로 모형을 직접 적용해 보고, 교사와 학습자를 대상으로 설문과 면담을 실시하였다.

〈표 2-2〉 모형 개발 절차

모형 개발 절차		세부 절차	산출물
모형 개발	선행문헌 검토	• 초기 모형 개발	초기 모형
모형 타당화 (내적 타당화)	1차 전문가 타당화	• 초기 모형에 대한 전문가 타당화 • 초기 모형 수정	2차 모형
	2차 전문가 타당화	• 2차 모형에 대한 전문가 타당화 • 2차 모형 수정	3차 모형
모형 타당화 (외적 타당화)	현장 적용	• 현장 적용(교사 2명, 학생 28명) • 교사 면담 • 학생 면담	교사 및 학생 반응
	반응 분석	• 교사 및 학생 반응 분석 • 데이터 리터러시 역량 사전, 사후 평가	최종 모형

1) 선행 문헌 분석을 통한 초기 모형 도출

먼저 초기 모형 도출을 위해 학술지 논문, 정부 및 유관기관 보고서를 전체적으로 검토하였다. 학술 문헌 검색 시에는 Google Scholar(http://scholar.google.co.kr)와 Web of Science(http://webofscience.com)를 활용하였다. '교과 간 융합 수업', 'AI 융합 수업', '데이터 리터러시', '인공지능 교육', '수업 설계' 등을 핵심 검색어로 설정하여 관련 자료를 수집하였다. 수집된 문헌을 분석한 결과를 토대로 교과 간 AI 융합 수업을 위한 데이터 리터러시 향상 초기 모형을 구성하였다.

본 모형 개발 과정에서 활용한 이상의 학술 검색 사이트 이외에도 국내 문헌의 경우에는 RISS(https://www.riss.kr), KCI(https://www.kci.go.kr), KISS(https://kiss.kstudy.com) 등의 데이터베이스를 활용할 수 있으며, 해외 문헌의 경우에는 SCOPUS(https://www.scopus.com), ERIC(https://eric.ed.gov) 등의 데이터베이스를 활용할 수 있다.

선정된 키워드로 선행연구를 수집・검토한 결과, 데이터 리터러시 향상을 위한 수업 모형 중 설계 과정이 명시된 모형은 부재함을 확인하여, 관련성이 높은 교과별 교수・학습 모형의 핵심 단계를 분석하였다. 이를 바탕으로 RPISD 모형(임철일, 연은경, 2006)과 개선된 PRISD 모형(임철일 외, 2020; 임은선 외, 2023)을 참조해, 교사가 설계자로서 학습자 데이터 리터러시 수준과 교과/AI 전문가 의견을 반복적으로 반영하는 초기 모형을 도출하였다([그림 2-1]). 초기 모형은 분석-설계-사용성 평가-개발-실행-총괄평가의 6단계로 구성되며, 분석(교육과정・선행연구/사례・학습자・환경) 결과를 바탕으로 설계(융합 방식・목표・내용/방법・평가)를 구체화한다. 개발에서는 교수매체・수업자료・평가도구를 마련하고, 현장 적용(실행) 후 교사/전문가의 사용성 평가를 반복하여 수업을 개선한다. 마지막으로 총괄평가를 통해 효과와 개선점을 도출하고, 그 결과를 차기 설계를 위한 분석 자료로 환류한다.

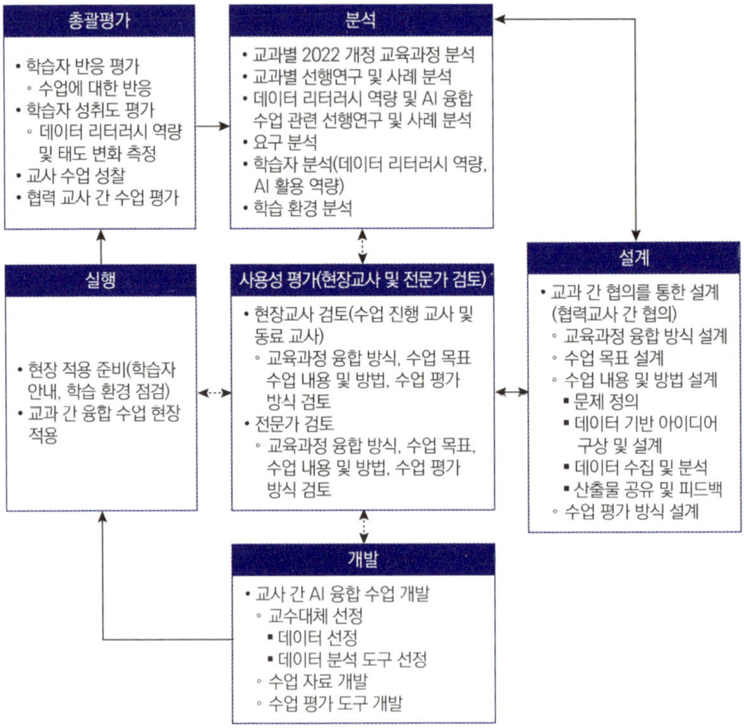

[그림 2-1] 데이터 리터러시 향상을 위한 교과 간 AI 융합 수업 설계 모형(초기안)

2) 내적 타당화

다음으로 초기 모형의 내적 타당도 검증을 위해서 전문가 4인을 대상으로 총 두 차례의 전문가 타당화를 진행하였다. Leshin과 동료들(1992)의 권고에 따라 최소 1인의 교수설계 전문가와 1인의 내용전문가를 포함하도록 표집하였으며, 본 모형 개발 과정은 교육공학 전공 교수 1인(교수설계 전문가)과 AI 융합 수업 경험을 보유한 중등 교사 3인(내용전문가)으로 패널을 구성했다. 또한 다양한 관점을 반영하기 위해 여러 전공 배경의 교사를 포함하도록 선정 기준을 확장하였다(Richey, 2005). 타당화 도구는 Likert 5점 척도의 선택형 문항과 자유 서술식의 개방형 문항으로 구성되었으며, 선택형 문항은 모형의 설명력, 타당성, 적절성, 보편성, 이해도 등을 평가하도록 설계하였다. 수집된 평가는 신뢰성 확보를 위해 평균과 표준편차를 산출하고, 내용타당도 지수(CVI)와 평가자 간 일치도(IRA)를 계산했으며, 개방형 응답은 질적으로 분석하였다.

〈표 2-3〉 전문가 타당화 참여자 특성

구분	직업	경력	전공 분야	최종 학력
A	교수	18년	교육공학	박사
B	중등학교 교사	9년	국어교육	학사
C	중등학교 교사	8년	정보교육	학사
D	중등학교 교사	2년	물리교육	학사

초기 모형의 내적 타당화 결과는 〈표 2-4〉와 같다. 1차 검토에서 설명력, 적절성, 보편성은 각각 평균 4.25로 비교적 높게 평가되었으나, 타당성과 이해도는 각각 3.75로 낮아 보완이 필요한 것으로 나타났다. 더불어 내용타당도지수(CVI)와 평가자 간 일치도(IRA)가 모두 1.00에 미달해 모형 수정의 필요성이 확인되었다. 개방형 문항 분석 결과, 피드백은 모형의 전반적 방향과 세부 절차 개선으로 구분되었으며, 전자와 관련해서는 설문 도입부에 모형의 의미와 이론적 근거를 강화해 이해를 돕자는 의견이 제시되었다. 세부 절차 측면에서는 수업 방법을 보다 구체적으로 제시할 필요가 있다는 지적이 있었고, 이에 따라 분석 단계에 앞서 '협력 교사 간 협의체 구성' 단계를 신설하여 협의 기반의 수업 설계를

강조하였다. 이러한 수정 사항을 반영해 2차 모형을 도출하였다. 1차 타당화에 참여했던 동일 전문가들이 2차 모형 검토에도 참여하였다. 그 결과, 설명력 · 타당성 · 적절성 · 보편성 · 이해도 등 모든 항목에서 타당성이 확보되었으며, CVI와 IRA 역시 기준값인 1.00을 충족했다(〈표 2-4〉 참고). 개방형 문항에서도 추가 수정 의견은 제기되지 않았다.

〈표 2-4〉 전문가 타당화 결과

<table>
<tr><th rowspan="2">영역</th><th rowspan="2">문항</th><th colspan="3">1차 전문가 타당화</th><th colspan="3">2차 전문가 타당화</th></tr>
<tr><th>평균</th><th>CVI</th><th>IRA</th><th>평균</th><th>CVI</th><th>IRA</th></tr>
<tr><td>설명력</td><td>본 모형은 데이터 리터러시 향상과 관련한 내용으로 구성된 AI 융합 수업을 설계하는 데 필요한 과정을 잘 설명하고 있다.</td><td>4.25</td><td>1.00</td><td rowspan="5">0.60</td><td>4.75</td><td>1.00</td><td rowspan="5">1.00</td></tr>
<tr><td>타당성</td><td>본 모형은 데이터 리터러시 향상과 관련한 내용으로 구성된 AI 융합 수업을 실행하는 데 있어 참고할 수 있는 모형으로 타당하다.</td><td>3.75</td><td>0.75</td><td>4.75</td><td>1.00</td></tr>
<tr><td>적절성</td><td>본 모형은 데이터 리터러시 향상과 관련한 내용으로 구성된 AI 융합 수업을 실행하는 데 있어 유용하게 활용될 수 있다.</td><td>4.25</td><td>1.00</td><td>5.00</td><td>1.00</td></tr>
<tr><td>보편성</td><td>본 모형은 데이터 리터러시 향상과 관련한 내용으로 구성된 AI 융합 수업을 실행하는 데 있어 보편적으로 활용할 수 있다.</td><td>4.25</td><td>1.00</td><td>5.00</td><td>1.00</td></tr>
<tr><td>이해도</td><td>본 모형은 데이터 리터러시 향상과 관련한 내용으로 구성된 AI 융합 수업을 이해하기 쉽게 표현하고 있다.</td><td>3.75</td><td>0.75</td><td>4.75</td><td>1.00</td></tr>
</table>

3) 외적 타당화

마지막으로 외적 타당성 검증을 위해, 2차례의 전문가 타당화 결과로 정제된 3차 모형을 실제 수업에 적용하였다. 서울 소재 B중학교 1학년을 대상으로 국어와 정보 교사 각 1명과 학습자 28명이 참여했으며, 수업 적용 후 교사·학생 대상 설문과 면담을 통해 반응을 수집하였다. 설문은 5점 Likert 척도의 만족도 설문과 효과성 평가로 구성되었다. 만족도는 송유경 외(2021)가 개발한 도구(〈표 2-5〉 참고)를 사용하였다. 효과성 평가는 임철일 외(2022)의 데이터 리터러시 평가 문항을 모형 개발 목적 및 맥락에 맞게 일부 수정하여 활용하였다(〈표 2-6〉 참고). 외적 타당화 결과는 "3. 모형의 구성과 특징" 파트에서 확인할 수 있다.

〈표 2-5〉 만족도 설문 문항(송유경 외, 2021; 재구성)

문항	측정 방법
나는 데이터 리터러시 향상을 위한 교과 간 AI 융합 수업 활동 전체의 과정에 적극적으로 참여하였다.	5점 리커트 척도
나는 이번 데이터 리터러시 향상을 위한 교과 간 AI 융합 수업에 전반적으로 만족한다.	5점 리커트 척도
이번 수업과 관련하여 장점, 개선점, 느낀 점 등 다양한 의견을 들려주세요.	개방형

〈표 2-6〉 데이터 리터러시 효과성 평가 문항(임철일 외, 2022; 재구성)

영역	문항	측정방법
데이터 준비	• 나는 데이터로부터 확인하고 싶은 내용을 문장으로 나타내어 데이터 분석의 목표를 세울 수 있다. • 나는 데이터를 분석하기 위한 계획을 세울 수 있다.	5점 리커트 척도

영역	문항	측정방법
	• 나는 계획에 따라 필요한 데이터를 탐색할 수 있다. • 나는 적절한 형태의 데이터를 찾아 모을 수 있다.	
데이터 탐색	• 나는 수집한 데이터를 분석할 수 있는 형태로 바꿀 수 있다. • 나는 데이터의 각 행(가로줄)과 열(세로줄)의 의미를 설명할 수 있다. • 나는 데이터를 보고 무엇을 위하여 어떻게 수집되었는지 설명할 수 있다. • 나는 수집된 데이터에서 이상한 부분, 없는(비어있는) 부분 등을 발견해 낼 수 있다.	
데이터 분석 및 해석	• 나는 데이터를 다양한 방식(막대그래프, 원그래프 등)으로 확인(탐색)할 수 있다. • 나는 데이터에서 의미 있는 값을 확인하고 서로 비교할 수 있다. 나는 표, 차트, 그래프 등으로 표현된 자료의 의미를 알고 이를 해석할 수 있다. • 나는 데이터로부터 새로운 점을 발견하고 데이터를 창의적으로 해석할 수 있다.	

3. 모형의 구성과 특징

1) 모형의 개요

데이터 리터러시 향상을 위한 교과 간 AI 융합 수업 설계 모형은 다음 [그림 2-2]와 같이 구성된다. 이 모형은 '협력교사 간 협의체 구성 → 분석 → 설계 → 사용성 평가 → 개발 → 실행 → 총괄평가'의 7단계로 구성된다. 각 단계는 RPISD 모형(임철일, 연은경, 2006)에 기반을 두고 있으며, 비선형적이고 순환적인 특징을 지닌다.

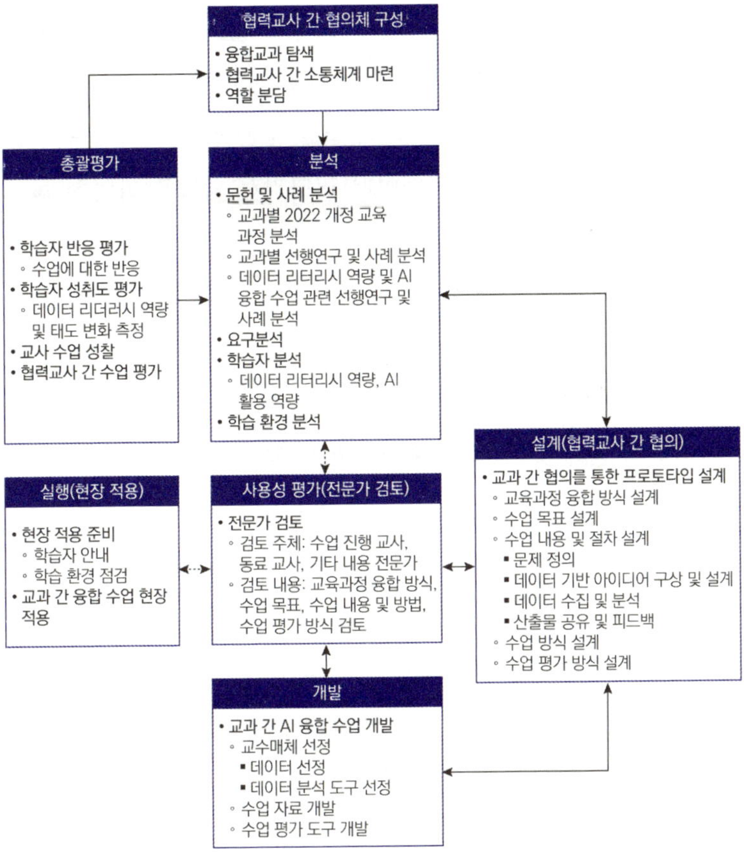

[그림 2-2] 데이터 리터러시 향상을 위한 교과 간 AI 융합 수업 설계 모형

2) 모형의 구성요소

- 협력교사 간 협의체 구성: 교과 간 AI 융합 수업은 최소 두 명 이상의 교사 협업이 전제되므로, 먼저 협의체를 조직한다. 이 협의체에서 융합 대상 교과를 탐색하고, 소통 체계를 마련하며, 역할을 분담한다. 특히 수업 설계와 실행을 주도할 책임 교사를 지정해 업무를 효율적으로 배치한다.

- 분석: 문헌 · 사례, 요구, 학습자, 학습 환경을 체계적으로 분석한다. 융합 대상 교과의 2022 개정 교육과정을 검토해 교과 특성과 융합 가능한 주제 · 요소를 추출하고, 학습자 분석을 통해 선수학습 수준과 데이터 리터러시 역량을 파악해 목표와 내용에 반영한다.
- 설계: 다음으로 협의체 논의를 바탕으로 프로토타입을 구체화하는 과정이 진행된다. 여기에는 교육과정 융합 방식, 수업 목표, 내용과 절차, 수업 방법, 평가 설계가 포함된다.
- 사용성 평가 및 개발: 설계안을 동료 교사나 관련 분야 전문가에게 검토받아, 융합 방식 · 목표의 타당성과 현장 실행 가능성을 점검한다. 필요시 반복적으로 사용성 평가를 수행해 완성도를 높인다. 개발 단계에서는 확정된 설계를 토대로 교사용 · 학습자용 자료를 제작하고, 수업 목적과 학습자 수준에 맞는 데이터셋(원자료 또는 가공자료)을 선정한다.
- 실행: 최종 프로토타입을 실제 수업에 적용한다. 원활한 운영을 위해 디바이스 · 네트워크 등 환경을 사전에 점검하고, 교과 간 AI 융합 수업의 취지와 필요성을 학생에게 안내한다.
- 총괄 평가: 수업 종료 후 효과를 종합적으로 평가한다. 학습자의 반응을 관찰 · 평정하고 데이터 리터러시 역량과 태도를 측정한다. 아울러 교사는 자기 성찰과 협력교사 간 공동 평가를 통해 수업의 성과를 확인한다.

3) 모형의 특성

본 모형은 다음과 같은 특징을 지닌다. 첫째, 본 모형은 임철일

과 연은경(2006)이 제시한 RPISD 모형에 기반을 두고 있다. RPISD 모형은 래피드 프로토타입 개발 방법론(Rapid Prototyping) 중 하나로, 분석, 설계, 사용성 평가, 개발, 실행의 다섯 단계로 구성된다. RPISD 모형에서 각 단계는 비선형적이고 반복적인 특징을 지녀 필요시 설계, 개발, 사용성 평가 단계를 오가며 프로토타입을 빠르게 수정 및 보완한다. RPISD 모형에 기초해 개발된 데이터 리터러시 향상을 위한 교과 간 AI 융합 수업 설계 모형 역시, 7단계가 비선형적이고 순환적이며, 이해관계자들의 피드백을 즉각적으로 반영하여 프로토타입의 완성도를 점진적으로 높이게 된다.

둘째, 본 모형은 교사들의 협력에 기반한 공동 설계 모형이다. 본 모형은 교과 간 협업을 전제하고, 함께 교과 간 AI 융합 수업을 설계하려고 하는 교사들 간의 협의체를 공식화한다. 교사들은 협의체를 통해 역할 분담, 소통 체계, 의사결정 규칙을 명확히 하여 수업 설계의 전 과정을 공동으로 책임진다.

셋째, 본 모형은 데이터 리터러시, AI 융합 교육이라는 두 가지 키워드에 초점을 두고 개발된 모형이다. 따라서 설계 단계에서 '문제 정의, 데이터 기반 아이디어 구상 및 설계, 데이터 수집 및 분석, 산출물 공유 및 피드백'이라는 구체적인 수업 단계를 설계하도록 하고 있으며, 개발 단계에서도 교수매체로서 데이터와 데이터 분석 도구를 선정하도록 한다. 평가 단계에서도 학습자들의 데이터 리터러시 역량을 측정하도록 한다.

4) 실제 적용 사례

최종 모형의 외적 타당성을 확인하기 위해, 최종 모형을 바탕으로 국어 교사 1인과 정보 교사 1인이 함께 중학교 1학년 1개 학급(28명)을 대상으로 교과 간 AI 융합 수업을 설계·운영하였다. 학교 여건을 고려해 각 단계의 세부 절차 중 필요한 요소만 선택적으로 적용했으며, 단계별 적용 결과는 다음과 같다. 먼저 '협력교사 간 협의체 구성'에서 국어과·정보과 교사로 협의체를 꾸려 두 교과의 융합 가능성을 검토한 뒤, 국어와 정보에서 배운 내용을 연결·확장하여 AI로 문제를 해결하는 수업을 설계하기로 합의하였다. '분석' 단계에서는 기존 AI 융합 수업 사례를 연구진과 함께 검토하고, 학습자의 현재 데이터 리터러시 수준을 파악하기 위한 사전 검사를 실시했다. 또한 기기 보유 및 네트워크 등 학습 환경을 점검하여, 국어 수업은 일반 교실에서 1인 1태블릿으로, 정보 수업은 정보실에서 1인 1PC 환경으로 진행하기로 결정하였다. '설계' 단계에서는 Fogarty(2015)의 교육과정 통합 유형 중 '실로꿴형(threaded)'을 채택해 기능 중심 통합을 지향하였다. 이에 따라 수업 목표를 데이터 리터러시 향상으로 두고, 국어 교과에서는 데이터 수집, 정보 교과에서는 수집 데이터의 분석·해석을 담당하도록 역할을 설계했다. 아울러 교과별 성취기준에 맞추어 수업 목표와 평가 방안을 정렬하여 〈표 2-7〉과 같이 구체화하였다.

〈표 2-7〉 국어과와 정보과의 교과 간 AI 융합 수업 설계 내용

영역	교과 간 AI 융합 수업 설계 내용
융합 교과	국어, 정보
융합 방식	'데이터 리터러시 향상'을 목표로 하여 국어 교과에서는 데이터를 수집하고, 정보 교과에서는 수집한 데이터를 분석 및 해석
수업 주제	국어와 정보를 통해 바르고 고운 언어생활 습관 만들기

<table>
<tr><th colspan="2">영역</th><th>교과 간 AI 융합 수업 설계 내용</th></tr>
<tr><td rowspan="4">수업
목표</td><td>국어과
관련
성취기준
(교육부,
2022)</td><td>• [9국01-04] 상대의 말을 경청하고 상대의 감정과 입장에 공감하는 반응을 보이며 대화한다.
• [9국01-09] 서로의 감정이나 바라는 바를 진솔하게 표현하면서 갈등을 조정한다.
• [9국01-10] 언어폭력의 문제점을 성찰하고, 서로를 존중하는 표현을 사용하여 말한다.
• [9국03-09] 언어 공동체의 구성원인 필자로서 자신에 대해 성찰하며, 윤리적 소통 문화를 형성하는 데에 기여한다.</td></tr>
<tr><td>국어과
수업
목표</td><td>• 언어폭력의 문제점을 성찰하고, 서로를 존중하는 표현을 사용하여 말할 수 있다.
• 상대의 말을 경청하고 상대의 감정과 입장에 공감하는 반응을 보이며 대화할 수 있다.
• 언어 공동체의 구성원인 필자로서 자신에 대해 성찰하며, 윤리적 소통 문화를 형성하는 데에 기여할 수 있다.</td></tr>
<tr><td>정보과
관련
성취기준
(교육부,
2022)</td><td>• [9정04-02] 인공지능 학습에서 데이터의 중요성을 이해하고, 학습에 필요한 데이터를 수집하여 분류한다.
• [9정04-03] 다양한 데이터를 활용하여 인공지능 시스템을 구성하고 적용한다.
• [9정04-04] 인공지능 시스템으로 해결 가능한 문제를 발견하고, 문제 해결에 적합한 인공지능 시스템을 적용한다.
• [9정04-05] 인공지능 학습에 필요한 데이터의 수집과 활용에서 발생하는 윤리적인 문제의 해결 방안을 구상한다.</td></tr>
<tr><td>정보과
수업
목표</td><td>• 인공지능 학습에서 데이터의 중요성을 이해하고, 학습에 필요한 데이터를 수집하여 분류할 수 있다.
• 인공지능 시스템으로 해결 가능한 문제를 발견하고, 문제 해결에 적합한 인공지능 시스템을 적용한다.
• 다양한 데이터를 활용하여 인공지능 시스템을 구성하고 적용할 수 있다.</td></tr>
<tr><td>수업
평가
방식</td><td colspan="2">• 자기 평가
• 동료 평가
• 학습자 만족도 평가
• 데이터 리터러시 효과성 평가</td></tr>
</table>

'개발' 단계에서는 수업용 데이터로 기성 자료를 쓰지 않고, 국어 수업에서 학생들이 직접 데이터를 수집하도록 설계했으며, 분석에는 엔트리와 스프레드시트를 사용하기로 했다. 이어 PPT 형태의 수업자료를 제작하고, 교육부(2022) 성취기준을 기준으로 평가 도구를 구성하였다(〈표 2-8〉).

〈표 2-8〉 자기 평가 및 동료 평가 문항

영역	문항
자기 평가	• 언어폭력의 문제점을 성찰하고, 서로를 존중하는 표현을 사용하여 말할 수 있는가? • 상대의 말을 경청하고 상대의 감정과 입장에 공감하는 반응을 보이며 대화할 수 있는가? • 언어 공동체의 구성원인 필자로서 자신에 대해 성찰하며, 윤리적 소통 문화를 형성하는 데에 기여할 수 있는가? • 인공지능 학습에서 데이터의 중요성을 이해하고, 학습에 필요한 데이터를 수집하여 분류할 수 있는가? 인공지능 시스템으로 해결 가능한 문제를 발견하고, 문제 해결에 적합한 인공지능 시스템을 적용할 수 있는가? • 다양한 데이터를 활용하여 인공지능 시스템을 구성하고 적용할 수 있는가? • 인공지능 학습에 필요한 데이터의 수집과 활용에서 발생하는 윤리적인 문제의 해결 방안을 구상할 수 있는가?
동료 평가	• 팀원별 좋은 점 • 팀원별 보완할 점

'실행' 단계에서는 현장 적용을 위한 사전 오리엔테이션과 기기 점검을 실시한 뒤, 1학년 28명을 대상으로 총 2차시의 교과 간 AI 융합 수업을 진행했다.

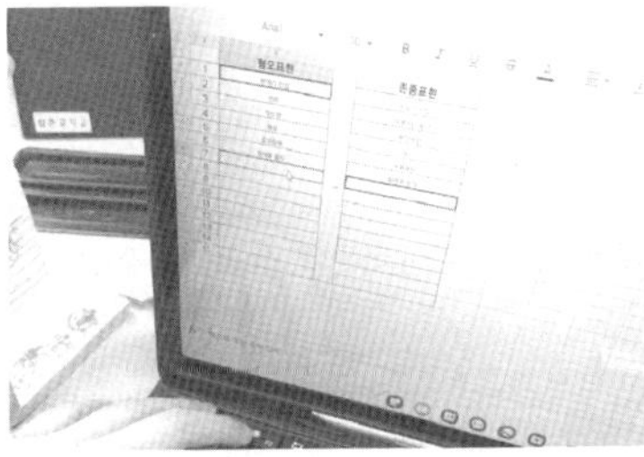

[그림 2-3] 국어-정보 교과 간 AI 융합 수업-국어 수업 장면

[그림 2-4] 국어-정보 교과 간 AI 융합 수업-정보 수업 장면

4. 결론 및 향후 발전 방향

1) 효과 분석

'총괄평가'에서 학습자 반응(만족도)을 조사한 결과, 〈표 2-9〉와 같이 본 수업에 대한 긍정적 만족이 확인되었다. 또한 A중학교 학생들을 대상으로 수업 적용 전·후의 데이터 리터러시를 비교하기 위해 대응표본 t-검정을 실시한 결과, 데이터 준비($t=-3.934$, $p<.001$), 데이터 탐색($t=-3.082$, $p=.005$), 데이터 분석 및 해석($t=-3.400$, $p=.002$) 모두에서 유의미한 차이가 확인되었다(〈표 2-10〉 참고). 이는 수업 적용 후 학습자의 데이터 리터러시

가 전반적으로 향상되었음을 시사하며, 교과 간 AI 융합 수업이 데이터 리터러시 증진에 효과적임을 보여준다.

〈표 2-9〉 만족도 조사 결과(n = 28)

문항	평균	표준편차
데이터 리터러시 향상을 위한 교과 간 AI 융합 수업 활동 전체의 과정에 적극적으로 참여하였다.	4.214	1.081
본 데이터 리터러시 향상을 위한 교과 간 AI 융합 수업에 전반적으로 만족한다.	4.107	1.046

〈표 2-10〉 데이터 리터러시 효과성 평가 결과(n = 28)

문항		평균	표준편차	*t*	p-value
데이터 준비	사전	3.575	0.847	-3.934	<.001***
	사후	4.016	0.903		
데이터 탐색	사전	3.461	0.940	-3.082	.005 **
	사후	3.861	1.006		
데이터 분석 및 해석	사전	3.625	0.903	-3.400	.002 **
	사후	3.979	0.918		

(*p < .05, **p<.01, ***p<.001)

총괄 평가 단계의 마무리 과정으로 국어 교사와 정보 교사는 개별 성찰 후 공동 논의를 통해, 단일 교과로는 한계가 있었던 수업이 국어(언어폭력)-정보(인공지능) 융합을 통해 학생들의 흥미와 의미 있는 변화를 이끌었다고 평가했다. 협력 설계를 바탕으로 한 교과 간 AI 융합 수업의 지속적 운영 필요성을 확인했다.

2) 적용상 유의점

본 모형을 적용하여 데이터 리터러시 향상을 위한 교과 간 AI 융합 수업을 설계할 때의 유의점은 다음과 같다. 첫째, 효과적인 수업 설계를 위해 협의체를 적극적으로 운영해야 한다. 협의체 내의 주도 교사 1인을 지정하고, 역할 분담과 의사결정 규칙을 문서화하는 것이 좋다. 둘째, 교육과정-목표-활동-평가의 정렬을 미리 끝내야 실행 리스크가 줄어든다. 두 교과의 성취기준을 매핑표로 정리하고, 해당 표를 기준으로 수업 목표 문장, 활동 흐름, 평가 루브릭의 문구가 서로 대응하는지 교차 점검한다. 특히 데이터 리터러시 하위 요소(준비-탐색-분석/해석)가 어느 차시에 어떻게 관찰·평가되는지까지 문서로 남겨야 수업 중간에 방향이 흔들리지 않을 수 있다. 셋째, 수업 전 플랜 B를 마련해 둔다. 물론 실행 단계에서 수업 환경을 점검하는 것이 명시되어 있다. 그러나 점검 시에는 문제가 없었다 하더라고 실제 수업 실행 단계에서는 예상치 못한 문제가 발생할 수 있다. 기기 수량, 기기의 배터리, 네트워크 연결, 계정 권한 등을 체크리스트로 확인하고, 장애 시에는 인쇄된 데이터셋과 교사 시연, 오프라인 기록지 등으로 즉시 전환할 수 있도록 준비하는 것이 좋다.

3) 결론 및 향후 발전 방향

본 모형의 개발 목적은 데이터 리터러시 증진을 목표로 하는 교과 간 AI 융합 수업 설계 모형의 구체적인 단계를 제시하는 것이다. 이를 위해 선행문헌 검토를 바탕으로 초기 모형을 수립한 뒤,

두 차례의 전문가 타당화를 통해 내적 타당도를 확인하고, 학교 현장 적용을 통해 외적 타당도를 점검하여 최종 모형을 도출하였다. 확정된 모형은 협력교사 간 협의체 구성, 분석, 설계, 사용성 평가, 개발, 실행, 총괄평가의 일곱 단계로 구성된다. 본 모형은 내적 및 외적 타당화 과정을 거쳐 학습자들의 데이터 리터러시 향상을 위한 수업을 설계하는 데 효과적으로 활용될 수 있음이 검증되었다. 사전 및 사후 평가를 통해 학생들의 데이터 리터러시를 확인한 결과, 사전에 비해 사후 점수가 유의미하게 향상되었음을 확인하였다. 또한 면담 결과에서도 학습자들이 수업 이후 AI와 데이터에 대한 관심과 이해도가 향상되었다고 언급하였다.

본 모형은 국어-정보 교과에 한정되지 않고 수학, 과학, 사회, 예술 등 다양한 교과 조합에도 적용·변형이 가능하다. 각 학교와 교과의 성취기준 및 수업 여건에 맞추어 모형의 7단계를 따라 실제 수업안을 설계하고, 소규모 파일럿을 통해 실행-평가-환류하는 실천적 적용이 요구된다. 이러한 반복적 적용을 통해 교과별 맥락에서 모형의 실행 가능성과 효과를 검증·축적함으로써, 데이터 리터러시 교육의 범용성과 확장성을 높일 수 있을 것이다.

‖ 참고 문헌 ‖

경기도교육청 (2023.07.14). 인공지능 융합교육 중심고 인공지능(AI) 미래교육 지역 협력모델 선도. 경기도교육청 보도자료.

류은수, 오현아 (2019). 교과 간 융합 교육 사례로서의 국어-과학 창의 융합 수업 구성 사례 분석 연구. 인문과학연구, 60, 267-293.

송신철, 홍보라, 김남희, 한화정, 심규철 (2012). 고등학교 융합형 '과학' 과목 운영에 대한 고등학생과 과학 교사의 인식 조사 연구. 과학교육연구지, 36(1), 130-138

송유경, 송석리, 김예지, 임철일 (2021). 데이터 리터러시 향상을 위한 데이터 기반 토론 수업 모형 및 교수전략 개발 연구. 교육공학연구, 37(4), 943-982.

이병규, 변순용, 김정은, 김태창, 최창문, 홍영식 (2021). 교과 간 융합 탐구학습 모형 실제: 도덕・국어・과학과를 중심으로. 초등도덕교육, 75(0), 1-28.

이준행, 조정효, 채승철 (2021). 인공지능 융합교육을 위한 데이터 기반 교육자료 개발: 감쇠진동을 중심으로. 현장과학교육, 15(2), 121-134.

임다미, 강신천, 이은상, 남희영, 김소연, 조서연, 김각미, 송고은, 조효준 (2022). 초・중등 인공지능(AI) 교육 학교 적용 방안 연구. 한국과학창의재단.

임은선, 임민희, 전민선, 임철일 (2024). 데이터 리터러시 향상을 위한 교과 간 AI 융합 수업 설계 모형 개발. 교육정보미디어연구, 30(1), 155-179.

임은선, 홍수민, 박성경, 임철일 (2023). 교육 프로그램 개발을 위한 래피드 프로토타입(RPISD) 모형 개선 연구. 교육공학연구, 39(3), 749-785.

임철일, 연은경 (2006). 기업교육 프로그램 개발을 위한 사용자 중심의 래피드 프로토타입 방법론에 관한 연구. 기업교육연구, 8(2), 27-50.

임철일, 이종찬, 송유경, 이웅기, 이홍규, 임은선 (2022). 초등학생을 위한 데이터 과학 교육 프로그램 개발 및 적용. 교육정보미디어연구, 28(2), 319-345.

정민주 (2015). 국어과 예비 교사의 교과 융합형 수업 구성 양상에 관한 분석적 고찰. 국어교육연구, 36, 239-276.

조예진, 김철 (2023). 인공지능 융합 프로젝트 수업이 초등학생의 데이터 리터러시 향상에 미치는 효과. 정보교육학회논문지, 27(3), 375-383.

최숙영 (2023). AI 융합교육의 이해와 해결 과제에 대한 고찰. 산업융합연구, 21(1), 147-157.

최정원, 전수진, 김성애, 박정호 (2022). 예비 교사의 인공지능 융합 수업 전문성 함양을 위한 AI-TPACK 모델 설계. 컴퓨터교육학회 논문지,

25(2), 79-89.

ACTUA. (2020). *ACTUA's Artificial Intelligence(AI) Education Handbook*. Actua.

Leshin, C., Pollck, J., & Reigeluth, C. (1992). *Instructional design strategies and tactics*. Educational Technology.

Richey, R. (2005). Validating instructional design and development models. *Innovations in instructional technology: Essays in honor of M. David Merrill*, 171-185.

Richey, R., & Klein, J. (2007). *Design and development research: Methods, strategies, and issues*. Routledge.

Wolff, A., Wermelinger, M., & Petre, M. (2019). Exploring design principles for data literacy activities to support children's inquiries from complex data. *International Journal of Human-Computer Studies, 129*, 41-54.

CHAPTER 03

데이터 리터러시 향상을 위한 인공지능 융합 문제해결학습 수업 모형[1)]

노동규 · 곽헌동

1. 모형 개발의 배경과 필요성

1) 실제적 요구

데이터 리터러시(Data Literacy) 향상을 위한 인공지능 융합 문제해결학습 수업 설계 모형 개발의 필요성은 미래 사회가 요구하는 핵심 역량을 함양하고, 특히 인공지능 시대의 필수 소양인 데이터 리터러시를 효과적으로 증진하기 위함에 있다.

먼저 급변하는 미래 사회에서 역량 교육이 필요하다. 과학 기술 혁신, 특히 4차 산업혁명과 인공지능(AI) 기술의 발달로 사회 변화의 주기가 극단적으로 짧아지고 영향력은 더욱 커지고 있다(김진하, 2016). 이러한 경향으로 볼 때 미래 사회를 살아갈 학생들은 현재보다 빠르고 더 잦은 사회 변화를 맞이할 것으로 예측된다. 따라서 학교 교육이 학생들에게 현재뿐만 아니라 미래 사회를 살아갈 힘을 길러주어야 한다는 역량 담론이 계속되고 있다. 특히 2022 개정 교육과정에서는 인공지능 기술의 발달로 인해 학습의 기초 소양으로서 디지털 및 인공지능이 대두되고 있다(교육부, 2021).

1) 본 장의 내용은 노동규 외(2023)의 논문을 보완하여 작성되었다.

다음으로 인공지능 시대의 핵심 소양, 데이터 리터러시의 함양이 필요하다. 인공지능은 4차 산업혁명의 핵심 기반 기술로서 인간의 고차원적인 사고능력을 구현하는 것이다(권순선, 2020). 이러한 인공지능의 연료는 빅데이터이며, 둘은 떼려야 뗄 수 없는 관계이다(조행만, 2021). 인공지능을 이해하고 활용하려면 데이터에 대해 아는 것이 중요하므로, 학교 현장에서 학생들에게 데이터를 이해하고 활용하는 능력, 즉 '데이터 리터러시'를 함양할 수 있는 교육을 제공할 필요성이 있다.

2) 이론적 배경

이러한 실제적 요구는 이론적 논의 속에서 지속적으로 다루어지고 있다. 데이터 리터러시가 강조되는 맥락에서, 이를 효과적으로 교육 현장에 적용하기 위해서는 데이터 리터러시의 융합적 특성을 반영한 구체적인 수업 모형이 요구된다. 데이터 리터러시는 개념적으로 데이터의 통계적 분석 측면뿐만 아니라 데이터를 활용한 의사소통 측면까지 폭넓게 포괄한다. 또한 어떤 한 학문이나 교과에서만 기를 수 있는 능력이 아니라, 여러 학문과 교과의 융합적 접근을 통해 함양할 수 있는 능력이다. 이는 다양한 지식과 기술을 통합하는 융합 교육의 중요성을 강조한다. 따라서 교육 현장에서는 데이터를 중심으로 한 교과 간 AI 융합 수업이 이루어질 필요가 있으나, 교과 간 AI 융합 수업을 설계하고 실행하기 위한 구체적인 방법과 지침이 부족하다(임은선 외, 2024).

그리고 문제해결학습을 통한 실생활 역량 강화가 필요하다. 문제해결학습은 미지의 문제에 대해 가장 좋은 해결 방안을 찾아내기 위한 전략이며, 이러한 문제해결에 필요한 능력은 실생활의 문제를 중심으로 학습자 스스로 다양하고 복합적인 정보를 수집하고 탐구하여 검증하는 과정 중에 향상된다(이혜인, 2005). 2015 개정 교육과정에서 제시된 지식정보처리역량 또한 다양한 정보와 자료를 수집・분석・평가・선택하고 효과적으로 처리하여 합리적으로 문제를 해결할 수 있는 능력으로 정의된다(손미현, 2020). 개발된 수업 모형은 학생의 주변 생활 속 사회적 이슈를 인공지능 예측 기능을 통해 파악하고 해결책을 제안하는 과정에서 데이터 리터러시를 함양하도록 설계되었다.

마지막으로 기존 연구의 한계 보완 및 실제 현장 적용력 증대에서 본 장에서 제시한 모형이 필요하다. 기존의 선행 연구들은 특정 우수 집단에 프로그램을 적용했거나(손미현, 2019), 차시가 긴 프로그램(최유정, 2021)이 많은 경향이 있다. 따라서 고등학교급에서 일반 학생을 대상으로 학교 현장에 적용력이 더 높은 교수학습자료로 보충할 필요성이 제기되었다. 이러한 필요성을 충족시키기 위해 고등학생 대상 인공지능 융합 수업 설계 모형을 개발하고자 하였다. 또한, 개발된 프로그램의 차시별 학습 목표와 성취기준은 사회, 과학, 정보 교과의 성취 기준을 포괄적으로 포함하고 있으며, 이는 여러 교과가 융합되어야 학습 목표를 달성할 수 있음을 보여준다.

결론적으로, 데이터 리터러시 향상을 위한 인공지능 융합 문제해결학습 수업 설계 모형 개발은 미래 사회의 복잡하고 예측 불가능한 문제들을 해결하고, 빠르게 변화하는 인공지능 시대에 필요한 핵심 역량을 효과적으로 함양하기 위한 필수적인 교육적 노력이라고 할 수 있다. 이는 마치 하나의 복합적인 기계를 작동시키기 위해 여러 부품이 유기적으로 연결되어야 하듯이, 다양한 교과의 지식과 인공지능 기술이 융합될 때 학생들은 더욱 깊이 있는 학습 경험과 실질적인 문제 해결 능력을 얻을 수 있게 되는 것이다.

2. 설계 원리 및 모형 개발 과정

설계・개발 연구는 교육 현장에서 효과적인 교수・학습을 지원할 수 있는 새로운 프로그램, 도구, 혹은 모형을 체계적으로 설계하고 개발하며, 그 타당성과 효과를 검증하는 연구 방법론이다. Richey와 Klein(2007)은 설계・개발 연구를 두 가지 유형으로 구분하였다. 첫째는 산출물 및 도구 연구(Product and Tool Research)로, 실제 교육 현장에서 활용 가능한 프로그램이나 교구, 소프트웨어, 교수 자료 등 구체적인 산출물을 개발하고 그 효용성을 검증하는 데 중점을 둔다. 둘째는 모형 연구(Model Research)로, 교수학습 설계나 교육적 실천을 체계적으로 설명하고 안내할 수 있는 설계 모형이나 절차적 지침을 개발・검증하는 데 목적을 둔다.

본 장은 이러한 구분 중 모형 연구에 속한다. 본 장의 목적은 데이터 리터러시 향상을 위한 인공지능 융합 문제해결학습 수업 설계 모형을 개발하고, 이를 교육 현장에 적용하여 그 효과를 탐색하는 데 있다. 즉, 특정 수업 프로그램이나 단일 산출물을 제작하는 것에 그치지 않고, 교사들이 실제 수업에서 적용할 수 있는 수업 설계 지침과 절차적 전략을 제시하려는 점에서 모형 연구의 성격을 갖는다. 연구 절차 또한 모형 연구의 일반적 방식에 적합하게 진행되었다.

먼저 문헌 검토를 통해 선행 연구의 설계 원리와 문제해결학습 모형을 분석하고, 이를 토대로 수업 설계 모형의 초안을 개발하였다. 다음으로 교수 설계 전문가와 현장 교사를 대상으로 한 전문가 타당화 과정을 거쳐 내적 타당성을 확보하였다. 마지막으로, 개발된 모형을 실제 학교 현장에 적용하여 학습자 반응, 면담, 탐구 보고서 등의 자료를 분석함으로써 외적 타당성과 교육적 효과를 검증하였다. 이러한 절차는 모형 연구에서 요구하는 모형의 개발-타당화-적용-검증 과정과 일치한다.

1) 초기 모형 및 설계 원리 도출

본 장은 데이터 리터러시 향상을 위한 인공지능 융합 문제해결학습 수업 모형을 개발하기 위해, 황홍섭(2019)의 '빅데이터를 활용한 사회과 문제해결학습 모형'을 본 장의 목적과 맥락에 맞게 변용하고, 구덕회와 김동진(2020)의 데이터 과학 교육 프로그램 설계 원리를 반영하여 초기 모형과 설계 원리를 구성하였다. 초기 수업 모형은 문제해결학습의 기본 절차에 인공지능과 데이터 활용 과정을 접목한 것으로, 데이터 탐색과 분석을 통해 문제를 발견하는 단계에서 출발한다. 이어서 분석된 결과를 바탕으로 문제 상황을 명확히 파악하고, 브레인스토밍과 가설 수립을 통해 문제의 원인을 탐색한다. 이후 문제 해결에 적합한 데이터를 다시 수집하여 근거를 마련하고, 이를 활용해 해결 대안을 도출한다. 제시된 대안은 데이터와의 연계성을 바탕으로 검증되며, 마지막으로 학습자는 결과를 다양한 방식으로 공유하고 의사소통하며 최종적인 문제 해결 방안을 정리하게 된다.

각 단계의 설계 원리와 교수 전략은 선행 연구와 현장 교사의 의견을 토대로 도출되었다. 우선 학습자가 데이터 기반 수업에 흥미를 가질 수 있도록 생활 맥락의 과제를 제시하고, 수집된 데이터의 정확성과 신뢰성을 점검하도록 하였다. 문제 상황을 정의하는 과정에서는 실제 데이터를 활용하여 의미를 탐색하고, 그 결과를 바탕으로 질문을 도출하도록 지도하였다. 문제 원인 파악 단계에서는 개방적인 브레인스토밍과 동료 피드백을 통해 협력적 탐구가 이루어지도록 설계하였다. 또한 문제 해결 대안을 마련하는 과정에서는 학습자가 직접 데이터를 분석하고 시각화하며, 필요할 경우 인공지능 모델을 활용하여 효과적인 전략을 도출하도록 하였다. 제시된 대안은 데이터와 기존 지식에 근거해 타당성을 검증하고, 자유로운 공유와 성찰을 통해 그 적합성을 평가한다. 마지막으로 학습자는 분석 결과를 다양한 형태로 표현하고 공유하며, 이를 실천적 방안으로 정리하여 사회적 참여로 확장할 수 있도록 하였다.

2) 내적 타당화

본 장의 내적 타당화 과정은 개발된 수업 설계 모형의 타당성을 검증하기 위해 실제로 진행되었다. 이를 위해 교수설계 전문가 2인과 현장 교사 3인에게 총 2차례에 걸쳐 타당화 검사를 실시하였다. 타당화 검사지는 송유경 외(2021)의 검사지를 본 장의 맥락에 맞게 수정하여 활용하였으며, 모형 전반 및 각 단계의 수업 전략에 대한 '타당성', '설명력', '유용성', '이해도', '보편성'을 묻는 4점 척도 문항과 서술형 문항으로 구성하였다. 수집된 전문가 응답은 내용 타당도 지수(CVI)와 평가자 간 내용 일치도 지수(IRA)를 산출하여 분석하였고, 두 지수 모두 일반적으로 타당하다고 판단되는 기준치인 0.80 이상을 충족하여 모형의 타당성이 확보되었다. 또한 전문가들의 서술형 응답을 반영하여 프로그램 초안을 보완함으로써 모형의 완성도를 한층 높일 수 있었다.

3) 외적 타당화

본 장의 외적 타당화 과정은 개발된 수업 설계 모형의 효과를 검증하고 실제 학교 현장에 적용하기 위해 진행되었다. 이를 위해 서울 I고등학교 1학년 학생 100명을 대상으로 정규 사회 교과 시간에 인공지능 융합 문제해결학습 수업을 실시하였다. 외적 타당화는 학교 여건상 비교 집단 없이 단일 집단 연구로 수행되었다. 자료 수집은 학습자 프로그램 반응 설문지, 데이터 리터러시 탐색을 위한 반구조화 면담지, 탐구 보고서, 수업자 참여관찰일지 등 다양한 도구를 활용하여 이루어졌다. 특히 학습자 반응 설문에서는 프로그램에 대한 만족도(2문항)와 효과(5문항)를 5점 척도와 개방형 문항으로 조사하였으며, 면담은 '데이터 이해'에서부터 '데이터 기반 의사소통'에 이르기까지 데이터 리터러시의 각 요소 변화를 심층적으로 탐색하였다. 수집된 자료는 Creswell(2014)의 질적 분석 방법을 적용하여 개방 코딩과 축 코딩 과정을 거쳐 분석하였고, 그 결과 학습자들의 데이터 리터러시 향상에 효과적인 수업 설계 모형을 최종적으로 도출할 수 있었다.

3. 설계 원리 및 모형의 구성과 특징

1) 설계 원리 및 모형의 개요

본 장에서 개발된 수업 모형은 4차 산업혁명 시대를 살아갈 학습자들에게 필수적인 데이터 리터러시와 인공지능 활용 능력을 효과적으로 함양하기 위한 교육적 해법으로 고안되었다. 모형은 단순한 기술 습득이 아닌, 실제 사회 문제를 데이터 기반으로 분석하고 AI를 통해 예측하고 해결하는 실천적 문제해결 경험을 중심에 두고 있다. 이 수업 모형은 총 7단계의 순환적 학습 흐름으로 구성되며, 각 단계는 문제해결학습의 구조적 특징과 AI 융합 교육의 적용 원리를 반영하고 있다. 또한 모든 단계에 데이터 리터러시의 하위 요소(이해, 수집, 분석, 평가, 표현, 의사소통)가 유기적으로 내포되어 있어, 학습자는 실제 데이터를 다루는 일련의 과정을 경험하며 역량을 체계적으로 강화할 수 있다.

본 장에서 개발한 인공지능 융합 문제해결학습 수업 모형은 실제 사회문제를 기반으로 한 문제 중심 학습 구조를 지닌다. 예를 들어 수도권 쓰레기 매립지 포화 문제와 같은 학습자 주변의 사회적 이슈를 주제로 설정하여 수업의 몰입도와 현실 적합성을 높였으며, 사회과・과학・정보 교과의 성취기준을 통합 반영함으로써 교과 간 융합적 접근을 가능하게 하였다. 또한 학습자는 엔트리 AI 예측 블록, 구글 스프레드시트, 공공데이터 포털과 같은 친숙한 디지털 도구를 활용해 데이터를 직접 수집・분석하고, AI를 적용한 예측 활동을 수행하도록 구성되었다. 이를 통해 단순히 AI를 이해하는 수준을 넘어 실제 문제 해결의 도구로 활용하는 역량을 기를 수 있도록 하였다.

수업 흐름은 일곱 단계로 구성된다. 먼저 데이터를 수집하고 AI를 활용하는 단계에서 출발하여, 문제 상황 파악과 원인 분석을 거친 후 문제 해결에 필요한 데이터를 추가로 확보한다. 이어서 데이터를 근거로 해결 대안을 제시하고, 그 타당성을 검증한 뒤 최종적으로 문제 해결 방안을 정리 및 공유한다. 이러한 구조는 탐색과 정의에서부터 대안 제시와 검증, 의사소통에 이르기까지 학습자의 탐구적 사고와 창의적 문제해결력을 단계적으로 확장할 수 있도록 설계되었다. 더 나아가 수업은 데이터 리터러시의 핵심 요소인 이해, 수집과 정제, 분석과 시각화, 평가, 의사소통을 각 단계에 반영하였다. 예를 들어 해결 대안을 제시하는 단계에서는 데이터 시각화와 AI를 활용하여 설득력 있는 주장을 구성하게 하고, 발표와 피드백 과정에서는 이를 공유하고 타인을 설득하는 의사소통 능력을 기르도록 하였다. 아울러 학습자 주도성과 협력 학습을 강조하여, 모둠별 활동, 브레인스토밍, 동료 피드백을 통해 학습자가 능동적으로 참여하고 다양한 관점을 수용하며 문제 해결에 협력하도록 유도하였다. 이는 단순한 정답 탐색을 넘어 사회적 맥락에서의 문제해결 역량을 기르는 데 기여한다. 이와 같이 본 설계 원리와 수업 모형은 실천성, 융합성, 학습자 중심성을 핵심 가치로 하여 구성되었으며, 현장 적용성과 교육적 효과 면에서 높은 확장 가능성을 지니고 있다.

2) 모형의 구성요소

개발된 '데이터 기반 인공지능 융합 문제해결학습 수업 모형'은 현실의 사회 문제를 탐색하고, 이를 데이터와 인공지능 기술을 활용해 분석하고 해결방안을 도출하는 전 과정을 체계적으로 학습자에게 경험시키기 위한 수업 설계 틀이다. 본 모형은 4차 산업혁명 시대가 요구하는 데이터 리터러시, AI 활용 역량, 문제해결력, 비판적 사고력 등을 통합적으로 길러주는 데 목적이 있다. 모형은 총 7단계의 학습 흐름으로 구성되어 있으며, 각 단계는 데이터 리터러시 요소, AI 활용 활동, 문제해결 과정을 유기적으로 통합하여 설계되었다.

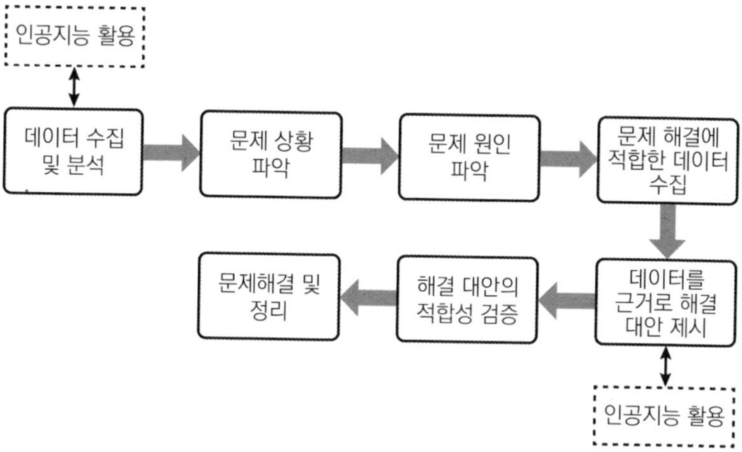

[그림 3-1] 데이터 기반 인공지능 융합 문제해결학습 프로그램 모형

본 장에서 개발된 수업 모형은 총 7단계로 구성되며, 각 단계는 데이터 리터러시 함양을 위한 구체적 활동과 교수 전략을 포함하고 있다.

첫째, 데이터 수집과 인공지능 활용 단계에서는 학습자가 주변 환경이나 인터넷, 공공 데이터 포털 등에서 현실 사회문제와 관련된 데이터를 수집하고, 이를 인공지능이 활용할 수 있는 형태로 준비한다. 이 과정에서 학습자는 친숙한 생활 맥락의 과제를 통해 흥미를 느끼며, 수집된 데이터의 정확성과 연속성을 검증한다. 또한 분석 도구의 선택, 인공지능 모델링 결정, 프로그램 작성과 같은 활동이 포함된다.

둘째, 문제 상황 파악 단계에서는 수집된 데이터를 인공지능으로 분석한 결과를 토대로 사회문제의 현황과 구조를 이해한다. 학습자는 실제 데이터를 활용한 통계 및 그래프 분석을 통해 의미를 도출하고, 이를 바탕으로 사회 현상과 관련된 탐구 질문을 생성한다. 이 과정에서 문제를 구체적으로 정의하고, 질문이 데이터 분석을 통해 답할 수 있는 성격을 갖추었는지를 스스로 점검하도록 지도한다.

셋째, 문제 원인 파악 단계에서는 브레인스토밍과 동료 피드백을 통해 문제 발생의 배경과 원인을 탐색하며 잠정적 가설을 수립한다. 이를 통해 학습자는 협력적이고 개방적인 학습 분위기 속에서 자유롭게 사고를 확장하고 의견을 공유할 수 있다.

넷째, 문제 해결에 적합한 데이터 수집 단계에서는 설정한 원인 검증이나 대안 탐색을 위해 추가적인 데이터를 수집한다. 이 과정에서 데이터의 출처, 수집 방식, 신뢰성 등을 확인하며 논리적 타당성을 확보하도록 지도한다.

다섯째, 데이터를 근거로 한 해결 대안 제시 단계에서는 학습자가 분석한 데이터를 토대로 설득력 있는 해결책을 도출한다. 이를 위해 데이터의 패턴을 탐구하고, 시각화 및 인공지능 기능을 활용하여 논지를 구체화하며, 논의 시간을 확보하여 대안에 대한 심층적 토론을 진행한다.

여섯째, 해결 대안의 적합성 검증 단계에서는 제시된 해결 대안이 타당하고 실현 가능한지를 데이터 분석 결과 및 기존 과학적 지식과의 비교를 통해 검증한다. 학습자는 동료 및 교사의 피드백을 반영하며, 변인 간 관계를 기존 지식과 연계하여 해석한다.

마지막으로, 문제 해결 및 정리 단계에서는 학습자가 다양한 의사소통 방식을 활용하여 문제 해결 결과를 발표하고 공유한다. 데이터 기반으로 정리된 해결 방안을 제시하며, 산출물을 통해 피드백과 평가를 받을 기회를 갖는다. 또한 결과를 사회적 실천 방안으로 확장할 수 있도록 성찰을 유도한다.

3) 설계 원리

본 수업 모형은 학습자가 데이터를 기반으로 실생활의 문제를 인식하고, AI를 도구로 활용하여 해결방안을 탐색하는 경험을 중심으로 구성되었다. 이를 위해 각 수업 단계에 따라 다음과 같은 설계 원리와 지침이 적용되었다. 본 장에서 개발된 수업 모형의 7가지 단계별 설계 원리와 교수 전략은 다음과 같이 정리된다.

① 데이터 수집 및 분석 단계에서는 학습 동기를 유발하라는 설계 원리를 적용한다. 또한 문제를 발견할 수 있도록 데이터를 분석할 수 있게 하라는 원리를 따른다. 인공지능의 활용 측면에서는 데이터 분석을 위해 인공지능을 활용하라는 원리가 적용된다.

② 문제 상황 파악 단계에서는 문제 상황에 대하여 인식하게 하라는 설계 원리를 따른다. 이와 함께 비판적 질문을 생성할

수 있게 하라는 원리를 적용해야 한다.

③ 문제 원인 파악 단계에서는 문제 원인을 파악하기 위해 지원하라는 설계 원리가 중요하다. 또한 문제 해결 과정에서 상호작용이 이루어질 수 있게 하라는 원리를 적용한다.

④ 문제 해결에 적합한 데이터 수집 단계에서는 문제 해결에 도움이 되는 데이터를 수집하게 하라는 원리가 적용된다. 수집한 데이터의 적합성 판단을 위해 데이터에 대하여 평가할 수 있게 하라는 원리를 따른다.

⑤ 데이터를 근거로 해결 대안 제시 단계에서는 데이터를 근거로 해결 대안을 구성할 수 있게 하라는 원리가 핵심이다. 또한 도출된 대안을 효과적으로 전달하기 위해 데이터를 시각화할 수 있게 하라는 원리가 적용된다. 인공지능의 활용 측면에서는 데이터를 근거로 해결 대안을 제시하기 위해 인공지능을 활용하라는 원리를 따른다.

⑥ 해결 대안의 적합성 검증 단계에서는 데이터와 해결 대안을 연계하여 해석하고 이를 검증할 수 있게 하라는 원리가 중요하다. 또한 상호작용을 통해서 해결 대안의 적합성을 파악하게 하라는 원리를 적용해야 한다.

⑦ 문제 해결 및 정리 단계에서는 표현과 공유를 통해 문제 해결 전략을 세울 수 있게 하라는 원리를 따른다. 최종적으로 해결 방법을 실천할 수 있게 하라는 원리가 적용된다.

4) 상세 전략

① 데이터 수집 및 분석 단계에서는 학습자의 흥미를 유발할 수

있는 내용으로 수업 주제어를 선정해야 한다. 데이터를 기반으로 수업이 진행될 수 있도록 학습 동기를 제고해야 하며, 내가 속한 마을, 우리 지역 등과 같이 학습자에게 친숙한 일상생활 맥락의 주제어를 제공하는 것이다. 문제를 발견할 수 있도록 주제어를 기반으로 데이터를 분석하게 지도해야 한다. 데이터 분석의 방법과 절차에 대하여 안내해야 하며, 우리 주변 혹은 공공데이터 포털 등의 인터넷에서 수집할 수 있고 훈련시킬 수 있는 데이터를 준비해야 한다. 인공지능 활용을 위해 학습자 수준에 맞는 적절한 분석 도구를 선택하도록 하며, 인공지능의 모델링을 결정하고 인공지능 프로그램의 동작 방법에 대하여 안내한다.

② 문제 상황 파악 단계에서는 실제 데이터를 이용한 통계, 그래프 등을 이용하여 데이터에서 의미를 찾아내는 활동을 연습하게 한다. 인공지능을 활용한 경우 예측되는 결과들에 대하여 인식할 수 있게 해야 한다. 비판적 질문 생성을 위해 다양한 문제 상황 인식에 대해 사고를 확장시킬 수 있도록 열린 자세로 학생들의 브레인스토밍이 이루어질 수 있게 한다. 학생이 제시한 질문이 데이터 분석으로 답할 수 있는 질문인지 스스로 점검하도록 하며, 데이터와 관련된 사회 문제에 대한 질문을 도출하도록 안내해야 한다.

③ 문제 원인 파악 단계에서는 다양한 사고 기법을 활용하여 문제의 원인을 도출할 수 있게 지도한다. 도출된 아이디어 중 수렴적 사고 방법을 활용하여 문제 원인에 대해 잠정적 가설을 수립하도록 지도해야 한다. 상호작용 촉진을 위해 모둠

내, 모둠 간 서로 협력할 수 있는 교육 환경을 조성하여 활발한 상호작용이 이루어질 수 있게 한다. 학습자가 자유롭게 사고하고 의견을 공유할 수 있도록 개방적인 학습 분위기를 형성하며, 동료 피드백이 활발하게 이루어질 수 있도록 장치를 마련하는 것이다.

④ 문제 해결에 적합한 데이터 수집 단계에서는 문제의 원인이 되는 데이터 외에 다양한 문제 해결에 도움이 될 수 있도록 깊은 데이터 탐색이 이루어지게 한다. 실제 현상에 대한 지속적이고 누적적인 측정값을 데이터로 활용하게 해야 한다. 데이터 평가를 위해 데이터 세트의 출처, 수집 기간, 대상, 장소 등을 확인하게 한다. 데이터가 문제 해결에 도움이 될 것인지를 상호 작용을 통해서 파악하게 해야 한다.

⑤ 데이터를 근거로 해결 대안 제시 단계에서는 학생 주도로 데이터를 분석하여 패턴을 찾고 예측하여 대안을 도출하게 한다. 데이터 분석과 관련된 학습 콘텐츠를 제공하여 학생들이 참조할 수 있게 하며, 각 수준에 맞는 데이터 분석 도구들을 제공하여 데이터를 기반으로 해결 대안을 제시할 수 있도록 해야 한다. 시각화 측면에서는 데이터 시각화를 통해 데이터를 효과적으로 표현할 수 있게 하며, 도표나 그래프를 이용하여 상관관계에 관한 내용을 설명할 수 있게 지도한다. 인공지능 활용을 위해 문제 해결 대안에 적합한 인공지능 모델을 이용할 수 있게 한다.

⑥ 해결 대안의 적합성 검증 단계에서는 변인 사이의 관계를 서술할 때 기존 학습된 지식, 인터넷으로 검색한 과학지식 등

과 연관 지어 설명할 수 있게 한다. 변형 수집한 데이터의 결과와 과학적 지식을 연계하여 해석할 수 있도록 지도해야 한다. 상호작용을 통한 검증을 위해 해결 대안의 도출을 위해서 수업 구성원 모두가 수업에 참여할 수 있게 한다.

⑦ 문제 해결 및 정리 단계에서는 의사소통을 통해서 결과를 공유하고 데이터를 기반으로 문제 해결 방안을 정리해야 한다. 효과적으로 정보를 전달할 수 있도록 다양한 형태의 자료를 활용하게 하며, 데이터 분석의 결과를 기반으로 타인과 의사소통할 수 있게 한다. 실천 유도를 위해 해결 방법의 실천 방안을 마련하여 학생 행위 주체성을 높일 수 있도록 한다. 교실 속 내용으로 끝나지 않고 사회적 참여를 이끌어 낼 수 있게 지도해야 한다.

5) 실제 적용 사례

본 장에서 개발된 데이터 기반 인공지능 융합 문제해결학습 모형이 적용된 프로그램은 학습자의 데이터 리터러시 향상을 목적으로 하며, 서울·경기 지역에서 중요한 사회적 쟁점으로 다뤄지고 있는 쓰레기 매립지 논쟁을 수업의 중심 소재로 설정하였다. 본 프로그램은 총 5차시로 구성되어 있으며, 각 차시는 데이터 탐색에서부터 인공지능을 활용한 예측, 문제 원인 분석과 대안 제시, 최종 검증과 정리에 이르는 일련의 과정을 포함한다.

1차시에서는 데이터 수집 활동이 이루어진다. 수업은 먼저 2021년 한국환경연구원(KEI)의 '국민 환경 의식 조사' 결과를 공유하고, 학습자가 폐기물 처리가 가장 시급한 환경 문제임을 인식하도록 한다. 이어서 수도권 쓰레기 처리 현황과 매립되는 폐기물 관련 데이터를 수집하며, 이 과정에서 엑셀 또는 구글 스프레드시트, 국가통계포털(KOSIS)과 같은 도구가 활용된다.

국민환경의식조사 보고서(2021)

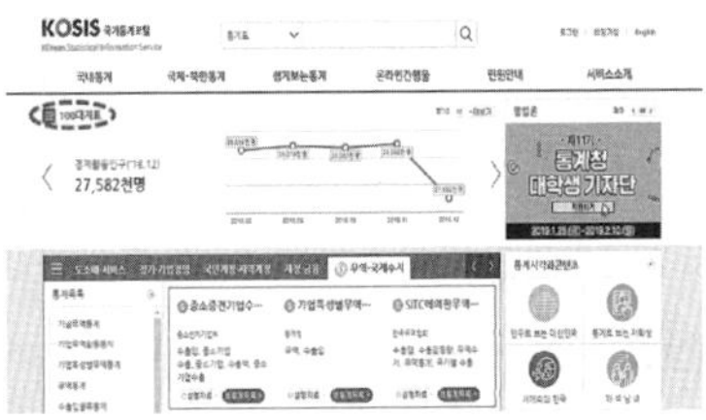

국가통계포털(KOSIS)

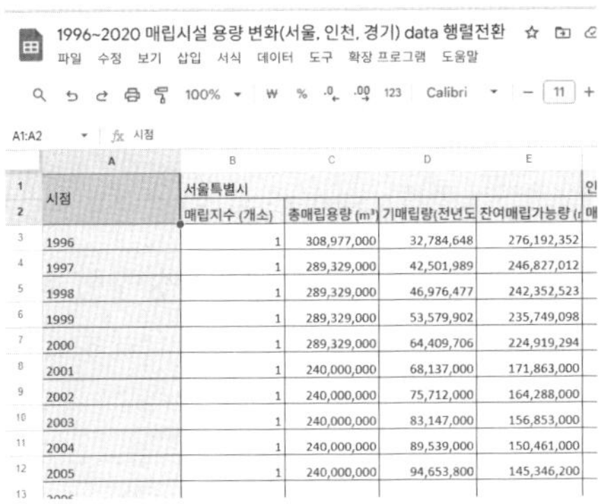

시점	서울특별시			
	매립지수 (개소)	총매립용량 (m³	기매립량(전년도	잔여매립가능량 (
1996	1	308,977,000	32,784,648	276,192,352
1997	1	289,329,000	42,501,989	246,827,012
1998	1	289,329,000	46,976,477	242,352,523
1999	1	289,329,000	53,579,902	235,749,098
2000	1	289,329,000	64,409,706	224,919,294
2001	1	240,000,000	68,137,000	171,863,000
2002	1	240,000,000	75,712,000	164,288,000
2003	1	240,000,000	83,147,000	156,853,000
2004	1	240,000,000	89,539,000	150,461,000
2005	1	240,000,000	94,653,800	145,346,200

구글 스프레드시트로 데이터 분석

[그림 3-2] 1차시: 데이터 수집 활동 제시

2차시에서는 인공지능을 활용하여 문제 상황을 파악한다. 학습자는 매립지 면적 데이터와 폐기물 데이터를 분석하고, 엔트리의 인공지능 블록을 이용하여 매립지 포화 시점을 예측한다([그림 3-3] 참고). 이러한 예측 활동을 통해 쓰레기 문제의 심각성과 현황을 구체적으로 파악하고, 데이터 분석 결과를 시각적으로 확인한다.

[그림 3-3] 2차시 수업 산출물 캡처 화면: 엔트리봇(Entrybot)을 활용한 2026년 매립지 포화 전망(KOSIS 데이터 기반 AI 분석 결과)

3차시에서는 문제 원인을 규명하고 문제 해결에 적합한 데이터를 추가로 수집하는 활동이 이루어진다. 학습자는 문제 원인을 설정하고 이를 검증할 수 있는 데이터를 확보하며, 수집한 데이터를 바탕으로 발표와 토의를 진행한다. 이 과정에서 교사와 동료의 피드백을 받으며, 엑셀 또는 구글 스프레드시트와 KOSIS를 주로 활용한다.

4차시에서는 데이터를 근거로 해결 대안을 제시한다. 학습자는 문제 원인과 관련된 데이터를 특정하고, 필요한 데이터를 탐색하며, 이를 시각화하여 설득력 있는 해결책을 마련한다. 또한 패들릿(Padlet)을 활용하여 결과를 공유하고, 구글 프레젠테이션의 협업 기능을 통해 동료와 의견을 나눈다.

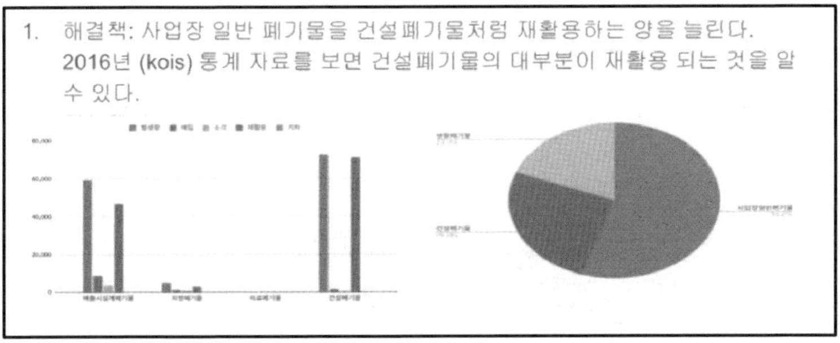

[그림 3-4] 3차시&4차시 수업 산출물 캡처 화면: 문제 원인을 규명하고 문제 해결에 적합한 데이터를 추가로 수집하는 활동 및 데이터를 근거로 해결 대안을 제시

5차시에서는 제시된 해결 대안을 검증하고 최종적으로 문제 해결 방안을 정리한다. 학습자는 수집된 데이터의 신뢰성과 타당성을 다시 점검하고, 다양한 시각화와 프로그래밍적 접근을 통해 대안을 구체화한다. 마지막으로 발표를 통해 해결 방안을 공유하며, 데이터가 사회 문제 해결에서 갖는 중요성을 성찰한다. 이 단계에서는 엑셀·구글 스프레드시트 시각화 기능, 패들릿, 발표 도구 등이 활용된다.

이와 같은 일련의 과정을 통해 학생들은 주변 사회적 이슈를 데이터와 인공지능 예측을 기반으로 탐색하고, 스스로 문제 해결 방안을 제시하는 경험을 통해 데이터 리터러시를 효과적으로 함양할 수 있다.

3. 수집한 data
https://kosis.kr/statHtml/statHtml.do?orgId=106&tblId=DT_106T_032302&vw_cd=MT_ZTITLE&list_id=106_008_003_02&scrId=&seqNo=&lang_mode=ko&obj_var_id=&itm_id=&conn_path=MT_ZTITLE&path=%252FstatisticsList%252FstatisticsListIndex.do

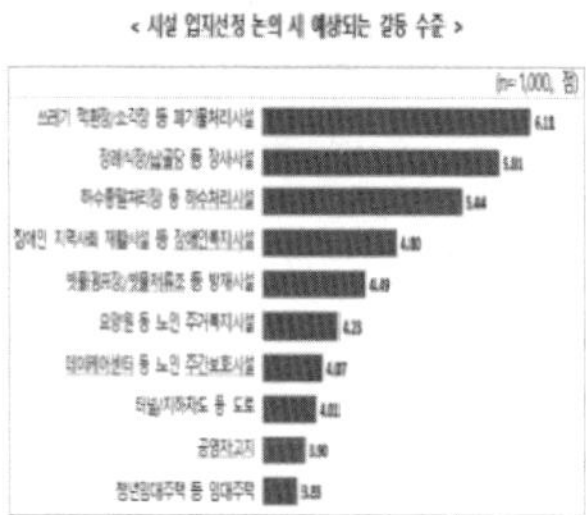

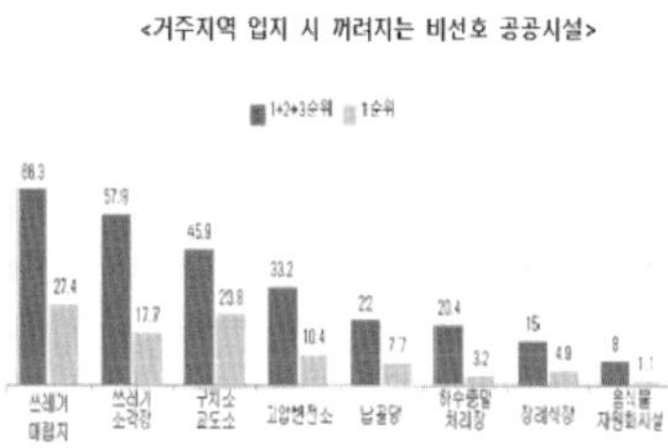

4. 문제 해결 방안: 쓰레기 매립지를 늘리기에는 기피시설이기 때문에 서로 지으려하지 않을 것이고 법적 절차, 시위 등으로 인해 원만하게 해결되지 않을 것 같다, 그래서 가장 많이 배출되는 사업장폐기물을 건설폐기물처럼 재활용하는 것이 좋을 것 같다.

[그림 3-5] 5차시 수업 산출물 캡처 화면: 제시된 해결 대안을 검증하고 최종적으로 문제 해결 방안을 정리

4. 결론 및 향후 발전 방향

1) 효과 분석

본 수업 모형의 효과성을 검증하기 위해 서울 소재 고등학교 1학년 학생 47명을 대상으로 사전・사후 데이터 리터러시 검사를 실시하였다. 검사 도구는 데이터 이해, 수집・준비, 분석, 평가, 표현, 의사소통 등 여섯 가지 영역을 포함하도록 구성되었다. 분석 결과, 수업 전후의 점수 차이는 통계적으로 유의미하였으며($p < .001$), 이를 통해 본 수업 모형이 학습자의 데이터 리터러시 역량을 향상시키는 데 효과적임이 확인되었다. 특히 데이터 분석과 표현, 시

각화, 그리고 인공지능 활용을 통한 문제 해결과 같은 실행 기반 영역에서의 성장 폭이 두드러지게 나타났다.

또한 수업 종료 후 프로그램에 대한 학습자 만족도와 효과 인식을 조사하기 위해 설문을 실시하였다. 설문은 5점 척도 기반의 7개 문항(만족도 2문항, 효과 5문항)과 개방형 문항으로 구성되었다. 만족도 영역에서 대부분의 학생은 "수업 전 과정에 적극적으로 참여했다", "수업 전반에 만족한다"라는 항목에 4점 이상('그렇다' 이상)으로 응답하였다. 학생들은 새로운 방식의 문제 해결 활동, 실제 데이터를 다루는 경험, 그리고 AI 도구를 통한 예측 활동에 높은 흥미를 보였다.

효과 인식 영역에서도 긍정적인 반응이 확인되었다. 학생들은 수업을 통해 데이터를 비판적으로 해석하고 판단하는 능력이 향상되었으며, 데이터 기반으로 주장을 구성하는 역량이 강화되었다고 응답하였다. 또한 하나의 데이터를 다양한 관점에서 해석할 수 있음을 경험하였고, AI와 데이터 분석을 활용하여 실제 사회 문제를 다루고 해결 방안을 제시한 경험에 의미를 두었다. 더 나아가 데이터 활용의 사회적 중요성을 인식하고, 설득력 있는 의사소통 역량이 강화되었다는 점을 강조하였다.

개방형 문항 응답에서도 긍정적인 학습 경험이 드러났다. 한 학생은 "단순히 문제를 암기하는 수업이 아니라, 직접 데이터를 조사하고 결과를 공유하면서 진짜 세상과 연결된 느낌이었다"라고 답하였으며, 또 다른 학생은 "AI로 예측한 결과를 기반으로 팀에서 토론하고 대안을 제시하는 과정이 인상 깊었다"고 서술하였다. 또한 "데이터를 보는 시각이 달라졌고, 실제로 내가 주장할 때 데이터를 활용하는 것이 얼마나 중요한지 체감했다"는 응답도 나타났다. 이와 같은 결과는 본 수업 모형이 학습자의 데이터 리터러시 역량을 효과적으로 향상시키고, 학습자에게 실제 사회문제 해결 과정과 연결된 의미 있는 학습 경험을 제공하였음을 보여준다.

2) 적용상의 유의점

본 장에서 개발된 '데이터 기반 인공지능 융합 문제해결학습 수업 모형'은 실제 교육 현장에서 높은 교육적 효과를 보였으나, 수업 적용 과정에서는 교사와 교육자가 고려해야 할 몇 가지 실천적 유의점도 확인되었다. 이를 위해 실시한 반구조화된 면담은 학생들의 인식 변화와 수업 경험을 질적으로 분석할 수 있는 자료를 제공하였으며, 이를 통해 수업의 강점과 보완점을 함께 조명할 수 있었다.

먼저, 실제 수업 현장에서 가장 두드러진 유의점은 학습자 간 디지털 도구 활용 역량의 차이였다. 특히 엔트리 AI 예측 블록이나 구글 스프레드시트와 같은 분석 도구를 처음 접한 학생들은 익숙해지는 데 시간이 필요했으며, 일부 학생은 시각화된 통계 자료를 해석하는 과정에서 인지적 부담을 느꼈다. 따라서 본 수업 모형을 적용할 때에는 사전에 도구 사용법을 학습할 수 있는 기초 실습을 제공하고, 분석 활동에 필요한 안내 자료나 학습 템플릿을 함께 지원하는 것이 바람직하다.

또한, 문제 탐색에서 해결안 도출과 발표로 이어지는 수업 흐름은 학생 주도의 탐구를 전제로 하기 때문에 충분한 시간 확보가 요구된다. 면담 결과에서도 학생들은 "더 다양한 데이터를 다루고 싶었는데 시간이 부족해 아쉬웠다", "분석한 데이터를 근거로 대안을 설득하는 과정이 인상 깊었다"고 응답하여, 수업의 핵심 가치를 긍정적으로 평가하면서도 짧은 수업 시간으로 인한 한계를 지적하였다. 특히 문제 원인을 탐색하고 피드백을 주고받는 과정에서 충분한 논의 시간이 주어질 경우, 학습자의 사고 확장과 탐구의 깊이가 더욱 강화될 수 있음이 확인되었다.

협력학습의 측면에서는 전반적으로 긍정적인 반응이 나타났다. 학생들은 모둠 활동과 동료 피드백 과정을 통해 새로운 관점을 수용하고 자신의 생각을 구체화하는 데 도움을 받았다고 응답하였다. 한 학생은 "내 주장을 데이터로 설명해 보는 과정이 처음엔 낯설었지만, 다른 친구의 의견을 들으면서 생각이 명확해졌다"라고 말하며, 수업이 단순한 발표 활동을 넘어 비판적 소통과 정교한 주장 구성 능력을 함양하는 기회가 되었음을 보여주었다. 이는 본 수업 모형이 강조하는 데이터 기반 의사소통 능력이 실제로 학습자에게 의미 있게 체화되었음을 시사한다. 그러나 이러한 상호작용이 효과적으로 이루어지기 위해서는 심리적 안정감과 협력적 분위기 조성이 선행되어야 한다. 일부 학생들은 발표 과정에서 부담감을 호소하였고, AI 기능 활용에 어려움을 겪는 경우에는 동료 협력보다는 교사의 직접적인 지원을 필요로 하는 경향이 나타났다. 따라서 교사는 수업 초반에 역할 분담 기준을 명확히 제시하고, 동료 간 피드백 규칙을 안내하며, 협력의 가치를 충분히 설명하는 등 학급 내 협력 문화를 조성하는 노력이 필요하다.

무엇보다 면담 결과는 본 수업이 학생들에게 데이터와 AI를 단순한 학습의 대상이 아니라 문제 해결을 위한 실천적 도구로 경험하게 해주었다는 점에서 큰 교육적 의미를 지닌다는 사실을 입증하였다. 한 학생이 "데이터로 문제를 직접 예측하고 해결하는 건 처음이었고, 내가 사회 문제를 해결할 수 있다는 생각이 들었다"고 응답한 것처럼, 학생들은 수업을 통해 자기 주도성과 시민적 참여 의식을 함께 고양하는 경험을 하였다.

3) 결론 및 제언

본 장은 고등학생의 데이터 리터러시 향상을 목표로 인공지능 융합 문제해결학습 수업 모형을 개발하고, 그 효과와 학습자 반응을 검증하였다. 설계·개발 연구 방법론에 따라 초기 모형 도출, 전문가 타당화, 현장 적용을 거쳐 최종 모형을 완성하였다. 연구 결과, 수업 전후 데이터 리터러시 점수가 3.03점에서 3.83점으로 유의미하게 향상되었으며($p < .001$), 특히 데이터 수집 및 준비 영역에서 가장 큰 효과가 나타났다. 학습자들은 실제 사회문제를 다루는 과정에서 데이터 활용 능력과 AI 활용 경험을 긍정적으로 평가하였고, 쓰레기 매립지 논쟁을 통해 사회문제를 '자신의 문제'로 인식하는 계기를 마련하였다. 다만 짧은 수업 시간으로 인해 충분한 토론과 탐색에 제약이 있었다. 본 장의 의의는 다음과 같다. 첫째, 일반 고등학생 대상 수업 모형을 개발함으로써 기존 연구의 한계를 보완하였다. 둘째, 학습자들이 사회 문제를 주도적으로 인식하고 해결 방안을 모색하도록 한 점에 의의가 있다. 셋째, 일반화 가능한 수업 모형과 설계 원리를 제시하여 향후 다양한 인공지능 융합 수업 개발의 기초를 마련하였다.

개발된 모형을 이용한 프로그램 개발의 발전 방향은 다음과 같다. 첫째, 인공지능 도구 활용 경험의 체계적 확장이 필요하다. 본 장에서 나타난 한계 중 하나는 학생들의 AI 도구 사전 경험 부족이었다. 향후에는 정보 교과 및 융합 교과 활동과 연계하여 학생들이 다양한 데이터 분석 도구와 인공지능 플랫폼을 충분히 다루어 볼 수 있는 기회를 제공해야 한다. 이를 통해 수업 과정에서 도구 적응에 소요되는 시간을 줄이고, 데이터 분석과 문제 해결 자체에 집중할 수 있을 것이다. 둘째, 수업 차시와 학습 시간의 확대가 요구된다. 본 장에서는 제한된 시간으로 인해 충분한 토론과 피드백이 어려웠다는 점이 확인되었다. 문제 탐색, 대안 제시, 검증 과정은 학습자의 비판적 사고와 창의적 문제 해결력을 심화하는 핵심 단계이므로, 최소 1~2차시 이상의 확장이 필요하다. 이를 통해 학습자들이 심층적 탐구와 협력적 논의를 보다 충분히 경험할 수 있을 것이다. 셋째, 비교 집단 연구를 통한 검증 강화가 필요하다. 본 장은 단일 집단을 대상으로 진행되어 효과를 일반화하는 데 한계가 있었다. 향후에는 사회 교과나 정보 교과 등과 협업하여 비교 집단을 구성하고, 통계적 효과 검증을 강화함으로써 개발된 수업 모형의 타당성과 신뢰성을 보다 높일 수 있을 것이다. 넷째, 다양한 사회적 주제 적용으로 확장이 가능하다. 본 장에서는 쓰레기 매립지 논쟁을 중심으로 수업을 설계하였으나, 환경, 보건, 경제, 지역사회 문제 등 다른 사회적 이슈로 주제를 확대할 수 있다. 이를 통해 학생들은 데이터 리터러시를 다양한 맥락에서 경험하고, 실제 삶과 연결된 문제 해결 역량을 꾸준히 기를 수 있을 것이다. 다섯째, 교육과정 속 지속적 활용 방안 모색이 요구된다. 본 장에서 제안된 수업 모형은 사회과 수업이나 유연화 수업 시간에 적용 가능성이 높다. 향후에는 정규 교과 및 창의적 체험 활동과 연계하여 지속적으로 활용할 수 있는 교수・학습 모델로 발전시킬 필요가 있다. 여섯째, 수업에 적용할 데이터를 제시하거나 찾아낼 수 있는 능력의 함양 또한 필요하다. 학습자가 스스로 의미 있는 데이터를 탐색하거나 교사가 학습 맥락에 맞는 데이터를 제시하는 과정은 학습자의 호기심과 흥미를 촉진하고, 수업 참여를 강화하는 동기 유발 요인이 될 수 있다. 따라서 향후 연구에서는 데이터 탐색 능력 신장 및 맥락 적합한 데이터 제공 전략을 수업 설계에 반영할 필요가 있다.

결론적으로, 본 장에서 개발된 수업 모형은 고등학생의 데이터 리터러시 향상에 효과적이라는 점에서 중요한 성과를 보여주었다. 위의 발전 방향을 반영하여 보완・확장한다면, 본 모형은 다양한 교과와 학습 상황에서 적용 가능한 보편적 인공지능 융합 수업 모델로 자리매김할 수 있을 것이다.

‖ 참고 문헌 ‖

교육부 (2021). 더 나은 미래, 모두를 위한 교육 2022 개정 교육과정 총론 주요 사항 (시안). 교육부.

구덕회, 김동진 (2020). 문제 해결 학습 모형 기반의 데이터 과학 교육 프로그램 개발. 한국초등교육, 31, 203-215.

권순선 (2020). 인공지능과 빅데이터 기술동향. 한국정보통신기술협회, 187, 38-43.

김진하 (2016). 제4차 산업혁명 시대, 미래사회 변화에 대한 전략적 대응 방안 모색. KISTEP Inl 15, 45-48.

노동규, 오혜란, 윤지원, 전보경 (2023). 데이터 리터러시 향상을 위한 인공지능 융합 문제해결학습 수업 모형 개발. 교육발전, 42(3), 739-769.

손미현 (2020). 지식정보처리역량 함양을 위한 데이터 기반 과학탐구 모형 개발. 서울대학교 대학원 박사학위논문.

송유경, 송석리, 김예지, 임철일 (2021). 데이터 리터러시 향상을 위한 데이터 기반 토론 수업 모형 및 교수전략 개발 연구. 교육공학연구, 37(4), 943-982.

이혜인 (2005). 협동적 목표 구조를 강조한 문제해결학습의 효과: 성별을 중심으로. 서울대학교 대학원 석사학위논문.

임은선, 임민희, 전민선, 임철일 (2024). 데이터 리터러시 향상을 위한 교과 간 AI 융합 수업 설계 모형 개발. 교육정보미디어연구, 30(1), 155-179.

조행만 (2021). 환상의 짝꿍, 빅데이터와 AI의 절묘한 만남이 가져오는 시너지 효과는 과연 무엇일까?. http://www.aitimes.com/news/articleView.html?idxno=1402 08 (검색일: 2022.10.09.)

최유정 (2021). 실제적 데이터를 활용한 생명과학 수업이 고등학생의 데이터 리터러시와 그래프 능력에 미치는 영향. 이화여자대학교 대학원 석사학위논문.

황홍섭 (2019). 빅데이터를 활용한 사회과 교수 · 학습 모형의 탐색. 사회과교육, 58(1), 63-98.

Creswell, J. W. (2014). 연구방법, 질적 · 양적 및 혼합적 연구의 설계(정종진 외 역). 시그마프레스.

Richey, R. C., & Klein, J. D. (2012). 교육공학연구를 위한 설계 · 개발연구(정현미, 김광수 공역). 학지사.

CHAPTER 04

데이터 리터러시 향상을 위한 AI 융합 SSI (Socioscientific Issue) 수업 모형 및 교수전략[1)]

전유선 · 채지윤

1. 모형 개발의 배경과 필요성

1) 실제적 요구

현장의 교사들에게 SSI(Socioscientific Issue, 이하 SSI) 수업을 설계하고 실행하는 것은 쉬운 작업이 아니다. 먼저, SSI 자체가 비구조화된 문제 상황을 다루기 때문에 적절한 주제 선정과 수업 설계에 어려움이 있으며, 특히 학생들의 수준에 맞는 스캐폴딩 전략이 부족하다는 점이 반복적으로 지적되고는 한다. 또한 현장에서 AI와 데이터 분석을 포함하는 수업을 운영하려는 시도는 늘고 있지만, 대부분의 교사들은 이러한 수업을 설계하고 실행하는 데 필요한 실질적인 지식과 도구, 절차적 안내가 부족하다고 인식하고 있다(임성은 외, 2021; Lee et al., 2006).

그 결과, 기존의 SSI 수업 관련 연구들은 주로 효과성 분석이나 프로그램 개발 수준에 그치는 경우가 많았으며, 실제 수업 실행을 위한 구체적 교수전략과 세부 절차는 충분히 제시되지 않았다. 또한 데이터 기반 수업의 경우도, 통계 그래프 수준의 정적 정보만을

---

1) 본 장의 내용은 전유선(2023)의 연구를 보완하여 작성되었다.

제공하는 데 머무르는 경우가 많아, 학생들이 데이터를 직접 다루고 의사결정에 활용하는 기회는 부족한 실정이다.

따라서 교사들은 실제 수업 설계에 참고할 수 있는 구체적인 수업 모형, 단계별 교수전략, 예시 활동 및 도구 안내가 필요하다. 특히 고등학교 과학 수업 맥락에서 데이터 기반 SSI 수업을 실제로 어떻게 구현할 수 있는지에 대한 실행 가능하고 반복 가능한 지침이 필요하다. 따라서 본 장에서는 현장 교사가 SSI 수업을 구현한 모형의 개발 과정과 효과성을 보여주며 현장 중심 데이터 기반 SSI 수업을 제안하고자 한다.

2) 이론적 배경

인공지능의 급속한 발전은 학교 교육과정에 중대한 변화를 요구하고 있다. 특히 2022 개정 교육과정에서는 학생들이 AI 기술을 이해하고 활용할 수 있는 AI 리터러시를 필수 역량으로 제시하였고, 이를 모든 교과에서 구현할 것을 강조하였다(교육부, 2021). 이러한 흐름 속에서 데이터 리터러시는 AI 교육의 핵심 구성 요소로 주목받고 있으며, 이는 단순한 데이터 해석 능력을 넘어 데이터에 기반한 문제 해결 및 의사결정 역량으로 확장되고 있다. 이때, 미래 사회에서는 다양한 정보를 활용하여 타인과 협력해 문제를 해결하는 고차적 사고 능력 함양이 요구되므로(임철일, 2019) AI 교육은 AI와 교과를 융합해 학생의 창의적 문제 해결력 함양을 돕는 AI 융합 교육 형태로 이루어질 필요가 있다(안성훈 외, 2020).

한편, 과학 교육에서는 학생이 과학기술을 비판적으로 이해하고 관련 쟁점에 대해 합리적으로 의사결정할 수 있는 능력인 과학적 소양의 함양이 강조되어 왔다(교육부, 2015; 교육부, 2021). 이러한 맥락에서 학생의 과학적 소양을 기르는 효과적인 전략 중 하나로 과학 기술 관련 쟁점 수업이 제안되었다. SSI 수업은 과학과 관련한 사회적인 딜레마를 통해 학습자가 과학, 사회, 윤리의 관계를 인식하도록 하는 수업이다(Zeidler et al., 2009). SSI 수업은 학생의 논증과 고차원적 사고 능력 향상에 도움을 준다(이현주 외, 2015; Zeidler et al., 2009). 과학의 본성과 과학 지식 이해도를 높이고(Sadler & Donnelly, 2006) 사회적 쟁점에 대한 올바른 인식과 바람직한 태도를 함양하는 데 도움이 된다(Klop et al., 2010).

SSI를 이해하고, SSI에 대한 의사결정을 내리는 과정에서 데이터는 매우 중요한 역할을 담당한다. 학생들은 뉴스나 기사 등에 나타나는 데이터에 의존하여 SSI 쟁점에 대해 이해하거나 의사결정을 내리기 때문이다. 이때 데이터에 대한 이해가 SSI 관련 의사결정과 문제 해결에 영향을 줄 수 있으므로 학생들이 데이터를 분석하고 공유하며 공유된 데이터를 평가하는 과정이 활발하게 이루어지는 것은 효과적인 SSI 수업을 실행하는 데 필수적인 요소라고 볼 수 있다(Oliveras et al., 2013). 이를 고려할 때 SSI 수업은 데이터를 이해하고 이를 분석해 자신의 의사결정과 문제해결에 활용하는 능력인 데이터 리터러시를 함양하기에 적합한 수업의 형태라고 볼 수 있다. 또한, AI 융합 SSI 수업은 과학적 소양과 AI/데이터 리터러시를 통합적으로 함양할 수 있는 교육적 접근으로 활용될 수 있을 것으로 기대된다. 특히 학생들이 데이터를 직접 수집·분석·시각화하고, 이를 바탕으로 사회적 문제에 대해 합리적인 의사결정과 실천 방안을 도출하는 과정을 포함한다는 점에서 교육적 가치가 크다고 볼 수 있다.

2. 설계 원리 및 모형 개발 과정

Richey와 Klein(2014)이 제안한 설계·개발 연구(Design and development research) 방법을 활용하여 효과적인 데이터 리터러시 향상을 위한 AI 융합 SSI 수업을 가능하게 하는 수업 모형과 그에 따른 전략을 개발하였다. 설계·개발 연구는 교수·학습에 필요한 모형과 도구를 이론적 근거에 기반해 개발하고, 이를 반복적으로 검토·개선하며 타당성을 확보하는 과정 중심의 연구 방법이며, 연구에서는 특히 유형 2 연구를 채택하여, AI 융합 SSI 수업을 위한 수업 모형과 교수전략을 개발하고, 내·외적 타당화를 거쳐 개선하는 절차를 따랐다.

1) 초기 모형 도출

초기 수업 모형과 교수전략은 선행연구 문헌 분석을 통해 도출되었다. 분석 대상은 데이터 과학 기반 수업, SSI 수업, AI 융합 교육 관련 문헌으로, 각 수업 유형의 절차적 구조, 핵심 활동 요소, 그리고 상호 연결 방식을 종합적으로 분석하였다.

분석 결과, 데이터 과학 기반 수업에서는 '문제 설정, 데이터 준비, 데이터 분석, 결론 도출, 결과 적용'과 같은 단계가 확인되었다. 그리고 SSI 수업에서는 '문제 상황 명료화, 자료 탐색, 자료 기반 의사소통, 정리' 등의 절차가 공통적으로 나타났다. 분석 결과를 바탕으로, 본 연구는 문제 인식-데이터 준비-데이터 분석-결론 도출-실천 활동이라는 흐름을 갖는 통합적인 절차적 수업 구조를 설정하였다. 초기 수업 구조가 형성된 후에는 AI 기술과 데이터 분석이 어떻게 통합될 수 있는지를 수업 단계별로 구체화하는 데 중점을 두었다.

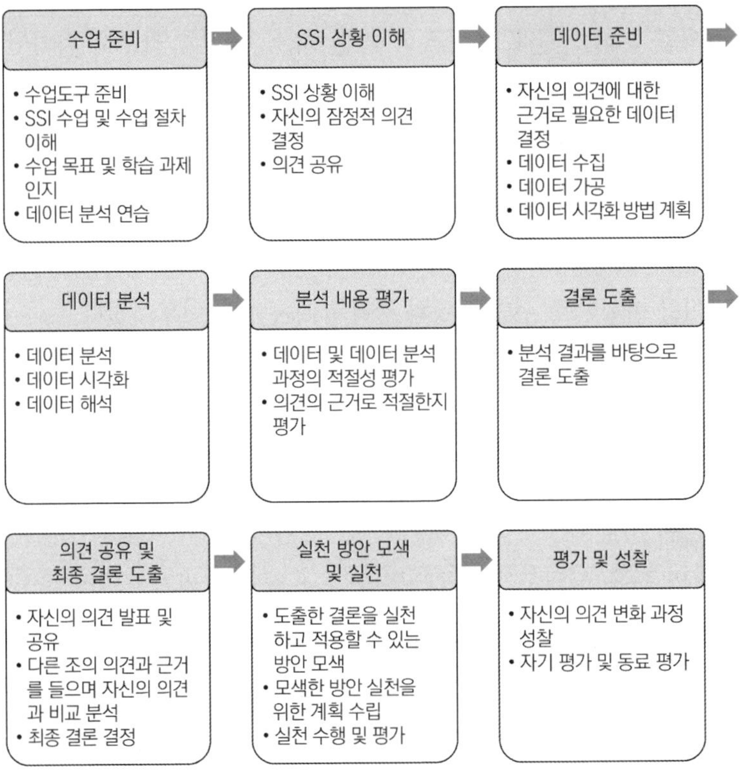

[그림 4-1] 데이터 리터러시 향상을 위한 AI 융합 SSI 수업의 초기 수업 모형

2) 내적 타당화

초기 모형의 내적 타당성 검증은 과학교육 전문가 3인과 교육공학 전문가 3인을 대상으로 총 두 차례에 걸쳐 진행되었다. 1차 타당화 결과, 초기 모형은 설명력(평균 3.00)과 유용성(평균 3.29)에서 비교적 타당하다는 평가를 받았지만, 타당성(평균 2.71), 보편성(평균 2.71), 이해도(평균 2.42)는 다소 미흡한 것으로 나타났다. 전문가들은 주로 모형 내 활동 기술 방식이 모호하고, 각 단계명 및 설명이 교수자 입장에서 기술될 필요가 있다는 의견, AI와 학습자의 협력이 더 잘 드러나도록 단계명 및 설명을 수정하고, 데이터 분석 연습 단계의 위치를 조정할 필요가 있다는 의견을 주었고 이를 바탕으로 수업 모형과 전략의 재구성이 이루어졌다.

수정된 2차 모형에 대한 2차 타당화 결과, 모든 항목에서 평균 3점 이상의 높은 타당성을 확보했다. 구체적으로 타당성(3.86), 설명력(3.71), 유용성(3.71), 보편성(3.71), 이해도(3.57)를 보였으며 내용 타당도 지수는 1.0, 평가자 간 신뢰도(IRA)는 0.8로 나타나 모형의 높은 신뢰도가 검증되었다. 2차 타당화 의견은 주로 모형의 명료성과 구체화에 대한 것이었으며, AI 융합 수업의 특성이 더 명시적으로 드러나도록 '데이터 및 데이터 분석 안내' 단계를 추가하고, 데이터 분석 활동 지원 단계에서의 교사 역할과 학생의 순환적 활동이 명확히 보이도록 이미지로 표시하는 수정작업이 진행되었다.

3) 외적 타당화

도출된 3차 수업 모형과 교수전략을 기반으로 수업을 설계하여 충남 소재 고등학교 현장에 적용하였다. 수업을 통해 학생들의 데이터 리터러시가 얼마나 향상되었는지 사전-사후 검사를 통해 확인하였다. 그 결과, 학생들의 데이터 리터러시 점수는 사전 검사 평균 3.97점에서 사후 검사 평균 4.67점으로 통계적으로 매우 유의미하게 상승하였다($p < .001$). 특히 '데이터 활용 의사소통 영역' 중 '데이터 기반 의사소통' 항목에서 가장 큰 향상을 보였는데, 이는 학생들이 데이터를 근거로 소통하고 합리적인 의사결정 능력을 기르는 데 본 수업이 큰 도움이 되었음을 의미한다.

학생들의 반응 또한 긍정적이었다. 설문조사에서 학생들은 기존 SSI 수업과 달리 데이터를 직접 분석하고 시각화하는 과정이 SSI 문제에 대한 더 깊은 이해를 돕고, 데이터 기반의 의사결정에 긍정적인 영향을 미쳤다고 응답하였다. 변인을 바꿔가며 데이터를 분석한 경험이 문제의 원인을 다양한 관점에서 이해하는 데 도움이 되었다고 언급하였다.

교사 역시 모형의 유용성을 높이 평가하였다. AI 융합 수업 경험이 부족했음에도 불구하고, 개발된 모형과 교수전략 덕분에 수업 설계와 실행이 훨씬 수월하였다고 응답하였다. 또한, 학생들이 데이터 분석 결과를 바탕으로 자연스럽게 실천 계획을 모색하는 유기적인 활동 연결에 대해 큰 장점으로 평가하였다. 이처럼 외적 타당화 결과는 개발된 AI 융합 SSI 수업 모형과 교수전략이 학생들의 데이터 리터러시 향상에 효과적이며, 교사들의 AI 융합 수업 실행을 돕는 구체적이고 실질적인 방안이 될 수 있음을 입증하였다.

3. 설계 원리 및 모형의 구성과 특징

1) 설계 원리 및 모형의 개요

최종 도출된 수업 모형은 기존의 SSI 수업이 주로 가공된 데이터를 활용하는 한계를 극복하고, 학생들이 원 데이터(raw data)를 직접 수집, 분석, 시각화하는 활동을 통합하여 창의적 문제 해결력과 데이터 기반 의사결정 능력을 동시에 함양하는 것을 목표로 한다.

특히 해당 모형은 기존 SSI 수업 및 데이터 과학 기반 수업의 절차적 구조를 통합하는 데 초점을 맞추었다. 또한, AI 기술의 작동 원리와 데이터 분석의 의미를 학습자가 자연스럽게 이해하도록 돕는 데 중점을 두었다. 그리고 학생의 자율적인 데이터 탐색 및 시각화, 협력적 의사소통, 그리고 실천적 의사결정 과정을 강조하였다. 이는 일방적인 정보 제공형 수업에서 벗어나, 학생이 주도적으로 데이터 기반 탐구 활동을 수행하는 데 초점을 둔 결과이다.

2) 모형의 구성요소

최종적으로 도출된 AI 융합 SSI 수업 모형은 총 9단계로 구성되며, 최종 모형은 '수업 준비', '수업 안내', 'SSI 문제 상황 제시', '데이터 및 데이터 분석 안내', '데이터 분석 연습 지원', '데이터 분석 활동 지원', '결과 도출 및 공유 지원', '실천활동 지원', '정리 및 평가'로 이루어져 있다. 세부 내용은 다음과 같다.

- 수업 준비: 교사가 수업을 시작하기 전에 필요한 모든 요소를 계획하는 단계이다. 학생들의 수준에 적합한 SSI 주제를 선정하고, 학습자의 경험과 관심사를 고려하여 데이터를 준비한다. 또한, AI 분석 도구의 활용 수준을 사전에 확인하여 학생들의 인지적 부하가 적게 요구되는 도구를 선택하는 것이 중요하다.
- 수업 안내: 학생들이 수업의 목표, 활동, 그리고 평가 기준을 명확하게 인지하도록 돕는 단계이다. 교사는 수업의 목표를 구체적으로 안내하고, 학습과제나 결과물의 예시를 제시하여 학생들이 활동 과정을 스스로 점검할 수 있도록 돕는다.
- SSI 문제 상황 제시: 논쟁적인 SSI 문제 상황을 제시하고, 학생들이 이에 대한 자신의 초기 생각을 공유하는 기회를 제공한다. 이 단계는 학생들이 문제에 대한 인식을 형성하고, 명확한 답이 존재하지 않는 SSI의 본질을 이해하는 데 도움이 된다.
- 데이터 및 데이터 분석 안내: 데이터의 의미와 구성, 그리고 빅데이터 분석 과정과 AI 기술의 작동 원리 간의 관계성을 설명하여 학생들이 AI 기술에서 데이터의 중요성을 이해하도록 돕는다. 또한, 다양한 데이터 시각화 종류와 활용 방법을 안내하여 학생들이 데이터 분석을 위한 기초 지식을 습득하게 한다.
- 데이터 분석 연습 지원: 학생들이 데이터 분석 도구에 익숙해질 수 있도록 교사가 분석 과정을 시연하고, 간단한 데이터셋을 활용해 연습할 수 있는 기회를 제공한다. 이 단계에서는 실제 분석에 사용될 코드나 방법을 연습하고, 기본 코드를 제공하

는 등 다양한 스캐폴딩 전략이 활용된다.

- 데이터 분석 활동 지원: 팀별로 진행되는 협력적 활동의 핵심 단계이다. 학생들이 자신들이 세운 데이터 분석 계획을 토대로 데이터를 수집, 분석, 평가하는 활동을 순환적으로 수행한다. 이 과정에서 교사는 학생들이 데이터 분석 과정을 적절하게 수행했는지 평가할 수 있는 루브릭이나 체크리스트를 제공하며 활동을 지원한다.
- 결과 도출 및 공유 지원: 팀별로 분석한 데이터 결과를 다른 팀과 공유하고, 서로의 분석 결과를 비교하며 토론하는 활동을 지원한다. 이는 학생들이 데이터를 근거로 논리적인 주장을 펼치고, 다른 관점을 수용하며 의사소통 능력을 함양하는 데 기여한다.
- 실천 활동 지원: 학생들이 데이터 분석 결과를 바탕으로 SSI 문제를 해결하기 위한 구체적인 실천 방안을 계획하고, 이를 현실에 적용할 수 있도록 돕는 단계이다. 학생들은 데이터 분석 결과를 근거로 실천 방안을 제안하고, 이에 대한 타당성을 스스로 검토하며 토의하는 모습을 보였다. 이 단계는 단순한 지식 습득을 넘어 사회적 실천으로 이어지는 시민성을 함양하는 중요한 과정이다.
- 정리 및 평가: 수업 전반에 걸친 학생들의 활동 과정과 결과물을 평가한다. 학생들은 자기평가와 동료 평가를 통해 학습 과정을 반성하고, 자신의 의견 변화를 성찰하며 학습을 내재화한다. 교사는 학생의 학습 목표 달성 여부를 확인하고, 이후 수업에 반영할 구체적인 방안을 기록할 수 있다.

3) 설계 원리 및 모형

최종 개발된 AI 융합 SSI 수업 모형은 총 9단계로 구성되며, 이 단계들은 크게 수업 전, 수업 중, 수업 후의 세 가지 주요 과정으로 구분된다. 이 단계들을 통해 학생들은 과학기술 관련 사회적 쟁점을 인식하고, AI 도구를 활용하여 데이터를 분석하며, 분석 결과를 바탕으로 합리적인 결론을 도출하고 실천 방안을 모색하는 일련의 과정을 경험할 수 있으며, 최종적으로는 학생들이 데이터를 과학적 · 윤리적으로 해석하고, 이를 기반으로 실천 방안까지 도출할 수 있다.

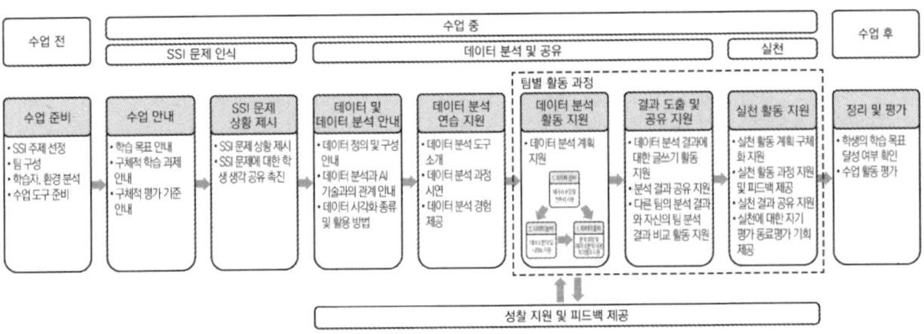

[그림 4-2] 데이터 리터러시 향상을 위한 AI 융합 SSI 수업의 최종 수업 모형

4) 상세 전략

교수전략은 앞서 언급한 모형의 9단계를 지원하는 17개의 교수전략과 58개의 상세 지침으로 구성되어 있다. 수업 전, 중, 후에 걸쳐 주요한 교수 전략과 상세 지침을 다음과 같이 소개할 수 있다.

(1) 수업 전: 학생의 수준과 경험, 관심사를 고려해 SSI 주제와 데이터를 선정하기

학습자의 경험에 기반한 SSI 주제는 학습에 대한 동기를 부여하고, 적극적인 탐구가 이루어질 수 있도록 하므로(Presley et al., 2013), 수업 전, 학생의 수준과 경험, 관심사를 고려해 SSI 주제와 데이터를 선정하는 것이 필요하다. 해당 전략의 상세 지침으로 교사는 학생의 수준에 적절하며 일상 경험에 기반한 SSI 주제인지 확인할 필요가 있다. 또 학습자 수준에 맞는 데이터 수집의 자유도와 데이터 셋의 크기를 선택해야 한다(손미현, 정대홍, 2020). 예컨대, 아래 [그림 4-3]과 같이 실제 모형을 적용하였던 교실 상황에서는 수업 전 설문을 통해 학생들의 데이터 분석 경험과 학업성취 수준을 조사하였다. 조사 결과, 30명의 학생 중 29명은 엔트리를 사용한 경험이 있었으나, 본 활동에서 사용할 Orange3를 사용해 본 학생은 2명에 불과했다. 또한 전체 학생 중 7명은 타 교과에서 비교적 큰 데이터를 분석하고 시각화한 경험이 있었다. 이를 바탕으로 수업에서는 Orange3 프로그램을 충분히 연습할 수 있도

순번	학번	이름	1. 엔트리(entry)를 사용해 본 경험이 있습니까?	2. 엔트리(entry)로 인공지능 모델학습을 해 본 적이 있습니까?	3. Orange3를 사용해 본 경험이 있습니까?	4. 다른 교과에서 비교적 큰 데이터를 분석하고 시각화 한 경험이 있습니까?
1	10110	안OO	사용해 본 경험이 있으며 사용법을 기억한다	사용해 본 경험이 없다.	사용해 본 경험이 없다.	없다
2	10111	양OO	사용해 본 경험이 있으며 사용법을 기억한다	사용해 본 경험이 없다.	사용해 본 경험이 없다.	있다
3	10116	이OO	사용해 본 경험이 있으며 사용법을 기억한다	경험이 있으며 능숙하게 사용한다	사용해 본 경험이 없다.	있다
4	10117	임OO	사용해 본 경험이 있으나 사용법이 잘 기억나지 않는다	경험은 있지만 잘 기억 나지 않는다	사용해 본 경험이 있으나 사용법이 잘 기억나지 않는다	없다
5	10118	임OO	사용해 본 경험이 있으나 사용법이 잘 기억나지 않는다	사용해 본 경험이 없다.	사용해 본 경험이 없다.	없다
6	10122	정OO	사용해 본 경험이 있으나 사용법이 잘 기억나지 않는다	경험은 있지만 잘 기억 나지 않는다	사용해 본 경험이 없다.	없다
7	10129	홍OO	사용해 본 경험이 있으며 사용법을 기억한다	경험이 있으며 능숙하게 사용한다	사용해 본 경험이 없다.	있다

[그림 4-3] 학생 대상 학습 경험 조사 결과

록 시간을 제공하고, 사용 방법을 정리한 안내 자료를 함께 배포하였다. 또 데이터의 일부는 교수자가 제공하였으며, 원하는 경우 자유롭게 필요한 데이터를 추가로 탐색할 수 있도록 하였다. 더불어, 학생들이 주로 거주하는 지역이 서울임을 고려하여 서울시의 미세먼지, 이산화탄소, 일산화질소 등의 데이터를 제공하였다.

(2) 수업 중: 다양한 입장을 보여주는 자료를 활용하여 학생들에게 SSI 문제 상황의 논쟁적인 특성을 이해시키기

SSI 수업은 과학과 관련한 사회적인 딜레마를 통해 학습자가 과학, 사회, 윤리의 관계를 인식하도록 하는 수업이므로(Zeidler et al., 2009) 학생이 SSI의 논쟁적 속성을 경험할 수 있는 전략을 활용하는 것이 중요하다. 이를 위해 SSI 문제 상황에 대한 서로 다른 입장을 보여주는 자료를 제시하여 학생들이 SSI 문제 상황의 논쟁적인 특성을 명시적으로 인지하도록 한다. 뿐만 아니라, 또한 명확한 정답이 존재하지 않음을 안내하고, 수업의 목표가 답을 찾는 것이 아니라 다양한 입장을 이해하며 과학이 사회와 기술과 긴밀히 연결되어 있음을 경험하는 것임을 분명히 할 필요가 있다.

아울러, SSI 주제에 대한 자신의 입장을 뒷받침할 데이터 분석이 체계적으로 일어날 수 있도록 도울 필요성이 있다. 이를 위해 데이터 분석 계획을 작성할 수 있는 형식을 제공하고(김유나 외, 2023), 필요한 데이터가 무엇인지, 무엇을 변인으로 두고 분석할 것인지 구체적으로 생각할 기회를 마련한다. 또한 학생들이 선택한 데이터의 특성과 주장에 따라 어떤 시각화 방식을 활용할지 고민할 수 있도록 안내한다(손미현, 정대홍, 2020; Sanei et al., 2023).

두 교수 전략과 상세 지침을 토대로 실제 현장 적용 과정에서는 SSI 문제 상황 제시 단계에서 학생들이 '대기 오염에 영향을 미치는 요인'에 대해 서로 다른 입장을 보인 두 종류의 뉴스 영상을 시청하도록 하였다. 이후 대기 오염에 가장 큰 영향을 미치는 요인이 무엇이라고 생각하는지 웹 보드에 자유롭게 의견을 작성하고 공유하는 기회를 제공하였다. 또 체계적인 데이터 분석 계획을 세울 수 있도록 돕기 위해 제공한 구글 문서에 데이터 분석 계획을 작성할 수 있는 폼을 제공하였다. 이때, 자신의 가설을 뒷받침하기 위한 근거로 활용하기 위한 데이터, 분석해야 할 내용, 선택한 시각화 방식에 대해 작성할 수 있도록 하였으며 이를 발표하였다.

[그림 4-4] 학생 대상 제공된 데이터 사례: 대기 오염 관련 뉴스

(3) 수업 후: 학습 과정을 성찰할 수 있도록 지원하기

SSI 수업 후에는 학생이 학습 과정을 성찰할 수 있도록 지원하는 전략이 필요하다. 이를 위해 먼저 데이터 분석 과정과 공유 활

동을 통해 파악한 다양한 견해와 근거 자료를 토대로 자신의 의견을 정리할 수 있는 기회를 제공한다. 이를 통해 학생들은 자신의 주장을 정당화하고 의사결정 능력을 기를 수 있다. 또한 활동 전반을 돌아보며 잘한 점과 보완이 필요한 점을 기록할 수 있도록 반성 도구를 제공한다. 나아가 SSI 수업은 단순히 입장을 정리하는 것을 넘어 사회 구성원으로서 실천으로 이어지는 것이 중요하므로(Zeidler et al., 2009), 수업 이후에도 문제 해결을 위한 지속적 실천 방안을 고민할 기회를 마련할 필요가 있다.

예를 들어, 본 수업에서는 설문 도구를 활용하여 학생들이 자신의 활동을 성찰할 수 있도록 했으며, 동시에 스스로 세운 실천 방안을 지속적으로 이어가기 위한 방법에 대해 조원들과 자유롭게 의견을 나눌 수 있는 시간을 제공하였다.

5) 실제 적용 사례

본 연구에서 개발된 AI 융합 SSI 수업 모형이 실제 적용된 사례는 '대기 오염에 영향을 미치는 요인'이라는 주제를 중심으로 진행된 학교 수업이었다. 자세한 내용은 다음과 같다.

① SSI 문제 인식 및 의견 공유 단계: 수업은 교사가 '대기 오염에 영향을 미치는 요인'에 대한 뉴스 영상을 보여주며 문제를 인식하는 단계에서부터 시작되었다. 학생들은 영상 시청 후 대기 오염의 심각성을 인지하고, 웹 기반 공유 문서에 자신의 생각을 자유롭게 작성하며 초기 의견을 나누었다. 이 활동은 학생들이 문제에 대한 인식을 형성하고 다양한 관점을 확인하는 데 목적을 두었다.

② 데이터 분석 및 공유 단계: 이 단계는 크게 세 가지 활동으로 구성된다. 먼저, 교사는 데이터의 의미와 구성, 그리고 빅데이터 분석 과정과 AI 기술의 작동 원리 간의 관계를 명시적으로 설명하며 AI의 원리에 대한 이해를 높였다. 다음으로, 교사는 '대기 오염과 코로나 확진자 수는 영향이 있을까?'라는 질문을 제시하고, 2020년부터 2022년까지의 대기질 측정 데이터와 코로나 확진자 수 데이터를 제공했다. 학생들은 4인 1팀을 이루어 질문에 대한 잠정적 답을 결정하고, 제공된 데이터를 분석, 시각화한 후 결론을 도출했다.

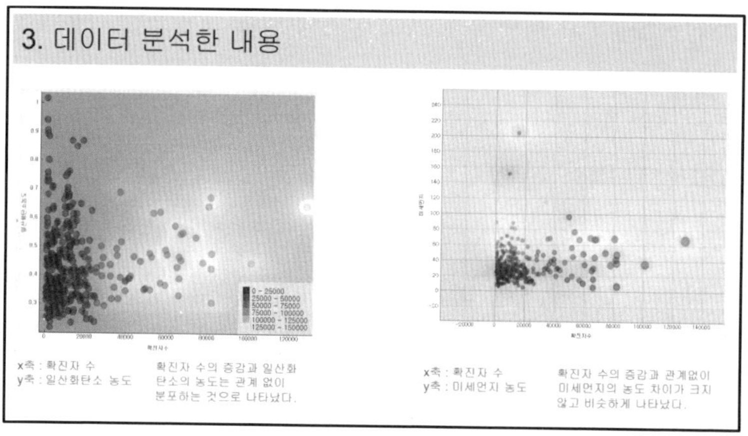

[그림 4-5] 수업 활동 자료: 학습자들의 데이터 분석 내용

마지막 활동은 '서울시 대기 오염에 영향을 미치는 주요한 요인이 무엇일까?'라는 질문에 대한 탐구였다. 이 활동에서는 교사가 데이터를 제공하는 대신 학생들이 자유롭게 데이터를 수집하도록 하였다. 대부분의 팀은 Orange3와 같은 분석 도구를 활용하여 데

이터를 분석하고, 필요한 경우 추가 데이터를 찾아 분석하며 자신들의 생각을 명확히 했다. 이후 조별로 분석 결과를 발표하고, 이를 근거로 내린 결론을 공유하는 시간을 가졌다.

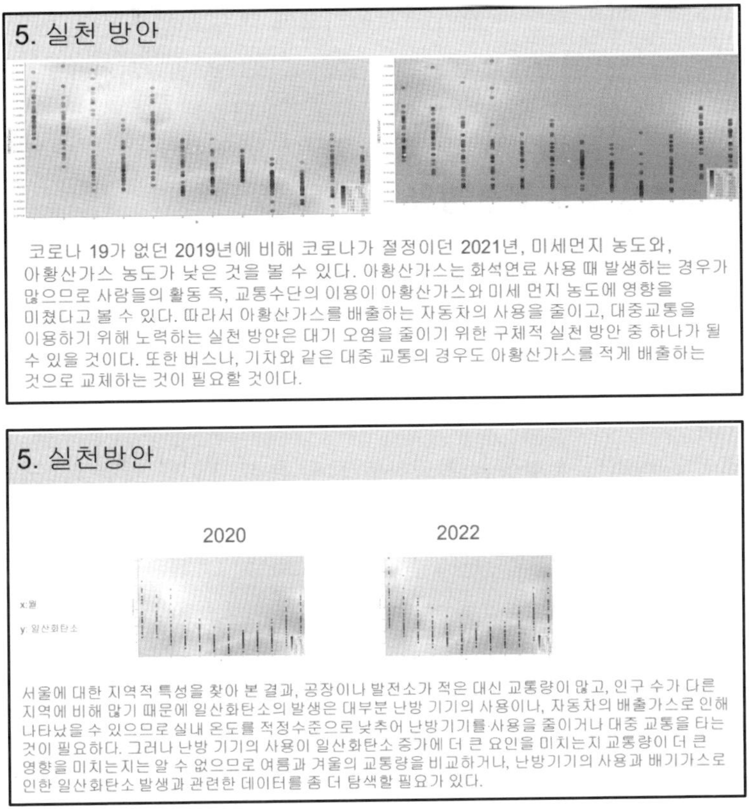

[그림 4-6] 수업 활동 자료: 학습자들이 도출한 실천 방안

③ 실천 방안 도출 및 적용 단계: 데이터 분석 활동이 끝난 후, 학생들은 자신들의 분석 결과를 바탕으로 대기 오염을 줄이기 위한 실천 방안을 모색하고 계획했다([그림 4-6] 참조). 이

과정에서 학생들은 데이터 분석 결과를 근거로 실천 방안을 제안하고, 팀원들과 질의응답을 주고받으며 분석 결과의 타당성을 점검하는 모습을 보였다. 심지어 보충이 필요한 데이터를 자발적으로 파악하고 이를 추후 계획에 반영하기도 했다. 활동 후에는 개인 포트폴리오에 대기 오염과 실천 방안에 대한 생각을 글로 작성하며 학습 내용을 내재화했다.

4. 결론 및 향후 발전 방향

1) 효과 분석

실제 적용 결과, 사전・사후 검사 결과를 통해 학습자의 데이터 이해, 분석, 표현, 의사소통 능력 전반에서 통계적으로 유의미한 데이터 리터러시 향상을 확인하였으며, 특히 데이터 기반 의사소통 능력 영역에서 두드러진 개선을 보여 학생들이 데이터에 기반한 논의와 실천적 판단을 자연스럽게 수행할 수 있음을 입증하였다. SSI 주제인 "대기오염" 탐색 과정에서 학생들은 다양한 데이터 변인을 고려하며 원인을 탐색하고 사회적 쟁점에 대한 복합적 해석 능력을 기를 수 있었으며, 단순한 결론 도출을 넘어 분석 결과에 기반한 실천 방안 기획 및 공유까지 이어짐으로써 학습 내용을 자신의 삶이나 사회적 맥락과 연결시키는 실천 중심의 학습 태도를 형성하게 되었다. 또한 AI 융합 수업과 SSI 수업 실천에 부담을 느꼈던 교사도 본 모형과 전략을 기반으로 실제 수업을 무리 없이 운영할 수 있었으며, 이후 AI 융합 수업에 대한 자신감 향상을 보고하여 교사의 실천 가능성이 제고되었음을 확인하였다.

2) 적용상의 유의점

적용 이후 다음과 같은 유의점들이 도출되었다. 먼저 SSI가 비구조화된 복합적 문제를 다루는 특성상 학생의 인지 수준과 관심사에 맞는 주제 및 자료 선정이 필수적이며, 그렇지 않을 경우 수업 몰입도 저하나 표면적인 분석 활동으로 이어질 수 있다. 또한 AI 분석 도구나 데이터 시각화 과정은 학생과 교사 모두에게 기술적 장벽이 될 수 있으므로 사전 실습, 샘플 코드, 예시 제공 등을 통한 부담 완화 전략이 요구된다. 본 모형이 교사의 부담을 줄여주지만, SSI 수업의 비구조화된 특성상 교사의 적절한 주제 선정 및 스캐폴딩 전략 전문성이 필요하며, 특히 AI 융합 수업 경험이 없는 교사의 경우 사전 연수, 동료 교사와의 공동 설계, 교사용 가이드북 제공 등의 지원 체계가 병행되어야 실질적 실행이 가능하다. 마지막으로 5차시라는 비교적 짧은 적용 기간으로 인해 장기적인 효과나 학생들의 변화 과정을 면밀히 살피는 데 한계가 있어, 추후 연구에서는 보다 긴 차시의 수업을 통해 민주시민 역량 등 장기적으로 함양되는 역량에 대한 변화를 조사할 필요가 있다.

3) 결론 및 제언

본 연구는 AI 기술 발전에 따라 미래 사회 핵심 역량 중 하나로 강조되고 있는 데이터 리터러시 향상을 위한 AI 융합 SSI 수업 모형과 교수전략을 개발하고 그 타당성을 확인하는 데 목적이 있다.

이를 위해 선행 연구 분석을 통해 초기 모형과 교수전략을 개발하고 두 차례에 걸친 전문가 타당화를 통해 모형과 교수전략의 내적 타당화를 진행하였다. 이후 고등학생을 대상으로 현장 적용을 통해 외적 타당화를 거쳐 최종 모형과 교수전략을 개발하였다. 연구 결과를 바탕으로 한 본 연구의 논의 사항은 다음과 같다.

본 장에서 소개한 연구는 다음과 같은 측면에서 선행 모형과의 차별점을 가진다. 기존 SSI 모형에서 데이터 분석 단계가 주로 가공된 데이터를 수집하고 정리하는 수준에 머물거나(남혜인 외, 2017; 이현주 외, 2014) 데이터 분석 단계의 구체적 활동 순서가 제시되지 않았던 것(이현주 외, 2014; Owens & Sadler, 2024)과 달리, 본 연구에서 개발한 모형은 원 데이터(raw data)를 활용해 이를 분석하는 단계가 포함되어 있다. 이때 데이터 분석 활동 지원 단계가 탐색, 분석, 평가 활동으로 세분화되어 데이터 분석이 체계적이고 유기적으로 이루어지는 수업을 설계할 수 있도록 개발되었다.

둘째, 본 수업 모형은 SSI 쟁점에 대한 인식과 데이터 분석 및 공유 단계와 더불어 실천 방안을 모색하고 이를 적용하는 실천 단계가 포함되어 있다. 기존 데이터 분석 모형이나 데이터 리터러시 함양을 목표로 하는 AI 융합 수업 모형의 경우, 해결하고자 하는 문제에 대한 잠정적 답을 도출하기 위해 데이터 분석을 활용하여 결론을 도출한 후 수업이 마무리되는 경우가 많았다(김유나 외, 2023; 노지영, 2023; 손미현, 정대홍, 2020). 하지만 이와 달리 AI 융합 SSI 수업은 데이터 분석 결과에 기반하여 자신의 실천 방안을 계획하고 이를 실제적 맥락에 적용할 수 있는 기회를 학생들에게 제공한다. 이는 SSI에 대한 이해와 데이터 분석 결과에 기반한 의사결정이 실천으로 이어질 수 있는 AI 융합 SSI 수업을 설계할 수 있는 구체적 단계와 전략을 제시했다는 점에서 기존 모형과 차이를 가진다.

본 연구는 고등학생 30명을 대상으로 한 제한적 규모에서 진행되었으며, 5차시라는 상대적으로 짧은 기간 동안 적용되었다는 한계를 갖는다. 모형과 교수전략의 보편적 적용 가능성을 확보하기 위해서는 다양한 학교급과 더 많은 학생을 대상으로 한 확장 연구가 필요하며, 자기보고식 설문에 의존한 효과 측정 방식을 보완하여 학생들의 변화를 보다 정확하게 측정할 수 있는 다면적 평가 도구 개발이 요구된다. 또한 일회적 적용으로는 모형의 지속적 효과와 학생 변화의 심층적 과정을 파악하기 어려우므로, 향후 연구에서는 보다 긴 차시에 걸친 적용을 통해 장기적 효과를 검증하고, 특히 SSI 교육이 목표로 하는 합리적 의사결정 능력과 실천하는 시민으로의 성장이 어떻게 나타나는지 장기적으로 살펴볼 필요가 있다. 또한 SSI 교육의 궁극적 목표인 민주시민역량과 같은 고차원적 역량이 본 수업을 통해 실제로 함양되는지에 대한 추가적 탐구가 이루어질 필요가 있다.

‖ 참고 문헌 ‖

교육부 (2015). 2015 개정 교육과정.

교육부 (2021). 더 나은 미래, 모두를 위한 교육 2022 개정 교육과정 총론 주요 사항.

김우겸 (2023). ENACT 모형을 적용한 지구과학 수업에서의 과학영재학생의 인식 변화와 학습 만족도 분석. 영재와 영재교육, 22(2), 5-35.

김유나, 신승기, 김갑수 (2023). 초등학생 대상 데이터 과학 교육을 위한 교수학습 전략 개발: 컴퓨팅 사고력 기반 문제 해결 활동을 중심으로. 한국정보교육학회, 27(5), 555-565.

남혜인, 강훈식, 노태희 (2017). 과학관련 쟁점(SSI) 토론 수업에서 스마트 기기의 활용 방식과 수업의 특징. 한국과학교육학회지, 37(5), 787-797.

노지영 (2023). 데이터 리터러시 향상을 위한 AI 융합 초등 과학 탐구 수업모형 개발. 서울대학교 대학원 석사학위논문.

문상희 (2023). 데이터 활용을 강조한 SSI 수업이 중학생의 지식정보처리 역량, 과학과 핵심역량 및 민주시민으로서 인성 함양에 미치는 효과. 이화여자대학교 대학원 석사학위논문.

박찬솔, 손정우 (2020). 탐구적 과학 글쓰기를 통한 데이터 기반 과학 탐구 학습이 초등학생의 과학과 핵심역량에 미치는 영향. 교사교육연구, 59(2), 245-258.

손미현, 정대홍 (2020). 지식정보처리역량 함양을 위한 데이터 기반 과학탐구 모형 개발. 한국과학교육학회지, 40(6), 657-670.

송유경, 송석리, 김예지, 임철일 (2021). 데이터 리터러시 향상을 위한 데이터 기반 토론 수업 모형 및 교수전략 개발 연구. 교육공학연구, 37(4), 943-982.

안성훈, 김자미, 전용주, 박정호, 정인기 (2020). 교육대학원 AI 융합 교육전공 운영 현황 분석. 정보교육학회, 12(2), 411-418.

이현주, 박영신, 이현옥, 문공주, 황요한 (2024). 과학기술관련 사회쟁점(SSI)과 위험교육의 통합적 접근의 필요성 및 교육 모형 탐색. 한국과학교육학회지, 44(4), 313-323.

이현주, 최윤희, 고연주 (2014). 집단지성 원리를 적용한 과학관련 사회 · 윤리적 쟁점 수업 모형의 개발. 한국과학교육학회지, 34(6), 523-534.

이현주, 최윤희, 고연주 (2015). 집단지성을 강조한 과학기술 관련 사회쟁점 수업이 중학교 영재학급 학생들의 역량 함양에 미치는 효과. 한국과학교육학회지, 35(3), 431-442.

임성은, 김종욱, 김찬종 (2021). 사회적 실천지향 SSI 수업을 시행하면서 직면하는 초등 교사의 어려움 탐색. 한국과학교육학회지, 41(2), 115-131.

임철일 (2019). 미래 사회와 교육을 위한 교육공학 연구 및 실천 영역의 재조명. 교육공학연구, 35(2), 253-287.

임철일, 이종찬, 송유경, 이웅기, 이홍규, 임은선 (2022). 초등학생을 위한 데이터 과학 교육 프로그램 개발 및 적용. 교육정보미디어연구, 28(2), 319-345.

정은주, 손정우 (2020). 디지털 탐구도구로 측정한 데이터를 활용하는 과학 탐구 수업이 초등학생의 역량에 미치는 영향. 과학교육연구지, 44(2), 205-213.

Klop, T., Severiens, S. E., Knippels, M. C. P. J., van Mil, M. H. W., & Ten Dam, G. T. M. (2010). Effects of a science education module on attitudes towards modern biotechnology of secondary school students. *International Journal of Science Education, 32*(9), 1127-1150.

Lee, H., Abd-El-Khalick, F., & Choi, K. (2006). Korean science teachers' perceptions of the introduction of socioscientific issues into the science curriculum. *Canadian Journal of Science, Mathematics, and Technology Education, 6*(2), 97-117.

Long, D., & Magerko, B. (2020). What is AI literacy?. Competencies and design considerations. *Proceedings of the 2020 CHI Conference on Human Factors in Computing Systems*, 1-16.

Oliveras, B., Márquez, C., & Sanmartí, N. (2013). The use of newspaper articles as a tool to develop critical thinking in science classes. *International Journal of Science Education, 35*(6), 885-905.

Owens, D. C., & Sadler, T. D. (2024). Socio-scientific issues instruction for scientific literacy: SE Framing to enhance teaching practice. *School Science and Mathematics, 124*(3), 203-210.

Presley, M. L., Sickel, A. J., Muslu, N., Merle-Johnson, D., Witzig, S. B., Izci, K., & Sadler, T. D. (2013). A framework for socio-scientific issues based education. *Science Educator, 22*(1), 26-32.

Richey, R. C., & Klein, J. D. (2014). *Handbook of research on educational communications and technology*. Springer.

Sadler, T. D., & Donnelly, L. A. (2006). Socioscientific argumentation: The effects of content knowledge and morality. *International Journal of Science Education, 28*(12), 1463-1488.

Sanei, H., Kahn, J. B., Yalcinkaya, R., Jiang, S., & Wang, C. (2023). Examining how students code with socioscientific data to tell stories about climate change. *Journal of Science Education and Technology*, 1-17.

Zeidler, D. L., Sadler, T. D., Applebaum, S., & Callahan, B. E. (2009). Advancing reflective judgment through socioscientific issues. *Journal of Research in Science Teaching, 46*(1), 74-101.

CHAPTER

05

데이터 리터러시 향상을 위한 AI 융합 초등 과학 탐구 수업 모형[1)]

노지영 · 이은서

1. 모형 개발의 배경과 필요성

1) 실제적 요구

팬데믹을 기점으로 교육 환경의 디지털 전환은 거스를 수 없는 흐름이 되었다. 교내 무선 인터넷망이 확충되고 학생들에게 스마트 기기가 보급되었으며, 2025년에는 AI 디지털 교과서 도입이 이루어졌다. 이러한 시대적 변화에 발맞춰 2022 개정 교육과정에서는 미래 사회의 핵심 역량으로 '디지털 소양'을 강조하며, 특히 수학과 과학을 디지털 핵심 교과로 지정하였다(교육부, 2022). 수학, 과학뿐만 아니라 모든 교과에서 AI와 에듀테크를 활용한 융합 수업의 필요성이 그 어느 때보다 강력하게 요구되는 시점이다.

초등 교육 단계에서 디지털 소양의 핵심은 기초적인 데이터를 이해하고 비판적으로 활용하는 능력, 즉 '데이터 리터러시'를 기르는 것이다. 데이터 기반의 과학 탐구 수업은 학생들이 실생활과 연계된 문제를 스스로 해결하는 과정에서 자연스럽게 통계적 분석 능력과 합리적 의사결정 능력을 함양할 수 있다는 점에서 매우

1) 본 장의 내용은 노지영(2023)의 석사학위논문을 보완하여 작성되었다.

이상적인 교육 방법이다.

하지만 초등학생이 데이터 수집부터 처리, 분석, 해석, 표현에 이르는 탐구의 전 과정을 혼자서 수행하기란 현실적으로 어렵다. 자칫 복잡한 데이터 처리 과정에 매몰되어 과학 탐구라는 본질을 놓치고, 데이터가 수업의 주인이 되는 주객전도 현상이 발생할 수도 있다.

이러한 문제의 효과적인 대안이 바로 인공지능(AI) 기술의 융합이다. AI는 학생들의 수준에 맞춰 데이터 수집, 분석, 시각화 과정을 돕는 강력한 비계(Scaffolding) 역할을 할 수 있다. AI를 활용하면 초등학생들도 큰 인지적 부담 없이 실제 데이터를 다루는 탐구 과정을 경험하며 과학적 탐구 역량과 데이터 리터러시를 통합적으로 기를 수 있다.

이와 관련하여 이 연구에서는 초등학교 고학년 학생들이 실제적 맥락 속에서 AI 도구를 효과적으로 활용하여 과학 탐구를 수행할 수 있도록 지원하는 구체적인 수업 모형과 교수 전략을 개발하고, 실제 현장 적용을 통해 확인된 교육적 효과와 가능성을 논하고자 하였다.

2) 이론적 배경

(1) 데이터 리터러시와 초등 교육

지능정보사회에서 데이터 리터러시는 전통적인 읽기, 쓰기, 계산 능력만큼이나 중요한 기초 문해력으로 자리 잡고 있다. 데이터에 기반한 사고는 단순히 수학적 재능의 문제가 아니라, 복잡한 과업 앞에서 빠르고 간편한 어림짐작을 피하고 정교하고 의식적으로 사고하는 힘을 길러주는 모든 사람에게 필요한 역량이다.

데이터 리터러시는 크게 '통계적 분석 능력'과 '데이터 활용 의사결정 능력'이라는 두 범주로 나눌 수 있다. '통계적 분석 능력'은 데이터를 이해하고, 목적에 맞게 수집·준비하며, 분석하고, 그 신뢰성을 평가하는 능력을 포함한다. '데이터 활용 의사결정 능력'은 분석된 데이터를 시각적으로 표현하고, 이를 근거로 다른 사람과 소통하며 합리적인 결정을 내리는 능력을 의미한다.

초등학교 교실에서 복잡한 실생활 데이터를 직접 다루는 것은 흔치 않았지만, 이제는 교과 수업에 데이터 과학을 융합적으로 적용함으로써 데이터 리터러시를 효과적으로 함양할 수 있는 가능성이 열렸다. 특히 초등학생 수준에서는 자동화된 분석 도구나 AI의 도움(스캐폴딩)을 받는다면, 아직 통계적 분석 능력이 부족하더라도 충분히 데이터를 활용한 의사 표현, 소통, 결정 과정을 경험할 수 있다. 그와 더불어 교사의 적절한 다중적 지원(데이터 스캐폴딩, 절차적 스캐폴딩, 도구적 스캐폴딩)이 있다면, 초등학생들도 데이터 기반 탐구 활동을 성공적으로 수행할 수 있을 것이다.

(2) AI 융합 교육과 과학 탐구

AI 융합 수업이란, 수업의 전 과정에서 생성되는 데이터나 자료를 AI 기술을 통해 이해, 분석, 해석하는 등 교수·학습의 내용, 방법, 평가 전반에 AI를 밀접하게 결합한 수업을 의미한다. 이러한 수업은 단순히 AI 도구를 체험하는 것을 넘어, AI가 없으면 수업이 제대로 이루어지기 힘들 정도로 유기적으로 결합된 수업이라 할 수 있다.

과학 탐구 과정에 AI 기술을 융합하면 학생들은 다음과 같은 이점을 얻을 수 있다. 첫째, 탐구에 필요한 자료를 이전보다 훨씬 수월하게 수집하고, AI 기술로 데이터를 증강하여 더 풍부한 근거를 확보할 수 있다. 둘째, 데이터 처리 및 분석 과정을 AI가 보조함으로써 학생들은 복잡한 기술적 문제에서 벗어나 탐구 문제 자체에 더 깊이 몰입하고, 잘 정리되고 시각화된 결과를 해석하는 데 더 많은 시간을 할애할 수 있다. 이를 통해 데이터라는 '손님'에게 과학 탐구라는 '주인'의 자리를 넘겨주는 불상사를 막고, 오히려 AI가 과학 탐구를 더욱 강화하는 융합적 기제가 될 수 있다.

국내에서도 엔트리, 티처블 머신과 같은 노코드(No-code) 플랫폼을 활용하여 초등학생들이 직접 머신러닝 분류 모델을 만들어 보는 수업 사례가 늘고 있다. 이러한 활동은 인공지능에 대한 이해를 높이는 동시에, 학생들이 데이터를 기반으로 가설을 세우고 검증하는 과학 탐구의 핵심 과정을 자연스럽게 경험하도록 돕는다.

국내 선행 연구 중 손미현(2020)이 개발한 'EDSA 탐구 모형'은 데이터 기반 과학 탐구를 위한 주목할 만한 모형이다. 이 모형은 도구 탐색 → 데이터 수집 → 문제 발견 → 추가 데이터 수집 → 실험 설계 → 실험 수행 → 자료 해석 1 → 자료 해석 2 → 결론 및 표현의 절차로 구성된다. EDSA 모형은 문제 발견과 추가 데이터 수집, 그리고 반복적인 해석 단계를 강조하는 특징을 가진다.

본 연구의 모형은 EDSA 모형과 같이 데이터를 기반으로 한 과학 탐구라는 공통점을 가지지만, 다음과 같은 차별점을 갖는다.

첫째, 본 연구는 중・고등학생을 대상으로 한 EDSA 모형과 달리 초등학생을 대상으로 한다. 둘째, 데이터 생성 및 수집 과정뿐만 아니라 분석, 표현 등 탐구의 전 과정에 걸쳐 AI 기술을 적극적인 비계(Scaffolding)로 활용하는 'AI 융합' 측면을 강조하여 초등학생들의 인지적 부담을 줄이고 탐구의 질을 높이고자 하였다.

(3) 백워드 설계(Backward Design)

본 수업 모형은 개발 과정에서 백워드 설계 원리를 핵심적인 틀로 삼았다. 백워드 설계(Wiggins & McTighe, 2011)는 수업의 목표 설정, 평가 계획, 학습 경험 설계를 체계적으로 연계하는 교육과정 설계 원리이다. 전통적인 방식과 달리, '궁극적으로 학생들이 무엇을 알고 할 수 있어야 하는가?(학습 목표)'를 가장 먼저 설정하고, '학생들이 목표에 도달했음을 어떻게 확인할 것인가?(평가)'를 결정한 뒤, 마지막으로 '목표 달성을 위해 무엇을 가르치고 경험하게 할 것인가?(수업 활동)'를 계획하는 역방향적 접근을 취한다.

데이터와 AI 도구를 활용하는 수업은 자칫 기술 탐색이나 데이터 처리 활동 자체에 매몰되어 본질적인 학습 목표를 잃기 쉽다. 백워드 설계는 모든 수업 활동이 명확한 학습 목표를 향하도록 보장함으로써, AI 기술 활용이 단순한 체험을 넘어 학생들의 심층적인 이해와 핵심 역량 함양으로 이어지도록 하는 효과적인 장치가 된다.

2. 모형의 구성과 특징

1) 초기 모형 도출

본 연구는 Richey와 Klein(2012)의 설계 · 개발 연구방법론(Design and Development Research) 중 새로운 모형 생산을 목표로 하는 두 번째 유형인 '모형 연구(model research)' 절차를 따랐다. 이는 이론적 탐구와 실제적 적용을 반복하며 교육적 해결책을 개발하고 정교화하는 연구 방법으로, 본 연구에서는 아래 [그림 5-1]과 같이 문헌 연구를 통한 초기 모형 개발, 전문가 검토를 통한 수정 · 보완(내적 타당화), 실제 수업 적용을 통한 효과성 검증(외적 타당화)의 순환적 과정을 거쳐 최종 모형을 도출하였다.

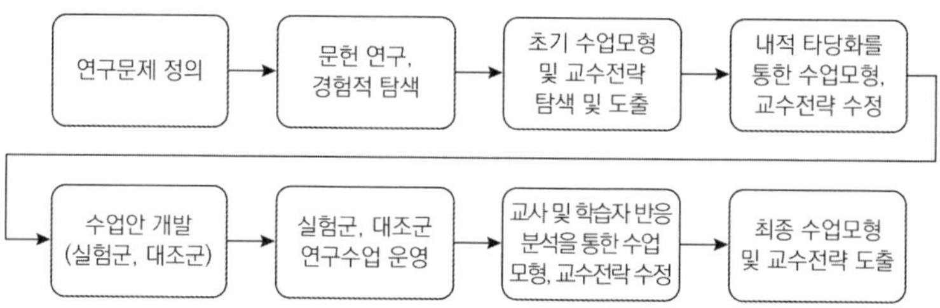

[그림 5-1] 연구 수행 과정

먼저 '데이터 기반 수업', 'AI 융합 교육', '과학 탐구 학습', '백워드 설계' 등 관련 선행 연구를 분석하여 모형의 이론적 토대를 마련하고 핵심 구성 요소를 도출하였다. 여기에 연구자가 3년간 초등학교 과학전담 교사로 근무하며 얻은 경험과 현장 교사들과의 심층 면담 결과를 더해, 실제 수업의 요구사항과 제약점 등 현실적인 맥락을 반영한 초기 수업 모형과 교수 전략 초안을 개발하였다.

2) 내적 타당화

개발된 초기 모형은 총 2차에 걸쳐 교육공학, 과학교육, 초등 교육 분야 전문가 총 7명의 검토를 통해 이론적 타당성과 논리적 완성도를 높였다.

① 1차 전문가 검토: 5명의 전문가들이 참여한 1차 검토에서는 CVI 0.8~1, IRA 1의 결과를 얻었다. 전문가들은 검토의견에서 'AI 융합의 역할이 명확히 드러나지 않는다'는 점을 지적하며 각 단계별 AI 기술 활용 방안을 상세히 기술할 것을 제안했다. 또한 백워드 설계에 익숙하지 않은 교사도 쉽게 활용할 수 있도록 전문 용어를 최소화하고, 각 단계에서 학생들이 수행할 활동 예시를 추가하여 구체성을 강화하도록 조언했다.

② 2차 전문가 검토: 6명의 전문가들이 참여한 2차 검토에서는 CVI 1, IRA 1의 결과를 얻었다. 수정된 모형을 바탕으로 진행된 심층 인터뷰에서 전문가들은 백워드 설계 원리가 수업 흐름에 잘 반영된 점, 학습자의 삶과 연계하여 탐구를 시작하는 점, '성찰' 단계를 통해 메타인지를 활성화하는 점을 높이 평가했다. 더불어 전문가 검토의견에서 수업의 효과를 극대화하기 위해 '교육과정 재구성을 통해 충분한 수업 시간을 확보해야 한다'는 현실적인 조언을 주어 이를 교수 전략에 반영하였다.

3) 외적 타당화

내적으로 검증된 모형의 교육적 효과를 실증적으로 분석하기 위해 실제 초등학교 현장에 적용하였다. 서울 소재 W초등학교 5학년 2개 학급(총 46명)을 대상으로, 한 학급은 실험군(23명), 다른 한 학급은 대조군(23명)으로 설정하였다. 수업 시작 전 데이터 리터러시 사전 검사를 통해 두 집단이 통계적으로 동질임을 확인하였다. 실험군은 본 연구에서 개발한 모형에 따라 총 8차시의 AI 융합 탐구 수업에 참여했고, 대조군은 동일한 주제를 기존 교과서 기반의 수업으로 학습하였다.

① 실험군은 본 연구에서 개발한 모형에 따라 '태양계 행성을 특징에 따라 분류하기', '다양한 생물 분류 기준을 세워 분류하기'를 주제로 총 8차시의 AI 융합 탐구 수업에 참여했다. 각 주제는 데이터 기초학습 1차시와 본시 학습 3차시로 구성된 프로젝트 수업으로 운영되었다. 학생들은 크롬북을 활용하여 웹 검색, AI 이미지 생성 도구(패들릿 AI 등)로 데이터를 수집하고, 엔트리(Entry)로 직접 AI 분류 모델을 학습시키는 등 데이터 기반의 탐구 활동을 수행했다.

② 대조군은 동일한 주제를 기존 교과서 기반의 수업으로 학습하였다. '태양계와 별' 단원에서는 실물 태양계 카드, 백과사전, 스마트 기기를 활용하여 행성의 특징을 조사하고 모둠 활동을 진행했으며, '다양한 생물과 우리 생활' 단원에서는 생물 카드를 활용한 게임, 스마트 기기를 이용한 조사 및 분류 활동을 하였다. 실험군과 마찬가지로 데이터 기초학습의

일환으로 2시간 동안 구글 시트 시각화, AI 이미지 생성 도구 체험 활동에는 참여하였다.

수업 종료 후, 데이터 리터러시 사후 검사, 수업 만족도 설문, 학습 소감문 수집, 수업 관찰, 학생 심층 면담 등 양적·질적 데이터를 다각도로 수집하여 분석하였다. 양적 데이터는 SPSS 통계 프로그램을 활용하여 실험군-대조군 간 사후검사 독립표본 t-검정, 실험군과 대조군의 사전-사후검사 대응표본 t-검정을 통해 수업 효과를 통계적으로 분석하였다. 또한, 수업 만족도 조사 결과와 서술형 소감문 등 질적 자료는 내용 분석을 통해 학생들의 인식 변화를 심층적으로 탐색하였다.

3. 설계 원리 및 모형의 구성과 특징

1) 설계 원리 및 모형의 개요

본 수업 모형은 백워드 설계(Backward Design)를 핵심 설계 원리로 채택하였다. 이는 '바라는 결과(학습 목표)'를 가장 먼저 설정하고, 그에 도달했음을 증명할 '평가'를 계획한 뒤, 마지막으로 목표 달성을 위한 '수업 활동'을 설계하는 역방향적 접근이다. 이를 통해 모든 수업 활동이 명확한 학습 목표를 향하도록 보장함으로써, AI 기술 활용이 단순한 체험을 넘어 학생들의 심층적인 이해와 핵심 역량 함양으로 이어지도록 하였다.

이러한 특징은 다음과 같은 수업 전-중-후의 체계적인 교수 전략을 통해 구체적으로 구현된다.

① 수업 전: 교사는 학생들이 AI 도구를 원활히 사용하고 데이터 탐구에 몰입할 수 있도록 철저한 사전 준비를 한다. 탐구 목표와 관련된 기초 데이터셋을 미리 가공하여 제공하고(데이터 스캐폴딩), 복잡한 탐구 절차를 쉽게 따라올 수 있도록 활동지나 공유 문서 템플릿을 제작하며(절차적 스캐폴딩), 수업에 활용할 AI 도구의 접속 링크와 기초 사용법 안내 자료를 준비하는(도구적 스캐폴딩) 등의 전략이 여기에 해당한다.

② 수업 중: 교사는 지식 전달자가 아닌 탐구 촉진자(facilitator)의 역할을 수행한다. 준비된 스캐폴딩을 활용하여 학생들이 각 단계의 목표를 명확히 인지하도록 안내하고, 데이터 분석이나 AI 모델 활용 과정에서 어려움을 겪을 때 결정적인 힌트나 질문을 던져 학생들이 스스로 문제를 해결하도록 돕는다.

③ 수업 후: 탐구가 끝난 후에는 자기평가와 동료평가를 통해 자신의 학습 과정 전체를 되돌아보도록 안내한다. 이는 과학 지식의 습득 여부를 넘어, '데이터를 통해 새로운 사실을 어떻게 알게 되었는지', 'AI 도구가 나의 탐구에 어떤 도움을 주었는지' 등 메타인지를 활성화하여 자기 주도적 학습자로서의 성장을 돕는다. 교사는 이 과정에서 수집된 학생들의 결과물과 반응을 다음 수업 설계를 위한 환류 자료로 활용한다.

2) 모형의 구성요소

본 수업 모형의 가장 큰 특징은 과학 탐구의 전 과정에 인공지능(AI) 기술을 유기적으로 융합하고, 이를 통해 초등학생들이 직접 데이터를 생성하고 다루는 주도적인 탐구 경험을 가능하게 한다는 점이다. AI는 데이터 증강, 분류 모델 학습, 창의적 결과물 생성 등 탐구의 각 단계에서 발생하는 기술적, 인지적 장벽을 낮추는 핵심적인 비계(Scaffolding)로 작동한다. 또한, 학생들은 전통적인 관찰이나 실험뿐만 아니라 디지털 센서, 웹 검색, AI 도구 등을 활용해 자신들의 가설을 검증하는 데 필요한 데이터를 스스로 확보하며 탐구의 주체가 된다.

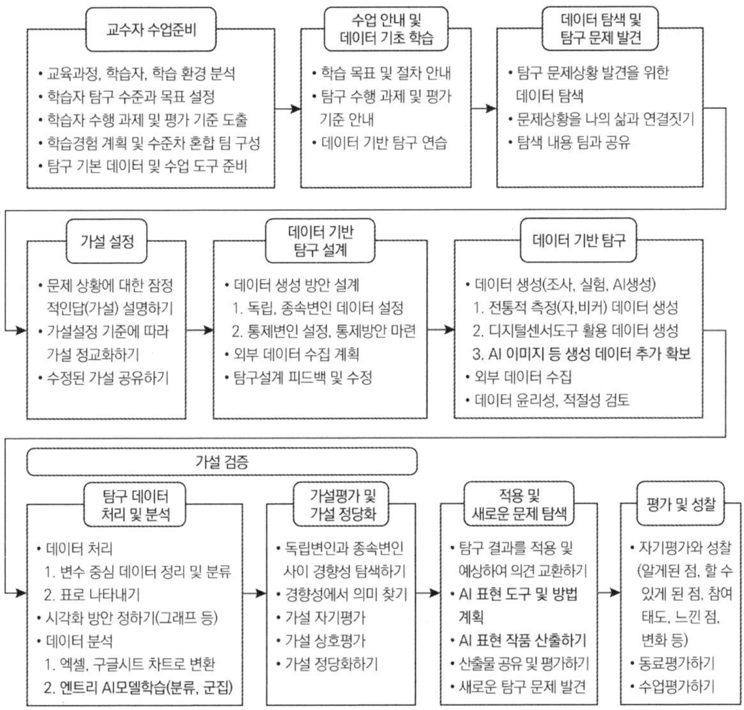

[그림 5-2] AI 융합 초등 과학 탐구 수업 모형

3) 모형의 절차

최종적으로 확정된 'AI 융합 초등 과학 탐구 수업 모형'은 '준비-실행-정리'의 흐름 속에서 총 9단계의 구체적인 절차로 구성된다. 각 단계는 학생들이 과학적 탐구의 전 과정을 체계적으로 경험하면서 데이터 리터러시와 AI 활용 능력을 통합적으로 함양하도록 유기적으로 연결되어 있다.

〈표 5-1〉 AI 융합 초등 과학 탐구 수업 모형의 9단계 절차

구분	단계	주요 활동	AI 기술 및 도구 활용
준비	1. 수업 준비	교육과정, 학습자, 환경 분석, 학습 목표 및 평가 계획 수립, 데이터 및 도구 준비	-
	2. 수업 안내 및 데이터 기초 학습	학습 목표, 탐구 절차, 평가 기준 안내, 예시 프로젝트 통한 데이터 및 AI 도구 기초 학습	데이터 시각화 도구 (Excel, Google Sheets), AI 모델 학습 도구(Entry)
실행	3. 데이터 탐색 및 탐구 문제 발견	주어진 데이터/상황 탐색, 질문 생성, 자신의 삶과 연결하여 탐구 문제 구체화	-
	4. 가설 설정	문제 상황에 대한 잠정적인 답(가설) 설정, 변인 관계를 포함한 검증 가능한 형태로 정교화	-
	5. 데이터 기반 탐구 설계	가설 검증을 위한 데이터 확보 방안(조사, 실험, AI 생성 등) 및 변인 통제 계획 수립	-
	6. 데이터 기반 탐구 수행	전통적/디지털 도구, 외부 데이터 포털, AI 생성 도구 등을 활용한 데이터 수집 및 생성	AI 이미지/ 텍스트 생성 도구 (DALL · E 2, 뤼튼 AI)
	7. 가설 검증	데이터 정리 및 시각화, AI 모델(분류, 군집 등) 활용 분석,	데이터 시각화 도구, AI 모델 학습 도구 (Entry)

구분	단계	주요 활동	AI 기술 및 도구 활용
		분석 결과를 근거로 가설 타당성 평가	
	8. 적용 및 새로운 문제 탐색	탐구 결과를 실생활에 적용 및 예측, 생성형 AI 활용 창의적 표현 및 공유, 후속 탐구 질문 도출	생성형 AI 도구 (DALL · E 2, 뤼튼 AI)
정리	9. 평가 및 성찰	자기평가, 동료평가, 수업 평가를 통한 메타인지 활성화 및 학습 과정 성찰	-

(1) 준비 단계

- 1단계. 수업 준비(교사): 본격적인 수업에 앞서 교사가 수업의 전체적인 틀을 설계하는 단계이다. 교사는 교육과정, 학습자의 사전 지식 및 탐구 수준, 학습 환경(기기, 도구 등)을 종합적으로 분석하여 구체적인 학습 목표와 성취 기준을 설정한다. 백워드 설계 원리에 따라, 설정된 목표에 맞춰 학생들의 수행 과제와 평가 기준(루브릭 등)을 마련하고, 이에 도달하기 위한 학습 경험을 체계적으로 계획한다. 또한 탐구 활동에 필요한 기본 데이터셋과 각종 디지털 및 AI 도구를 준비하고, 원활한 협력 학습을 위해 학생들로 팀을 구성한다.
- 2단계. 수업 안내 및 데이터 기초 학습: 학생들이 탐구 활동에 원활하게 참여할 수 있도록 방향을 제시하고 기초 역량을 다지는 단계이다. 교사는 학습 목표, 9단계 탐구 절차, 수행 과제 및 평가 기준을 명확하게 안내하여 학생들이 학습의 전체적인 지도를 이해하도록 돕는다. 이후 간단한 예시 프로젝트를

함께 수행하며 기본적인 데이터 처리 방법(정리, 시각화 등)과 엔트리(Entry)와 같은 AI 모델 학습 도구의 기초 사용법을 연습한다.

(2) 실행 단계

- 3단계. 데이터 탐색 및 탐구 문제 발견: 학생들이 주도적으로 탐구의 출발점을 찾는 단계이다. 학생들은 주어진 데이터나 관찰 상황 속에서 규칙성, 이상점, 궁금증 등을 자유롭게 탐색한다. 이 과정에서 떠오른 질문을 자신의 실제 삶과 연결하여 의미 있는 탐구 문제를 발견하고 구체화한다. 이 단계는 학생의 수준에 따라 교사가 문제를 제시하는 방식에서 점차 학생이 스스로 문제를 발견하는 방식으로 심화될 수 있다.
- 4단계. 가설 설정: 발견한 문제에 대한 잠정적인 답을 논리적으로 구성하는 단계이다. 학생들은 문제 상황에 대한 원인이나 결과를 예측하며 팀별 토론을 통해 잠정적인 답을 구상한다. 이후 '조작 변인과 종속 변인 간의 관계', '검증 가능성' 등 가설의 조건을 충족하도록 팀원 간의 토론과 교사의 피드백을 통해 팀 가설을 정교하게 다듬는다.
- 5단계. 데이터 기반 탐구 설계: 정교화된 가설을 검증하기 위한 구체적인 계획을 수립하는 단계이다. 가설 검증에 필요한 데이터를 어떻게 얻을지(직접 생성 또는 외부 수집) 설계한다. 직접 데이터를 생성하는 방법으로는 전통적 실험, 디지털 센서 실험, AI 생성 등이 있으며, 외부 데이터를 수집하는 방법으로는 공공 데이터 포털 활용 등을 고려한다. 이때 조작 변

인, 종속 변인을 명확히 하고, 결과에 영향을 미칠 수 있는 다른 변인들을 어떻게 통제할지 구체적인 방안을 마련한다.

- 6단계. 데이터 기반 탐구 수행: 설계한 계획에 따라 데이터를 확보하는 실행 단계이다. 눈금자, 비커 등 전통적 도구나 디지털 센서 등을 활용해 데이터를 직접 생성하거나, 필요에 따라 DALL・E 2, 뤼튼 AI와 같은 AI 이미지/텍스트 생성 도구를 활용하여 탐구 데이터를 추가 확보할 수 있다. 또한 외부 데이터 포털 등에서 데이터를 수집한다. 이 과정에서 데이터 수집 및 활용 시 발생할 수 있는 개인정보, 저작권 등 윤리적 문제를 반드시 검토한다.
- 7단계. 가설 검증: 확보한 데이터를 분석하여 가설의 타당성을 판단하는 핵심 단계이다. 수집한 데이터를 조작 변인과 종속 변인 중심으로 표로 정리하고, 엑셀・구글 시트 등의 차트 기능을 활용해 그래프로 시각화한다. 데이터의 특징을 더 깊이 파악하기 위해 엔트리(Entry) 등의 AI 모델 학습 기능(분류, 군집 모델 등)을 활용하여 데이터를 분석한다. 시각화된 자료와 분석 결과를 바탕으로 변인 간의 경향성을 파악하고, 이를 근거로 팀의 가설이 타당한지 혹은 기각되어야 하는지 논리적으로 평가하고 토론한다.
- 8단계. 적용 및 새로운 문제 탐색: 탐구 결과를 확장하고 새로운 탐구로 연결하는 창의적 단계이다. 검증된 탐구 결과를 실제 생활에 적용해 보거나, 다른 상황을 가정하여 결과를 예상하며 생각의 폭을 넓힌다. DALL・E 2(이미지), 뤼튼 AI(텍스트) 등 다양한 생성형 AI 도구를 활용하여 탐구 결과와 자신의 생

각을 독창적인 산출물로 표현하고 온라인으로 공유한다. 이 과정에서 생긴 추가적인 호기심과 궁금증을 바탕으로 후속 탐구 문제를 발견하고 기록한다.

(3) 정리 단계

- 9단계. 평가 및 성찰: 학습 경험 전체를 되돌아보며 메타인지를 활성화하는 마무리 단계이다. 학생들은 탐구 과정에서 새롭게 알게 된 점, 자신의 참여 태도, 느낀 점 등을 중심으로 스스로의 학습을 성찰한다(자기평가). 또한 팀 협력 과정을 되돌아보고 서로의 기여를 칭찬하며 개선점을 찾는다(동료평가). 마지막으로 수업 전반의 구성 및 운영에 대한 의견을 제시하며 향후 수업 개선에 기여한다(수업 평가).

4) 실제 적용 사례

개발된 수업 모형은 학생들의 탐구 역량 수준을 고려하여 교수자 중심, 교수자-학습자 협력, 학습자 중심의 세 가지 유형으로 설계되었으며, 이 중 학생들의 수준에 맞춰 '교수자 중심'과 '교수자-학습자 협력' 수업을 실제 운영하였다.

(1) 사례 1. 교수자 중심 탐구: '태양계 행성을 특징에 따라 분류하기'

이 수업은 학생들이 교사의 안내에 따라 데이터 수집 및 AI 모델링의 기본 과정을 경험하도록 설계되었다. 이는 수업 모형의 초기 단계에서 교사가 적극적인 스캐폴딩을 제공하는 교수 전략을 반영한 것이다.

- (2단계: 기초 학습) 학생들은 교사의 안내에 따라 태양계 행성 관련 기초 데이터를 다루는 법과 엔트리(Entry)의 AI 모델 학습 도구 사용법을 익혔다.
- (4단계: 가설 설정) 학생들은 행성 카드를 관찰하며 '행성은 색깔, 고리 유무, 무늬 등으로 구분할 수 있다'와 같은 자신만의 분류 기준(가설)을 세웠다.
- (6단계: 데이터 수집) 교사가 제공한 '데이터 스캐폴딩'의 일환으로 실물 행성 카드, 웹 검색 이미지 외에도, 패들릿의 AI 이미지 생성 기능을 활용해 행성 이미지를 추가로 확보하며 데이터를 증강하는 경험을 했다.
- (7단계: 가설 검증) 수집한 이미지 데이터를 엔트리의 'AI 모델 학습' 기능에 직접 입력하여 각 행성을 구분하는 인공지능 분류 모델을 제작했다. 이후 자신들이 만든 AI 모델이 새로운 행성 이미지를 얼마나 잘 분류하는지 테스트하며, 자신들이 세운 분류 기준(가설)이 적절했는지, 분류 성능을 높이기 위해 어떤 데이터가 더 필요한지 등을 토의하며 가설을 검증하고 수정하는 과정을 거쳤다.
- AI 활용 확장(8단계: 적용 및 새로운 문제 탐색): 탐구 결과를 바탕으로, 뤼튼(Wrtn) AI의 글쓰기 기능을 활용해 '태양이 지구에 미치는 영향'에 대한 창의적인 시를 짓거나, AI 이미지 생성 도구로 자신만의 상상 속 행성 이미지를 만드는 등 탐구 결과를 창의적으로 표현하고 확장하는 활동을 진행했다.

(2) 사례 2. 교수자-학습자 협력 탐구: '다양한 생물 분류 기준을 세워 분류하기'

이 수업은 학생들이 자신의 분류 기준을 AI의 분류 결과와 비교하며 과학적 사고를 심화하도록 설계되었다. 교사가 데이터와 AI 모델이라는 '도구적 스캐폴딩'을 제공하고, 학생들은 이를 활용해 주도적으로 탐구를 이끌어가는 협력적 모델이다.

- (4단계: 가설 설정) 학생들은 먼저 12장의 생물 카드(동물, 식물, 균류 등)를 보며 생김새, 특징 등을 근거로 '생물은 광합성 여부, 움직임 등으로 분류할 수 있다'와 같은 자신만의 분류 기준(가설)을 세워 생물을 분류했다.
- (7단계: 가설 검증) 이후, 교사가 미리 생물 이미지 데이터를 학습시켜 제공한 엔트리 AI 모델의 분류 결과와 자신들의 분류 결과를 비교했다. 이 과정에서 학생들은 "AI는 왜 버섯을 식물이 아니라고 했을까?", "내 분류 기준과 AI의 분류 기준은 무엇이 다를까?"와 같은 구체적인 질문을 통해 토론을 시작했다. 이는 자신의 잠정적인 설명(가설)을 AI라는 객관적 모델과 비교하며 검증하고, 보다 과학적인 분류 기준의 필요성을 스스로 깨닫게 하는 과정이었다.
- (8단계: 심화 탐구) 토론을 통해 생긴 궁금증을 해결하기 위해 챗봇 등을 활용해 세균과 같은 특정 생물의 특징을 추가로 조사하고 팀별로 발표하며 생물의 다양성에 대한 이해를 확장하는 후속 탐구로 자연스럽게 연결되었다.

(3) 사례 3. 학습자 중심 탐구 수업 설계안: '환경오염이 나에게 미치는 영향'

이 수업은 실제 운영되지는 않았으나, 학생들이 탐구의 전 과정을 주도하며 과학적 문제 해결 능력과 사회 참여 역량을 기르도록 설계되었다.

- (3단계: 문제 발견) 학생들은 자신의 삶과 관련된 환경오염 상황(미세먼지, 플라스틱 쓰레기 등)을 직접 탐색하며 스스로 탐구 문제를 발견하고 구체화한다.
- (5, 6단계: 탐구 설계 및 수행) 학생들은 탐구 문제를 해결하기 위해 필요한 데이터를 스스로 계획하여 수집한다. 공공데이터포털의 통계 자료, 뉴스 기사, 관련 논문 등을 탐색하고, AI 이미지 생성 도구를 활용해 환경오염의 영향을 시각적으로 표현하는 등 다양한 데이터를 주도적으로 확보하고 분석한다.
- (8단계: 적용 및 새로운 문제 탐색) 탐구 결과를 바탕으로 환경오염 문제 해결을 위한 실천 방안을 모색하고, AI를 활용하여 인포그래픽, 캠페인 영상, 정책 제안서 등 창의적인 산출물로 표현하며 자신의 주장을 사회적으로 공유하고 소통하는 활동으로 확장된다.

4. 결론 및 향후 발전 방향

1) 효과 분석

(1) 데이터 리터러시 향상 효과(양적 분석)

수업 모형의 효과를 통계적으로 검증하기 위해 실험군과 대조군의 데이터 리터러시 사전-사후 검사 점수를 비교 분석하였다. 사후검사 독립표본 t-검정 결과, 실험군은 대조군에 비해 5개의 하위 영역에서 통계적으로 유의미하게 높은 향상을 보였다($p < .001$). 구체적으로 '데이터 이해', '데이터 수집 · 준비', '데이터 분석', '데이터 평가', '데이터 기반 의사소통' 영역에서 유의미한 차이가 나타나, 본 수업 모형이 학생들의 전반적인 데이터 역량 강화에 매우 효과적임을 입증했다.

다만, '데이터 표현' 영역에서는 두 집단 간 유의미한 차이가 나타나지 않았다. 이는 탐구 결과를 바탕으로 새로운 상황에 적용하고 자신의 생각을 논리적으로 일반화하여 표현하는 활동이 초등학생들에게는 인지적으로 높은 수준의 과제임을 시사한다. 단순히 표나 그래프를 만드는 것을 넘어, 데이터에 담긴 의미를 재구성하여 창의적으로 표현하는 능력은 보다 체계적이고 점진적인 지도가 필요함을 알 수 있다. 이러한 분석 결과는 최종 모형에서 '데이터 표현' 관련 교수 전략을 보완하는 중요한 근거가 되었다.

(2) 학생들의 긍정적 인식 변화

수업 만족도 조사와 학생들의 소감문 분석 결과, AI 융합 과학 탐구 수업은 학생들의 학습 경험에 매우 긍정적인 영향을 미친 것으로 나타났다.

- 과학 지식 이해 및 탐구 활동의 즐거움: 수업 만족도 조사에서 실험군 학생들은 '과학적 내용 이해', '탐구 활동의 즐거움' 등 모든 항목에서 대조군보다 월등히 높은 점수를 보였다. 학생들은 소감문에서 "데이터를 활용하니 과학 지식이 더 쉽게 이해됐다", "실제 과학자가 된 것 같은 탐구 활동이었다"고 응답하며, 데이터 기반의 근거를 통해 지식을 습득하는 과정에 높은 만족감을 표현했다.
- 수업 몰입 및 참여도 증가: "스마트 기기를 활용하는 수업이 재미있어 시간 가는 줄 몰랐다", "지루하지 않았다"는 응답에서 볼 수 있듯이, 다양한 디지털 도구와 AI 기술의 활용은 학생들의 흥미와 몰입을 이끌어내는 강력한 동기가 되었다. 특히 평소 수업에 소극적이던 학생들도 자신의 아이디어를 AI로 표현하는 활동에 적극적으로 참여하는 모습을 보였다.
- 데이터에 대한 인식 변화: 학생들은 "데이터에 대한 관심이 생겼고, 데이터를 활용하는 게 신기하고 즐거웠어요", "스스로 데이터를 수집해서 조사할 수 있어서 좋았다"고 응답하며, 데이터를 다루는 활동 자체에 대한 긍정적인 인식을 형성하였다.

물론 일부 학생들은 "할 일이 많고 조금 복잡해서 어려웠다"는 반응을 보이기도 했지만, 전반적으로 학생들은 새롭고 도전적인 학습 방식에 높은 흥미와 성취감을 느끼며 수업에 적극적으로 참여했음을 확인할 수 있었다.

본 연구를 통해 개발된 AI 융합 과학 탐구 수업 모형은 AI 기술이 복잡한 데이터 분석 과정을 보조함으로써 초등학생들도 주도적으로 데이터 기반 탐구를 수행할 수 있다는 가능성을 실증적으로 보여주었다는 점에서 중요한 의의를 갖는다.

첫째, 이 모형은 2022 개정 교육과정이 추구하는 '깊이 있는 학습'을 구현하는 효과적인 틀을 제공한다. 학생들은 AI 도구로 탐구의 효율성을 높이고, 데이터 기반의 근거를 통해 과학적 개념을 내면화하며, 이를 자신의 삶과 연결하는 과정을 통해 유의미한 지식을 구성하게 된다.

둘째, AI 기술은 학생들의 학습 참여 동기를 유발하고 창의적인 자기표현의 기회를 확장하는 강력한 도구임이 확인되었다. 특히 생성형 AI를 활용한 표현 활동은 평소 수업에 소극적이던 학생들의 적극적인 참여를 이끌어냈다.

셋째, 이 모형은 교사들에게 AI 융합 수업을 설계하고 실행하는 데 있어 의존할 수 있는 구체적이고 실천적인 지침을 제공함으로써, 교사의 수업 설계 역량 강화에 기여할 수 있다.

2) 적용상의 유의점

본 모형의 교육적 효과를 극대화하기 위해서는 몇 가지 현실적인 조건과 한계를 충분히 인지하고 적용 시 유의해야 한다.

첫째, 안정적인 디지털 학습 환경 구축이 선결 과제이다. 1인 1기기 보급과 안정적인 무선 네트워크 환경은 필수적이며, 인터넷 연결 불안이나 프로그램 오류 등 예기치 못한 기술적 문제에 대비한 대체 활동이나 해결 방안을 미리 마련해야 한다. 또한 디지털 센서실험도구와 같은 데이터 수집 장비의 도입도 함께 고려되어야 한다.

둘째, 학생 관련 유의점을 신중히 고려해야 한다. 학생 간 디지털 소양 격차는 수업 효과를 좌우하는 가장 큰 변수이다. 이질적 모둠 구성만으로는 격차 해소에 한계가 있으므로, 정규 교육과정 내에서 꾸준한 디지털 소양 교육이 선행되어야 한다. 또한, 일부 학생들이 스스로 궁리하기보다 AI의 답변에만 의존하려는 '기술 의존적 태도'를 보일 수 있으므로, 교사는 AI를 '사고를 돕는 도구'로 사용하도록 안내하고 스스로 생각하는 과정의 중요성을 지속적으로 강조해야 한다. 학생별 학습용 계정(구글, MS 등) 발급 및 관리를 통해 개별 학습 데이터 누적과 맞춤형 학습을 지원하는 것도 효과적이다.

셋째, '적용 및 새로운 문제 탐색' 단계의 일반화 과정을 내실 있게 운영해야 한다. 이 단계는 단순히 표, 그래프, AI 작품을 만들어 발표하는 시간이 아니라, 학습한 개념을 실제 세계 및 학습자의 삶과 진정으로 연계하는 핵심 과정이다. 학생들이 자신의 삶의 경험과 연계하여 표현할 수 있도록 안내하되, 외국어, 이미지, 음악 등 다양한 표현 도구를 활용해 평소 과학 수업에서 두각을 나타내지 못하던 학생들도 자신의 방식으로 참여할 수 있는 기회를 제공해야 한다.

넷째, 탐구 문제의 설정과 활용에 특별한 주의를 기울여야 한다. 탐구 문제는 수업을 관통하는 '핵심 질문'으로, 가설 설정, 탐구 설계, 가설 검증은 물론 일반화 단계에서 학습 내용을 실제 세계와 연결하는 가이드라인이 된다. 따라서 수업 전 교육과정, 학습자,

환경에 대한 철저한 분석을 바탕으로 탐구 문제를 선정하고, 이것이 전 단계에 걸쳐 일관되게 작동하도록 수업을 설계해야 한다.

다섯째, 교사의 역량 강화와 전문가 협업이 필요하다. 교사 스스로 다양한 AI 도구 활용에 익숙해지는 기술적 전문성과 이를 교육과정에 효과적으로 통합하는 교수법적 전문성을 함께 갖추어야 한다. 복잡하고 융합적인 수업을 교사 개인이 모두 설계하기에는 한계가 있으므로, 과학 교과 전문성을 가진 교사와 AI 융합 수업 전문성을 가진 교사 간 협업, 초-중등 교사 간 협업, 나아가 다른 분야 전문가와의 협업을 통해 양질의 수업 사례를 개발하고 공유하는 문화가 필요하다. 단, 협업 과정에서도 관련 법령을 준수하고 교사의 교수학적 체계를 통해 수업 내용을 선검증해야 한다.

여섯째, 충분한 수업 시간과 장기적 관점의 적용이 요구된다. 단기간의 제한적 차시만으로는 학생들의 데이터 리터러시와 AI 활용 역량이 충분히 신장되기 어렵다. 학년 초부터 체계적이고 지속적인 데이터 및 AI 과학 탐구 학습 프로그램을 운영할 때 더욱 의미 있는 변화를 기대할 수 있다.

3) 결론 및 제언

본 장에서는 설계·개발 연구방법을 활용하여 초등학교 맥락에서 데이터 기반 AI 융합 과학 탐구 수업모형 및 교수전략을 개발하였다. 개발된 수업모형은 '교수자 수업 준비, 수업 안내 및 데이터 기초 학습, 데이터 탐색 및 탐구 문제 발견, 가설설정, 데이터 기반 탐구 설계, 데이터 기반 탐구, 가설검증, 적용 및 새로운 문제 탐색, 평가 및 성찰'의 9단계로 구성되며, 총 35개의 구체적인 교수

전략을 포함한다.

본 장에서 제시된 모형은 2022 개정 교육과정에서 강조하는 깊이 있는 학습(deep learning)과 개념 기반 교육과정의 철학을 반영하고 있다(교육부, 2022). 학생들은 실제 데이터를 수집하고 AI 기술로 데이터를 증강하며, AI가 적용된 시각화 도구를 활용해 데이터를 분석함으로써 기존 과학 탐구 수업보다 풍부하고 질 높은 탐구 경험을 할 수 있다. 또한 탐구 결과를 자신의 삶에 적용하고 새로운 상황을 예상하는 일반화 과정을 통해, 학습한 개념을 실제 세계와 연결하는 의미 있는 학습이 가능하다.

외적 타당화 과정을 통해 본 수업모형이 초등학생들의 데이터 리터러시 향상에 유의미한 효과가 있음을 실증적으로 확인하였다. 학생들은 수업에 몰입하여 즐겁게 학습하였으며, 과학적 지식 이해가 쉬워지고 실제적인 과학 탐구 활동을 경험할 수 있었다고 응답하였다. 특히 평소 과학 수업에서 소극적인 태도를 보이던 학생들도 다양한 표현 방식(외국어, 이미지, 음악 등)을 활용한 적용 단계에서 적극적으로 참여하는 모습을 보였다.

개발된 AI 융합 과학 탐구 수업모형과 교수전략은 초등학교 과학 교육에서 데이터 리터러시와 과학 탐구 역량을 동시에 함양할 수 있는 실질적인 방안을 제시하며, 향후 다양한 교과와 학교급으로 확장 · 적용될 수 있는 기초를 마련하였다는 점에서 의의가 있다.

AI 융합 과학 탐구 수업모형 개발 연구 결과를 바탕으로 AI 융합 과학 탐구 수업의 실질적 확산과 질적 향상을 위해 다음과 같이 제언하고자 한다.

(1) 학습 환경 조성 측면

먼저 공간 및 인프라 구축 측면에서는 안정적이고 빠른 무선 인터넷망 확충이 최우선 과제이다. 학습자 개별 스마트기기 보급과 함께 기기 성능 개선이 이루어져야 하며, 디지털센서실험도구 등 디지털 데이터 수집 장비가 과학실험실에 도입되어야 한다. 또한 학생별 개인 학습용 계정(구글, MS 등)을 발급하고 체계적으로 관리함으로써 학습 데이터가 누적되고 이를 기반으로 맞춤형 학습을 지원할 수 있는 환경을 구축해야 한다.

콘텐츠 및 플랫폼 확충 측면에서는 초등학생 수준에 적합한 과학 탐구 데이터 수집 사이트를 확장할 필요가 있다. 교과서 개발 단계부터 데이터 리터러시 및 AI 융합 활동을 위한 플랫폼, 수업자료, 활동 예시 수업안을 체계적으로 제공한다면 데이터 기반 AI 융합 수업의 전반적인 확산에 강력한 영향을 줄 수 있을 것이다. 아울러 초등학생이 안전하게 활용할 수 있는 생성형 AI 도구를 개발하거나 기존 AI 도구를 교육 현장에서 활용할 수 있도록 제도적 장치를 마련해야 한다. 초등 학습자의 인지 수준을 고려한 직관적이고 사용하기 쉬운 웹 기반 데이터 탐구 활동 도구와 AI 탐구 결과 표현 도구의 개발도 시급하다.

(2) 교사 역량 강화 측면

무엇보다 데이터 기반 AI 융합 수업이 무엇인지, 왜 중요한지에 대한 인식 전환 연수를 통해 교사들의 인식을 제고하고 그 가치를 알리는 것이 우선되어야 한다. 관심 있는 교사들을 위해서는 체계적인 연수 및 강의, 대학원 과정, 전문적 학습공동체 등 다양한 역량 강화 프로그램을 지원하여 디지털 수업 역량 강화에 힘써야 할 것이다. 이를 위해 데이터 기반 AI 융합 수업의 전문성과 경험을 갖춘 강사들을 발굴하고 양성하여 교사 교육을 지원할 필요가 있다.

교사 개인의 노력만으로는 한계가 있으므로 교사 간 협업을 촉진하는 문화를 조성하고 우수 수업 사례를 공유할 수 있는 시스템을 구축해야 한다. 과학 교과 전문성을 가진 교사와 AI 융합 수업 전문성을 가진 교사가 협력하거나, 초등과 중등 교사 간 협업, 나아가 다른 분야 전문가와의 협업을 통해 질 높은 수업 사례를 개발하고 공유하는 것이 필요하다. 무엇보다 교사들이 실제 수업에 적용해 보는 경험을 통해 융합적 교수 역량을 성장시킬 수 있도록 실천적 전문성 신장의 기회를 확대해야 한다.

(3) 교육과정 및 정책 측면

2022 개정 교육과정에서 디지털 소양을 기초소양으로 제시한 만큼, 정규 교육과정 내에서 체계적인 디지털 소양 교육이 실시되어야 한다. 학년별 연계성을 고려하여 데이터 리터러시 및 AI 교육 프로그램을 편성함으로써 학생들이 단계적으로 역량을 쌓아갈 수 있도록 해야 한다.

본 연구에서 확인된 바와 같이 학생 간 디지털 격차는 수업 효과를 좌우하는 가장 큰 변수이므로, 이를 해소하기 위한 실질적인 지원 방안이 마련되어야 한다. 이질적 모둠 구성만으로는 한계가 있으므로 기초 디지털 역량이 부족한 학생들을 위한 별도의 지원 프로그램이 필요하다. 또한 데이터 스캐폴딩, 도구적 스캐폴딩, 절차적 스캐폴딩 등 초등 학습자의 과학 탐구 학습을 효과적으로 지원할 수 있는 전략에 대한 연구가 이루어지고 현장에 적용되어야 한다.

(4) 후속 연구 측면

본 연구는 서울 소재 특정 초등학교 5학년 한 학급을 대상으로 진행되었다는 한계가 있다. 따라서 다양한 지역, 학교급, 학급을 대상으로 한 확대 적용 연구를 통해 본 모형의 일반화 가능성을 검증할 필요가 있다. 또한 본 연구는 8차시라는 비교적 짧은 기긴 동안 수업을 적용하였으므로, 장기간에 걸친 AI 융합 과학 탐구 수업 적용이 학습자의 데이터 리터러시와 과학 탐구 역량에 미치는 영향을 종단적으로 파악하는 연구가 필요하다.

본 연구의 외적 타당화 결과, 데이터 표현 영역의 개선이 눈에 띄게 나타나지 않았다. 이는 AI나 데이터 표현 능력이 그것의 이해와 활용 경험의 기반 위에서 증진되기 때문으로 여겨진다. 따라서 초등학생을 위한 체계적인 데이터 및 AI 과학 탐구 학습 프로그램 개발 연구가 필요하다. 특히 일반화 단계인 '적용 및 새로운 문제 탐색' 단계를 내실 있게 운영하여 학습한 개념을 실제 세계 및 학습자의 삶과 진정으로 연결할 수 있도록 하는 교수학습 전략 및 평가 방안에 대한 연구가 요구된다.

마지막으로 본 연구는 과학 교과를 중심으로 진행되었으나, 데이터 기반 AI 융합 수업은 사회, 수학 등 다양한 교과로 확장 적용이 가능하다. 각 교과의 특성을 고려한 수업모형과 교수전략 개발 연구를 통해 AI 융합 교육의 지평을 넓혀갈 필요가 있다.

앞으로 본 연구에서 개발한 수업모형과 교수전략이 다양한 교육 현장에서 적용되고, 지속적인 수정・보완을 거쳐 초등학생들의 과학 탐구 역량과 데이터 리터러시를 실질적으로 향상시키는 효과적인 수업 방안으로 자리매김하기를 기대한다. 나아가 AI 시대를 살아갈 학습자들이 데이터를 비판적으로 읽고, 과학적으로 탐구하며, 자신의 삶과 연결하여 의미를 구성하는 역량을 갖춘 미래 인재로 성장하는 데 본 연구가 기여할 수 있기를 바란다.

‖ 참고 문헌 ‖

교육부 (2022). 2022 개정 교육과정 총론.

손미현 (2020). 지식정보처리역량 함양을 위한 데이터 기반 과학탐구 모형 개발, 서울대학교 대학원 박사학위논문.

Richey, R. C., & Klein, J. D. (2012). 교육공학연구를 위한 설계 · 개발연구(정현미, 김광수, Trans.). 학지사. (Original work published 2007).

Wiggins, G. P., & McTighe, J. (2011). *The understanding by design guide to creating high-quality units.* ASCD.

제3부에서는 교과의 내용과 인공지능의 원리를 융합하는 수업 설계의 실제적 방향을 제시한다. 특정 교과의 수업 과정에 인공지능의 관점과 지식이 활용되는 수업이 어떻게 가능한가를 보여주고 있다. 생성형 AI, 데이터 분석, 자연어 처리와 같은 기술은 교과 내용의 교육과 학습 방식을 새롭게 변화시키면서 학습자의 탐구와 문제 해결 방식을 근본적으로 바꾸어 가고 있다. 제3부에서는 수학, 사회, 과학, 영어를 중심으로 교과별 내용과 AI 내용과 기술이 유기적으로 통합되는 수업 모형과 설계 원리를 다룬다. 수학에서는 생성형 AI 기반의 문제 해결형 수업, 사회에서는 데이터 활용 탐구 중심 수업, 과학에서는 오개념 교정을 위한 AI 지원 설계, 영어에서는 자연어처리를 활용한 읽기 수업 설계 원리를 제시한다. 결국 제3부는 AI가 교과 학습의 도구를 넘어, 교과 학습을 새롭게 파악하게 하는 지식의 틀이 될 수 있음을 보여준다.

PART 03

교과 기반 AI 융합 수업 모형과 원리

CHAPTER 06 생성형 AI 챗봇 기반 수학과 인공지능 융합 수업 모형

CHAPTER 07 데이터 기반의 인공지능 융합 초등 사회과 탐구학습을 위한 수업 모형

CHAPTER 08 오개념 교정을 위한 AI 융합 과학 수업 설계 원리

CHAPTER 09 인공지능 융합 영어 읽기 수업 설계 원리 개발: 자연어처리 원리를 중심으로

CHAPTER 06

생성형 AI 챗봇 기반 수학과 인공지능 융합 수업 모형[1]

고보경

1. 모형 개발의 배경과 필요성

1) 실제적 요구

디지털 전환 시대를 맞아 교육의 패러다임은 단순한 지식 전달을 넘어, 창의적 문제해결 역량을 강화하는 방향으로 변화하고 있다(임철일, 2019). 특히 인공지능(AI) 기술의 급속한 확산은 교육 영역에 두 가지 흐름을 가져왔다. 첫째는 AI를 교수・학습 도구로 활용하는 '인공지능 활용교육(Teaching with AI)', 둘째는 AI 자체에 대한 이해를 목표로 하는 '인공지능 이해교육(Teaching about AI)'이다(정제영 외, 2023). 하지만 이중 후자인 인공지능 이해교육에서는 사실상 정보 교과에서 제한적으로 다루어진다는 한계점이 지적되며, 다양한 교과에서 AI를 '융합'하여 더욱 광범위하게 가르쳐야 한다는 교육적 필요성이 부각되었다(고보경 외, 2023). 이에 따라 인공지능 융합교육(AI integrated education)의 개념이 부상하였으며, 이는 각 교과의 맥락에서 인공지능을 활용해 실제 문제를 창의적으로 해결하는 교육 형태로써 제안되고 있다. 수학

1) 본 장의 내용은 고보경 외(2024)의 논문을 보완하여 작성되었다.

교과는 그중 가장 높은 융합 가능성을 가진 교과목 중 하나로 평가받고 있다는 점에서 특히 주목할 필요가 있다(박만구, 2020).

수학교육은 인공지능의 이론적 기반(데이터 처리・분석・예측 등)에 밀접히 연관되며, 인공지능 기술의 원리를 개념적으로 직접 적용할 수 있는 교과라고 할 수 있다(고호경, 2020). 특히, 고등학교 교육과정에서 〈인공지능 수학〉 과목의 도입 이후, '수학'과 '인공지능'의 연계성과 상호작용을 탐색하는 'AI 융합 교육'에 대한 연구가 활발히 시도되고 있다. 그럼에도 여전히 다음과 같은 실천적 한계가 수학과 인공지능 융합교육맥락에서 존재한다. 첫째, 수학과 AI 융합교육에 대한 구체적인 수업모형 및 실행전략이 교과의 내용과 다양한 교수학습 방법에 비해 턱없이 부족하다(박미미, 임웅, 2023). 둘째, 특정 인공지능 기반 도구를 수업에 일부에서 다루는 교육프로그램이 보고되고 있으나, 교과의 특성을 면밀히 고려하여 체계적으로 안내된 수업 설계 지식은 여전히 충분하지 않다. 셋째, 기존 연구는 최신 AI 기술과 접목한다기 보다는 주로 Python, ML4K, Orange3 등 특정한 소프트웨어 기반 도구 활용에 편중되어 있는 경향이 있다. 따라서 이러한 선행 연구의 한계와 수학교과의 특성을 반영하여 수학과 AI 융합 교육을 체계적으로 안내하는 수업 설계 모형을 개발할 필요가 있다.

최근 ChatGPT를 포함한 생성형 AI(ChatGPT, Gemini 등)는 교육 현장에 실질적 변화를 촉진하고 있다(Alberts et al., 2023). 특히 언어모델 기반 AI의 높은 대화 완성도와 접근성을 활용한다면, 전통교육의 한계를 부분적으로 극복할 수 있다. 이러한 측면에서 생성형 AI 기반 교육은 학습 데이터를 기반으로 학습자 맞춤형 문제 풀이 설명을 적응적으로 제공할 수 있다는 장점이 있다. 관련하여 AI가 생성하는 결과의 신뢰도에 대한 문제가 지적되지만, 이는 프롬프트 엔지니어링과 기술의 발전을 통해서 정확도 개선이 가능한 부분이다. 생성형 AI 기반 교육은 기존 ITS나 AI 활용교육과 비교하여 보았을 때도, 학생 주도의 문제해결에 대하여 더욱 정교한 지원을 가능하게 한다. 하지만 이러한 생성형 AI 기반 교육의 이점에도 불구하고, 이에 대한 구체적 수업모형 및 실천 전략은 여전히 미비하다. 따라서 본 장에서는 생성형 AI의 기능적 탐색과 이론적 가능성을 바탕으로 수학 교과에서 AI 융합 교육의 설계를 지원하는 모형과 그 전략 개발을 목적으로 한다.

2) 이론적 배경

인공지능 융합교육은 'AI 교육 내용의 요소를 포함하며 교과 및 AI 지식을 이해, 적용, 창출하고자 하는 교육'을 의미한다(임철일 외, 2025). AI 융합교육은 융합하는 교과의 종류에 따라서 구분하거나, 사용하는 AI 도구에 따라서 구분할 수 있다. 기본적으로, AI 융합교육에서는 AI 핵심 개념을 교과문제 해결과 연결하는 방식으로 융합하기 때문에, 인공지능 리터러시와 교과 목표라는 두 내용 영역의 습득을 목표로 한다. 또한 AI를 도구로써 활용함과 동시에 AI의 내용적 측면도 다룬다는 특징이 있다. 따라서 목적에 따라 AI 기반 도구를 적절하게 선택하는 것 또한 중요한 과제라고 할 수 있다.

수학 교과는 AI 기술의 이론적 토대를 제공하는 학문이라고 할 수 있다. 따라서 인공지능을 융합할 수 있는 요소가 많은 영역이다. 예컨대 수학교과의 주요 영역 중 '벡터', '방정식', '경우의 수' 등을 인공지능의 데이터 표현, 분석 원리와 연계시키는 융합 교육 등이 가능하다. 또한 수학적 사고, 추론, 규칙의 내면화의 수학적 역량 자체를 인공지능의 원리를 다루며 습득하는 방식의 수학과 인공지능 융합교육 또한 고려해 볼 수 있다(김창일, 전영주, 2021).

수학 교과 영역에서의 AI 융합교육에 대한 가능성은 이미 많은 연구자들에 의해서 논의되고 있다. 특히 AIME(AI-integrated Mathematics Education)라는 용어를 기반으로 관련 연구가 세분화되어 수행되고 있다. 하지만 교육공학적 관점에서 보았을 때, AI 활용 사례를 보고하는 수준의 연구가 대부분이며, 수학 교과의 특성을 반영하여 체계적으로 개발된 AI 융합 수업 모형은 다소 부족한 상황이다. 이와 관련하여, Hwang과 Tu(2021)도 AIME의 연구가 특정 개념 영역에 집중된 한계를 지적하며 기하학, 위상수학, 응용수학 등의 영역에서 융합교육연구가 부족함을 언급하였다. 따라서 수학 교과 맥락에서 문제해결력과 AI 리터러시를 동시에 향상시킬 수 있는 AI융합교육 수업모형 개발이 필요하다. 특히 최근 수학적 추론 능력이 강화되었다고 평가되는 생성형 인공지능의 활용 또한 적극 검토할 필요가 있고 이러한 맥락에서 생성형 인공지능 챗봇을 활용한 수학과 인공지능 융합교육 수업모형을 개발하였다.

2. 모형 개발 과정

생성형 인공지능 챗봇을 활용한 수학과 인공지능 융합교육 수업모형 개발을 위해 설계·개발 연구 방법론(design and development research methodology)(임철일 외, 2024)을 사용하였다. 이를 위해 먼저 문헌 고찰과 현장교사 인터뷰를 통해 초기모형을 개발하였다. 다음으로 인공지능 기반 수학교육 전문가 4인을 대상으로 2회의 면담 및 설문을 통해 수업 모형을 수정 및 보완하였다. 개발된 수업 모형을 적용하여 수원의 S고등학교 1학년 8개 반 총 204명을 대상으로 순열과 조합 단원 수업을 실행하고 사전-사후 설문 및 면담을 통해 그 효과를 확인하였다. 상세한 연구 절차는 〈표 6-1〉과 같다.

〈표 6-1〉 모형 개발의 절차

개발 단계		세부 절차
분석	선행문헌고찰	문헌 고찰: 인공지능 융합교육 관련 문헌 조사
		사례 조사: 수학과 수업에 활용될 수 있는 인공지능 기술, 도구 및 실제 수업 사례에 대한 조사
	현장교사 인터뷰	교육 요구 조사 및 분석: 현직 교사, 심층 면담
설계	초기 수업모형 도출	초기 수업모형 도출
	전문가 타당화 (2회)	초기 수업모형에 대한 타당성 설문 및 면담
	최종 수업모형 도출	전문가 의견을 반영한 최종 수업모형 개발
개발	수업지도안 및 수업자료 개발	수업 실행을 위한 수업설계안, 교육자료 개발
실행	현장적용 (3차시*8개 반)	고등학교 1학년 204명 대상으로 수업모형 기반의 수업 실행
평가	반응 및 효과 평가	교육 만족도 설문, 인공지능 역량 사전 · 사후 검사, 학습자 면담

1) 초기 모형 도출

초기모형 개발은 선행문헌 고찰과 현직 교사 인터뷰를 바탕으로 진행되었다. 먼저, 문헌고찰을 실시하였다. 학술연구정보서비스(RISS)와 구글 학술검색을 활용하여 '수학교육 수업모형', 'AI 융합 수업모형', '창의적 문제해결 수업' 관련 국내·외 연구 10편을 선정하였다. 분석 결과, 효과적인 수학과 AI 융합수업을 위해서는 실생활 문제의 제시, 인공지능 기술의 선별, 창의적 탐구활동, 상호 공유 및 성찰 과정이 필수로 요구됨을 확인하였다.

다음으로 현직교사 면담을 실시하였다. 수학교육과 AI 융합수업 경험이 있고, AI 리터러시를 갖춘 현직 교사를 2회 심층 인터뷰하여 요구를 도출하였다. 구체적으로, ChatGPT를 활용해 개인화된 챗봇을 개발하는 수업형태의 교육적 타당성을 확보하였다. 또한 수학 교과의 단원과 개념 선정에 대하여 순열·조합단원이 가장 적합함을 도출하였다. 이러한 면담 결과를 종합적으로 분석하여 '수학 개념', '인공지능 이해', '생성형 AI 도구 활용', '문제해결 및 공유', '성찰'을 포함하는 수업모형 초안을 도출하였다.

2) 내적 타당화

초기모형의 타당성과 실제성을 확보하기 위하여 수학교육 및 AI 융합교육 전문가 4인을 대상으로 2회에 걸쳐 타당화를 시행하였다. 전문가 타당화는 리커트 5점 척도와 개방형 문항을 활용하여 모형 전반의 타당성을 평가하였다(평균 3.40점/5.0만점). 이 과정에서 용어의 직관적 수정, 생성형 인공지능 특성의 반영, 용어의 중의적 의미 해소와 같은 검토 의견이 제시되었다. 이에 따라 용어를 직관적으로 수정하고, '수학', '인공지능' 그리고 '두 영역의 융합' 영역을 색상으로 구분 표시하였으며, 문제해결 중심의 구조를 명확화하였다.

수정된 모형을 2차 전문가 타당화를 통해 재평가하였다. 검토 결과, 수업모형 타당성은 4.20점으로 개선되었다. 주요 수정 의견으로는 각 단계별 실행전략 구체화, 문제해결 중심 구조 강화, 생성형 AI의 선택적 · 필수적 활용 단계를 색상으로 구분하라는 의견이 제시되었다. 이를 바탕으로 수업모형과 단계별 실행 전략을 수정 및 보완하고 최종 확정하였다.

3) 외적 타당화

개발된 수업모형의 현장 적합성과 실효성을 검증하기 위하여 다음 〈표 6-2〉와 같이 현장 적용을 실시하였다. 대상은 수원의 S고등학교 1학년 8개 학급, 총 204명이다. 또한 수업 경력 8년, 인공지능 융합수업 경험 및 AI 리터러시 역량을 가지고 있는 수학 교사 1인도 본 연구에 교수자로 참여하였다.

〈표 6-2〉 수업 모형의 외적 타당화 참여 대상

교사	S고등학교 수학교사	교수설계 및 수업 경력 8년
학생	S고등학교 학생 204명	1학년, 8개 학급

현장 적용은 순열과 조합 단원에 대한 모든 차시가 종료된 직후, 본 모형을 적용한 3차시 분량의 수업을 이어서 실행하는 것으로 하였다. 1차시는 '생성형 인공지능 이해 및 프롬프트 전략 탐색', 2

차시는 'GPTs · Wrtn 활용 챗봇 개발 및 디버깅', 3차시는 '개인별 챗봇 개발, 공유 · 피드백, 성찰'로 설계하였다.

수업모형 기반 교육에 대한 평가는 전영미(2018)가 제안한 학습자 만족도 설문을 보완한 문항을 사용하여 반응평가를 하였다. 또한 AI 리터러시, 수학적 문제해결력에 대한 사전 · 사후 검사도구를 개발하여 효과성 평가를 실시하였다. 분석결과 교육에 대한 전반적인 만족도는 4.68점으로 매우 높게 측정되었다. 또한 효과성 평가를 위해 정규성 검토 후 Wilcoxon signed-rank test로 분석한 결과, AI 리터러시(3.59에서 4.38점)와 수학적 문제해결력(3.32에서 4.26점) 모두 통계적으로 유의한 향상($p < .001$)을 확인하였다.

3. 설계 원리 및 모형의 구성과 특징

1) 모형의 개요

최종적으로 개발된 수학과 인공지능 융합 수업모형은, 생성형 인공지능(Generative AI)을 활용하여 인공지능 리터러시 및 수학적 창의적 문제해결력 향상을 교육 목표로 한다. 특히 본 모형은 수학 교과의 개념 학습을 토대로 인공지능의 원리 및 기능을 이해하고, 이를 실제 문제해결에 통합적으로 적용하는 것을 핵심 내용으로 한다. 본 장의 수업 모형은 수학 교과와 연계하여 인공지능의 주요 기능을 이해하고 문제해결 경험을 제공한다는 점에서 인공지능융합교육의 사례라고 할 수 있다(〈표 6-3〉).

〈표 6-3〉 생성형 인공지능 기반의 수학과 융합 수업 모형의 주요 가정

학습 목표	AI 리터러시 및 수학적 창의적 문제해결력 향상
학습 내용	수학 개념(순열 · 조합), 인공지능 개념, 생성형 AI 기능
활용 도구	ChatGPT(GPT-4), Wrtn 등 생성형 인공지능 플랫폼
주요 단계	개념학습 → 창의적 문제해결 활동 → 공유 및 피드백
세부 절차	문제 제시 및 분석 → AI 이해 → AI 기반 문제해결 → 공유
지원 전략	프롬프트 작성 지도, 협력학습 촉진, 산출물 피드백 제공

개발된 수업모형의 특징은 다음과 같다. 첫째, 수학교과의 논리적 사고 및 개념 내면화 과정을 AI 리터러시교육에 접목하였다. 둘째, 생성형 인공지능의 특성과 한계(예: 할루시네이션)를 교육내용으로 활용하였다. 셋째, 프롬프트 엔지니어링을 통한 디버깅을 경험하도록 하여 학습효과를 높였다. 넷째, 수업을 문제해결 중심으로 구성하고, 학습자의 참여를 적극 유도하였다. 다섯째, AI 리터러시, 수학 개념, 창의적 문제해결력을 통합적으로 함양할 수 있도록 하였다.

2) 모형의 구성요소

개발된 수업모형의 구성요소는 다음과 같다. 먼저, AI 도구의 사용 여부에 따라 필수적 활용(G.AI-초록색), 선택적 활용(G.AI-파란색)을 구분하여 학습자의 수준에 맞는 융통성을 확보하였다(모형의 색 구분은 원 논문을 참조). 수업의 목표는 AI 리터러시와 수학적 창의적 문제해결력 향상에 초점을 두었으며, 학습내용은 수학의 핵심 개념인 순열과 조합, 인공지능 개념, 그리고 생성형

AI의 주요 기능을 포함한다. 활용 도구로는 ChatGPT(GPT-4), Wrtn으로 생성형 인공지능을 사용하여 학습자들이 자발적으로 문제를 탐색하고 해결할 수 있도록 지원한다.

주요 단계는 개념학습, 창의적 문제해결 활동, 공유 및 피드백의 세 단계로 이루어지며, 이를 통해 학습자가 점진적으로 지식을 습득하고 확장할 수 있도록 설계하였다. 세부 절차는 '문제 제시 및 분석', 'AI 이해', 'AI 기반 문제해결', '공유'의 흐름으로 진행되며, 각 단계에서 AI 활용의 정도에 따라 학습자가 능동적으로 참여할 수 있도록 하였다. 또한, 지원 전략으로는 프롬프트 작성을 지원하는 보조자료를 제공하고, 협력학습을 촉진하며, 산출물에 대한 상세한 피드백을 제공하는 것으로 학습자가 AI 도구를 효과적으로 활용하고, 동료와의 상호작용을 통해 학습 경험을 심화하도록 지원하는 데 초점을 둔다.

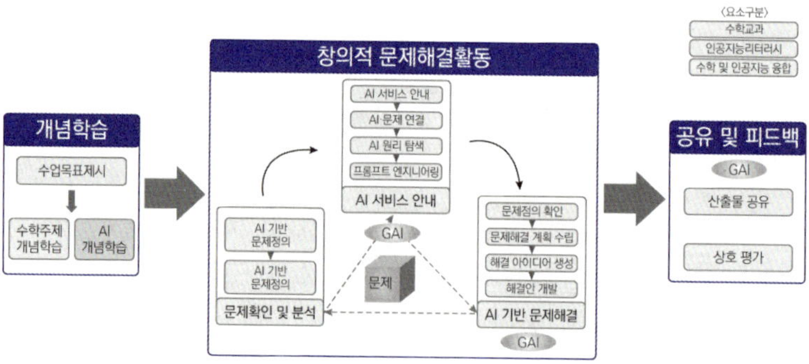

[그림 6-1] 생성형 AI 챗봇 기반 수학과 인공지능 융합 수업 모형

3) 모형의 세부 단계

본 장의 연구에서 제안하는 최종 수업모형의 구조는 수학적 개념 학습과 인공지능 이해를 기반으로 창의적 문제해결 활동을 수행하고, 이를 공유 및 피드백으로 확장하는 순차적 흐름으로 구성된다. 이는 학습자가 단순한 지식 습득을 넘어 실제 문제 해결 과정에서 수학과 인공지능을 통합적으로 활용하며, 자기 주도적 성찰을 통해 학습을 심화하도록 설계되었다. 특히 각 단계에서 생성형 인공지능(G.AI)의 활용 수준을 명확히 구분하여 학습자의 수준과 요구에 따라 유연하게 적용할 수 있도록 하였다. 모형의 단계별 설명은 다음과 같다.

첫째, 개념학습 단계에서는 학습자가 문제 해결을 위한 기초 지식을 체계적으로 습득한다. 수학 교과의 핵심 개념인 순열과 조합을 중심으로 학습을 진행하며, 동시에 인공지능의 원리와 생성형 AI의 주요 기능을 이해하도록 한다. 이 과정에서 AI의 한계점인 오류 가능성, 비일관성, 윤리적 문제 등에 대한 인식 교육을 병행하여 학습자가 도구에 대한 비판적 사고를 함양할 수 있도록 한다. 이를 통해 이후 단계에서 AI를 단순한 기술적 수단이 아닌 사고 확장의 도구로 활용할 수 있는 기반을 마련한다.

둘째, 창의적 문제해결 활동 단계는 실제 문제 해결의 전 과정을 경험하며, 수학적 사고와 AI 활용 역량을 융합적으로 적용하는 핵심 단계이다. 이 단계는 문제 확인 및 분석 → AI 이해 → AI 기반 문제해결의 흐름으로 진행된다. 문제 확인 및 분석에서는 실생활과 연계된 복합적 문제를 제시하여 학습자가 수학 개념의 적용 가능성과 AI 활용 가능성을 함께 탐색하도록 한다. AI 이해 단계에서는 ChatGPT와 같은 생성형 AI의 작동 원리를 탐색하고, 효과적인 프롬프트 작성 전략을 학습한다. 이를 통해 학습자가 AI와의 상호작용 방식을 심화시키고, 문제 해결을 위한 맞춤형 프롬프트를 설계할 수 있게 된다. AI 기반 문제해결 단계에서는 앞서 학습한 내용을 토대로 프롬프트를 지속적으로 개선하고, 이를 활용하여 챗봇을 개발한다. 이후 디버깅 과정을 거쳐 문제 해결을 실행하며, 창의적 산출물을 완성한다. 이때, 각 학습의 요소를 수학 영역(노란색), 인공지능 영역(빨간색), 융합 영역(주황색)으로 색상 구분하였다. 또한 생성형 인공지능의 활용 수준을 명확히 제시하기 위해 G.AI 표시를 하여, 학습자가 반드시 활용해야 하는 필수 단계는 초록색, 선택적으로 활용 가능한 단계는 파란색으로 구분하였다. 이는 학습자의 수준 차이를 고려하여 유연한 수업 운영을 가능하게 한다.

셋째, 공유 및 피드백 단계에서는 학습자가 개발한 챗봇 결과물을 동료 학습자와 공유하고, 동료 및 교사의 피드백을 받는다. 이 과정을 통해 학습자는 자신의 산출물을 객관적으로 검토하고 개선 방향을 탐색하게 된다. 마지막으로 학습자는 구조화된 성찰일지를 작성하며 학습 전반을 되돌아보고, 수학 개념의 이해, AI 활용 경험, 문제 해결 과정에서의 성취와 한계를 종합적으로 성찰한다. 이를 통해 학습자가 단순한 결과물 완성을 넘어 학습과정 자체의 의미를 재구성하도록 유도한다.

이와 같이 본 모형은 개념학습, 창의적 문제해결 활동, 공유 및 피드백의 세 단계가 유기적으로 연결되어, 학습자가 수학적 창의성과 AI 리터러시를 동시에 성장시킬 수 있도록 설계되었다.

〈표 6-4〉 최종 생성형 AI챗봇 기반수학과 수업 모형의 단계별 설명

구분	단계	설명
개념 학습	수업목표 제시	인공지능과 수학 교과의 융합수업의 수업 목표와 구성에 대해 안내한다.
	수학주제 개념학습	선택한 수학 교과 단원의 성취 기준에 따라 관련 개념을 가르친다.
	인공지능 개념학습	인공지능의 주요 개념에 대한 내용을 가르친다.
창의적 문제 해결 활동	문제확인 및 분석	제시된 문제를 앞서 학습한 수학 개념과 연계하여 분석하고, 인공지능을 활용하여 궁극적으로 해결할 수 있는 방안을 탐색하도록 한다.
	인공지능 이해	생성형 인공지능 서비스의 주요 기능을 안내한 후, 앞서 제시한 문제를 생성형 인공지능을 활용하여 해결할 수 있는 실마리를 제공한다. 이후 학습자들이 생성형 인공지능을 자유롭게 탐색할 수 있는 기회를 제공한 후, 프롬프트 엔지니어링 전략을 제시하여 생성형 인공지능의 원리를 이해할 수 있도록 한다.
	인공지능 기반 문제해결	주어진 문제를 재확인한 후 인공지능에 대한 이해와 수학적 지식을 바탕으로 문제 해결 계획을 세운다. 프롬프트 엔지니어링을 활용하여 원하는 답변을 얻을 수 있는 챗봇을 직접 개발한다.
공유 및 피드백	산출물 공유	개발된 챗봇을 온라인 공유 플랫폼에 게시한다.
	상호평가	타인의 작품에 자신의 의견을 제시하고, 자신의 작품에 대한 타인의 피드백을 확인한다. 교사는 이를 종합하여 수업에 대한 전반적인 피드백을 제시한다.

4) 상세 전략

모형의 단계별 실행 전략은 다음과 같다(〈표 6-5〉). 먼저 수업 전 단계에서는 '1.1. 생성형 인공지능 활용에 필요한 소프트웨어 및 하드웨어를 사전에 준비하라', '1.2. 학습자의 사전지식과 흥미를 고려하여 실생활과 연관성이 높은 현실적인 문제를 제시하라', '1.3. 생성형 인공지능을 통해 문제를 해결할 수 있는 수학기반 수업주제를 선정하라', '1.4. 미션이 포함된 스토리텔링 형식으로 문제를 제공하라'가 포함된다. 이 전략들은 학습자가 실제 수업에 몰입하고, AI 도구를 원활하게 활용할 수 있는 학습 환경을 조성하기 위함이다.

수업 중 활동 단계에서는 '2.1. 인공지능과 수학 개념에 대한 융합적인 수업 목표를 명확히 제시하라', '2.2. 순회지도를 통해 학습 내용 및 인공지능 원리 및 기능에 대한 피드백을 제공하라', '2.3. 문제해결 과정에 도움을 줄 수 있는 다양한 사례와 안내자료를 제공하라', '2.4. 학습자 간 상호작용이 활발히 일어날 수 있는 협력적 분위기를 조성하라', '2.5. 인공지능의 작동 과정을 따라하며 인공지능의 원리를 충분히 탐색할 연습기회를 제공하라', '2.6. 문제 해결 과정과 결과에 대한 평가기준을 사전에 안내하라', '2.7. 학생들이 문제를 다양한 방식으로 해결할 수 있도록 활발한 브레인스토밍을 촉진하라', '2.8. 인공지능 도구의 활용법에 대해 교사의 시연을 제공하여 모방할 수 있도록 하라'와 같은 전략이 포함된다. 마지막 단계에서는 '2.9. 산출물을 서로 공유하고 평가하는 기회를 제공하라'와 '2.10. 학습 과정 전반에 대해 구조화된 성찰

일지를 제공하여 학습 과정을 내면화할 수 있도록 하라'가 제시되었다.

이러한 수업 중 전략들은 학습자가 학습 목표와 절차를 명확히 이해하고, AI와 수학 개념을 통합적으로 탐색하며, 문제 해결 과정에서 협력적 상호작용과 창의성을 발휘하도록 유도하기 위함이다. 또한 산출물 공유와 성찰 과정을 통해 학습의 결과뿐 아니라 과정 자체를 되돌아보며, 자기 주도적 학습 역량을 강화하고 지속적인 성장을 도모할 수 있도록 지원한다.

〈표 6-5〉 최종 수업 모형의 단계별 실행 전략

구분	단계	전략	예시
수업전	학습환경 준비	1.1. 생성형 인공지능 활용에 필요한 소프트웨어 및 하드웨어를 사전에 준비하라	개별학생이 ChatGPT 4.0이 활용 가능한 계정과 노트북을 준비한다.
	문제선정	1.2. 학습자의 선수학습수준과 흥미를 고려하여 실생활과 연관성이 높은 현실적인 문제를 제시하라	수학을 못하는 학우를 위한 '수학 문제 풀이를 해주는 챗봇을 개발'하는 문제를 제시한다.
		1.3. 생성형 인공지능을 통해 문제를 해결할 수 있는 수학기반 수업주제를 선정하라	순열과 조합과 같은 순차적 풀이가 가능한 문제를 선정하고 창의적 문제해결을 강조한다.
		1.4. 미션이 포함된 스토리텔링 형식으로 문제를 제공하라	"지구를 지키기", "우리 학급의 공동 목표 해결하기"와 같이 제시된 문제를 학습자 수준을 고려한 수준의 스토리 형태로 제시한다.

구분	단계	전략	예시
	동기유발 전략 수립	1.5. 학습자 특성을 고려한 보상 체계를 마련하여 학습 동기를 유발하라	창의적 문제 해결안을 제시한 학습자에 대한 포상안을 제시한다.
수업 중	수업목표 제시	2.1. 인공지능과 수학 개념에 대한 융합적인수업 목표를 명확히 제시하라	수학교과에서는 순열과 조합 개념의 이해, 인공지능 영역에서는 인공지능 리터러시의 향상이라는 두 가지 목표를 동시에 안내한다.
	개념학습	2.2. 순회지도를 통해 학습 내용 및 인공지능 원리 및 기능에 대한 피드백을 제공하라	순열과 조합 문제 풀이 시 절차적 사고를 할 수 있도록 관련 안내나 인공지능 관련 개념에 대한 이해를 질문을 통해 확인하고 피드백을 제공한다.
	문제확인 및 분석	2.3. 문제해결 과정에 도움을 줄 수 있는 다양한 사례와 안내자료를 제공하라	수학적 개념을 이해할 수 있도록 쉬운 예제를 제공하고, 이를 바탕으로 문제풀이를 시연한다. 인공지능의 개념 이해를 위한 실생활 활용 예시를 제시하고 이를 인공지능 개념과 연관 지어 안내한다.
	인공지능 이해	2.4. 학습자 간 상호작용이 활발히 일어날 수 있는 협력적 분위기를 조성하라	상호 협력의 중요성을 강조하고 팀별 협력적 행동에 대해 강화의 요소를 제공한다.
		2.5. 인공지능의 작동 과정을 따라하며 인공지능의 원리를 충분히 탐색할 연습기회를 제공하라	ChatGPT를 사용할 때, 로그인, 주요기능을 스스로 충분히 탐색할 수 있는 시간을 제공한다.
	AI기반 문제해결	2.6. 문제 해결 과정과 결과에 대한 평가기준을 사전에 안내하라	창의성, 수학적 오류 여부, 인공지능 리터러시의 적용 등 문제해결 평가기준을 세우고 이를 사전에 안내한다.
		2.7. 학생들이 문제를 다양한 방식으로 해결할 수 있도	브레인스토밍을 위한 스캠퍼기법, HIT 등의 방법론을 활용하

구분	단계	전략	예시
		록 활발한 브레인스토밍을 촉진하라	여 문제해결을 위한 다양한 아이디어를 생성할 수 있도록 한다.
		2.8. 인공지능 도구의 활용법에 대해 교사의 시연을 제공하여 모방할 수 있도록 하라	GPTs와 같은 챗봇 빌더 기능을 올바르게 사용할 수 있도록 프롬프트 엔지니어링에 대한 지시을 제공하고 이에 대한 예시를 시연한다.
	공유 및 피드백	2.9. 산출물을 서로 공유하고 평가하는 기회를 제공하라	산출물 공유회를 개최하여 급우들의 문제해결 산출물에 대한 발표를 듣고 이에 대한 평가서를 제출하는 활동을 한다.
		2.10. 학습 과정 전반에 대해 구조화된 성찰일지를 제공하여 학습 과정을 내면화할 수 있도록 하라	문제해결과정과 결과를 수학 및 인공지능 개념과 연관 지을 수 있도록 성찰문항을 제공하여 자신의 변화한 점을 스스로 작성해 보도록 한다.

5) 실제 적용 사례

본 장의 연구에서는 개발된 모형을 수원의 S고등학교 1학년 8개 반, 총 204명을 대상으로 실제 수업에 적용하여 그 효과를 검토하였다. 적용 결과는 수업 실행 과정, 학습자 반응, 효과성 평가, 면담 결과의 네 가지 측면에서 확인되었다.

먼저, 수업 실행 과정에서는 총 3차시에 걸쳐 운영되었다. 1차시에는 AI 개념, 생성형 인공지능(ChatGPT[2]와 Wrtn[3])의 작동 원

2) GPTs는 자연어로 나만의 챗봇을 만드는 서비스로 2023년 11월 당시 Chat GPT 유료 계정 사용자만 사용 가능하였으며, 연구자가 학생들에게 유료 계정을 제공하였다.

리, 그리고 효과적인 프롬프트 작성 전략을 학습하여 학습자가 AI의 기본 원리와 활용법을 이해하도록 하였다. 2차시에는 주어진 순열 문제를 기반으로 조별 챗봇을 공동 개발하고 디버깅 과정을 거치며 협력적 문제 해결 경험을 제공하였다. 마지막 3차시에는 학습자가 개별적으로 문제를 선택하고 자신만의 챗봇을 개발한 뒤, 동료 학습자 간 피드백을 주고받으며 산출물을 개선하였다.

[그림 6-2] 개인 노트북을 활용해 ChatGPT의 원리를 이해하는 장면

3) Wrtn은 2023년 11월 당시 GPTs와 동일하게 자연어로 챗봇을 만드는 국내 무료 플랫폼으로 GPTs와 UI/UX가 유사하여 활용하였으며, 2025년 11월 현재는 유료 서비스로 전환되었다.

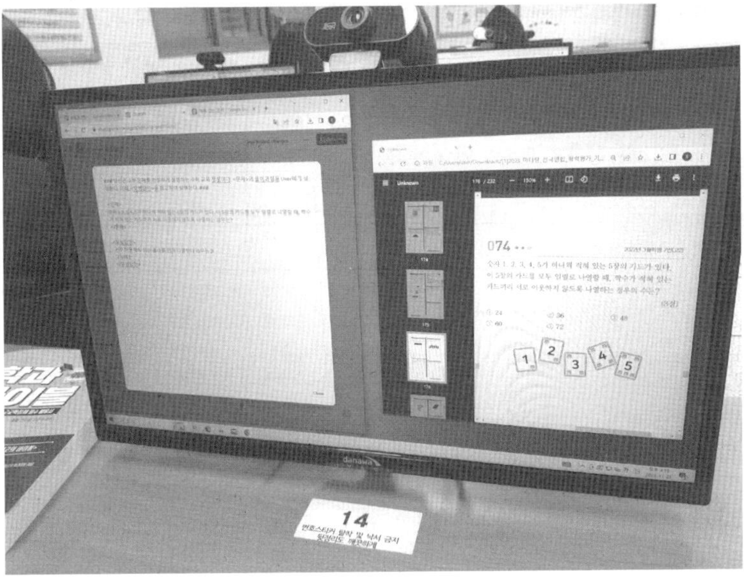

[그림 6-3] ChatGPT를 활용해 수학 문제 풀이 챗봇 프롬프트를 작성하는 장면

둘째, 학습자 반응에서는 전체 수업에 대한 만족도가 평균 4.68점(5점 척도)으로 매우 높게 나타났다(〈표 6-6〉). 학습자들은 개방형 응답에서 "실제 문제를 AI로 해결하는 경험이 인상 깊었다", "챗봇 개발 과정이 흥미로워 학습 동기 향상에 도움이 되었다"와 같은 긍정적인 반응을 보였다. 이를 통해 AI 기반 수학 융합 수업이 학습자의 흥미와 몰입도를 높이는 데 기여함을 확인할 수 있었다.

〈표 6-6〉 수학과 인공지능 융합수업 차시별 학습자 만족도 조사 결과

구분	수업주제	응답인원	만족도 평균	표준편차
1차시	인공지능의 이해	73	4.39	.57
2차시	프롬프트 엔지니어링 실습	127	4.51	.57
3차시	ChatGPT를 활용한 챗봇 개발	187	4.66	.44
전체		387	4.68	-

셋째, 효과성 평가 결과, AI 리터러시는 사전 검사 평균 3.59점에서 사후 검사 4.38점으로 향상되었으며, 통계적으로 유의미한 차이를 보였다($p < .001$). 또한 수학적 문제해결력은 사전 3.32점에서 사후 4.26점으로 유의미하게 증가하였다($p < .001$). 이는 본 모형이 학습자의 AI 리터러시와 수학적 문제 해결력이라는 두 영역 모두에서 긍정적인 영향을 미쳤음을 시사한다.

〈표 6-7〉 학습자의 수업 전후 역량 변화 분석 결과

구분		기술 통계량			U	z	p
		표본 수 (n)	평균 (M)	표준편차 (SD)			
인공지능 리터러시	교육전	133	3.59	0.59	202	-8.981	<.000***
	교육후	133	4.38	0.56			
수학적 문제해결력	교육전	133	3.32	0.77	181.5	-9.081	<.000***
	교육후	133	4.26	0.77			

***$p < .001$

넷째, 면담을 통한 질적 분석에서는 보다 심층적인 학습 경험을

확인하였다(여학생 5명, 남학생 3명). 학습자들은 프롬프트 전략 이해를 통해 AI 출력 결과를 조절할 수 있는 실제적 역량이 향상되었으며, AI의 오류를 탐색하고 수정하는 과정에서 비판적 사고력이 증진되었다고 보고하였다. 그러나 일부 학습자는 수학 개념에 대한 이해가 부족한 경우 챗봇 개발 과정에서 혼란을 경험할 수 있다고 보고하였다. 또한 학습자들은 AI 활용 수업이 보다 다양한 내용 영역으로 확대되기를 희망하였으며, 향후 다양한 교과와의 융합을 요구하였다.

> "내가 만든 챗봇과 토론하는 것이 재미있었습니다. 내가 직접 문제를 푼 과정을 학습한 챗봇이 다시 나와 대화하는 게 신기했고, 그 과정에서 내가 의도하지 않은 오류가 나타나기도 했습니다. 시스템 프롬프트를 다시 수정해서 오류를 잡아나가는 과정이 기억에 남았습니다. (학습자 A)"

> "내가 좋아하는 캐릭터가 설명하는 수학 챗봇을 만드는 과정이 신기했습니다. 평소에 인공지능은 Siri와 같은 것밖에 몰랐는데 인격이나 말투를 부여하는 것 자체가 너무 신기했습니다. 다른 친구들의 챗봇을 사용해 보는 것도 의미가 있었습니다. (학습자 H)"

> "순열과 조합 단원보다 함수나 명제와 같은 단원에서 더 도움이 될 수 있을 것 같아요. 함수의 그래프를 그리는 과정을 설명한다거나 다양한 명제 예시를 출력하는 방법을 사용하는 등 여러 가지 활용을 해볼 수 있을 것 같아요. (학습자 F)"

이러한 결과는 개발된 수업모형이 학습자의 AI 리터러시와 수학적 창의적 문제해결력을 동시에 향상시키는 데 효과적임을 보여주며, 실제 교육 현장에서의 확장 가능성을 보여준다.

4. 결론 및 향후 발전 방향

1) 적용상의 유의점

본 수업 모형을 통한 교육 현장 적용의 적용상 유의점은 다음과 같다. 첫째, AI 융합교육 실행을 위해서는 교사의 AI 융합교육 역량이 필요하다. 연구에 참여한 교사는 높은 수준의 AI 리터러시와 융합수업 경험을 보유한 전문가였다. 만약 교수자가 AI 개념 및 생성형 인공지능에 대한 이해가 부족할 경우 수업모형의 모든 절차를 성공적으로 수행하지 못할 가능성이 있다. 따라서 본 수업 모형을 활용하기 위해서는 교사 대상의 사전 연수 등을 통해 AI 융합교육 역량을 갖추도록 할 필요가 있다.

둘째, AI 융합교육 실행 시에는 학생의 선수학습 수준 차이에 따른 격차를 고려해야 한다. 면담 결과, 수학 개념을 충분히 이해하지 못한 학생은 챗봇 개발 과정에서도 혼란을 경험하였다. 이는 AI 활용 이전에 교과 개념 학습의 완성이 전제되어야 함을 시사한다. 따라서 '수학'과 'AI 영역'의 난이도와 지원 전략을 학습자의 수준에 맞게 차별화할 필요가 있다.

셋째, 생성형 인공지능의 기술적 한계를 수업 설계 시 인지하고 사전에 학생들에게 안내해야 한다. ChatGPT 및 Wrtn은 여전히 할

루시네이션, 일관성 부족 등의 한계를 내포한다. 이러한 기술적 한계를 학생들에게 사전에 명확히 안내해야 하며, 출력 결과를 무조건적으로 수용하지 않도록 비판적 사고를 유도하는 것이 필수적이다.

넷째, 생성형 인공지능의 특성상 기술적 오류가 발생하지 않도록 대응책을 철저히 마련할 필요가 있다. 본 연구의 수업 모형에 기반한 수업에서는 플랫폼 오류, 계정 제한 등의 문제가 발생하여 일부 차시에서 ChatGPT가 아닌 Wrtn으로 대체하여 수업을 진행하였다. 이러한 변수는 수업의 원활한 운영을 저해할 수 있으므로, 사전에 다양한 기술적 대안을 검토하고, 대응 방안을 마련해 두어야 한다.

2) 결론 및 제언

본 장에서는 수학 교과의 핵심 개념과 생성형 인공지능의 기술을 융합하여, 학습자의 AI 리터러시와 수학적 창의적 문제해결력을 동시에 증진시키는 수업모형을 개발하였다. 기존 연구가 AI 도구의 단편적인 활용에 머물렀던 한계를 넘어, 교과 기반의 문제 해결을 중심에 두고 학습자의 능동적 참여와 성찰적 학습을 촉진하는 AI 융합 교육의 구조를 제시했다는 점에서 의의가 있다. AI 융합교육 모형의 적용 결과, 학습자의 AI 리터러시와 수학적 문제해결력이 통계적으로 유의하게 향상되었으며, 학습자들은 챗봇 개발 과정 속에서 수학 개념을 구조화하고, 동료와의 상호작용을 통해 사고를 확장하며, 인공지능의 한계를 비판적으로 탐구하는 경험을 하였다.

그러나 본 모형을 적용할 때에는 몇 가지 사항을 추가적으로 검토해야 한다. 먼저 교사의 'AI 융합교육 역량'은 수업 성공을 좌우하는 핵심 요인이다. 따라서 교사를 대상으로 한 사전 연수 및 지원 프로그램이 반드시 병행되어야 한다. 또한 학생들의 수준 차이에 따라 수학 개념 이해 부족이 수업 모형의 효과성 하락으로 이어질 수 있으므로, 교과 개념을 사전에 충분히 학습할 수 있도록 지원해야 한다. 더불어 생성형 인공지능이 가진 기술적 한계(할루시네이션, 불일관성 등)를 학생들에게 명확히 안내하고, 이를 교육적으로 활용하는 전략을 고려할 필요가 있다.

본 수업모형과 관련하여 향후 AI 융합교육 발전의 시사점은 세 가지 측면에서 모색될 수 있다. 첫째, 수학의 특정 단원(순열·조합)에 국한하지 않고, 함수·확률·미적분 등 다양한 영역으로 확대하여 인공지능과 연계 시킬 개념을 확장할 수 있다. 둘째, 수학을 넘어 과학, 사회, 언어 등 타 교과와의 융합 교육에 본 수업 모형을 변형하여 적용하는 등 AI 활용 역량과 교과 학습을 아우르는 융합 교육 사례를 다양화할 필요가 있다. 셋째, 본 수업모형 기반의 교육프로그램을 기반으로 교사 연수, 수업 자료 개발 등 현장 적용을 위한 다양한 전략을 마련하고 교육의 실제성을 높이는 가이드 라인이나 교사교육에 대한 연구가 이루어질 수 있을 것이다.

결론적으로, 본 장에서는 생성형 인공지능을 활용한 수학과 AI 융합 수업모형을 통해 AI 시대의 '융합교육'이라는 교육의 패러다임을 위한 하나의 실천 방안을 제시하였다. 이는 수학교과 영역에서 채택되었으나 이를 확장하여 타 교과의 AI 융합교육과로 연계하여 다양한 AI 융합교육의 가능성을 모색하는데 활용될 수 있을 것이다.

‖ 참고 문헌 ‖

고보경, 임철일, 신병철 (2024). 생성형 인공지능 챗봇을 활용한 수학과 인공지능 융합 수업 모형 개발. 교육공학연구, 40(1), 1-40.

고보경, 황윤정, 정예일, 최서용, 김기택, 임철일 (2023). 영어과 예비 교원의 인공지능 융합교육역량 향상을 위한 교육프로그램 개발. 교육정보미디어연구, 29(4), 1037-1065.

고호경 (2020). 인공지능(AI) 역량 함양을 위한 고등학교 수학 내용 구성에 관한 소고. 한국학교수학회 논문집, 23(2), 223-237.

권오남, 이경원, 오세준, 박정숙 (2021). 〈인공지능 수학〉 교과서의 '관련 학습 요소' 반영 내용 분석. E-수학교육 논문집, 35(4), 445-473.

김창일, 전영주 (2021). 수학과 인공지능(AI) 핵심 개념과 〈인공지능 수학〉 내용 체계 분석. 한국학교수학회논문집, 24(4), 391-405.

박만구 (2020). 수학교육에서 인공지능의 활용 동향. 한국초등교육, 31(특집), 91-102.

박미미, 임웅 (2023). AI-integrated Mathematics Education: A Review of Literature in the Korean Context. 수학교육학연구, 33(3), 771-795.

임철일 (2019). 미래 사회와 교육을 위한 교육공학 연구 및 실천 영역의 재조명. 교육공학연구, 35(2), 253-287.

임철일, 이다연, 이진연, 한옥결, 고보경, 홍수민, 임은선, 채지윤 (2024). 교수설계 연구를 위한 설계 · 개발연구 방법론. 교육과학사.

임철일, 한옥결, 채지윤, 홍수민, 고보경, 임은선 (2025). 인공지능 융합 교육 연구 동향과 발전 방향. 교육공학연구, 41(1), 363-395.

전영미 (2018). 캡스톤디자인 수업이 학생역량 및 수업만족도에 미치는 효과에 대한 사례 연구. 한국콘텐츠학회논문지, 18(3), 601-610.

정제영, 김갑수, 박보람, 박휴용, 이선복, 전우천, 정영식, 조헌국, 최숙영, 하민수 (2023). AI융합교육개론. 박영스토리.

Alberts, I. L., Mercolli, L., Pyka, T., Prenosil, G., Shi, K., Rominger, A., & Afshar-Oromieh, A. (2023). Large language models (LLM) and ChatGPT: What will the impact on nuclear medicine be?. *European journal of nuclear medicine and molecular imaging, 50*(6), 1549-1552.

Hwang, G. J., & Tu, Y. F. (2021). Roles and research trends of artificial intelligence in mathematics education: A bibliometric mapping analysis and systematic review. *Mathematics, 9*(6), 584.

CHAPTER
07
데이터 기반의 인공지능 융합 초등 사회과 탐구학습을 위한 수업 모형[1)]

정경욱 · 서유나

1. 모형 개발의 배경과 필요성

1) 실제적 요구

현재 교육 현장에서는 급변하는 사회 환경에 대응하기 위한 새로운 교육 패러다임이 절실히 요구되고 있다. 2022 개정 교육과정은 디지털 소양과 데이터 기반 문제해결력의 중요성을 명시하며, 학생들이 데이터를 활용하여 복잡한 문제를 해결하는 역량을 기를 것을 강조한다. 그러나 실제 학교 현장에서는 많은 학생들이 정보 검색 시 뉴스 기사를 맹목적으로 신뢰하거나, 검색된 데이터를 비판적으로 이해하고 활용하는 데 어려움을 겪는 등 지식정보처리역량의 부족을 드러내고 있다. 이는 방대한 데이터 속에서 숨겨진 정보를 찾아내고 이를 활용하여 문제를 해결하는 교육의 필요성을 제기한다.

기존의 데이터 기반 학습 연구는 주로 중등 수준에 집중되어 있으며, 초등학교 수준에서는 교사에 의해 가공된 제한적인 데이터 활용 수업이 이루어지는 데 그쳤다. 손미현(2020)의 탐색적 과학

1) 본 장의 내용은 '서유나 외(2023)'의 논문을 보완하여 작성되었다.

데이터 분석 탐구모형이나 김명신(2021)의 인공지능 도구 활용 수업 설계 원리 등 선행 연구들은 초등학교 중학년 수준의 사회과 수업에 데이터 분석 및 인공지능 표현 활동을 전 과정에 적용하는 데 한계가 있었다. 또한 김성욱(2016)의 탐구학습 모형은 데이터 리터러시와의 구체적인 연관성을 다루지 않았다.

이처럼 초등학교에서 사회 교과 특성에 맞는 효과적인 데이터 과학 및 인공지능 융합 교수학습을 위한 체계적이고 처방적인 교수설계 노력이 부족한 실정이다. 따라서 초등학교 중학년 사회 교과 수업에서 실제적 맥락에서 데이터를 수집, 분석, 처리, 평가 및 의사결정하며, 인공지능 도구를 활용한 데이터 표현 활동이 포함된 탐구적인 수업 모형 및 전략 개발이 시급하다. 본 연구는 이러한 실제적 요구를 반영하여 초등 교육 현장에서 교사들이 데이터 기반 사회 수업을 효과적으로 수행할 수 있는 실질적인 지침을 제공하고자 한다.

2) 이론적 배경

미래 사회는 복잡성이 증대됨에 따라 데이터를 기반으로 사회 현상을 이해하고 합리적인 의사결정을 내리는 역량을 요구하고 있다. 이러한 역량은 '데이터 리터러시'로 정의되며, 데이터를 이해하고 수집, 분석, 해석하는 능력을 포괄한다. 교육부는 '창의와 혁신', '디지털 소양', '데이터 리터러시'를 미래 인재 양성의 핵심 개념으로 강조하며, 학습한 내용을 실생활에 적용하고 복잡한 문제를 해결하는 역량의 중요성을 역설하고 있다(교육부, 2022).

인공지능 기술의 발전은 방대한 양의 데이터를 효율적으로 처리하고 패턴을 식별하며 미래를 예측하는 데 기여한다. 특히 최근에는 엑셀, 구글 스프레드시트, 파워포인트 등 기존 오피스 프로그램에 인공지능 자동화 도구가 포함되고, ChatGPT 기반의 MS 365 Copilot과 같이 일상적인 대화로도 인공지능과 상호작용이 가능해졌다. 이러한 사용자 편의성을 고려한 인공지능 도구의 확산은 초등학생들도 별도의 절차 없이 손쉽게 인공지능 도구를 활용하여 데이터 이해, 해석 및 표현 역량을 기를 수 있게 하였다.

기존 초등 사회과 교육에서는 그래프 등 간단한 데이터 시각화를 다루는 데 그쳐, 데이터를 직접 다루는 심층적인 탐구 과정에는 한계가 있었다. 그러나 KOSIS 통계놀이터, 엔트리 데이터 분석 도구 및 인공지능 도구 등 초등학생 수준에 맞는 새로운 도구들이 개발되면서 데이터 활용 학습 기반이 조성되었다. 이는 사회과 탐구학습에 데이터를 적극적으로 도입하고 인공지능 기술을 융합하여 학생들이 주관성을 넘어 객관적인 근거를 토대로 사회 현상을 탐구하고 문제를 해결하는 능력을 함양할 수 있는 이론적 토대를 제공한다.

2. 설계 원리 및 모형 개발 과정

본 장에서는 데이터 기반의 인공지능 융합 사회과 탐구 수업을 하는 데 활용할 수 있는 교수전략을 포함한 수업모형을 개발하고 그 내적 및 외적 타당성을 확인하는 것을 목적으로 한다. 이러한 목적 달성을 위해 Richey와 Klein(2007)의 설계・개발 연구 방법을 사용하였다.

설계·개발 연구는 교육 관련 프로그램, 과정, 산출물, 도구, 모형의 개발 과정에 초점을 두는 체계적 연구방법이다. 본 연구는 '모형 연구' 중 '모형 개발' 및 '모형 타당화' 연구 방법에 따라 연구 절차를 수행하였다. 구체적으로 문헌 검토를 통해 초등학교 수업이라는 실제적 맥락에서 데이터 기반 인공지능 융합 사회 수업모형 및 교수전략(수업설계원리)을 개발하였다. 이후 내적 타당성 확보를 위해 전문가 타당화 과정을 거쳤으며, 외적 타당성 확보를 위해 학교 현장 수업을 실시하여 효과성을 검증하는 절차를 통해 모형 사용의 효과성을 입증하고자 하였다.

1) 초기 모형 도출

모형 개발 단계에서는 선행연구 분석을 통해 데이터 기반의 인공지능 융합 사회과 탐구 수업모형의 설계 원리를 도출하고 이를 기반으로 초기 수업모형을 개발하였다.

초기 수업 설계 원리는 관련 문헌 검토를 통해 총 여덟 가지로 도출되었으며, 각 설계 원리에는 세부 전략이 제시되었다. 초기 설계 원리는 실생활 데이터 활용의 원리, 데이터의 유용성 경험의 원리, 도구 활용의 경험 제공의 원리, 스캐폴딩 제공의 원리, 탐구 문제 입문 및 발견의 원리, 데이터 탐색 및 변형의 원리, 데이터 기반 해석 및 탐구 과정 속 협력적 의사소통의 원리, 탐구 결과 표현과 공유의 원리였다.

초기 수업모형은 수업 안내, 탐구학습 준비, 데이터 탐색 및 문제 발견, 데이터 기반 문제 원인 탐구, 결론 도출 및 산출물 제작, 탐구 결과 발표, 정리 및 평가의 7단계로 구성되었다.

2) 내적 타당화

초기 수업모형 및 설계 원리에 대한 내적 타당화는 전문가 검토를 통해 총 2차례에 걸쳐 진행되었으며, 전문가들의 의견을 바탕으로 모형과 원리를 수정·보완하였다. 내적 타당화를 위해 교육공학, AI 융합 교육, 지리 교육, 사회과 교육 분야의 석박사 학위를 소지한 전문가 및 초등학교 교사들이 전문가 패널로 참여하였다. 총 7명의 전문가(초등 교사 4인, 교수 1인, 중등 교사 1인)가 참여하였으며, 1차 타당화에는 5인, 2차 타당화에는 5인이 참여하였다.

설계원리에 대한 타당화 평가문항은 전반적인 설계원리의 타당성, 설명력, 유용성, 보편성, 이해도라는 5개 항목으로 구성되었다. 1차 타당화 결과, 타당성과 유용성 항목은 각각 평균 4.2점과 3.8점으로 다소 높게 나타났으나, 설명력과 보편성 항목은 평균 3.6점으로 낮게 나타났다. 특히 2점 이하의 전문가 평가를 받은 항목이 있어 추가 개선 작업이 요구되었다. 연구팀 협의 결과, '탐구문제 입문 및 발견의 원리'가 구성요소로서 타당성이 미흡하다고 판단되어, 일부 설계원리를 통합 또는 삭제하고 다른 구성요소들의 범주로 재조직할 필요성이 제기되었다.

2차 타당화 결과, 타당성, 설명력, 유용성, 보편성, 이해도 항목의 평균이 1차에 비해 향상되었음을 확인할 수 있었다. 설계원리는 타당성 4.4, 설명력 4.4, 유용성 4.6, 보편성 4.4, 이해도 4.6으로 개선되었다. 수업모형은 설명력 4.8, 타당성, 유용성, 이해도 4.4, 보편성 4.2로 개선되었다.

3) 외적 타당화

내적 타당화 과정을 통해 수정・보완된 수업모형은 실제 초등학교 현장에 적용되어 그 효과를 검증하는 외적 타당화 단계를 거쳤다. 본 연구는 2022년 11월부터 12월까지 서울시 소재 H초등학교 4학년 2개 학급 39명과 W초등학교 4학년 2개 학급 56명을 대상으로 외적 타당화를 진행하였다. 총 95명의 학생이 연구에 참여하였다. 각 학교에서 각각 실험군(1개 학급)과 대조군(1개 학급)으로 선정하여 연구를 진행하였다. 연구 참여를 위해 학생들과 보호자에게 연구 개요를 사전 설명하고 동의를 받았다.

H초등학교 학생들은 태블릿 PC를 활용한 기초적인 조사 학습 경험은 있었으나, 수업 상황에서 데이터를 활용하거나 인공지능 도구를 사용한 경험은 전무하였다. W초등학교 학생들도 실시간 원격 학습 경험, 교실에서 태블릿 PC 활용 조사 학습 경험은 있었으나, 수업 시간에 직접적으로 데이터 수집・분석・해석 활동을 해본 학생은 거의 없었다. 일부는 개인적으로 AI와 끝말잇기 게임을 하거나 핸드폰 갤러리 앱에서 AI 지우개 기능을 사용해 본 경험이 있었다. 사전 동질성 검사 결과, H초와 W초 모두 실험반과 비교반 간 데이터 리터러시의 모든 영역('데이터 이해', '데이터 수집 및 준비', '데이터 분석', '데이터 평가', '데이터 표현', '데이터 기반 의사소통')이 통계적으로 동질한 것으로 나타났다. 이는 실험 처치 전 두 집단 간 유의미한 차이가 없었음을 의미한다.

3. 설계 원리 및 모형의 구성과 특징

1) 설계 원리 및 모형의 개요

최종적으로 도출한 수업 설계원리 및 교수전략은 〈표 7-1〉과 같으며, 데이터 기반의 인공지능 융합 사회과 탐구 수업 설계원리는 총 7가지로 구성된다. 7가지 설계 원리는 문제 발견의 원리, 맥락적 데이터 활용의 원리, 스캐폴딩 제공의 원리, 도구 활용의 원리, 데이터 변형 및 해석의 원리, 데이터 기반 의사소통의 원리, 표현과 공유의 원리이다. 이 원리들은 모형의 각 단계에서 교사가 고려해야 할 핵심적인 교수학습 지침을 제공한다.

〈표 7-1〉 데이터 기반의 인공지능 융합 사회과 탐구 수업 설계원리 및 주요설명(최종)

수업 설계 원리	주요 설명
문제 발견의 원리	학생이 사회적 맥락 속에서 스스로 탐구 문제를 발견할 수 있도록 안내한다.
맥락적 데이터 활용의 원리	친숙하거나 낯선 데이터 맥락을 제공해 학습 활용 가능성을 인식하게 한다.
스캐폴딩 제공의 원리	학습 수준에 맞춘 시각화 자료 · 예시 · 힌트를 제공해 탐구 과정을 지원한다.
도구 활용의 원리	학습자 수준에 적절한 디지털 도구를 제시하고 활용 방법을 안내한다.
데이터 변형 및 해석의 원리	데이터 변환 · 해석 경험을 통해 탐색적 질문과 의미 찾기를 돕는다.
데이터 기반 의사소통의 원리	학생이 데이터 근거를 들어 자신의 생각을 말하고 토론하도록 한다.
표현과 공유의 원리	산출물과 성찰을 다양한 방식으로 표현 · 공유하며 지식을 재구성한다.

또한, 최종적으로 도출한 수업 모형은 [그림 7-1]과 같으며, 수업 안내, 탐구 학습 준비, 데이터 탐색 및 문제 발견, 데이터 수집, 데이터 분석 및 시각화, 탐구 결론 도출, 산출물 제작 및 공유, 정리 및 평가의 8단계로 구성된다. 이는 데이터 기반 사회 문제 탐구라는 큰 흐름 아래 각 단계가 유기적으로 연결되어 탐구 학습의 전 과정을 체계적으로 안내한다.

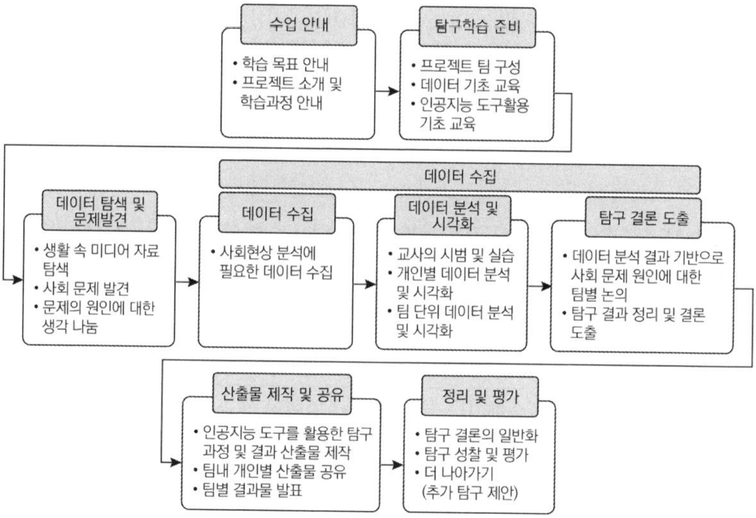

[그림 7-1] 데이터 기반의 인공지능 융합 사회과 탐구 수업 모형(최종)

최종 수업 모형([그림 7-1])에서 '데이터 수집'부터 '탐구 결론 도출'까지의 일련의 단계들이 '데이터 기반 사회 문제 탐구'라는 큰 틀 안에 묶여 있다. 이는 본 모형이 단순히 데이터 기술을 가르치는 것을 넘어, 데이터를 활용하여 사회 문제를 심층적으로 탐구하고 해결하는 과정에 초점을 맞추고 있음을 보여준다. 사회과 탐구학습, 데이터 리터러시, 그리고 인공지능 도구 활용이라는 요소들이 결합되어 '데이터 기반 사회 문제 탐구'라는 통합적 핵심 활동을 통해 학습 목표 달성 및 역량 함양을 지향한다. 본 모형이 지향하는 바는 기술 활용 자체를 넘어, 기술을 매개로 한 '문제 해결 능력'과 '비판적 사고' 함양에 있음을 시사하며, 이는 인공지능 융합 분야에서의 궁극적인 목표가 무엇인지를 명확히 제시하는 부분이다.

2) 모형의 구성요소

최종 수업 모형의 각 단계는 다음과 같은 핵심 활동과 목표를 가진다.

- 수업 안내: 학습 목표를 안내하고, 프로젝트의 전반적인 소개 및 학습 과정을 안내한다. 이 단계의 목표는 학습의 방향성을 명확히 제시하고 학생들의 참여 동기를 유발하는 것이다.
- 탐구 학습 준비: 프로젝트 팀을 구성하고, 데이터 기초 교육 및 인공지능 도구 활용 기초 교육을 실시한다. 이 단계의 목표는 본격적인 탐구 활동에 앞서 학생들이 필요한 기초 지식과 도구 활용 능력을 갖추도록 지원하는 것이다. 이는 초등학생의 발달 단계를 고려한 비계 설정의 중요한 부분이다.
- 데이터 탐색 및 문제 발견: 생활 속 미디어 자료를 탐색하여 사회 문제를 발견하고, 문제의 원인에 대한 생각을 나눈다. 이 단계의 목표는 학생들이 실제적 맥락에서 데이터를 통해 문제를 인식하고, 탐구할 문제를 스스로 떠올리도록 유도하는 것이다.
- 데이터 수집: 사회 현상 분석에 필요한 데이터를 수집한다. 이 단계의 목표는 학생들이 탐구 문제를 해결하기 위해 필요한

데이터를 능동적으로 찾아내고 확보하는 경험을 제공하는 것이다.

- 데이터 분석 및 시각화: 교사의 시범 및 실습을 통해 데이터 분석 및 시각화 방법을 익히고, 개인별 및 팀 단위로 데이터를 분석하고 시각화한다. 이 단계의 목표는 수집된 데이터를 의미 있는 형태로 변환하고 해석하는 능력을 함양하며, 인공지능 도구의 활용을 통해 효율성을 높이는 것이다.
- 탐구 결론 도출: 데이터 분석 결과를 기반으로 사회 문제 원인에 대한 팀별 논의를 진행하고, 탐구 결과를 정리하여 결론을 도출한다. 이 단계의 목표는 데이터를 근거로 합리적인 결론을 도출하고, 팀원 간의 협력적 의사소통을 통해 사고를 확장하는 것이다.
- 산출물 제작 및 공유: 인공지능 도구를 활용하여 탐구 과정 및 결과 산출물을 제작하고, 팀 내 개인별 산출물을 공유하며 팀별 결과물을 발표한다. 이 단계의 목표는 탐구 결과를 창의적이고 효과적인 방식으로 표현하고, 공유를 통해 동료 학습의 기회를 제공하는 것이다.
- 정리 및 평가: 탐구 결론의 일반화, 탐구 성찰 및 평가, 그리고 더 나아가기(추가 탐구 제안) 활동을 수행한다. 이 단계의 목표는 학습의 전 과정을 되돌아보고 성찰하며, 학습 내용을 확장하고 자기 주도적 학습 태도를 함양하는 것이다.

이 모형은 '수업 안내'로 시작하여 '탐구 학습 준비'로 기초를 다진 후, '데이터 탐색 및 문제 발견'으로 문제 인식을 시작한다. 이후 '데이터 수집, 분석 및 시각화, 결론 도출'이라는 핵심 탐구 과정을 거쳐 '산출물 제작 및 공유'로 결과물을 가시화하고, 마지막으로 '정리 및 평가'를 통해 성찰과 확장을 유도한다.

이는 단순한 지식 습득이 아닌, 실제 문제 해결의 전 과정을 경험하도록 설계되었음을 보여준다. 문제 인식에서 시작하여 자료 탐색, 수집, 분석을 통해 해결책을 도출하고 표현하며, 최종적으로 성찰하고 확장하는 완전한 학습 경험을 제공한다. 이 모형은 학습자 중심의 탐구 학습이 단순히 '활동'에 그치지 않고, '사고 과정'의 전반적인 발달을 목표로 한다는 것을 시사한다. 특히 '정리 및 평가' 단계에서 '더 나아가기(추가 탐구 제안)'를 포함하는 것은 학습자의 자기 주도적 학습 능력과 지속적인 탐구 의지를 함양하는 데 중점을 둔다는 점에서 중요한 의미를 가진다.

3) 설계 원리 및 모형

본 데이터 기반 인공지능 융합 사회과 탐구 수업 모형은 학생들이 데이터를 활용하여 사회 현상을 탐색하고, 인공지능 도구를 통해 데이터를 분석 및 시각화하며, 최종적으로 탐구 결과를 표현하고 공유하는 일련의 과정을 체계적으로 안내한다. 이러한 모형은 학생들이 능동적으로 데이터를 다루고 비판적으로 사고하며 협력적으로 문제를 해결하는 역량을 기르도록 설계되었다.

또한, 본 수업 모형의 효과적인 적용을 지원하기 위해 일곱 가지 핵심 설계 원리가 도출되었다. 각 원리는 학습자의 인지적, 사회적, 기술적 측면을 고려하여 데이터 기반 인공지능 융합 교육의 목표를 달성하기 위한 구체적인 지침을 제공하며, 교사가 실제 수업 현장에서 적용할 수 있는 철학적 기반을 제시한다.

본 연구에서 개발된 7가지 수업 설계 원리는 데이터 기반 인공지능 융합 사회과 탐구학습의 각 단계에서 교사가 적용해야 할 구체적인 지침과 철학을 담고 있다.

- 문제 발견의 원리: 학생들이 수동적으로 주어진 문제를 해결하는 것이 아니라, 실제 데이터 속에서 의미 있는 문제를 발견하는 능동적인 학습자 역할을 강조한다. 이를 위해 데이터 속에서 학생들이 스스로 탐구할 문제를 떠올릴 수 있도록 안내하고, 데이터와 관련된 사회 현상에 대한 추가 자료를 충분히 제시하여 학생의 배경지식을 활성화한다. 이는 비판적 사고와 문제 인식 능력 함양에 기여한다.
- 맥락적 데이터 활용의 원리: 데이터 학습이 추상적인 개념에 머무르지 않고, 학생들이 일상생활 속에서 데이터의 가치와 활용성을 체감하도록 돕는다. 이를 위해 다양한 형태의 친숙한 실생활 데이터를 활용하고, 친숙하지 않은 데이터의 경우, 데이터 활용의 일련의 시나리오(맥락)를 설정하여 제공한다. 최종적으로 데이터의 유용성과 다양한 활용 가능성을 깨닫도록 한다. 이는 학습의 흥미와 동기를 높이고, 실제 문제 해결에 데이터를 적용하는 능력을 강화한다.
- 스캐폴딩 제공의 원리: 학생들이 데이터 기반 탐구 학습에서 겪을 수 있는 어려움을 예측하고, 단계별로 적절한 지원을 제공하여 성공적인 학습 경험을 유도한다. 특히 협력 학습을 통해 상호작용적 비계를 강조한다. 학생 수준에 맞는 데이터 분석 및 시각화 방법을 선택하여 단순하게 설명하고, 학생들에게

분석 절차에 대한 시각화 안내 자료를 별도로 제공한다. 활용할 데이터가 학습자 수준에 적절한지 확인하고, 학습자의 수준에 따라 데이터 탐색과 변형에 대한 교사의 개입 정도를 달리한다. 학습자의 탐구 과정에 도움을 줄 수 있는 다양한 안내 자료나 예시를 제시하며, 짝 또는 모둠 활동을 통해 학생들 간의 협력학습이 일어나도록 한다.

- 도구 활용의 원리: 데이터 기반 학습에서 필수적인 도구 활용 능력을 강조하며, 특히 초등학생의 인지적 특성과 조작 편의성을 고려하여 도구를 선정하고 안내하는 실질적인 지침을 제공한다. 초등학생 수준에 적절한 기기를 활용하되 데이터 분석 활동이 용이하도록 입력 보조 장치(키보드, 마우스, 터치스크린 등)가 있는 기기를 제공하고, 학습자들에게 직관적이며 쉽게 이해하고 사용할 수 있는 도구를 제시한다. 사전에 시범 또는 실습을 통해 도구의 특징과 활용 방법에 대해 안내하며, 하나 이상의 도구를 제시하여 학습자가 목적에 적절한 도구를 선택할 수 있도록 한다.
- 데이터 변형 및 해석의 원리: 데이터 시각화의 중요성을 강조하며, 단순히 데이터를 변환하는 것을 넘어 데이터가 내포하는 사회적, 개인적 의미를 깊이 있게 탐색하도록 유도한다. 데이터를 다른 형태로 변환(시각화)해 보는 경험을 제공하고, 데이터 변환 시 가장 적절한 형태가 무엇인지 학생 스스로 탐색할 수 있는 기회를 제공한다. 데이터를 해석하는 과정에서 한 개인의 차원과 사회 전체의 차원에서 어떠한 의미를 지니는지 질문한다.

- 데이터 기반 의사소통의 원리: 데이터 리터러시의 핵심 요소인 '데이터 기반 의사소통' 능력을 강조한다. 학생들이 데이터를 근거로 자신의 주장을 펼치고 타인과 소통하는 과정을 통해 논리적 사고력과 설득력을 함양하도록 돕는다. 학생들이 자신의 데이터 기반 탐구결과를 말과 글로 충분히 표현하고 팀 동료들과 논의할 시간을 주며, 자신의 생각을 말할 때에는 데이터 속에서 근거를 찾아보도록 안내한다. 변환(시각화)한 데이터를 바탕으로 탐구에 대한 결론을 도출할 수 있도록 한다.
- 표현과 공유의 원리: 탐구 결과를 다양한 방식으로 표현하고 공유함으로써 학습의 완성도를 높이고, 동료 학습 및 성찰을 통해 학습 경험을 심화시킨다. AI 도구의 활용을 통해 표현의 다양성과 효율성을 극대화한다. 팀 내에서 개인별로 산출물을 제작하고 팀 동료들에게 이를 공유하여 다양한 인공지능 도구를 활용한 사례를 관찰 학습하도록 하며, 새롭게 알게 된 사실이나 지식을 자신의 방식으로 새롭게 표현할 기회를 제공한다. 모둠별 발표를 통해 최종 산출물을 공유하여 동료 간의 학습 기회를 제공하고, 탐구 과정과 결과 전반에 대하여 성찰할 수 있는 기회를 제공한다.

특히 '스캐폴딩 제공의 원리'와 '도구 활용의 원리'에서 '학생 수준에 맞는', '학습자 수준에 적절한', '직관적이며 쉽게 이해하고 사용할 수 있는 도구', '입력 보조 장치' 등의 표현이 반복적으로 등장한다. 이는 초등학생이라는 특정 학습자 집단의 인지적, 발달적 특성을 깊이 고려하여 모형과 전략을 설계했음을 보여주는데, 외적 타당화 과정에서 드러난 학생들의 어려움(전자기기 사용 미숙, 복잡한 기능)을 반영하여 개선된 전략임을 알 수 있다.

교수설계는 학습자의 특성에 대한 깊은 이해를 바탕으로 이루어져야 한다. 특히 저학년 학습자의 경우, 기술적 장벽을 낮추고 학습 과정을 단계적으로 지원하는 것이 학습 성공 경험을 제공하고 자기 효능감을 높이는 데 결정적인 역할을 한다.

4) 상세 전략

각 설계 원리 아래에 구체적인 세부 교수전략이 제시되어 있다. 각 설계 원리에 따른 24개 세부 교수전략은 데이터 기반 인공지능 융합 사회과 탐구학습의 효과적인 실행을 위한 구체적인 방법론을 제시한다. 이 전략들은 교사가 실제 수업 상황에서 적용할 수 있는 실질적인 지침 역할을 수행한다.

이는 추상적인 교육 철학이나 원리가 실제 교실에서 어떻게 구체적인 행동으로 구현될 수 있는지를 명확히 보여준다. 원리가 '무엇을 해야 하는가'를 제시한다면, 전략은 '어떻게 해야 하는가'를 제시하는 것이다. 이러한 구성은 효과적인 교수설계가 이론적 기반 위에 실제적이고 실행 가능한 지침을 제공해야 함을 시사한다. 이는 교사들이 새로운 교육 모델을 자신의 수업에 성공적으로 통합할 수 있도록 돕는 중요한 요소이다.

(1) 문제 발견의 원리

① 데이터 속에서 학생들이 스스로 탐구할 문제를 떠올릴 수 있도록 안내한다.

② 데이터와 관련된 사회 현상에 대한 추가 자료를 충분히 제시하여 학생의 배경지식을 활성화한다.

이 전략들은 학생들이 단순히 주어진 문제를 해결하는 것을 넘어, 실제 사회 현상에 대한 비판적 인식을 기반으로 문제의식을 형성하고 주도적으로 탐구 질문을 설정하도록 돕는 구체적인 방안이다.

(2) 맥락적 데이터 활용의 원리

③ 다양한 형태의 친숙한 실생활 데이터를 활용한다.

④ 친숙하지 않은 데이터의 경우, 데이터를 활용하는 일련의 시나리오(맥락)를 설정하여 제공한다.

⑤ 최종적으로 데이터의 유용성과 다양한 활용 가능성을 깨닫도록 한다.

이 전략들은 학습의 현실 관련성을 높여 동기를 유발하고, 데이터가 추상적인 숫자가 아닌 삶의 문제를 해결하는 구체적인 도구임을 학생들이 인식하도록 돕는 실질적인 교수법을 제시한다.

(3) 스캐폴딩 제공의 원리

⑥ 학생 수준에 맞는 데이터 분석 및 시각화 방법을 선택하여 단순하게 설명하고, 학생들에게 분석 절차에 대한 시각화 안내 자료를 별도로 제공한다.

⑦ 활용할 데이터가 학습자 수준에 적절한지 확인한다.

⑧ 학습자의 수준에 따라 데이터 탐색과 변형에 대한 교사의 개

입 정도를 달리한다.

⑨ 학습자의 탐구 과정에 도움을 줄 수 있는 다양한 안내 자료나 예시를 제시한다.

⑩ 짝 또는 모둠 활동을 통해 학생들 간의 협력 학습이 일어나도록 한다.

이 전략들은 학생들이 데이터 탐구 과정에서 겪을 수 있는 인지적, 기술적 어려움을 체계적으로 지원하여 성공 경험을 제공하고, 협력을 통해 상호 학습이 이루어지도록 돕는 구체적인 지원 방안이다.

(4) 도구 활용의 원리

⑪ 초등학생 수준에 적절한 기기를 활용하되 데이터 분석 활동이 용이하도록 입력 보조 장치(키보드, 마우스, 터치스크린 등)가 있는 기기를 제공한다.

⑫ 학습자들에게 직관적이며 쉽게 이해하고 사용할 수 있는 도구를 제시한다.

⑬ 사전에 시범 또는 실습을 통해 도구의 특징과 활용 방법에 대해 안내한다.

⑭ 하나 이상의 도구를 제시하여 학습자가 목적에 적절한 도구를 선택할 수 있도록 한다.

이 전략들은 학생들이 AI 및 데이터 분석 도구를 효과적으로 활용할 수 있도록 실질적인 지원을 제공하며, 도구 사용의 편의성과 접근성을 강조하는 구체적인 실행 지침이다.

(5) 데이터 변형 및 해석의 원리

⑮ 데이터를 다른 형태로 변환(시각화)해 보는 경험을 제공한다.

⑯ 데이터 변환 시 가장 적절한 형태가 무엇인지 학생 스스로 탐색할 수 있는 기회를 제공한다.

⑰ 데이터를 해석하는 과정에서 한 개인의 차원과 사회 전체의 차원에서 어떠한 의미를 지니는지 질문한다.

이 전략들은 데이터 시각화의 중요성을 강조하고, 데이터를 통해 심층적인 의미를 발견하는 비판적 사고 능력을 함양하도록 돕는 구체적인 활동 방안을 제시한다.

(6) 데이터 기반 의사소통의 원리

⑱ 학생들이 자신의 데이터 기반 탐구 결과를 말과 글로 충분히 표현하고 팀 동료들과 논의할 시간을 준다.

⑲ 자신의 생각을 말할 때에는 데이터 속에서 근거를 찾아보도록 안내한다.

⑳ 변환(시각화)한 데이터를 바탕으로 탐구에 대한 결론을 도출할 수 있도록 한다.

이 전략들은 데이터 리터러시의 핵심인 '소통' 능력을 강화하며, 논리적이고 증거 기반의 의사소통 태도를 함양하는 구체적인 지도 방법을 제시한다.

(7) 표현과 공유의 원리

㉑ 팀 내에서 개인별로 산출물을 제작하고 팀 동료들에게 이를

공유하여 다양한 인공지능 도구를 활용한 사례를 관찰·학습하도록 한다.

㉒ 새롭게 알게 된 사실이나 지식을 자신의 방식으로 새롭게 표현할 기회를 제공한다.

㉓ 모둠별 발표를 통해 최종 산출물을 공유하여 동료 간의 학습 기회를 제공한다.

㉔ 탐구 과정과 결과 전반에 대하여 성찰할 수 있는 기회를 제공한다.

이 전략들은 학습의 결과물을 창의적으로 표현하고, 공유 및 성찰을 통해 학습 경험을 심화하고 확장하는 데 기여하는 구체적인 활동들을 포함한다. 〈표 7-1〉을 보면, '스캐폴딩 제공의 원리', '도구 활용의 원리', '데이터 기반 의사소통의 원리', '표현과 공유의 원리'의 세부 교수전략에는 '외적 타당화 반영'이라는 주석이 붙어 있다. 이는 실제 수업 적용 과정에서 드러난 학생들의 어려움(예: 데이터 시각화 방법, 기기 사용 미숙, 데이터 표현 및 의사소통의 어려움)을 직접적으로 반영하여 전략을 수정했음을 의미한다. 이는 본 모형이 이론에만 머무르지 않고, 현장의 피드백을 통해 지속적으로 개선되는 '살아있는' 모델임을 보여준다. 현장 적용을 통해 학생들의 구체적인 어려움이 발견되었고, 이에 따라 교수전략이 즉각적이고 실질적으로 수정되어 모형의 현장 적합성 및 유용성이 증대된 것이다. 이는 설계·개발 연구의 핵심 가치 중 하나인 '현장성'과 '실용성'을 극대화하는 것을 의미한다. 이론적 타당성뿐만 아니라, 실제 사용자(학생, 교사)의 경험을 통해 얻은 피드백을 적극적으로 반영함으로써 모형의 완성도와 교육적 효과를 높일 수 있음을 시사한다.

5) 실제 적용 사례

본 수업모형 및 교수전략은 초등학교 사회과 교육과정의 인구 문제를 탐구 주제로 실제 수업에 적용되었다. 수업은 초등학교 4학년 2학기 사회 교과서 '3. 사회 변화와 문화 다양성' 단원의 '사회 변화로 나타난 일상생활의 모습' 중 '저출산・고령화로 인한 변화'를 주제로 6차시에 걸쳐 진행되었다. 이 주제는 학생들이 일상생활에서 접할 수 있는 실제적 사회 문제이며, 데이터 기반 탐구 학습을 통해 문제의 심각성을 인지하고 해결 방안을 모색하기에 적합하였다. 수업의 성취 기준은 '사회 변화(저출산・고령화, 정보화, 세계화 등)로 나타난 일상생활의 모습을 조사하고, 그 특징을 분석한다'로 설정되었으며, 지식, 기능, 가치・태도의 통합적인 학습 목표를 포함한다(〈표 7-2〉 참고).

〈표 7-2〉 수업 적용 사례-수업 개요

단원		3. 사회 변화와 문화 다양성
성취 기준		[4사04-05] 사회 변화(저출산, 고령화, 정보화, 세계화 등)로 나타난 일상생활의 모습을 조사하고, 그 특징을 분석한다.
주제		사회 변화(인구 문제)
학습 목표	지식	사회 변화로 나타난 일상생활의 모습과 특징을 이해할 수 있다.
	기능	사회 변화로 나타난 일상생활의 모습을 조사하여 정리할 수 있다. 그래프, 신문기사 등의 자료를 보고 사회 변화의 특징을 설명하거나 근거를 들어 예상할 수 있다.

	가치 · 태도	사회 변화로 나타나는 문제점에 대처하는 태도를 지닐 수 있다.
학습 요소		저출산 · 고령화

적용 사례에서 '인구 문제'라는 실제 사회 현상을 주제로 삼고, KOSIS 통계놀이터, 엑셀 데이터 등 '실제 데이터'를 활용하도록 설계되었다. 이는 학생들이 교과서 속 추상적인 개념이 아닌, 자신들의 삶과 밀접한 관련이 있는 문제를 직접 다루고, 그 문제의 심각성을 데이터로 확인하게 함으로써 학습 몰입과 문제 해결 의지를 높일 수 있음을 시사한다(〈표 7-3〉 참고). 실제 사회 문제와 실제 데이터의 결합은 학습의 현실성을 부여하고, 학생들이 문제의 심각성을 체감하며 이해도를 증진시켜 학습 몰입과 능동적 참여를 유도한다. 사회과 교육에서 '실제성(authenticity)'은 학습 효과를 극대화하는 중요한 요소이다. 학생들이 직접 데이터를 다루며 사회 현상을 분석하는 경험은 단순한 지식 습득을 넘어, 시민으로서 사회 문제에 대한 비판적 의식과 참여 태도를 함양하는 데 기여한다.

〈표 7-3〉 수업 적용 사례-교수 · 학습 활동 흐름

구분	교수 · 학습 활동 흐름	비고
수업 안내	• 학습목표 확인하기 • 프로젝트 소개 및 주요 과정 안내하기	실험반, 비교반 공통 적용
탐구 학습 준비	• 데이터 기초 교육 • 프로젝트 팀 구성하기	
데이터 탐색 및 문제 발견	• 생활 속 문제 상황 데이터 탐색하기 - 우리 주변의 인구 관련 다양한 자료	

<table>
<tr><th colspan="2">구분</th><th>교수 · 학습 활동 흐름</th><th>비고</th></tr>
<tr><td colspan="2"></td><td>(뉴스 및 관련 영상) 탐색하기
• 탐구할 문제 발견하기</td><td></td></tr>
<tr><td rowspan="3">데이터
기반
사회
문제
탐구</td><td rowspan="2">데이터
수집</td><td>• 수집할 데이터 떠올리기
• 사이트에서 살펴보아야 할 부분과 이야기 나누기
• 필요한 데이터 수집 및 살펴보기
① KOSIS 어린이사이트(통계놀이터) 탐색하기
② 서울의 각 구의 인구 데이터 살펴보기
〈인구 변화 데이터 예시〉
- 1번. 전국의 유소년(0~14세)과 고령(65세 이상) 인구 변화
- 2번. 각 구의 유소년(0~14세)과 고령(65세 이상) 인구 변화
- 3번. 부양률(총인구/유소년+고령인구)
- 4번. 해당 지역 유소년(0~14세), 고령(65세 이상) 인구 변화
- 5번. 해당 지역 유소년(0~14세), 고령(65세 이상) 인구 변화</td><td>KOSIS
어린이사이트
(통계놀이터)

엑셀 데이터
(우리 지역,
저출산 원인)</td></tr>
<tr><td>③ 저출산의 원인 데이터 살펴보기
〈저출산 원인 데이터 예시〉
- 1번. 만혼, 여성의 결혼 변화
- 2번. 2021년 결혼하지 않는 이유 조사
- 3번. 2021년 아이를 낳지 않는 이유 조사
- 4번. 2021년 신혼부부의 주거 문제에 따른 출생아 수
- 5번. 신혼부부의 대출 금액 변화</td><td></td></tr>
<tr><td>데이터
분석
및
시각화</td><td>• 구글 스프레드시트를 활용하여 데이터 시각화하는 방법 시범 및 실습하기
• 데이터를 적절한 그래프로 시각화하기
• 그래프를 통해 알 수 있는 점 파악하기(활동지)</td><td>구글 스프레드시트,
엑셀 데이터(우리 지역, 저출산 원인),

활동지</td></tr>
</table>

구분		교수 · 학습 활동 흐름	비고
	탐구 결론 도출	• 탐색한 자료를 종합적으로 분석하기 • 문제의 나타난 원인에 대한 결론 도출하기	
산출물 제작 및 공유		• 인공지능 도구를 활용하여 발표자료 제작하기 - 오늘날의 생활 모습 변화(저출산 · 고령화)가 어떠한 원인으로 발생하였는지 과정을 자료(만화, 카드뉴스)로 제작하기 • 모둠별 탐구 결과 자료 발표하기	인공지능 만화 앱 (잇셀프, 투닝), 인공지능 그리기 앱 (오토드로우)
정리 및 평가		• 자기 평가 및 동료 평가 • 탐구 과정과 결과 반성하기	

4. 결론 및 향후 발전 방향

1) 효과 분석

본 연구에서 개발된 '데이터 기반 인공지능 융합 초등 사회과 탐구학습 모형'은 초등학생의 데이터 리터러시 함양에 긍정적인 영향을 미쳤음을 통계적 분석 및 질적 면담 결과를 통해 확인하였다.

데이터 리터러시 사전 · 사후 검사 결과, 두 학교(H초, W초)의 대부분 실험반에서 평균 점수 상승폭이 비교반의 평균 점수 증가량보다 크게 나타났다(〈표 7-4〉). 이는 본 수업이 학생들의 데이터 리터러시 함양에 전반적으로 긍정적인 영향을 미쳤음을 시사한다. 특히, 실험반 학생들은 모든 데이터 리터러시 영역에서 평균적으로 4.0 이상의 높은 성취도를 보였으며, 평균 증가량 또한 비교반 학생들보다 높게 나타났다.

〈표 7-4〉 H초와 W초 각 학교 실험반-비교반 간 데이터 리터러시 사전-사후 검사 비교

영역	세부 항목	집단		N	사전검사		사후검사		평균차이 (B-A)
					평균(A)	표준편차	평균(B)	표준편차	
통계적 분석 능력	데이터 이해	H초	실험반	20	3.82	0.88	4.37	0.87	0.14
			비교반	19	3.88	0.7	4.02	0.87	0.14
		W초	실험반	28	3.94	0.8	4.6	0.6	0.65
			비교반	28	4.08	0.79	4.67	0.43	0.58
	데이터 수집 준비	H초	실험반	20	3.76	0.76	4.19	0.92	0.43
			비교반	19	3.74	0.58	3.88	0.69	0.14
		W초	실험반	28	3.83	0.91	4.28	0.96	0.45
			비교반	28	3.51	0.9	4.42	0.7	0.91
	데이터 분석	H초	실험반	20	3.8	0.87	4.33	0.79	0.53
			비교반	19	3.81	0.6	3.84	0.83	0.04
		W초	실험반	28	3.83	0.89	4.48	0.62	0.64
			비교반	28	4.24	0.66	4.49	0.65	0.25
	데이터 평가	H초	실험반	20	3.67	0.96	4.13	0.95	0.47
			비교반	19	3.68	0.72	3.77	0.71	0.09
		W초	실험반	28	3.74	0.86	4.31	0.81	0.57
			비교반	28	4.06	0.71	4.38	0.74	0.32
데이터 활용 의사 소통 능력	데이터 표현	H초	실험반	20	4.23	0.8	4.28	0.88	0.05
			비교반	19	4.18	0.75	4.11	0.7	-0.08
		W초	실험반	28	4.36	0.73	4.64	0.64	0.29
			비교반	28	4.57	0.54	4.5	0.67	-0.07
	데이터 기반 의사 소통	H초	실험반	20	4	0.93	4.08	0.94	0.08
			비교반	19	3.66	0.65	3.95	0.93	0.29
		W초	실험반	28	3.8	0.98	4.29	0.81	0.48
			비교반	28	3.82	0.76	4.25	0.7	0.43

또한, 실험반 학생들을 대상으로 한 사전-사후 대응표본 t검정 결과는 다음과 같은 유의미한 변화를 확인하였다(〈표 7-5〉). H초 실험반의 경우 '데이터 이해'($t = -2.604$, $p = .017$), '데이터 수집 및 준비'($t = -2.469$, $p = .023$), '데이터 분석'($t = -3.310$, $p = .004$), '데이터 평가'($t = -2.237$, $p = .037$) 영역에서 유의수준 0.05 미만으로 통계적으로 유의미한 향상을 보였다. W초 실험반의 경우, 앞서 언급된 4개 영역 외에 '데이터 기반 의사소통' 영역에서도 유의수준 0.024로 통계적으로 유의미한 향상을 보였다. 반면, 두 실험반 모두 '데이터 표현' 항목에서 유의미한 향상이 나타나지 않았으며, H초 실험반은 '데이터 기반 의사소통' 항목에서도 유의미한 향상을 보이지 않았다.

〈표 7-5〉 H초와 W초의 실험반 사전-사후검사 대응표본 t검정 결과

영역	세부 항목	집단	대응차이 평균	표준 편차	표준오차 평균	*t*	*df*	유의수준 (양쪽)
통계적 분석 능력	데이터 이해	H초	-0.55	0.945	0.211	-2.604	19	0.017
		W초	-0.655	0.814	0.154	-4.257	27	0
	데이터 수집준비	H초	-0.425	0.77	0.172	-2.469	19	0.023
		W초	-0.509	0.912	0.172	-2.954	27	0.006
	데이터 분석	H초	-0.533	0.721	0.161	-3.31	19	0.004
		W초	-0.643	0.814	0.156	-4.12	27	0
	데이터 평가	H초	-0.467	0.932	0.208	-2.237	19	0.037
		W초	-0.571	0.92	0.174	-3.286	27	0.003
데이터 활용 의사소통 능력	데이터 표현	H초	-0.255	0.647	0.145	-1.756	19	0.095
		W초	-0.286	0.833	0.157	-1.816	27	0.08
	데이터 기반 의사소통	H초	-0.075	0.893	0.2	-0.373	19	0.711
		W초	-0.482	1.067	0.202	-2.391	27	0.024

양적 분석 결과와 더불어, 외적 타당화에 참여한 학생 45명을 대상으로 진행된 면담 내용 분석은 본 수업의 효과성을 보다 풍부하게 설명한다. 학생들이 '데이터를 직접 확인하니 문제에 대한 빠른 이해가 가능했다', '문제의 심각성을 더 잘 알게 되었고 이를 해결하고자 하는 의지가 강해졌다'고 응답한 점은 데이터를 통한 문제 인식 및 이해 능력 향상에 실질적인 도움이 되었음을 보여준다. 또한 '데이터를 보고 혼자 생각할 수 있는 능력이 길러진 것 같다', '표와 그래프를 해석하는 능력이 길러진 것 같다'는 응답은 데이터 해석 및 이해 능력 향상에 긍정적인 영향을 미쳤음을 뒷받침한다.

학생들은 인공지능 도구를 활용한 산출물 제작에 대해 '사람들에게 문제를 더 잘 알려줄 수 있다', '다양한 캐릭터를 통해 전하고 싶은 메시지를 잘 전달할 수 있다'며 가시적 표현의 장점을 언급하였다. 또한 '사용하기 편리하다', '더 빨리 만들 수 있었다', '완성도나 효율이 높았다'며 인공지능 기술의 편의성 및 효율성에 주목하는 응답도 많았다.

수업 후에도 데이터를 분석해 보고 싶다는 긍정적인 의사를 보인 학생이 많았으며, '다른 과목에서도 표나 그래프를 활용하고 싶다'고 언급하여 데이터 시각화의 장점을 인식하고 다양하게 적용하고자 하는 태도를 확인하였다. 이는 본 수업모형 및 교수전략이 학생들의 데이터 리터러시 역량 향상뿐만 아니라, 사회 문제에 대한 주체적인 탐구 의지와 인공지능 도구 활용에 대한 긍정적 인식을 형성하는 데 효과적이었음을 종합적으로 보여준다.

2) 적용상의 유의점

본 연구의 결과는 데이터 기반 인공지능 융합 사회과 탐구학습 모형의 효과성을 입증하였으나, 성공적인 현장 적용을 위해서는 다음과 같은 유의점을 고려해야 한다.

첫째, 학생들의 '데이터 표현' 및 '데이터 기반 의사소통' 역량 강화를 위한 교수 전략의 보완이 필요하다. 해당 영역의 통계적 향상이 미흡했던 점을 바탕으로, 학생들이 데이터를 효과적으로 표현하고 소통할 수 있도록 학습 기회와 자료를 확대하고, 학생 수준에 맞는 AI 도구 활용 안내를 강화해야 한다.

둘째, 안정적이고 사용자 친화적인 디지털 교육 환경 구축이 필수적이다. 학생 면담에서 인공지능 도구의 기능적 한계 및 기술적 제약에 대한 불만이 제기되었음을 고려하여, 데이터 분석 프로그램 및 AI 도구의 SW 접근성을 강화하고 사용성을 개선하여 학생들이 원활하게 데이터를 다룰 수 있도록 지원해야 한다.

셋째, 교사의 데이터 리터러시 역량 강화 및 체계적인 지원이 반드시 병행되어야 한다. 새로운 교수학습 모델의 성공적인 현장 안착은 교사들의 역량과 준비도에 크게 좌우되므로, 교사들이 데이터를 활용한 수업을 자신감 있게 수행할 수 있도록 데이터 리터러시 함양 연수, 연구 지원, 양질의 데이터 자료 제공 등의 체계적인 지원이 필수적이다. 이러한 노력들이 병행될 때 비로소 데이터 기반 인공지능 융합 사회과 탐구학습 모형이 교육 현장에 성공적으로 안착하고 그 효과를 극대화할 수 있을 것이다.

3) 결론 및 제언

본 연구는 초등 사회과 탐구학습에 적합한 데이터 기반 인공지능 융합 수업모형과 교수전략을 개발하고 그 효과를 검증하였다. 연구 결과, 수업 모형은 문제 발견, 맥락적 데이터 활용, 스캐폴딩 제공, 도구 활용, 데이터 변형 및 해석, 데이터 기반 의사소통, 표현과 공유의 7가지 설계 원리를 포함하며, 이를 적용한 수업은 학생들의 데이터 리터러시 향상에 긍정적 영향을 미쳤음이 확인되었다.

이에 따라 다음과 같은 제언을 하고자 한다. 첫째, 초등 교육 현장에서 교사들은 데이터를 단순한 자료 제시 차원을 넘어 탐구 전 과정에 적극적으로 도입하여 학생들의 데이터 활용 역량을 체계적으로 신장시킬 필요가 있다. 둘째, 인공지능 도구의 활용은 데이터 분석과 표현을 보다 용이하게 만들어 학습자의 탐구 경험을 풍부하게 하므로, 교사 연수와 교수설계 지원이 병행되어야 한다. 셋째, 본 연구의 모형은 사회과에 국한되지 않고 다양한 교과로 확장 가능하므로, 후속 연구에서는 타 교과 적용과 장기적 효과 검증이 필요하다.

‖ 참고 문헌 ‖

교육부 (2022). 2022 개정 교육과정 시안. 국민참여소통채널 https://educhannel.edunet.net에서 2022년 11월 10일 인출.

김명신 (2022). 데이터 시각화를 활용한 창의융합수업 설계 원리 개발: 귀추적 사고를 중심으로. 서울대학교 대학원 석사학위논문.

김성욱 (2016). 모바일 탐구학습을 위한 수업설계 모형 개발 연구. 서울대학교 대학원 박사학위논문.

서유나, 노지영, 박미림, 정수진 (2023). 데이터 기반의 인공지능 융합 초등 사회과 탐구학습을 위한 수업모형 및 교수전략 개발 연구. 학습자중심교과교육연구, 23(12), 1-25.

손미현 (2020). 지식정보처리역량 함양을 위한 데이터 기반 과학탐구 모형 개발. 서울대학교 대학원 박사학위논문.

Richey, R., & Klein, J. (2007). *Design and development research: Methods, strategies, and issues*. Lawrence Erlbaum Associates.

CHAPTER 08

오개념 교정을 위한 AI 융합 과학 수업 설계 원리[1)]

박주현 · 전민선

1. 해당 설계 원리, 모형 개발의 배경과 필요성

1) 실제적 요구

AI 융합 교육은 기존의 오개념 교정 교수·학습 방법의 한계를 극복하고, 학습자가 주체적으로 과학적 개념을 재구성하며, 반복적이고 체계적인 방식으로 오개념을 수정할 기회를 제공한다. 기존 과학 수업에서는 주로 교사가 학습 활동을 설계하고 학생은 이를 수동적으로 따르는 경우가 많았다(하민수, 2006). 그러나 AI 융합 교육에서는 학습자가 데이터를 분석하고 추론하는 과정을 스스로 주도하면서 과학적 개념을 탐구하고 이해할 수 있다. 이러한 과정은 학습자가 실제 문제를 해결하는 데 필요한 창의적 사고와 융합적 문제 해결 능력을 배양하는 데 중요한 역할을 한다(Balkaya & Kurt, 2023; Kjelvik et al., 2019).

AI 융합 교육은 미래 지향적인 교육 패러다임과 부합한다. 4차 산업혁명 시대는 AI, 빅데이터, 사물인터넷 등 첨단 기술이 사회 전반에 걸쳐 요구되는 시기이다. 이러한 변화는 교육 패러다임에

1) 본 장의 내용은 전민선(2025)의 석사학위논문을 보완하여 작성되었다.

도 큰 영향을 미친다(Schwab, 2017). AI 융합 교육은 학습자가 단순히 과학적 개념을 배우는 것을 넘어, 이를 실생활 문제에 적용하고 데이터를 기반으로 의사결정을 내릴 수 있는 융합적 사고력을 기르도록 돕는다(임다미 외, 2022). 이러한 역량은 현대 사회에서 필수적인 문제 해결력과 창의적 사고의 기초가 되며, 특히 AI가 과학 교육에서 학습자의 개념적 이해를 심화하고 다양한 실제 문제를 해결하는 도구로 활용될 수 있음을 보여준다(Luckin et al., 2016).

AI 기술은 학습자의 데이터를 분석하고 피드백을 제공하는 강력한 도구로 활용될 수 있지만, 설계 원리가 부재할 때 그 잠재력이 온전히 발휘되지 못할 위험이 있다. 첫째, 설계 원리가 없다면 AI 기술을 단순히 도구로만 활용하거나 일부 학습 활동에만 단편적으로 적용하는 수준에 그칠 가능성이 크다(Luckin et al., 2016; Ozdemir & Clark, 2007). 이는 학습자가 AI를 통해 자신의 오개념을 점검하고 개념 변화를 경험하는 학습자 중심의 탐구 과정을 충분히 지원하지 못할 수 있음을 의미한다. 둘째, 교사와 AI의 역할 분담 및 조정이 이루어지지 않을 경우, AI는 교사 보조 도구로 한정되어 사용될 가능성이 높다(석주연, 이상욱, 2018). 이는 AI의 잠재력을 축소시키며, 교사의 역할 부담을 오히려 증가시킬 수도 있다.

더욱이, AI 융합 교육 설계는 현장 교원이 독자적으로 수행하기에는 어려움이 따른다. AI 기술을 활용한 수업 설계는 기존의 과학 교육과는 달리 새로운 도구와 방법론을 요구하며, 이를 교육 현장에서 바로 적용하기 위해서는 AI와 과학 교육 모두에 대한 전문성이 필요하다(이원규, 김자미, 2020). 그러나 현직 교원들은 AI

융합 교육에 대한 충분한 이해와 경험이 부족한 경우가 많으며, AI를 활용한 교육 활동을 제로 베이스에서 설계하는 데 한계를 겪고 있다. 특히, AI 도구와 과학적 탐구 과정을 융합하는 수업은 단순히 기존 자료를 보완하거나 추가하는 차원이 아니라, 학습자가 과학 개념을 탐구하고 오개념을 재구성하도록 돕는 학습 환경 전반을 새롭게 설계하는 작업을 포함한다. 이러한 작업은 교사의 개인적인 역량만으로는 감당하기 어려우며, 체계적인 지원이 필요하다.

따라서 AI 융합 교육에서 학습자의 오개념 교정을 효과적으로 설계하기 위해서는 설계 원리가 필수적이다. 설계 원리는 교사가 AI 기술을 활용하여 학습자의 탐구 과정을 체계적으로 지원할 수 있도록 돕고, AI와 교사 간의 협력적 역할 분담을 명확히 함으로써 교사의 부담을 줄이는 데 기여할 수 있다. 더불어, 이러한 원리는 AI 기술을 과학 교육 전반에 전략적으로 통합하여, AI가 학습자 중심의 탐구와 개념 재구성을 지원하는 효과적인 도구로 자리 잡도록 하는 기반이 될 것이다.

2) 이론적 배경

과학 교과에서는 STEAM 교육의 확산과 함께 수학, 기술, 예술 등 타 교과와의 융합에 관한 연구가 꾸준히 이루어져 왔다. 이러한 맥락에서 과학과 인공지능 융합 교육에 관한 연구도 활발히 이루어지고 있으며, 특히 과학 개념 습득에 중점을 둔 접근이 두드러진다. 이는 과학 교육에서 과학적 개념의 정확한 이해를 돕는 것이 중요한 과제로 인식되고 있기 때문이다. 올바른 과학 개념의 습득은 과학적 탐구와 문제 해결 능력의 기반이 되기에 과학 교육의 핵심 과제이다(권재술, 1992). 구성주의적 관점에서는 과학 학습을 곧 개념 학습으로 규정하는데, 이는 과학적 개념이 학습자가 개인의 경험과 맥락 속에서 의미를 구성하는 과정에서 형성되기 때문이다(Driver, 1989).

과학 개념의 습득과 관련된 국내 AI 융합 과학 교육의 사례는 학습 목표와 효과에 따라 세 가지 주요 유형으로 분류할 수 있다. 첫째, 과학 개념 습득이 부차적인 효과로 나타난 연구는 AI 기술 활용, 데이터 분석 등 다른 학습 목표에 더 중점을 두었지만, 결과적으로 과학 개념의 이해가 자연스럽게 향상되는 경향을 보였다. 둘째, 과학 개념 습득을 주된 목표로 한 연구는 특정 과학 개념을 심화 학습하는 데 중점을 두었다. 셋째, 오개념 교정에 초점을 둔 연구는 학생들의 잘못된 과학적 개념을 교정하고, 이를 올바른 개념으로 전환하도록 지원하였다.

한편, 과학적 개념의 학습 과정에서 학생들이 정확한 이해에 도달하지 못하고 잘못된 개념을 형성하는 경우가 빈번히 발생한다. 구성주의적 관점에서 보면, 학습 이전에 이미 형성된 선개념(pre-conception)이 새로운 학습 내용과 상호작용하면서 비과학적인 상태로 유지될 때, 이를 오개념(misconception)이라고 한다(Driver, 1989; Driver & Erickson, 1983).

특히 과학적 오개념은 추상적이고 관찰하기 어려운 개념을 다루는 학습에서 더욱 빈번히 발생하며, 전통적인 수업 방식만으로는 쉽게 교정되지 않는 경우가 많다(Chi, 2005). 예를 들어, 물질의 입자성과 관련된 오개념은 학생들이 원자와 분자의 구조 및 특성을 이해하는 데 중요한 장애 요소로 작용한다. 연구에 따르면, 학생들은 물질의 입자성과 관련된 개념을 직관적으로 잘못 이해하거나, 잘못된 교과서 설명과 수업을 통해 비과학적인 개념을 강화하기도 한다(정완호, 1993; 최순덕, 1997).

이러한 문제를 해결하기 위해서는 우선 학생들의 선개념을 정확히 진단하고, 이를 과학적 개념으로 전환하는 체계적인 교수학습 전략이 필요하다. 이를 위해 인지 갈등 이론이나 개념변화 수업모형과 같은 체계적 접근이 효과적임이 증명되었다(Chi, 2005; Hewson, 1981). 이러한 이론과 모형들은 학생들이 자신의 오개념을 스스로 인식하고 수정할 기회를 제공한다.

2. 설계 원리 개발 과정

본 장에서는 오개념 교정을 위한 AI 융합 과학 수업을 설계 및 실행할 때 현장 적용성이 높은 설계 원리와 상세 지침을 개발하고 전문가 타당화 검사와 현장 교사의 사용성 평가를 통하여 그 타당성을 분석하였다. 우선 선행문헌 고찰을 통해 연구의 필요성을 도출하고 구체적인 연구 문제를 확정하였다. 다음으로 연구 문제를 해결하기 위해 과학 교과에서 오개념 교정과 AI 융합 과학 수업 관련 문헌을 탐색하여 초기 수업 설계 원리와 상세 지침을 도출하였다. 이를 바탕으로 타당성 평가를 위한 연구 방법과 구체적인 연구 도구를 개발 및 확정하였다. 그리고 전문가 타당화와 사용성 평가를 통해서 이론적으로 도출한 설계 원리와 상세 지침에 대한 내적 타당성을 확인하고 개선이 필요한 부분을 보완하였다. 이때, 전문가 타당화를 통하여 설계 원리의 이론적 타당성을 확보하고,

사용성 평가를 통하여 설계 원리의 현장 적용 가능성을 검토하였다. 또한, 사용성 평가에 참여한 현장 교사를 대상으로 심층 면담을 수행하고 그 결과를 활동 체제 이론에 근거하여 분석하였다. 이를 토대로 설계 원리와 상세 지침을 수정하여 최종 11개의 원리와 29개의 상세 지침을 개발하였다.

1) 초기 설계 원리 도출

오개념 교정을 위한 AI 융합 과학 수업의 설계 원리를 개발하기 위하여 문헌 고찰을 시행하였다. 연구 문제와 관련한 선행문헌을 체계적으로 수집하고 비판적으로 검토하고 요약하기 위하여 체계적 문헌 고찰 연구 방법에 의거하여 수행하였다. 또한, PRISMA(Preferred Reporting Items for Systematic reviews and Meta-analysis) 지침에 따라 연구 방법을 기술하였다.

오개념 교정을 위한 AI 융합 과학 수업에 대한 문헌 고찰을 위하여 온라인 데이터베이스는 Web of Science와 Scopus, RISS(학술연구정보서비스)를 활용하여 2015년부터 2024년까지 출판된 문헌을 수집하였다. 세 데이터베이스에서 추출된 자료에서 중복된 문헌을 제거한 뒤, 형식에 따라 단계적으로 타당한 문헌만을 남기는 선별 작업을 수행하였다. 영문과 국문으로 서술된 논문만을 포함하며, 학술지와 학술대회 논문은 포함하되 학위논문은 제외하였다. 또한, 서론에서 논의 및 결론의 형식에 이르는 일반적인 문헌의 구조가 아닌 자료는 배제하였다. 일차적으로 걸러진 논문들에 대하여 자료의 내용의 적합성을 중심으로 이차적으로 걸러내는 판별 단계를 거쳤다. 문헌 중 인공지능 융합 교육(AI-STEM,

AI-STEAM 등)을 직접 설계하고 실행하여 그 효과성을 검증한 자료를 선택하였다. 또한, 과학적 오개념을 바로잡는 학습 목표를 수행한 연구는 포함하였으며, 이러한 내용을 포함하지 않는 자료는 제외하였다.

오개념 교정을 위한 AI 융합 과학 수업 설계 원리에 관하여 학교 교육 현장에서의 필요성과 설계 원리에 대하여 기대하는 바를 확인하기 위하여 일대일 심층 면담을 진행하였다. 면담에 참여한 전문가는 장기간의 중등 교직 경력을 통하여 학습자의 과학적 오개념에 대한 인식이 뚜렷하며, 전공 교과인 화학교육뿐 아니라 AI 융합 및 활용 교육에서도 다양한 활동과 경험을 쌓고 있어 본 연구의 방향성에 적합하다고 판단하였다.

오개념 교정을 위한 AI 융합 과학 수업 설계 원리의 구성요소와 이로부터 이어지는 설계 원리와 상세 지침을 도출하기 위하여 Reigeluth(1983)가 제안한 이론 및 모형 구성 절차의 귀납적 접근과 연역적 접근을 활용하였다. 먼저 귀납적 접근에 근거하여 문헌 고찰과 전문가 면담을 통하여 오개념 교정을 위한 AI 융합 과학 수업을 설계하기 위하여 핵심이 되는 구성요소를 확인하였다. 구성요소는 목표 설정, 학습 내용 설계, 수업 실행, 학습 지원으로 구분하였다. 이후 연역적 접근을 통하여 구성 요소와 관련된 설계 원리 및 지침을 도출하였다. 즉, 수업의 설계 원리와 지침을 범주화하고 재구조화한 뒤 이를 종합하여 정리하였다. 이 과정에서 일반적인 명제들은 설계 원리로, 이를 실천하기 위한 행동 지침은 상세 지침으로 구성하여 초기 설계 원리와 상세 지침을 도출하였다. 또한, 본 연구에서 개발된 수업 설계 원리는 학교 현장 교사가 실제 수업을 설계하고 실행하는 데 있어 도움을 주고자 하므로, 실제 수업의 순서와 일치시키기 위하여 수업 전, 중, 후의 요소로 재배치하여 설계 원리와 상세 지침을 개발하였다. 또한, 인공지능을 수업에서 활용하기 위해서는 학습 환경에 대한 고려가 필수적이므로 수업 환경 요소를 추가하여 구성하였다.

2) 내적 타당화

수업 설계 원리와 상세 지침의 내적 타당성을 확보하기 위해 전문가 타당화 검토를 수행하였다. 전문가 타당화는 선행 문헌 고찰과 전문가 면담을 통해 도출된 수업 설계 원리와 세부 지침을 실제 현장에 적용하기 전에, 이를 면밀하게 검토하여 오류를 발견하고 수정 및 보완하는 것을 목적으로 한다(Calhoun et al., 2021). 이를 통해 설계 원리의 내용과 구성의 완전성과 적합성을 평가할 수 있다(Richey & Klein, 2007). 본 연구에서는 초기 설계 원리와 상세 지침에 대해 총 세 차례의 전문가 타당화를 실시하여 설계 원리와 지침의 완성도를 높이고, 이를 실제 현장에서 효과적으로 적용할 수 있는 기반을 마련하였다.

총 세 차례의 전문가 타당화 과정에서 교육공학, 과학 교육, 현장 교육 경력 등 다양한 배경을 가진 전문가들로부터 심도 있는 피드백을 수집하였다. 이러한 다각적인 관점의 검토를 통해 초기 설계원리의 잠재적 한계를 확인하고, 보다 포괄적이고 실천할 수 있는 지침으로 정교화하였다.

전문가 타당화를 통한 설계 원리의 내적 타당화를 위하여 관련 분야의 석·박사 학위 소지자로서 해당 분야 논문을 발표한 실적이 있는 자와 현업 10년 이상의 경력을 가지고 있으며 관련 경험이 풍부한 자를 전문가의 범위로 한정하였다. 또한 전문가 검토를 위하여 적절한 전문가 인원은 최소 3명에서 10명 정도로(Rubio et al., 2003), 본 연구에서는 총 여섯 명의 전문가가 전문가 타당화에 참여하였다.

내적 타당화를 위한 전문가 검토에는 설문지를 사용하였다. 설문지는 연구를 소개하는 부분과 문헌 검토와 전문가 면담을 통해 도출한 초기 수업 설계 원리와 상세 지침에 대한 전문가 타당화를 위한 질문 부분으로 구성하였다. 설문 문항은 나일주와 정현미(2001)의 평가 문항을 본 연구의 맥락에 맞게 수정하여 사용하였다. 각 문항은 타당성, 설명력, 유용성, 이해도, 보편성의 영역을 다루며, 전문가의 의견은 5점 리커트 척도로 수집되었다. 선택형 문항에 덧붙여 추가로 의견 개진을 원하는 경우 자유롭게 서술할 수 있도록 개방형 문항을 추가하였다. 또한 전문가 타당화의 선택형 문항에 대한 응답의 타당도와 신뢰도를 확인하기 위해 내용 타당도 지수(Content Validity Index; CVI)와 평가자 간 일치도 지수(Inter-Rater Agreement; IRA)를 분석하였다.

3) 사용성 평가

문헌 고찰과 전문가 면담을 통해 도출되고 전문가 타당화를 거쳐 수정 및 보완된 설계 원리는 이론적 타당성을 확립하는 데 그치지 않고, 현장에서의 적용 가능성을 확인하기 위해 사용성 평가를 수행하였다(장환영, 2011). 사용성 평가는 학교 현장 교사들이 개발된 설계 원리와 상세 지침을 참고하여 직접 수업 교안을 작성하는 방식으로 진행되었으며, 이후 이 경험에 대한 심층적 이해를 위해 반구조화 형태의 일대일 심층 면담을 수행하였다. 이러한 일련의 과정은 수업 설계 원리가 실제 교육 현장에서 얼마나 효과적으로 활용될 수 있는지를 검토함으로써 그 실효성을 높이고자 하였다.

사용성 평가를 통한 설계 원리의 내적 타당화를 위해 관련 분야에서 5년 이상의 경력을 보유하고 풍부한 실무 경험을 지닌 현직 교원을 참여자로 선정하였다(Ericsson & Charness, 1994). 질적 사용성 평가에 적합한 참여자 수는 5명으로, 이를 통해 사용성 문제의 약 85%를 식별할 수 있다(Nielsen, 2012). 최대 15명의 평가자 평가 시 사용성 문제를 100% 확인할 수 있으나, 5인 이상의 추가 참여자는 대부분 유사한 사용성 문제를 반복적으로 지적하는 것으로 나타났다(Faulkner, 2003). 이에 경제성과 효율성을 고려하여 5인의 사용자 평가가 충분한 통찰을 제공할 수 있다고 판단하였다. 교육학 연구에서도 이러한 연구 결과를 적용하여 사용성 평가의 평가자를 5명으로 선정하는 사례가 지속적으로 보고되고 있다(박주현, 2021; Junus et al., 2015).

총 다섯 명의 평가자가 사용성 평가에 참여하였으며, 이들은 AI 및 디지털 기술을 활용한 융합 교육을 실천하는 우수 교원으로 목적 표집을 통해 선정되었다. 연구 참여자는 17개 시도교육청 소속 현직 교사로서, AI · 디지털 교육 역량이 뛰어나고, 실제 교실 수업에서 혁신적 교수법을 적용한 경험이 풍부한 교사들이다. 이러한 요건을 모두 충족하는 교사들을 평가자로 선정하였으며, 이들의 전문성과 다양한 교육 배경이 연구의 내적 타당성을 더욱 강화하는 핵심 요인으로 작용하였다.

설문 문항은 Tracey와 Richey(2007)의 평가 문항을 본 연구의 맥락에 맞게 수정하여 사용하였다. 각 문항은 이해도, 실용성, 필요성, 활용성, 사용성의 영역을 다루며, 전문가의 의견은 5점 리커트 척도로 수집되었다. 선택형 문항에 덧붙여 추가로 의견 개진을 원하는 경우 자유롭게 서술할 수 있도록 개방형 문항을 추가하였다.

심층 면담 결과는 활동 체제 이론(Activity Theory)을 이론적 틀로 삼아 분석하였다. 현장 교원의 교육 실천은 특정한 역사·문화적 맥락 속에서 이루어지며, 다양한 교육 환경과 제도적 요인에 의해 영향을 받기 때문이다. 또한, 활동 체제 이론을 활용하여 이론적으로 제안된 설계 원리를 현장에 적용하기 전, 다양한 방면에서 가능성과 제한점을 심층적으로 탐색하고자 하였다. 활동 체제 이론은 주체, 객체, 도구, 규칙, 공동체, 분업의 여섯 가지 요소 간 상호작용을 분석함으로써, 교육 실천의 복잡한 관계성과 잠재적 모순(contradictions)을 규명하는 데 유용한 틀을 제공한다. 이러한 이론적 틀을 활용하여, 교원들의 오개념 교정을 위한 AI 융합 과학 수업 설계 경험이 어떻게 형성되고 조정되는지를 분석하고, 설계 원리의 현실적 적합성과 한계를 면밀히 검토하고자 하였다.

3. 설계 원리의 구성과 특징

1) 설계 원리의 개요

본 설계 원리 및 상세 지침은 공교육 과학 수업 맥락에서 AI 융합 과학 수업을 통하여 과학적 오개념을 효과적으로 교정하기 위한 학습 경험을 제공하기 위한 수업 설계 원리와 세부 행동 지침을 담고 있다. 따라서 본 설계 원리의 잠재적 사용자는 과학 교과 및 AI 활용에 관하여 중견(4~10년 차) 이상의 경력을 가진 중등학교의 과학 교사이며, 본 설계 원리를 참고하여 수업을 설계하고 실행할 수 있다. 본 설계 원리의 주요 특징은 다음과 같다. 첫째, 교사의 자율성과 유연성을 존중하며, 설계 원리를 수업 목표와 맥락에 따라 일부 단계나 활동을 조정하거나 생략할 수 있는 선택적 활용 가능성을 제공한다. 이를 통해 교사들은 각자의 교육 환경과 학생들의 필요에 맞게 수업을 구성할 수 있다. 둘째, 수업 전, 중, 후의 모든 학습 과정을 체계적으로 구성하여 학생들의 과학적 오개념을 다루고 수정하는 데 중점을 둔다. 선개념 진단, 협력적 논의, AI 도구 활용, 개념 내면화와 같은 단계적 접근을 통해 학생 스스로 개념 변화 과정을 경험할 수 있도록 한다. 이러한 과정은 학생들의 능동적인 참여를 촉진한다. 셋째, AI 도구를 활용해 과학 개념과 데이터 분석 활동 간의 연계성을 강조한다. 이를 통해 학생들이 과학적 사고력을 강화하고, 오개념을 수정하며, 개념의 정확성을 높이는 학습 경험을 제공한다. AI 도구는 학습의 효과성을 높이는 중요한 매개체 역할을 한다. 넷째, 본 설계원리는 기기와 네트워크 환경에 대한 고려사항을 포함한다. 학생들이 AI 기반 학습 활동에 참여할 수 있도록 충분한 기기를 보급하는 환경을 조성하거나, 조별로 공유하는 방안을 마련하고, 안정적인 네트워크 접속을 보장하는 방안을 제시한다. 이는 효과적인 학습 환경 구축의 기본 조건이 된다. 다섯째, 본 설계 원리는 개념 변화 학습 모형에 기반하여 학습자가 기존의 선개념을 검토하고, 과학적 개념과의 차이를 인식하며, 새로운 개념을 내면화할 수 있도록 돕는다. 이를 통해 학습자는 스스로 사고의 전환을 경험하고, 과학적 개념을 정립하며 학습의 깊이를 더한다. 이러한 과정은 진정한 개념 이해와 전이를 가능하게 한다.

2) 설계 원리의 구성요소

본 설계 원리는 '수업 환경', '수업 전', '수업 중', '수업 후' 요소로 구성되며, 수업 후의 상세 원리에 따라 순환적으로 반복되는 형태로 구성된다. 또한, 각 요소는 학습자의 효과적인 오개념 수정과 개념 내면화를 목표로 한다. 각 요소에는 1~4개의 설계 원리가 포함되어 있으며, 각 설계 원리에는 1~4개의 상세 지침이 포함되어 있다.

3) 설계 원리 및 상세 지침

'수업 환경' 요소에는 디지털 학습 환경 조성, 심리적 안정성 지원의 원리가 포함되어 있다.

〈표 8-1〉 오개념 교정을 위한 AI 융합 과학 수업 설계원리 및 상세지침-수업 환경

설계원리 및 상세지침
1. 디지털 학습 환경 조성의 원리 AI 도구와 데이터 활용이 원활히 이루어질 수 있도록 안정적으로 접근이 가능한 하드웨어와 소프트웨어를 갖춘 디지털 학습 환경을 마련한다.
1.1 모든 학생이 각자 원활하게 학습에 임할 수 있도록 개인별 혹은 조별로 도구를 제공하라.
1.2 안정적으로 접근이 가능한 무선 네트워크(Wi-Fi) 제공 학습 환경을 구축하라.
2. 심리적 안정성 지원의 원리 심리적 안정감을 지원하여 학생들이 자유롭게 질문하고 시도하는 과정에서 실패를 두려워하지 않도록 한다.

설계원리 및 상세지침
2.1 새로운 AI 도구 사용과 낯선 과학 개념을 받아들이는 과정에서 발생할 수 있는 실수를 자연스러운 학습 과정으로 인정할 수 있도록 하라.
2.2 학생들이 서로 도움을 요청하고 협력할 수 있도록 협력적 학습 분위기를 조성하라.
2.3 교사는 긍정적 언어와 태도로 학생을 대하여 안전감을 느낄 수 있도록 하라.

'수업 전' 요소에는 교육과정 재구성, AI 도구 접근성 증진, 선개념 진단, 학습자 특성 기반 조 구성의 원리가 포함되어 있다.

〈표 8-2〉 오개념 교정을 위한 AI 융합 과학 수업 설계원리 및 상세지침-수업 전

설계원리 및 상세지침
3. 교육과정 재구성의 원리 AI 융합 과학 수업에서 학습 주제와 내용을 선정하고, 오개념 처치를 위해 과학 개념과 AI 개념 간의 연계성을 기반으로 교육과정을 재구성한다.
3.1 과학 교육 내용을 선정할 때, 학습자가 일반적으로 오개념을 많이 가지는 주제의 경향성을 파악하라.
3.2 제한된 교과 시수 내에서 학습 목표를 효과적으로 달성하기 위해, 학습 주제와 AI 활용 내용을 필수적인 오개념 처치 목표에 따라 우선순위를 설정하고, 학습 시간에 맞게 조정하라.
3.3 과학 개념과 AI 도구의 연계성을 고려하여 오개념을 드러내고 수정할 수 있는 방식으로 학습 내용을 설계하라.
4. AI 도구 접근성 증진의 원리 학습자의 수준에 맞게 AI 도구와 자료를 조정하여 부담을 줄이고, 도구 탐색과 경험을 통해 학습에 효과적으로 참여할 수 있도록 한다.
4.1 AI 학습 도구와 자료의 난이도를 학습자의 수준에 맞게 조정하라.
4.2 AI 도구 사용에 대한 학생 주도적 탐구 경험을 제공하라.
4.3 AI 도구의 사용법을 학습자가 단계적으로 익힐 수 있도록 지원하라.
5. 선개념 진단의 원리 학습자의 선개념을 시각적 표현과 서술을 통해 파악하고, 이를 바탕으로 오개

설계원리 및 상세지침
념을 정리하여 학습 설계에 활용한다.
5.1 학생들이 과학 개념에 대한 이해를 시각적으로 표현하고 서술하게 하라.
5.2 학생들의 선개념을 정리하고, 대응되는 과학 개념을 명확히 대비하라.
5.3 학생 응답 내용을 익명 처리하고, 수업 도입 자료로 재구성하라.
6. 학습자 특성 기반 조 구성 원리 학습자 간의 협력을 통해 개념 학습을 촉진하고 오개념을 효과적으로 처치하기 위해, 학습자의 인지적, 정의적, 그리고 선개념 형성 양상을 고려하여 조를 구성한다.
6.1 조 구성 시 학습자의 인지적 요인(지능, 논리적 사고 능력, 성적), 정의적 요인(자기 주도적 학습 역량, 과학 관련 태도), 선개념 형성 양상, AI · 디지털 활용 역량을 참고하라.
6.2 소수 집단(4명 이내)으로 조를 구성하라.
6.3 협력적 학습을 위한 그라운드 룰을 학습자들이 스스로 설정하도록 하라.
6.4 조 내에서 역할을 분담하고 정기적으로 교체하라.

'수업 중' 요소에는 개념 변화 유도, 학습 기록 및 성찰, 과학 개념 확인과 내면화 유도의 원리가 포함되어 있다.

〈표 8-3〉 오개념 교정을 위한 AI 융합 과학 수업 설계원리 및 상세지침-수업 중

설계원리 및 상세지침
7. 개념 변화 유도 원리 학습자가 자신의 선개념과 과학적 개념 간의 차이를 인식하고, 과학적 개념의 타당성과 유용성을 스스로 검토하며 이를 바탕으로 새로운 개념을 정립할 수 있도록, 생각의 재구성, 응용, 변화 검토의 과정을 순서대로 거칠 수 있도록 활동을 설계하여 운영한다.
7.1 5.3에서 재구성한 선개념 자료를 활용하여 학습자 내에서 공유되는 선개념을 검토하게 하라.
7.2 학습자가 자신의 선개념을 명료화하고, 스스로 선개념의 한계를 탐구하게 하라.
7.3 선개념을 수정하고 새로운 개념을 적용하기 위한 협력적 논의를 유도하라.

설계원리 및 상세지침
8. 학습 기록 및 성찰 원리 학생들이 학습 과정에서 느낀 점, 논의한 내용, 새롭게 알게 된 내용을 지속적으로 기록하며 학습 성찰을 유도한다.
8.1 학생들이 학습 중 느낀 점, 조원들과 논의한 부분, 발견한 문제와 해결책 등을 실험 노트나 디지털 학습 기록 도구에 작성하도록 하라.
8.2 조별로 작성한 기록을 정기적으로 공유하고, 교사와 조원이 피드백을 제공하며 학습 내용을 보완하도록 하라.
8.3 과학 개념을 정리하여 제시하고, 수업 초반에 작성한 선개념과 학습 후의 개념을 비교하여 수정된 개념을 기록하게 하라.
9. 과학 개념 확인과 내면화 유도 원리 기록을 기반으로 한 피드백과 명확한 개념 정리를 제공하여 학습자가 학습과정에서 변화된 개념을 점검하고 내면화할 수 있도록 지원한다.
9.1 기록 노트에 대하여 교사 및 동료와 공유하며 피드백을 받게 하라.
9.2 핵심 개념을 간결하고 체계적으로 정리하여 제공하라.

'수업 후' 요소에는 융합적 과학 개념 전이 촉진, 학습 데이터 순환 활용의 원리가 포함되어 있다.

〈표 8-4〉 오개념 교정을 위한 AI 융합 과학 수업 설계원리 및 상세지침-수업 후

설계원리 및 상세지침
10. 융합적 과학 개념의 전이 촉진 원리 학습자가 배운 과학 개념을 다양한 실제 상황에 적용하도록 유도하여, 개념의 실용성과 유용성을 인식하고 이를 통해 새로운 과학적 개념을 확립하도록 돕는다.
10.1 학습자가 배운 과학 개념을 적용하고 응용할 수 있는 과제를 제공하라.
10.2 실생활에 대한 개념 적용을 평가하고 피드백을 제공하라.
11. 학습 데이터 순환 활용 원리 학생들이 작성한 학습 자료를 체계적으로 수집하고 보관하여, 이후 수업 설계나 학습 효과 분석에 활용할 수 있는 지속 가능한 자료 순환 체계를 구축한다.
11.1 수업 데이터를 분석하여 새로운 수업 설계에 반영하라.

4) 사용성 평가

오개념 교정을 위한 인공지능 융합 과학 수업 설계 원리의 현장 적용성을 검증하기 위해 현장 교원 5명을 대상으로 사용성 평가를 진행하였다. 교원들에게 개발된 설계 원리를 제공하고 이를 바탕으로 과학 수업 교안을 작성하도록 하였다. 교원들은 각자의 교육 환경과 교수 방식에 맞게 설계 원리를 적용하여 교안을 작성하였다. 설계 원리가 어떻게 활용되는지 확인하기 위해 교원들의 교안 작성 과정을 살펴보고, 완성된 교안의 특징을 비교·분석하였다.

그 결과는 다음과 같다. 첫째, 디지털 학습 환경 조성의 원리 중 무선 네트워크 환경 구축 관련 상세 지침(1.3)은 교안상에는 드러나지 않았으나 심층 면담을 통해서 네트워크 환경 구축이 실제로 수업을 준비할 때는 가장 주의하는 부분으로 꼽히면서 그 중요성을 확인할 수 있었다. 둘째, 학습 데이터 순환 활용 원리는 동일 주제의 추후 수업에 반영되는 항목으로, 한 주제에 대한 교안을 작성하는 활동으로 이루어진 본 사용성 평가에서는 적용이 제외되었다. 그러나 심층 면담 결과, 해당 설계 원리 역시 실제 수업 운영에서 중요한 요소임을 확인할 수 있었다. 셋째, 기기 부족 시 조별로 기기를 공유하도록 하는 상세 지침(1.2)은 조 구성의 원리 설계 원리와 중복되어 혼선을 줄 수 있으므로 삭제하고 일부 필요한 내용은 상세 지침 1.1에 반영하였다.

3차 전문가 타당화 결과를 통해 그 타당성이 확보된 3차 설계 원리에 대한 사용성 평가에는 관련 분야에 경력이 우수한 AIEDAP 마스터 교원 5인이 참가하였다. 그 결과, 이해도, 실용성, 필요성,

활용성, 사용성의 전 영역의 평균이 4.50점 이상으로 높은 수준으로 나타났다. 또한, CVI 값과 IRA 값은 전 영역에서 1.00 값으로 가장 높은 수준으로 나타났다. 또한, 개방형 문항의 응답을 통하여 확인된 현장 교원의 검토 의견으로는 '예시 교안과 오개념 교정을 주제로 하는 AI-과학 융합 주제 사례의 확대'와 '학습자 조 구성 기준에서 디지털 활용 능력을 포함'할 것이 제안되었다.

오개념 교정을 위한 AI 융합 과학 수업 교안 개발 활동의 주요 활동 체제 요소는 다음과 같다. 우선 활동의 주체는 AI 융합 수업 설계에 참여한 AIEDAP 마스터 교원이며, 객체는 학습자의 오개념을 교정하고 과학 개념 습득을 촉진하기 위한 AI 융합 수업 교안의 개발이다. 이러한 목표 달성을 위한 매개체로는 설계 원리와 AI 도구가 활용되었다. 규칙은 국가 교육과정과 제한된 교과 시수 등 교사들이 준수해야 하는 교육적·제도적 조건을 포함한다. 공동체는 AI 융합 교육에 직간접적 영향을 미치는 학교 내외의 이해관계자들로 구성되며, 특히 학교 문화와 교사 간 협력 분위기가 중요한 요소로 작용했다. 마지막으로 분업은 교사 간 역할 분담을 의미하며, 특히 AI 활용 과정에서의 책임과 부담 분배 방식을 포함한다.

AI 융합 과학 수업의 오개념 교정을 위한 설계 원리에 대한 사용성 평가 결과, 크게 세 가지 측면에서 수정 및 보완이 필요한 것으로 나타났다. 첫째, 학습자 특성을 반영한 조 구성과 관련하여, 기존의 인지적, 정의적 측면 외에도 AI·디지털 활용 역량을 고려해야 한다는 의견이 제시되었다. 둘째, 제한된 교과 시수로 인해 모든 수업에서 오개념 교정 수업을 진행하는 것은 현실적으로 어려움이 따르며, 이는 교육과정 설계에서 중요한 제약으로 작용되었다. 셋째, 교수자를 위한 참고 자료 보강의 필요성이 제기되었다. 특히 학교 맥락에 따라 동료 교사와의 협업이 어려운 상황에서도 독립적인 수업 설계가 가능하도록 주제별 추천 AI 도구 목록과 활용 사례가 요청되었다.

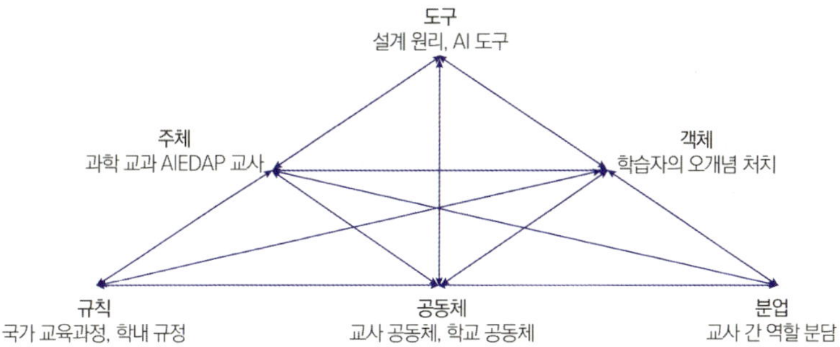

[그림 8-1] 사용성 평가 면담 결과의 활동 체제 요소

4. 해당 설계 원리의 효과와 적용상 유의점

1) 효과 분석

연구 결과를 바탕으로 다음과 같은 결론을 도출하였다. 첫째, AI 융합 과학 수업 설계 원리는 과학적 오개념을 체계적으로 수정하는 데 효과적인 틀을 제공한다. 본 연구에서 개발된 설계 원리와 상세 지침은 수업의 환경 조성부터 수업 전, 중, 후의 모든 단계를 포괄하며, AI 도구를 활용해 학생들의 선개념을 진단하고 과학적으로 합의된 개념과의 차이를 인식하도록 체계화되었다. 특히, AI 도구를 활용한 시각적 자료와 데이터 기반 피드백은 학생들이 과학 개념을 명확하게 이해하는 데 중요한 역할을 하며, 이를 통해

학습의 실효성을 높일 수 있다.

둘째, 설계 원리는 이론적 타당성과 현장 적합성을 동시에 갖추고 있음이 확인되었다. 전문가 타당화 과정에서 교육공학, 과학교육 전문가들은 설계 원리가 과학적 사고를 심화하고 AI 도구와 과학 학습의 연계성을 강화하는 체계적인 구조를 갖추고 있다는 점에서 높은 이론적 타당성을 인정하였다. 또한, 설계 원리가 학습자의 오개념을 정확히 진단하고 수정하는 과정에서 교사들이 의존할 수 있는 실천적 기준을 마련했다는 점에서 긍정적으로 평가되었다. 현장 교사를 대상으로 진행한 사용성 평가 결과에서도 설계 원리는 수업 설계와 교안 작성 과정에서 교사들이 실제 수업 상황에 맞게 적용할 수 있을 정도로 구체적이고 실천적인 지침을 제공한다는 긍정적 평가를 받았다.

셋째, AI 기반 과학 수업을 효과적으로 실행하기 위해서는 교육적, 환경적 지원이 필수적이다. AI 도구를 활용한 수업의 성공적 실행을 위해 안정적인 디지털 기기와 네트워크 환경이 전제되어야 하며, 수업 중 기술적 문제에 대한 대비책 마련이 필요하다. 더불어 AI 기반 학습 도구에 대한 교사의 이해와 활용 역량을 높이기 위해 연수 프로그램과 학교 차원의 지속적인 지원이 이루어져야 한다. AI를 수업에 통합하기 위한 물리적·정서적 환경이 갖추어질 때, 설계 원리의 교육적 효과가 극대화될 수 있다.

넷째, 활동 체제를 활용한 분석은 설계 원리의 개선과 현장 적용성을 높이는 데 기여하였다. 본 연구는 활동 체제 이론을 적용하여 교사들이 AI 융합 수업 설계 원리를 활용하는 과정에서 경험하는 다양한 요소 간의 상호작용과 잠재적 모순을 분석하였다. 교사들이 수업 설계 과정에서 AI 도구 활용과 전통적 교수 방법 간의 충돌, 기술적 어려움, 협력 체계의 한계 등을 경험하였으며, 이를 통해 활동 체제 내외의 긴장과 이를 해결하기 위한 개선 방안이 도출되었다. 이러한 접근은 교육 실천을 구조적, 맥락적으로 분석하는 데 가치를 제공하며, 설계 원리가 지속적으로 발전하고 현장 적합성을 높이는 데 이론적 기반을 제공한다.

2) 적용상의 유의점

본 설계 원리를 활용하여 오개념 교정을 위한 AI 융합 과학 수업을 설계·실행할 때의 유의점은 다음과 같다. 첫째, 실제 교육 현장에의 적용과 학습 효과 검증이 필요하다. 설계 원리의 이론적 타당성과 사용성을 교사 중심으로 검토하였으나, 학생 대상의 실제 학습 효과는 충분히 검증되지 않았다. 따라서 설계 원리 적용 시 학습자의 개념 변화 과정을 추적할 수 있는 평가 도구를 사전에 준비하고, 단기 및 장기적 학습 효과를 체계적으로 분석하는 것이 필요하다. 둘째, 교사의 기술적 부담을 최소화하는 지원 체계를 구축해야 한다. 참여 교사들은 AI 도구의 교육적 가능성을 인정하면서도 기술적 부담과 과도한 책임감을 느끼는 것으로 나타났다. 이를 해결하기 위해 주제별 추천 AI 도구 목록과 구체적인 활용 사례를 미리 준비하고, 기술적 문제 발생 시 대체 방안(오프라인 자료 활용, 교사 시연 등)을 사전에 마련하는 것이 좋다. 셋째, 제한된 교과 시수를 고려한 선택적 적용 전략을 수립해야 한다. 모든 수업에서 오개념 교정 수업을 진행하는 것은 현실적으로 어려우므로, 학습자가 특히 많은 오개념을 가지는 핵심 주제를 우선적으로 선정하고, 교육과정 내에서 효율적으로 통합할 수 있는 방안을 모색해야 한다.

3) 결론 및 향후 발전 방향

본 설계 원리는 오개념 교정을 위한 AI 융합 과학 수업을 위해 현장 적용 가능한 구체적인 지침을 제시하는 것을 목적으로 하였다. 문헌 고찰과 전문가 면담을 통해 초기 설계 원리를 도출하고, 세 차례의 전문가 타당화와 사용성 평가를 거쳐 최종 11개의 설계 원리와 29개의 상세 지침을 개발하였다. 개발된 설계 원리는 수업 환경, 수업 전, 수업 중, 수업 후의 체계적인 구성을 통해 학습자의 선개념 진단부터 과학적 개념의 내면화까지 전 과정을 지원한다. 특히 AI 도구를 활용한 데이터 기반 피드백과 협력적 논의를 통해 학습자가 스스로 개념 변화를 경험할 수 있도록 설계되었다. 전문가 타당화와 현장 교사 대상 사용성 평가를 통해 설계 원리의 이론적 타당성과 실제 적용 가능성이 검증되었다. 활동 체제 이론을 활용한 분석을 통해 교육 현장의 복잡한 맥락과 잠재적 모순을 규명하고, 이를 바탕으로 설계 원리의 개선 방안을 도출하였다.

향후 발전 방향은 다음과 같다. 첫째, 다양한 과학 교과와 학교급에서의 실증적 적용 연구를 통해 설계 원리의 효과성을 지속적으로 검증하고 개선해야 한다. 둘째, 교사의 AI 활용 역량 강화를 위한 체계적인 연수 프로그램과 지원 체계 구축이 필요하다. 셋째, 학습자의 개념 변화 과정을 실시간으로 추적하고 분석할 수 있는 AI 기반 진단・평가 도구의 개발이 요구된다. 넷째, 학교 공동체 차원에서 AI 융합 교육을 지원할 수 있는 정책적 기반과 협력 체계

마련이 필요하다. 이러한 지속적인 연구와 개발을 통해 본 설계 원리가 미래 교육 패러다임에 부합하는 효과적인 과학 교육의 기반이 될 수 있을 것으로 기대된다.

‖ 참고 문헌 ‖

권재술 (1992). 과학 개념 학습을 위한 수업 절차와 전략. 한국과학교육학회지, 12(2), 19-29.

나일주, 정현미 (2001). 웹기반 가상교육 프로그램 설계를 위한 활동모형 개발. 교육공학연구, 17(2), 27-52.

박주현 (2021). 메이커 교육에서 공유 활동을 지원하는 모바일 어플리케이션 개발. 서울대학교 대학원 석사학위논문.

석주연, 이상욱 (2018). 인공지능 시대 교사의 역할-국어교사의 직무 사례를 중심으로-. 인문학연구, 55, 361-390.

이원규, 김자미 (2020). AI융합 교육을 위한 교사 교육과정 개발. 융합인문학, 8(3), 29-52.

임다미, 강신천, 이은상, 남희영, 김소연, 조서연, 김각미, 송고은, 조효준 (2022). 초 · 중등 인공지능(AI)교육 학교 적용 방안 연구 (연구과제번호 2021LFA0001). 한국과학창의재단.

장환영 (2011). 학습분석 수업설계모형 개발. 아시아교육연구, 22(2), 201-228.

전민선 (2025). 오개념 교정을 위한 AI 융합 과학 수업 설계 원리 개발. 서울대학교 대학원 석사학위논문.

정완호 (1993). 한국 고등학생의 생물 오개념에 관한 연구. 서울대학교 대학원 박사학위논문.

최순덕 (1997). 중학교 학생들의 빛에 대한 오개념 조사연구. 부산대학교 대학원 석사학위논문.

하민수 (2006). 생물 오개념 논문의 분석을 통한 생물 오개념 편람의 제작. 교원교육, 22(3), 249-261.

Balkaya, T., & Kurt, G. (2023). Middle school students' statistical reasoning about distribution in their statistical modeling processes. *Statistics Education Research Journal, 22*(1), 7.

Calhoun, C., Sahay, S., & Wilson, M. L. (2021). Instructional design evaluation. In J. K. McDonald & R. E. West (Eds.), *Design for learning: Principles, processes, and praxis*. EdTech Books.

Chi, M. T. H. (2005). Commonsense conceptions of emergent processes: Why some misconceptions are robust. *The Journal of the Learning Sciences, 14*(2), 161-199.

Driver, R. (1989). Students' conceptions and the learning of science. *International Journal of Science Education, 11*(5), 481-490.

Driver, R., & Erickson, G. (1983). Theories-in-action: Some theoretical and empirical issues in the study of students' conceptual frameworks in science. *Studies in Science Education, 10*, 41-42.

Faulkner, L. (2003). Beyond the five-user assumption: Benefits of increased sample sizes in usability testing. *Behavior Research Methods, Instruments, & Computers, 35*, 379-383.

Hewson, P. W. (1981). A conceptual change approach to learning science. *European Journal of Science Education, 3*(4), 383.

Junus, I. S., Santoso, H. B., Isal, R. Y. K., & Utomo, A. Y. (2015). Usability evaluation of the student centered e-learning environment. *International Review of Research in Open and Distance Learning, 16*(4), 62-82.

Kjelvik, M. K., Schultheis, E. H., & Gardner, S. (2019). Getting messy with authentic data: Exploring the potential of using data from scientific research to support student data literacy. *CBE Life Sciences Education, 18*(2), 1-8.

Luckin, R., Holmes, W., Griffiths, M., & Forcier, L. B. (2016). *Intelligence unleashed: An argument for AI in education*. Pearson.

Nielsen, J. (2012). *How many test users in a usability study?*. Nielsen Norman Group. http://www.nngroup.com/articles/how-many-test-users/

Özdemir, G., & Clark, D. B. (2007). An overview of conceptual change theories. *Eurasia Journal of Mathematics, Science & Technology Education, 3*(4), 351-361.

Reigeluth, C. M. (1983). *Instructional design theories and models: An overview of their current status*. Lawrence Erlbaum Associates.

Richey, R. C., & Klein, J. D. (2007). *Design and development research: Methods, strategies, and issues*. Lawrence Erlbaum Associates.

Rubio, D. M., Berg-Weger, M., Tebb, S. S., Lee, E. S., & Rauch, S. (2003). Objectifying content validity: Conducting a content validity study in social work research. *Social Work Research, 27*(2), 94-104.

Schwab, K. (2017). *The fourth industrial revolution*. Crown Business.

Tracey, M. W., & Richey, R. C. (2007). ID model construction and validation: A multiple intelligences case. *Educational Technology Research and Development, 55*(4), 369-390.

CHAPTER 09

인공지능 융합 영어 읽기 수업 설계 원리 개발: 자연어처리 원리를 중심으로[1]

홍수민 · 김승하

1. 인공지능 융합 영어 읽기 수업 설계 원리 개발의 배경과 필요성

1) 실제적 요구

현재 영어 교과에서도 인공지능 도구를 활용한 수업 사례는 보고되고 있으나, 이는 주로 학습 목표 달성을 위한 도구적 활용에 머무르는 경우가 많으며, 인공지능의 개념과 작동 원리를 함께 다루는 진정한 의미의 융합 수업은 여전히 부족하다. 영어 교과에서 인공지능을 효과적으로 활용하기 위해서는 학습자가 인공지능의 작동 원리를 이해하는 과정이 선행되어야 하며, 특히 자연어처리(NLP)를 중심으로 한 융합 수업은 영어 학습의 심화를 지원함과 동시에 인공지능 리터러시를 함양할 수 있는 교육적 잠재력을 지니고 있다. 예를 들어, AI4K12(2020)에서 제시한 핵심 학습 요소인 워드 임베딩(word embedding)은 영어 읽기 교육에 실질적으로 적용 가능성이 높은 주제로 평가된다.

1) 본 장의 내용은 김승하(2025)의 석사학위논문을 토대로 일부 수정 · 보완하여 작성하였다.

하지만 인공지능과 교과 지식을 융합하는 수업은 단순히 인공지능을 활용하는 형태보다 구현과 설계 과정이 복잡하다(임철일, 2024). 교사들은 AI 개념을 영어 교과 성취기준과 어떻게 연결할지, 나아가 이를 평가까지 어떻게 연계할지에 대한 구체적인 지침이 부족하여 수업 준비와 실행에서 상당한 어려움을 느낀다. 또한 기술적 오류나 예측 불가능한 결과에 대한 우려는 교사들로 하여금 실제 수업 적용을 망설이게 하는 요인이 되고 있다. 결국, 교사가 현장에서 인공지능 융합 수업을 체계적으로 수업을 운영하기 위해서는 구체적이고 단계적인 수업 설계 원리와 실행 지침이 반드시 마련되어야 한다.

따라서 자연어처리 원리를 중심으로 한 인공지능 융합 영어 읽기 수업이 효과적으로 실행되기 위해서는 학교 현장의 다양한 요구를 반영한 설계 원리와 모형 개발이 필수적이다. 이를 통해 교사는 AI와 영어 교과 목표를 균형 있게 통합한 수업을 자신 있게 설계・운영할 수 있으며, 학생들에게는 영어 학습 심화와 AI 리터러시 함양을 동시에 달성할 수 있는 학습 경험을 제공할 수 있을 것이다(김진석 & 장은숙, 2021; 임철일 외, 2024).

2) 이론적 배경

인공지능 기술은 경제, 사회, 문화 전반에 걸쳐 활용되며, 특히 생성형 인공지능의 발달과 상용화로 사회적 파급력이 크게 확대되고 있다. 이에 따라 인공지능 교육의 필요성에 대한 사회적 관심도 증가하고 있다. 미국은 AI4K12를 중심으로 가이드라인과 교육과정을 마련해 현장에 적용하고 있으며(이은경, 2020; AI4K12,

2020), 우리나라 역시 인공지능을 미래 기초소양으로 정의하고 교과에 반영하는 등 체계적인 노력을 기울이고 있다(관계부처합동, 2022; 교육부, 2022; 임철일, 2019).

이 과정에서 인공지능 리터러시가 핵심 역량으로 주목받고 있다. 인공지능 리터러시는 인공지능에 대한 이해와 활용 능력을 포괄하는 용어이다. 이는 인공지능 기술을 이해하고, 적용하며, 평가하고, 새로운 인공지능 응용 프로그램을 창출할 수 있는 능력, 그리고 인공지능 기술이 가져올 수 있는 윤리적인 문제를 인식하고 이를 고려하는 역량 등을 포함한다(Ng et al., 2021). 인공지능 리터러시는 미래 사회의 필수 기초소양으로 자리 잡고 있으며, 이를 위한 체계적인 연구가 요구된다.

특히 인공지능 교육은 단일 교과에 한정되지 않고 여러 교과와의 융합 수업 형태로 확산될 필요가 있다. 인공지능 융합 수업은 인공지능 개념을 다른 교과 지식과 연결하여 학습자의 소양을 함양하고 교과 성취기준을 달성하는 것을 목표로 한다(임철일 외, 2024). 이를 통해 학생들은 인공지능을 다양한 맥락에서 이해하고 활용할 수 있는 역량을 기르게 된다.

영어 교과에서도 인공지능 융합 수업을 시도한 사례가 존재하지만, 영어 교과의 학습 목표를 달성하기 위해 인공지능 기술이나 도구를 활용하는 형태의 인공지능 활용 수업이 주를 이루고 있으며, 인공지능의 개념과 원리를 함께 다루는 인공지능 융합 수업의 사례나 연구는 많지 않다(김진석, 2020; 최서원, 최윤희, 2024). 하지만 영어 학습의 맥락에서 인공지능을 다양한 상황에 맞추어 효과적으로 활용하기 위해서는 인공지능의 작동 원리에 대한 학습자의 이해가 선행되어야 하며(조영환 외, 2024), 인공지능 융합 수업을 각 교과에서 단순히 인공지능 도구를 활용하는 수업으로 한정하는 것은 적절하지 않다(최숙영, 2023). 이러한 관점에서 볼 때, 영어 교과에서도 인공지능 기술에 대한 깊이 있는 이해를 바탕으로 한 인공지능 융합 수업에 관한 연구와 시도가 활발히 이루어질 필요가 있다. 영어 교과는 인공지능의 하위 영역 중 자연어처리 분야와 융합했을 때 의미 있는 학습 효과를 기대할 수 있는 과목 중 하나이다. 자연어처리는 인공지능의 주요 하위 분야이며, 특히 최근 LLM(large language model)을 기반으로 한 생성형 인공지능의 발달로 이어지며 주목을 받고 있다. 자연어처리는 인간의 언어 능력을 모방하고자 하는 노력을 기반으로 발전한 만큼, 자연어처리 기술과 언어는 밀접한 연관성을 지닌다. 특히 영어는 자연어처리 연구에서 가장 많이 사용되는 언어로, 방대한 자원을 보유하고 있어 교육적 활용도가 높다. 음성 인식, 챗봇, 기계 번역 등 자연어처리 기술을 기반으로 한 인공지능 도구는 영어 학습을 지원하는 중요한 도구로서 활용되고 있으며, 이를 활용한 수업과 연구가 영어 교육 분야에서도 활발히 이루어지고 있다(임완철 외, 2019). 또한, 자연어처리 원리를 중심으로 한 영어과 인공지능 융합 수업이 인간 학습자 자신의 영어 학습 과정과 인공지능의 언어처리 과정을 비교함으로써 영어 학습 과정을 깊이 있게 이해하고, 더 나아가 인간의 고유 특성으로서 언어 능력의 가치를 학습할 수 있는 기회를 제공할 것으로 기대된다(교육부, 2020).

이러한 맥락에서 본 장에서는 영어 교과와 인공지능의 하위 분야인 자연어처리를 중심으로 한 영어 읽기 수업 설계 원리 개발을 다루고자 한다. 구체적으로, 영어 읽기 교육 목표 달성과 인공지능 리터러시 함양을 동시에 지원할 수 있는 설계 원리를 제안하며, 이를 통해 교사들이 실제 수업 현장에서 적용 가능한 융합적 수업 설계의 방향을 제시하고자 한다.

2. 수업 설계 원리 개발 과정

본 연구는 교수자가 자연어처리 원리를 중심으로 한 인공지능 융합 영어 읽기 수업을 할 때, 학교 현장에서 교사가 참고할 수 있는 수업 설계원리와 상세지침을 개발하는 것을 목적으로 한다. 또한, 개발된 수업 설계원리와 지침에 대하여 전문가 검토 및 설계원리의 현장 적용에 따른 교수자 및 학습자의 반응을 확인함으로써 그 타당성을 검증하고자 하였다. 이와 같은 목적을 달성하기 위해 본 설계・개발 연구 방법을 사용하였다.

자연어처리 원리를 중심으로 한 인공지능 융합 영어 읽기 수업의 설계원리를 개발하고 타당성을 검토하고자 하는 목적을 달성하기 위해 모형 연구의 세 단계 중 모형 개발 연구와 모형 타당화 연구의 두 단계를 수행하였다. 모형 개발 연구에서는 수업 설계원리 및 상세지침을 개발하였으며, 모형 타당화 연구에서는 설계원리 및 상세 지침에 대한 내적 타당도 및 외적 타당도 검토를 순차적으로 실행하였다.

1) 초기 원리 도출

자연어처리 원리를 중심으로 한 인공지능 융합 영어 읽기 수업의 초기 설계원리를 도출하기 위해 인공지능 리터러시와 인공지능 융합 수업, 영어 교육, 자연어처리 기반의 인공지능 융합 수업과 관련된 선행연구를 검토하였다. 영어 교육 분야에서 인공지능과 관련된 연구가 아직은 초기 단계에 있고 인공지능 기술이 빠른 속도로 발전하고 있음을 고려하여 관련된 주변 키워드를 다양하게 포함하여 넓은 범위의 선행문헌을 검토하였다. 이를 위해 Bidwell & Jenson(2004)이 제안한 '주제 범위에 따른 조사 방법(scoping review)'을 적용하여 문헌을 검토하였다. 자료 수집은 국내외 데이터베이스를 활용하였으며, 문헌 선정 기준은 2015년 이후 출판된 학술지 논문, 학위 논문, 리뷰 논문, 학회 발표 자료, 학술대회 포스터, 단행본 등을 포함하였다. 주요 검색 키워드는 '영어', '영어 교육', '인공지능 융합 수업', '인공지능 리터러시' 등을 사용하였다. 이러한 이론적 탐색을 통해 수업 설계의 방향성과 기초 개념 체계를 확보하고자 하였다.

인공지능 도구를 활용하는 데에 초점을 맞춘 영어과 인공지능 융합 수업의 사례나 관련 연구는 적지 않게 찾아볼 수 있으나, 인공지능 도구를 활용하는 것을 넘어 인공지능의 개념 및 원리를 이해하는 것을 목표로 하고, 더 나아가 인공지능의 하위 영역 중 자연어처리 분야와 영어 교과를 융합한 인공지능 융합 수업과 관련된 선행연구는 매우 드물다.

이에 본 연구에서는 경험적 탐색을 통해 현장성과 실천 가능성이 높은 설계 아이디어를 도출하고자 하였다. 이를 위해 인공지능 융합 수업 경험이 있는 중등 영어 교사와 영어·AI 융합 교육 전문가(자연어처리 교육 및 연구 경험자 포함) 등 총 4명을 대상으로 반구조화된 일대일 심층 면담을 실시하였다. 면담은 인공지능 융합 수업의 실제 운영 경험, 수업 설계에서 고려해야 할 핵심 요소, 영어 교과에서의 활용 가능성과 기대 효과, 그리고 수업 설계원리에 포함되어야 할 내용과 방향을 중심으로 진행되었으며, 그 결과 초기 설계원리와 상세지침을 도출하였다.

2) 내적 타당화

개발된 설계원리와 지침의 내적·외적 타당성을 검증하기 위해 두 차례의 전문가 타당도 검사를 실시하였다. 대상은 교육공학, 인공지능 교육, 영어교육 분야의 전문가 총 6명으로 구성되었으며, 1차 검토를 통해 수집된 피드백을 반영하여 수정된 설계원리를 도출한 뒤, 2차 검토를 통해 최종 설계원리와 지침을 확정하였다. 타당도 검증을 위한 연구도구는 나일주와 정현미(2001)가 제시한 준거인 타당성, 설명력, 유용성, 이해도, 보편성을 기반으로 구성되었으며, 4점 척도 문항과 개방형 문항을 병행하였다. 분석 방법으로는 정량적 분석과 정성적 분석을 병행하였는데, 정량적 분석에서는 평균, 표준편차, 내용 타당도 지수(CVI), 평가자 간 일치도 지수(IRA)를 산출하였고, 정성적 분석에서는 개방형 문항의 응답 내용을 분석하여 설계원리와 상세지침의 수정·보완에 직접 반영하였다.

3) 외적 타당화

개발된 설계원리를 실제 수업에 적용하여 교수자와 학습자의 반응을 분석하였다. 현장 적용은 서울 소재 D중학교에서 이루어졌으며, 중학교 3학년 1개 학급(20명)을 대상으로 하였다. 수업은 영어 교과와 인공지능 융합 수업 경험이 있는 중등 교사 1인이 담당하였으며, 2024년 11월 동안 총 8차시에 걸쳐 진행되었다. 적용 수업의 주제는 자연어처리 원리를 중심으로 한 인공지능 융합 영어 읽기 수업이었다. 적용 절차는 ① 수업 설계 및 준비, ② 수업 실행 및 자료 수집, ③ 자료 분석 및 해석, ④ 결과 도출의 단계로 이루어졌다.

연구 도구로는 사전·사후 검사를 통해 인공지능 리터러시와 영어 읽기 태도의 변화를 측정하였다. 인공지능 리터러시 검사는 류미영과 한선관(2023), 김성원과 이영준(2022)의 도구를 기반으로 수정·보완하여 사용하였으며, 영어 읽기 태도 검사는 김보강과 김정은(2022)의 검사를 기반으로 수정하여 활용하였다. 또한 수업 반응을 확인하기 위해 교수자 및 학습자 면담지와 학습자 수업 만족도 조사를 실시하였다. 분석 방법은 정량 분석과 정성 분석을 병행하였다. 정량 분석에서는 신뢰도 검정을 위해 Cronbach's α를 산출하였으며, 인공지능 리터러시 검사는 .90 이상, 영어 읽기 태도 검사는 .94 이상의 신뢰도를 확보하였다. 통계 검정은 대응표본 t-검정 또는 윌콕슨 부호순위 검정을 사용하였다. 정성 분석에서는 교수자 및 학습자 면담 내용을 전사하여 유목화하였고, Creswell(2014)이 제시한 질적 분석 절차를 적용하였다. 이를 통해 현장 맥락에서 수업 설계원리의 실행 가능성과 효과성을 확인하였으며, 최종 설계원리와 상세지침을 도출하였다.

3. 설계 원리 및 모형의 구성과 특징

1) 수업 설계 원리 개요

최종 설계원리는 총 6개의 원리와 21개의 상세지침으로 구성되며, 실제 수업 현장에서 교사가 직접 활용할 수 있도록 각 원리에는 구체적인 예시와 실행 지침을 포함하였다. 이러한 설계원리는 인공지능 리터러시, 영어 읽기, 그리고 자연어처리 학습을 유기적으로 연계하는 것을 목표로 한다.

첫째, 인공지능 리터러시-영어 읽기-자연어처리 연계의 원리는 주요 자연어처리 원리 및 개념과 영어 읽기 학습이 상호보완적이고 융합적으로 이루어지며, 궁극적으로는 인공지능 리터러시를 함양하는 데 기여할 수 있도록 긴밀히 연계하는 것을 의미한다.

둘째, 텍스트 데이터 활용의 원리는 읽기 자료 및 텍스트 데이터를 학습자 수준과 성취기준을 고려하며, 자연어처리 활동을 위한 데이터로서 적절하도록 구성하는 것을 의미한다.

셋째, 자연어처리 도구 선정의 원리는 수업에서 활용할 자연어처리 도구를 사용성, 안전성, 안정성, 흥미도, 연계성 등을 고려하여 선정해야 하는 것을 의미한다.

넷째, 자연어처리 학습 지원의 원리는 학습자의 수준과 선수지식을 고려하여 자연어처리의 개념과 원리를 학습할 수 있는 경험을 제공하는 것을 의미한다.

다섯째, 영어 읽기 단계별 학습 지원의 원리는 영어 읽기 전-중-후 단계별 학습 목표 달성을 위한 자연어처리 활동을 제시하는 것을 의미한다.

여섯째, 성찰 및 전이 촉진의 원리는 수업에서 다룬 자연어처리 학습 내용을 영어 학습 맥락뿐만 아니라 다양한 분야와 맥락에 적용할 수 있는 역량을 개발하며, 자연어처리의 사회적 영향 및 윤리적 문제에 대해 성찰할 수 있는 기회를 제공하는 것을 의미한다.

이상의 6개 설계원리와 21개 상세지침은 영어 교과 맥락에서 인공지능 리터러시 함양을 효과적으로 지원하고, 동시에 자연어처리 개념을 기반으로 영어 읽기 역량을 함양하도록 설계하였다.

최종 설계원리와 지침은 중학교 교육과정과 실제 수업 환경을 반영하여 구성되었으며, 학습자의 인지 발달 수준을 고려한 수업 설계를 통해 현장 적용 가능성을 높이고자 하였다. 이를 위해 자연어처리 개념은 중학교 수학 수준에서 이해할 수 있도록 재구성하였으며, 실제 수업에서 활용 가능한 온라인 도구와 구체적 사례를 제시하였다. 또한 영어과 성취기준, 인공지능 리터러시의 하위 영역, 자연어처리 개념을 통합한 학습 목표 설정을 지원함으로써 영어 교사가 수업 현장에서 쉽게 활용할 수 있는 문헌, 성취기준, 목표 예시를 함께 제공하였다. 수업은 영어 읽기 수업 단계(PWP: Pre-While-Post)에 기반하여 구조화되었으며, 각 단계별로 자연어처리를 중심으로 한 활동 설계 원리와 적용 예시를 포함하였다. 더불어 수업 설계 요소별 적용 지침을 구분하여, 학습 목표 수립은 제1설계원리, 학습 자료 및 도구 선정은 제2・3설계원리, 학습 활동의 설계 및 운영은 제4・5・6설계원리와 연계되도록 하였다. 특히 각 상세지침은 교사가 실제 수업에서 직접 적용할 수 있는 구체적인 예시를 포함하고 있으며, 수업 설계, 실행, 평가의 전 과정을 아우르는 실용적이고 현장 지향적인 안내서로 기능하도록 한다.

2) 수업 설계 원리

아래 〈표 9-1〉은 자연어처리 원리를 중심으로 한 인공지능 융합 읽기 수업 최종 설계 원리와 상세 지침을 정리한 것이다. 총 6개의 설계 원리와 21개의 세부 지침으로 구성되어 있으며, 각 원리는 인공지능 리터러시, 영어 읽기, 자연어처리의 연계를 기반으로 실제 수업에 적용할 수 있도록 구체적인 실행 지침을 포함하고 있다.

〈표 9-1〉 자연어처리 원리를 중심으로 한 인공지능 융합 영어 읽기 수업 설계원리 및 상세지침

구분	수업 설계원리 및 상세지침
학습 목표	1. 인공지능 리터러시-영어 읽기-자연어처리 연계의 원리
	1.1. 자연어처리 원리를 중심으로 한 인공지능 융합 수업이 해당 차시의 학습 목표와 영어 읽기 성취수준을 달성하는 데 효과적인지 확인하라.
	1.2. 인공지능 리터러시의 하위 영역(인공지능의 사회적 영향, 인공지능의 이해, 인공지능 문제 해결, 데이터 리터러시, 인공지능 윤리 등) 중 각 차시의 학습 목표에 포함되는 범위를 정하고, 해당 영역의 리터러시를 함양할 수 있는 학습 목표를 구성하라.
학습 자원	2. 텍스트 데이터 활용의 원리
	2.1. 교육과정에서 권장하는 언어 형식의 포함 여부와 어휘, 주제 명료성 및 친숙도 등을 고려하여 학습자 수준에 적절한 난이도의 읽기 자료를 선정하라.
	2.2. 영어 읽기 자료가 자연어처리 학습 활동의 텍스트 데이터로 활용되었을 때 영어 읽기와 자연어처리 학습의 각 측면에서 학습자가 유의미한 해석을 할 수 있는 명료한 결과가 도출되는지 확인하라.

구분	수업 설계원리 및 상세지침
	3. 자연어처리 도구 선정의 원리
	3.1. (사용성) 전반적인 사용 방법이 간단하고 쉬우며 직관적인 UI/UX로 구성된 도구를 선정하라.
	3.2. (안전성) 학습자에게 인지적/정서적으로 부적절하거나 유해한 정보 등을 필터링하는 기능이 포함된 안전한 도구를 선택하라.
	3.3. (안정성) 네트워크 환경 및 기기 사양에 큰 영향을 받지 않아 학교 현장의 다양한 환경에서 안정적으로 사용 가능한 도구를 선택하라.
	3.4. (흥미도) 학습자의 흥미를 유발하고 학습 몰입도를 증진시킬 수 있는 기능 및 디자인 요소가 포함된 도구를 제공하라.
	3.5. (연계성) 수업 내용과의 연계성을 위해 인공지능 리터러시 향상 및 자연어처리 융합 영어 읽기 학습에 필요한 기능과 내용을 정확하고 일관되게 반영한 도구를 선택하여 수업에 대한 집중도를 향상시키도록 하라.
학습 활동	4. 자연어처리 학습 지원의 원리
	4.1. 학급 학생들의 전반적인 지적 발달 단계 및 교과 과정에 따른 선수지식을 고려하여 학습자들이 이해할 수 있는 수준으로 자연어처리의 개념과 원리의 지식 구조를 재구조화하여 제시하라.
	4.2. 자연어처리의 필요성과 개념을 쉽게 이해할 수 있는 절차적 도구를 활용한 언플러그드 활동을 통한 학습 경험을 제공하라.
	4.3. 자연어처리를 이해하기 위한 간단한 연습과 경험부터 복잡한 과업까지 충분한 기간에 걸쳐 점진적으로 제공하여 각 개념과 기본 원리를 이해할 수 있도록 하라.
	4.4. 학습 활동의 초기 단계에서 자연어처리 도구 활용 방법에 대한 교사 시연 및 사전 연습 기회를 제공하라.
	4.5. 자연어처리 활동에서 발생할 수 있는 다양한 문제 상황을 신속하게 해결할 수 있도록 동료 지원과 교사 지원을 활동 설계에 고려하라.
	5. 영어 읽기 단계별 학습 지원의 원리
	5.1. 읽기 전 단계에서 문맥을 통한 단어 의미 추측, 배경지식 활성화, 글의 주제 찾기 등의 영어 읽기 전략을 자연어처리 원리 중심의 활동을 통해 습득할 수 있도록 하라.
	5.2. 읽기 중 단계에서 읽기 자료의 세부 내용을 파악하고 주요 어휘 및 문법적 표현을 파악할 수 있는 활동을 통해 읽기 자료를 효과적으로

구분	수업 설계원리 및 상세지침
	이해할 수 있도록 지원하라.
	5.3. 읽기 후 단계에서 읽기 자료의 내용 및 이해도를 점검하고 해당 정보를 활용하거나 확장할 수 있는 기회를 제공하라.
	6. 성찰 및 전이 촉진의 원리
	6.1. 학습자가 영어 학습 맥락에서 자연어처리를 효과적으로 사용할 수 있는 방법을 습득하여 이후의 다양한 학습 상황에서도 활용할 수 있도록 지원하라.
	6.2. 다양한 분야와 일상생활에서의 자연어처리의 필요성 및 활용 방안에 대해 알아보고 논의해 볼 수 있는 기회를 제공하라.
	6.3. 자연어처리와 관련된 사회적 영향 및 윤리적 문제에 대해 성찰할 수 있는 기회를 제공하라.

각 지침에 대한 구체적인 예시는 김승하(2025)에서 확인할 수 있다.

3) 실제 적용 사례

현장 적용은 서울시 광진구에 위치한 D중학교의 3학년 1개 학급의 학생 20명과 교사 1명(교수자 A)을 대상으로 2024년 11월 중 총 8차시에 걸쳐 진행되었다. 현장 적용 단계에서 실시한 자연어처리 원리를 중심으로 한 인공지능 융합 영어 읽기 수업의 8차시 수업 개요는 다음과 같다.

〈표 9-2〉 현장 적용 수업 개요

구분	차시	차시별 세부 내용
자연어처리 사전 학습	1차시	• 자연어처리 개념 및 정의 • 인공지능과 자연어처리의 관계
	2차시	• 자연어처리의 과정 • 단어 빈도 분석 개념 설명 • Voyant tools 활용 실습 활동
	3차시	• 워드 임베딩 개념 설명 • 임베딩 벡터 시각화 및 언플러그드 활동
읽기 전	4차시	• 읽기 자료 제시, 글의 배경소개 • 단어 빈도 분석 및 워드 클라우드 생성을 통한 읽기 자료의 주제 예측하기
읽기 중	5차시	• 읽기 수업(전반)
	6차시	• 읽기 수업(후반) • 챕터별 소설 퀴즈 제작하기
읽기 후	7차시	• 임베딩 벡터 시각화 도구 활용 영작하기
	8차시	• 영작 내용 공유 및 소설 퀴즈 맞추기 • 인공지능의 사회적 영향 성찰하기

7차시를 예시로 설명하면 다음과 같다. 7차시 수업은 '읽기 후(Post-Reading)' 단계에 해당하며, 학습자들은 임베딩 벡터 시각화 도구를 활용하여 소설에서 사용된 어휘 간의 관계를 파악하고, 이를 바탕으로 영어로 표현하는 활동에 참여한다. 수업의 도입에서는 학생들에게 수업 개요를 설명하고, 각 모둠이 제출한 퀴즈 문항을 통해 소설의 내용을 다시 점검하는 시간을 가졌다. 전개 과정에서는 임베딩 벡터의 개념을 복습하고, 임베딩 벡터 시각화 도구를 활용하여 소설에 등장한 단어와 그 주변 단어를 추출하는 활동을 통해 임베딩 벡터의 원리를 체험적으로 학습할 수 있도록 하였다. 이어서 학습자들은 입력한 단어와 임베딩 벡터상에 가깝게 위치한

어휘들을 사용하여 소설의 등장인물이나 사건에 대해 묘사하거나 자신의 일상과 감정을 영어로 표현하는 영작 활동을 진행했다. 수업의 정리에서는 학생들이 창작한 결과물을 Padlet에 공유하며, 다른 학생들의 작업을 보고 피드백을 주고받는 시간을 가졌다.

〈표 9-3〉 7차시 수업 내용

구분	주요 내용
학습 목표	• 임베딩 벡터 시각화 도구를 통해 소설 어휘 간의 관계를 파악할 수 있다. • 임베딩 벡터 시각화 도구를 활용하여 추출한 어휘를 활용하여 소설과 관련된 내용 혹은 자신의 일상과 감정을 영어로 표현할 수 있다.
영어과 성취기준	• [9영03-09] 일상생활이나 친숙한 일반적 주제의 글을 읽고 문맥을 통해 낱말, 어구 또는 문장의 함축적 의미를 추론할 수 있다.
사용 도구	• Grammarly, Padlet, QuizN, 임베딩 벡터 시각화 도구
주요 교수 · 학습 활동	• 도입 - 수업 개요 설명 - 모둠별로 제출한 퀴즈 문항을 이용하여 소설 내용 이해 확인하기 • 전개 - 임베딩 벡터 개념 복습 및 시각화 도구 소개 - 임베딩 벡터 시각화 도구를 사용하여 핵심어의 관련 어휘 추출하기 - 추출한 어휘를 사용한 영작 활동: 글의 내용이나 등장인물에 대한 묘사, 혹은 자신의 일상이나 감정을 영어로 표현하기 • 정리 - Padlet에 창작 결과물 공유하기
적용된 설계원리 및 상세 지침	2. 텍스트 데이터 활용의 원리: 영어 읽기 자료가 자연어처리 학습 활동의 텍스트 데이터로 활용되었을 때 영어 읽기와 자연어처리 학습의 각 측면에서 학습자가 유의미한 해석을 할 수 있는 명료한 결과가 도출되는지 확인하라.
	임베딩 벡터 시각화 도구를 제시할 때, 일부 단어를 배제하거나 단어의 빈도를 조정하여 단어 간의 관계가 시각적으로 잘 나타나도록 데이터를 처리함으로써 학습자의 영어 소설 내용 및 임베딩 벡터의

구분	주요 내용
	개념 이해를 촉진함.
	5. 영어 읽기 단계별 융합적 이해와 적용 촉진의 원리: 읽기 후 단계에서 읽기 자료의 내용 및 이해도를 점검하고 해당 정보를 활용하거나 확장할 수 있는 기회를 제공하라.
	임베딩 벡터 시각화 도구를 활용하여 읽기 자료에 등장한 주요 어휘 활용 영작하기 활동을 통해 읽은 내용을 확인하고 점검함.

[그림 9-1] 영어 소설의 텍스트를 학습한 임베딩 벡터의 3D 시각화 도구 화면

검색 단어 : emotions
관련 단어 : happiness, sadness, anger, fear, feelings

I feel a lot of emotions when I live my life. When do I feel happiness? I feel happiness when I think I am not alone. When do I feel sadness? I feel sadness when I think I am alone or something precious leaves me. When do I feel anger? I feel anger when I should give up something that I really want to do. When do I feel fear? I feel fear when I watch a scary video. Likewise, I feel a lot of feelings when I live my life.

[그림 9-2] 7차시 수업 장면 및 결과물

4. 해당 설계 원리, 모형의 효과와 적용상 유의점

1) 효과 분석

정규성 검정 결과, 인공지능 리터러시는 정규성을 만족하였으나($W=0.972$, $p=0.797$), 영어 읽기 태도는 정규성을 충족하지 못하였다($W=0.904$, $p=0.048^*$). 이에 따라 인공지능 리터러시 변화는 대응표본 t-검정을, 영어 읽기 태도 변화는 Wilcoxon 부호순위 검정을 통해 분석하였다.

먼저, 인공지능 리터러시의 경우 사전 평균은 2.67($SD=0.692$), 사후 평균은 4.03($SD=0.382$)으로 나타났으며, 약 1.36점의 증가가 확인되었다. 통계적으로도 유의미한 차이가 나타나($t=-8.93$, $p < .001$), 수업 설계가 학습자의 인공지능 리터러시 향상에 긍정적인 효과를 미쳤음을 알 수 있다. 영어 읽기 태도의 경우 Wilcoxon 부호순위 검정 결과 평균이 약 1.88점 증가하였고, 통계적으로도 유의미한 향상이 나타났다($W=210$, $p < .001$). 이는 본 연구에서 설계된 수업이 학습자의 영어 읽기에 대한 흥미와 태도를 개선하는 데 기여했음을 시사한다.

종합적으로, 본 연구에서 개발된 인공지능 융합 영어 읽기 수업 설계원리는 인공지능 리터러시와 영어 읽기 태도 모두에서 긍정적인 교육적 효과를 보여주었다. 특히, 자연어처리 원리를 중심으로 한 수업 설계는 단순한 도구 활용을 넘어 인공지능 기초 개념의 이해와 학습 태도의 향상에 기여할 수 있음을 확인하였다.

2) 교수자 반응

교수자는 본 연구에서 개발된 수업의 강점을 크게 네 가지 측면에서 제시하였다. 첫째, 수업의 융합성과 실현 가능성이다. 영어 교과에서 인공지능 융합 수업을 구성하는 것은 도전적인 과제이지만, 본 수업은 자연어처리 기술을 영어 지문 분석에 접목시켜 영어 학습 목표 달성과 동시에 인공지능 개념 이해를 실현할 수 있었다. 이는 기존 영어 수업이 앱 중심의 단순 활용에 머물렀던 한계를 넘어서는 새로운 교육 방식으로 평가되었다. 둘째, 학습자 중심의 유의미한 경험 제공이다. 교수자는 영어 교과 수업을 통해 미래 핵심 역량인 인공지능 리터러리를 다룰 수 있었다는 점을 높이 평가하였으며, 기존 교육과정에서 다루지 않던 내용을 학습자가 직접 경험할 수 있도록 설계된 점을 긍정적으로 평가하였다. 셋째, 설계원리의 실용성이다. 수업 목표, 성취기준, 학습자 특성, 교육 환경 등이 체계적으로 반영되어 있으며, 전문가 자문을 바탕으로 개발된 설계체계 덕분에 실제 수업 현장에서의 활용도가 높다고 평가되었다. 넷째, 원리 적용 예시의 효과성이다. 예를 들어, '텍스트 데이터 활용의 원리'를 적용하여 학습자 수준에 맞는 데이터 가공 및 도구 선정이 이루어졌으며, '영어 읽기 단계별 융합적 이해와 적용 촉진의 원리'를 적용한 읽기 전 활동에서는 시각화된 단어 빈도 자료를 통해 학습자의 흥미를 유발하고 워드 임베딩 복습을 유도할 수 있었다.

한편, 교수자는 수업 실행 과정에서 다음과 같은 개선점을 지적하였다. 첫째, 수업 시간과 구조의 제약이다. 짧은 기간에 집중된 차시 구성이 일부 학생들에게 피로도와 집중도 저하를 초래하였으며, 컴퓨터와 인공지능 도구 활용에 익숙하지 않은 학생들의 참여도가 낮게 나타났다. 이에 따라 수업 차시를 확장하고, 점진적인 학습 경험을 제공할 필요성이 제기되었다. 둘째, 학습자 수준 격차 문제이다. 학급 내 영어 능력 및 디지털 리터러시 수준의 편차로 인해 모든 학생이 수업 내용을 충분히 이해하기 어려웠다. 이에 대한 해결 방안으로는 학습자 맞춤형 보조자료 제공, 예컨대 해석본이나 단어 목록 지원과 같은 구체적인 자료 활용이 필요하다고 제안되었다. 셋째, '성찰 및 전이 촉진의 원리' 적용의 어려움이다. 인공지능 윤리나 사회적 이슈와 관련된 성찰 활동은 영어 교과 수업 시간 내에서 다루기에는 현실적 한계가 있었다. 따라서 정보·기술 교과와의 교차 수업, 방과 후 프로그램, 프로젝트 수업 등과 같은 대안적 운영 방식이 필요하다는 의견이 제시되었다.

종합적으로 볼 때, 본 연구에서 제시한 설계 원리는 영어 교과에서 인공지능 융합 수업을 실현할 수 있는 구체적이고 실행 가능한 준거로 기능하였다. 다만, 수업 시간 확보, 수준별 학습 지원, 교과 간 연계 방안 등은 향후 실제 수업 적용 시 반드시 고려되어야 할 과제로 남는다.

3) 학습자 반응

수업 만족도 조사 결과(N=20), 자연어처리 기반 인공지능 융합 영어 읽기 수업에 대한 전반적 만족도 평균은 4.55점으로 매우 높게 나타났다. 또한 인공지능 리터러시 향상 정도 역시 평균 4.45점(최소 4점)으로 긍정적인 반응을 보였다. 수업 집중도는 평균 4.15

점으로 대다수 학생이 수업에 몰입하였으나, 지속 참여 의사는 평균 3.80점으로 다소 낮게 나타났는데, 이는 영어 실력 부족이나 수업 시간 부족을 이유로 제시한 경우가 많았다. 기타 항목에서는 영어 읽기 흥미도 향상(4.20점), 영어 읽기 자신감 향상(4.00점)으로 긍정적 효과가 확인되었다.

개방형 문항 응답에서는 수업의 긍정적 측면으로 인공지능 및 자연어처리에 대한 이해 증진, 영어와 인공지능을 융합하여 학습한 새로운 경험, 참여 중심 활동과 이해하기 쉬운 개념 설명 등이 언급되었다. 반면 아쉬운 점으로는 제한된 수업 시간, 영어 지문의 난이도, 일부 도구 사용의 어려움, AI 개념 학습의 심화 부족 등이 지적되었다. 학생들은 전반적으로 AI 프로젝트 참여 의지가 증가했으며, 영어와 인공지능 모두에 대한 관심이 높아졌다고 응답하였다.

심층 면담 결과에서도 수업 전반에 대한 만족도가 높았으며, "재밌고 기억에 남는 수업", "일반 영어 수업보다 실생활에 도움이 될 것 같다"와 같은 긍정적 평가가 다수 제시되었다. 특히 비강의식 참여형 수업 방식에 대해 긍정적인 반응을 보였으며, 기억에 남는 활동으로는 단어 빈도 분석을 통한 소설 주제 파악, 워드 임베딩 시각화 도구를 활용한 영작, 조별 협업 활동 등이 언급되었다.

수업 효과에 대한 인식으로는 영어 읽기에 대한 흥미와 관심 향상, 고등학교 이후에도 독해 과정에서 AI 도구를 활용할 수 있다는 가능성 인식이 확인되었다. 일부 학생은 영어에 대한 흥미 변화는 없었으나, AI에 대한 인식이 개선되었다고 응답하였다. 또한 영어 읽기가 자연어처리 개념 이해에 도움을 주었다는 반응과, 반대로 자연어처리 도구가 영어 지문 이해에 기여했다는 상호작용적 인식이 함께 나타났다. 일부 학생은 “국어와 융합했더라면 더 좋았을 것”이라는 대안을 제시하기도 하였다.

수업 중 겪은 어려움으로는 영어 지문의 난이도, 인공지능 개념의 생소함, 연속 차시 수업으로 인한 피로감 등이 지적되었으며, 이에 따라 수업 시간 및 차시 확대 필요성이 제기되었다. 향후 참여 의사에 대해서는 20명 중 19명이 재참여 의사를 밝혔으며, 유일하게 재참여를 원하지 않은 학생도 다른 교과와의 융합이라면 참여할 의향이 있다고 응답하였다.

4) 적용상의 유의점

본 연구에서 도출된 설계 원리의 효과적 적용을 위해 고려해야 할 주요 사항은 다음과 같다. 첫째, 인공지능 개념의 단순 도구 활용을 넘어설 필요성이 강조된다. 영어 교육에서 인공지능을 단순한 보조 도구로만 사용하는 데 그치지 않고, 기술의 핵심 개념과 작동 원리를 학습 목표에 포함해야 한다. 예컨대 LLM이나 워드 임베딩과 같은 자연어처리 기반 도구를 사용할 때, 해당 기술이 어떻게 작동하는지에 대한 설명과 탐구 기회를 제공함으로써 학습자의 비판적 이해를 촉진할 수 있다. 둘째, 자연어처리와 영어 교육의 접점 강화가 필요하다. 영어 교과 활동과 자연어처리 기술을 유기적으로 연계하여, 학습자가 도구의 결과를 수동적으로 수용하는 것이 아니라 기술의 원리를 해석하고 비판적으로 이해할 수 있도록 지원해야 한다. 예를 들어 영어 소설을 읽고 임베딩 벡터를 시각화하여 단어 간 의미 관계를 탐색하는 활동은 영어 학습과 인공지능 개념 학습을 동시에 달성할 수 있는 효과적인 방법이다.

셋째, 영어 읽기 수업의 단계별 활동 설계가 필요하다. PWP(Pre-While-Post) 모형에 맞추어 Pre 단계에서는 개념 도입과 학습 목표 이해, While 단계에서는 도구 활용 및 분석 활동, Post 단계에서는 결과 해석, 성찰 및 확장 활동을 구성함으로써 체계적인 수업 흐름을 마련할 수 있다. 넷째, 도구 선택 시 교육적 타당성 고려가 중요하다. 자연어처리 관련 도구는 중학생 수준의 직관성과 교육적 피드백 제공 가능성을 기준으로 선정해야 하며, 특히 도구의 시각화 기능은 학습자의 개념 이해를 효과적으로 촉진할 수 있다. 다섯째, 학습 목표 설정 시 교과 요소 간 유기적 연계가 필요하다. 자연어처리 개념, 인공지능 리터러시 하위 영역, 영어과 성취기준 간의 연결고리를 명확히 제시하여 학습 목표를 구체화함으로써 수업 설계의 일관성을 확보할 수 있다. 여섯째, 교사의 사전 이해와 준비가 요구된다. 교사는 자연어처리 기술과 교육적 활용 방식에 대한 기본적인 이해와 훈련을 갖추어야 하며, 설계원리에 포함된 사례와 지침을 충분히 검토하고 사전 모의 수업 등을 통해 수업 운영 역량을 강화할 필요가 있다. 일곱째, 인공지능 윤리 및 인간 고유성에 대한 성찰 활동이 포함되어야 한다. 일부 학습자 반응에서도 확인되었듯, 인간과 인공지능의 차이에 대한 토의와 성찰 활동은 단순한 기술 이해를 넘어 교육적 의미를 심화하는 데 기여할 수 있다. 마지막으로, 적용 범위의 한계 고려가 필요하다. 본 설계원리는 중학교 영어 읽기 수업에 특화되어 있어 다른 학년, 교과 또는 인공지능 하위 분야에 직접 적용하는 데 제약이 있을 수 있다. 따라서 후속 연구에서는 다양한 인공지능 하위 개념을 포괄하고, 교과 간 확장을 지원할 수 있는 설계 원리 개발이 필요하다.

5) 결론 및 제언

해당 장에서는 영어 교과의 성취기준을 달성하기 위해 인공지능 기술이나 도구를 활용하는 형태의 인공지능 활용 수업을 넘어, 인공지능의 핵심 개념과 영어 교과의 지식을 긴밀히 연계한 인공지능 융합 수업의 실제적 내용과 방법을 소개하였다. 기존 영어 교과에서는 인공지능 활용 수업이 주를 이루고 있으며, 영어과 성취기준뿐만 아니라 인공지능의 개념 및 원리를 다루는 인공지능 융합 수업의 사례나 연구는 아직까지 많지 않다. 하지만 인공지능을 다양한 문제해결 상황에서 효과적으로 활용하기 위해서는 인공지능 도구나 기술의 원리에 대한 일정 수준의 이해가 필요하다. 인공지능의 작동 원리를 이해하는 것은 학습자가 목적에 적합하게 인공지능을 활용하는 데에 있어 영향을 미치는 주요한 요인이기 때문이다. 하지만 영어 교육에서 많은 연구가 인공지능 도구의 활용을 통해 영어 교과의 성취기준에 도달하는 것에 집중하며, 그 이면의 기술적 원리나 잠재적인 문제점들에 대한 깊이 있는 탐구 기회를 학습자에게 제공하고자 하는 노력은 부족한 상황이다. 본 연구는 인공지능 기술을 영어 교과의 학습 목표를 달성하기 위해 단순히 활용하는 데에 그치지 않고, 인공지능의 개념 및 원리에 대한 깊이 있는 이해와 영어 학습 내용 간의 융합을 시도했다는 점에서 의의가 있다.

본 장에서 제시한 설계원리가 실제 교육 현장에 확산되기 위해서는 교사와 연구자의 협력적 설계 과정이 반드시 필요하다. 현재까지의 연구는 전문가 검토와 일부 현장 적용을 통해 타당성을 확인하였으나, 보다 넓은 맥락에서의 실질적 적용을 위해서는 Design-Based Research(DBR)의 순환적 과정을 지속적으로 운영할 필요가 있다. 구체적으로, 현장 교사가 직접 참여하여 수업을 공동 설계하고 실행한 뒤, 그 과정에서 드러난 적용상의 어려움, 학습자의 반응, 교육적 효과를 수집·분석함으로써 설계원리를 지속적으로 보완할 수 있다. 이러한 체계적 개선 과정은 연구의 외적 타당성을 높일 뿐 아니라, 교사들이 AI 융합 수업의 실제적 실행 역량을 키우는 데에도 기여할 수 있다.

‖ 참고 문헌 ‖

관계부처합동 (2022). 디지털 인재양성 종합방안. 관계부처합동.

교육부 (2020). 2020년 교육부 정부업무보고. 교육부.

교육부 (2022). 2022 개정 교육과정. 교육부.

김성원, 이영준 (2022). 중학생의 인공지능 리터러시 검사 도구 개발. 한국컴퓨터정보학회논문지, 27(3), 225-238.

김승하 (2025). 인공지능 융합 영어 읽기 수업 설계원리 개발: 자연어처리 원리를 중심으로. 서울대학교 대학원 석사학위논문.

김진석 (2020). 초등영어 학습자를 위한 인공지능 리터러시의 빅 아이디와 성취기준. 한국초등교육, 135-153.

김보강, 김정은 (2022). 의미중심 읽기 지도법이 중학생 영어 학습자의 읽기 능력과 읽기 태도에 미치는 영향. 영어학, 22, 1199-1219.

김진석, 장은숙 (2021). AI literacy-based storytelling method for fostering primary English language learners' creativity. 한국초등교육, 32, 113-128.

나일주, 정현미 (2001). 웹기반 가상교육 프로그램 설계를 위한 활동모형 개발. 교육공학연구, 17(2), 27-52.

류미영, 한선관 (2023). 인공지능 리터러시 측정을 위한 검사 지표 개발. 한국컴퓨터정보학회논문지, 28(7), 39-46.

이은경 (2020). 국내외 초 · 중등학교 인공지능 교육과정 분석. 컴퓨터교육학회 논문지, 23(1), 37-44.

임완철, 김성우, 조선형, 이삭, 김낙훈 (2019). 인공지능활용 대화형 영어학습 앱 현장적용 연구. 서울특별시교육청 정책연구 보고서.

임철일 (2019). 미래 사회와 교육을 위한 교육공학 연구 및 실천 영역의 재조명. 교육공학연구, 35(2), 253-287.

임철일 (2024). AI 융합 교육을 위한 설계 개발 연구 방법론의 활용 가능성. 서울대학교 혁신과 공존의 연구사업단. 혁신과 공존의 교육학: 개념과 실천(pp. 403-440). 교육과학사.

임철일, 강신천, 박전규, 성민창 송석리, 조규락, 최숙영, 황요한 (2024). 미래교육의 방향과 실제 I. 교육과학사.

조영환, 사운서, 김혜은 (2024). 학습자와 AI 간 상호작용에 영향을 미치는 요인 탐색. 교육정보미디어연구, 30(6), 1819-1845.

최서원, 최윤희 (2024). 인공지능 기반 영어 수업이 한국인 중학생 영어 학습자의 인공지능 리터러시와 인식에 미치는 영향 탐색. Multimedia-Assisted Language Learning, 27(1), 96.

최숙영 (2023). AI 융합교육의 이해와 해결 과제에 대한 고찰. 산업융합연구, 21(1), 147-157.

AI4K12. (2020). AI4K12. https://ai4k12.org/

Bidwell, S., & Jensen, M. F. (2004). *Using a search protocol to identify sources of information: the COSI model*. Etext on health technology assessment (HTA) information resources.

Creswell, J. W. (2014). *Qualitative, quantitative and mixed methods approaches* (4th ed.). 정종진 외 공역. (2017). 연구 방법: 질적 · 양적 및 혼합적 연구의 설계(4판). 시그마프레스.

Ng, D. T. K., Luo, W., Chan, H. M. Y., & Chu, S. K. W. (2022). Using digital story writing as a pedagogy to develop AI literacy among primary students. Computers and Education. *Artificial Intelligence, 3*, 100054.

AI 기술의 발전에 따라 단순한 지식 습득을 넘어, 인공지능을 활용하여 실생활의 복잡한 문제를 발견하고 해결하는 창의적 문제해결력이 미래 인재의 핵심 역량으로 요구되고 있다. 이러한 변화 속에서 AI 융합 교육은 학습자가 실제 문제 상황에서 AI를 사고의 도구로 활용하고, 새로운 해결 방안을 창출하도록 돕는 교육적 접근으로 주목받고 있다. 제4부에서는 문제해결력 함양을 위한 AI 융합 수업 모형의 원리와 실제 적용 방안을 다룬다. 우선, 학습자의 몰입과 탐구를 이끄는 초등학생 대상 게임 기반 AI 융합교육 모형을 제시한다. 다음으로, 창의적 문제해결(CPS) 이론을 토대로 문제 발견과 이해 과정에 초점을 둔 AI-CPF 수업 모형을 다룬다. 또한, 디자인 씽킹 기반 AI 챗봇 제작 수업 모형에서는 학습자가 실생활 문제 해결을 위해 AI를 활용하는 과정을 구체화한다. 피지컬 컴퓨팅 기반 AI-STEM 수업 모형에서는 AI 기술과 STEM 학습을 융합하여, 실험과 제작 활동을 중심으로 한 문제해결 학습의 모형을 다룬다. 마지막으로, AI 융합 수업 설계 지원 시스템 모형을 통해 교사가 AI 융합 수업을 체계적으로 설계·운영할 수 있도록 돕는 설계 원리와 절차를 제시한다. 이와 같은 모형은 다양한 교수 학습 접근을 바탕으로 문제해결 중심의 AI 융합 수업 설계의 체계적 방향을 제시한다.

PART 04

문제해결력을 위한 AI 융합 수업 모형과 원리

CHAPTER 10 초등학생 대상 게임 기반 AI 융합 교육 모형

CHAPTER 11 문제 이해 역량을 위한 창의적 문제해결(CPS) 모형 기반 인공지능 융합 수업 모형(AI-CPF)

CHAPTER 12 디자인 씽킹 기반 인공지능 챗봇 제작 수업 모형

CHAPTER 13 피지컬 컴퓨팅 도구를 활용한 AI STEM 수업 모형

CHAPTER 14 창의적 문제해결을 위한 AI 융합 수업 설계 지원 시스템 개발 모형

CHAPTER 10

초등학생 대상 게임 기반 AI 융합 교육 모형[1)]

정수진 · 박성겸

1. 모형 개발의 배경과 필요성

1) 실제적 요구

미래 사회의 핵심 기술인 인공지능에 대한 이해와 활용 능력을 갖춘 인재 양성을 위해, AI 소양 교육의 중요성이 대두되고 있다. 인공지능은 여러 기술과 내용이 복합적으로 반영된 간학문적 특성을 지니고 있기에, 실생활과 연계된 AI 융합교육에 대한 관심이 대두되고 있으며 이미 해외 주요 국가들은 초·중등 과정에서 체계적인 AI 교육과정을 개발하여 운영하고 있다(이준행, 조정효, 채승철, 2021; Long & Magerko, 2020). 이때 인공지능 교육의 목적이 실생활 문제 해결과정에서 인공지능을 활용할 수 있는 역량을 기르는 것이라고 한다면, 다양한 교과 맥락에서 인공지능 융합교육이 통합적으로 조직되며 인공지능에 대한 이해를 높일 수 있도록 설계될 필요가 있다(과학기술정보통신부, 2019). 동시에 초기 학습 경험이 학습자의 미래 학업에 상당한 영향을 미친다는 점을 고려하여, 초등학생을 대상으로 하는 인공지능 융합 학습 경험

1) 본 장의 내용은 정수진, 임철일(2024)의 연구를 보완하여 작성되었다.

을 고려하는 인공지능 융합 교육이 필요하다.

최근 학습자 중심의 참여형 교육 방법에 대한 관심이 높아짐에 따라, 게임 기반 학습은 학습 동기와 참여도를 효과적으로 높이는 교육 방법으로 주목받고 있다. 게임은 인문학적 소양을 기반으로 하는 기획과 스토리텔링, 예술적 관점 및 기술력을 요구하는 융복합적 성격을 갖고 있다(이동은, 2018). 교육 분야에서 게임 활용과 관련된 용어로는 게이미피케이션, 게임 기반 학습 등이 있으며, 문제 해결과정, 즉각적인 피드백 등을 통해 효과적이고 몰입도 높은 학습 경험을 제공하고 있다(Kapp, 2012). 실제로 게임 환경에서 학습한 학습자가 일반적인 교육 환경보다 학습 성과, 흥미도, 자신감, 협업 능력 등에서 더 우수한 결과를 보인다는 연구 결과들이 있으며(이선영, 박주현, 최정혜, 2019), 특히 구성주의 관점에서의 게임 기반 교육은 학습자가 직접 게임을 설계하고 개발하는 과정을 통해 교과 내용을 심층적으로 이해하고 컴퓨팅 사고력까지 향상시킬 수 있다(Kafai & Burke, 2015).

다른 한편 게임 기반 교육에 대한 효과로 대립된 논의도 존재한다. 게임 상황 가운데 사회적 비교 압박을 느끼거나, 주의 산만, 오개념의 가능성, 기기의 오류상황 등이 부정적인 측면으로 제기되었다. 게임 기반 교육은 매우 경쟁적이고 산만한 활동으로 이어질 수 있기 때문에 수업 설계 및 활동의 구성이 정교하게 이루어져야 한다. 하지만 이와 관련된 수업 설계 원리와 모형은 부족하며, 더욱이 인공지능 도구를 활용한 게임 만들기를 적용한 연구는 거의 없었다(정찬용, 2019).

2) 이론적 배경

인공지능 교육의 추상적이고 복잡한 내용 특성상 게임 기반 교육의 접근 방식은 효과적일 수 있다. 인공지능 교육에서 게임은 여러 가지 형태로 사용될 수 있는데, 교수학습 도구, 학생의 작업 결과물, 경쟁 메커니즘으로 가능하다. 또한 인공지능 관련 개념을 학습하기 위하여 게임 형식이 사용될 수도 있다. 이렇게 몰입도 높은 게임 경험을 통해 학습자들에게 인공지능 지식을 더 깊이 적용할 수 있는 경험과 더 나은 학습 성과 향상을 기대할 수 있다.

게임 기반 학습은 게임을 동기유발 요소로 활용하여 교육적인 목표를 달성하고자 하는 교육 방법이다(백영균, 2006). 게임적 요소인 레벨, 포인트, 아바타, 배지 등은 보상, 경쟁, 성취, 자기표현과 같은 사람의 근본적인 욕구를 충족시키기에 특정 목표로 행동을 유도한다. 이는 학습자를 동기 유발 및 학습 상황에 몰입하게 하여, 재미있으면서도 효과 높은 교육을 가능하게 한다. 재미와 교육적 효과가 동시에 높은 교육을 진행하기 위해서는 교육과 게임 간의 적절한 균형과 피드백, 도전적 과제, 상호작용 증진 전략 등이 필요하다(김상균, 2017). 만약 게임 설계에 치우치거나, 총체적인 학습과정과 학습 경험을 고려하지 못하고 피상적으로 게임과 교육이 결합되는 경우에는 게임 기반 교육 효과가 떨어질 수밖에 없다(엄주영, 안미리, 2020).

따라서 게임 기반 교육을 실행하기 위해서는 교육적 맥락과 학습자 경험을 충분히 고려한 설계, 교과 교육에 대한 지식, 게임 요소의 적절한 적용 등이 체계적으로 융합될 필요가 있다. 이에 본 장에서는 초등학교 맥락에서 인공지능 융합 수업을 진행할 때, 게임 기반 학습 요소를 적용한 수업 모형 및 설계 원리를 개발하였다. 게임 기반 인공지능 융합 수업 모형의 구성, 수업 설계 원리, 실제 수업에 적용하였을 때의 학습자 반응까지 소개하고자 한다.

2. 설계 원리 및 모형 개발 과정

본 장에서는 교육 관련 프로그램이나 과정, 산출물이나 도구, 모형 등의 개발 과정에 초점을 두는 설계 개발 연구 방법을 사용하였다(Richey & Klein, 2007). 게임 기반 인공지능 융합 수업을 위한 수업 모형을 개발하며, 타당화 과정을 통해 모형 사용의 효과성을 입증하려는 연구로서 '모형 연구' 중 '모형 개발 및 모형 타당화'의 연구 방법에 따라 수행하였다. 진행 단계는 크게 4가지로 ① 문헌 분석 및 사례분석, ② 설계원리 및 수업 모형 도출(내적 타당화), ③ 수업 적용(외적 타당화), ④ 최종 수업 설계원리 및 수업 모형 개발로 구분된다.

1) 초기 모형 도출

게임 기반 인공지능 융합 수업 설계를 위한 설계원리를 도출하기 위하여 '게임 기반 교육', '인공지능 융합 교육', '컴퓨팅 사고력'의 세 영역에 대한 통합적인 문헌 검토를 통해 12가지의 초기 설계원리를 도출하고 그에 따른 34개의 상세지침을 분류하여 제시하였다. 초등학교 맥락에서 게임 기반 인공지능 융합 수업을 수행하기 위한 수업 모형은 선행 연구 및 초기 설계원리를 바탕으로 하여 김상균(2017)의 4F 프로세스의 단계를 따라 설계되었다.

게임 기반 교육의 특성을 반영하기 위해 활용한 게이미피케이션 요소는 포인트, 스탬프, 배지, 리더보드, 아바타 등이며 수업의 기저에서 작용하며 학습자의 동기를 높이도록 설계되었다. 또한 학습 태도와 협력적 태도에 포인트를 부여하여 행동을 강화하도록 하였으며, 성찰을 위한 스탬프를 보상으로 설계하였다. 매 수업 종료 이후 학습자들의 미션 수행 정도에 따른 포인트를 반영하여 리더보드를 통해 확인할 수 있도록 하였다. 개인 아바타를 통해 학습자 개인의 개성을 표현하게 하였으며 이를 리더보드에 순위와 함께 표시하였다. 구조적 게임화 요소에는 스토리와 미션별 퀘스트를 부여하였고 내용적 게임화 요소로는 퀴즈와 게임 만들기를 부여하여 수업의 전체에 걸쳐 게임 맥락이 반영되도록 설계하였다. 〈표 10-1〉은 본 연구에 적용된 게이미피케이션(Gamification) 요소이다.

〈표 10-1〉 교수 학습에 적용된 게이미피케이션(Gamification) 요소

요소	내용
포인트	• 미션별 퀘스트 활동 수행 성공 점수(퀘스트1: 3점, 퀘스트2: 4점, 퀘스트3: 5점) • 교사에게 칭찬을 받았을 경우 부여되는 점수(바른 수업 태도, 적극적인 참여, 친구의 퀘스트를 도와주는 행동 등)
스탬프	• 포인트 9점 = 스탬프 1개 • 성찰 일지 작성 시 = 스탬프 1개 • 퀘스트를 모두 완료한 후, 다른 친구를 도와서 퀘스트를 성공시켰을 경우 도우미 스탬프 1개
배지	• 스탬프 3개 = 배지 1개(Gold, Silver, Bronze)

요소	내용
리더보드	• 매 수업 종료 이후 다음 수업 시작 전에 Top 5 학생 명단 공개 • Nearpod 퀴즈 종료 시 순위 공개
아바타	• 개인이 캐릭터를 꾸밀 수 있는 자신의 아바타를 설정하도록 함 • 리더보드에 순위와 함께 개인 아바타 표시
구조적 게임화	• 스토리 활용 맥락 부여, 각 미션별 퀘스트 설정
내용적 게임화	• 방 탈출 게임, 퀴즈, 인공지능 원리 체험 게임, 게임 만들기 등을 체험

2) 내적 타당화

선행문헌을 통해 도출된 수업 설계원리와 수업 모형의 내적 타당화를 위하여 교육 설계 전문가 및 현장 교사를 대상으로 전문가 타당화를 진행하였다. 총 두 차례에 걸쳐 전문가들의 의견을 바탕으로 수업 모형과 설계원리를 수정 및 보완하였다. 전문가 타당화는 게임 기반 인공지능 융합 수업 모형 및 설계원리의 적절성, 게임 기반 학습과 컴퓨팅 사고력의 반영 여부, 실제 초등학교 수업에서 활용 가능성 여부를 중점적으로 검토하였다. 내적 타당화 과정에 참여한 전문가는 박사 학위 소지자 이상인 게이미피케이션 및 초등교육 분야 전문가 3인, 석사 학위 이상의 교육공학 전문가 3인, 인공지능 융합 교육 중등학교 교사 1인이다. 수업 설계원리에 대한 1차 전문가 타당화 이후 설계원리를 7개의 구성요소로 유목화하고 중복된 원리를 통합 및 삭제하였다. 또한 교수자가 참고하여 수업을 진행할 수 있도록 하위 상세지침마다 예시 및 해설 부분을 추가하였다. 수업 설계원리 전반에 대한 2차 전문가 타당화 검사 결과는 타당성(평균 3.86), 설명력(평균 3.86), 유용성(평균 4.00),

보편성(평균 3.86), 이해도(평균 3.86)로 나타났으며 평가자 간 일치도 지수(IRA)의 값은 1로 모형이 대체적으로 타당한 것으로 나타났다. 수업 설계원리의 내용 타당도 및 평가자 간의 일치도(IRA) 또한 1로 나타나 타당성을 확인하였다.

3) 외적 타당화

게임 기반 인공지능 융합 수업 모형 개발과 효과성 확인을 위해, 게임 기반 상황 속에서 주제 중심 내용을 학습한 후 인공지능 도구를 활용하여 게임 산출물을 제작하는 과정을 수업에 적용하였다. 2023년 1학기에 서울시 소재 A초등학교 6학년 학생 52명을 대상으로 2개의 학급에서 실과 시간 및 창의적 체험활동 시간에 수업을 진행하였다. 수업 설계모형의 적용 효과를 살펴보기 위하여 '게임적 요소의 적용'을 독립 변인으로 설정하고 인공지능 융합 수업을 실행할 때 '수업 설계 모형 적용'을 실험 집단(A학급 26명)으로, '모형을 적용하지 않은 경우'를 비교 집단(B학급 26명)으로 모집하였다. 실험 집단은 수업 전반에 걸쳐 미션, 포인트 보상 등의 게임 메커닉스를 적용하고, 최종적으로 게임 산출물을 제작하는 게임 기반 인공지능 융합 수업 모형을 적용하여 총 8차시의 수업을 실시하였다. 수업 적용 후에는 면담에 자원한 학습자를 대상으로 반구조화된 면담을 실시하여 수업에 대해 좋았던 점과 개선점을 파악하였다. 학습자 설문 및 면담 결과는 질적 분석 방법에 따라 개방 코딩(open coding)을 통해 게임 기반 인공지능 융합 수업 모형의 강점, 약점, 개선점, 배운 점 등으로 범주화하였으며 학습자의 반응을 확인하고 분석하였다. 또한 수업 설계 원리와 모형의 효과성을 파악하기 위하여 사전-사후 컴퓨팅 사고력 검사를 실시하였다. 검사지는 컴퓨팅 사고력을 측정하는 평가지(양재명 외, 2017)와 비버 챌린지 기출 문제(Bebras Korea, 2021)를 본 맥락에 맞게 변형하여 활용하였다. 컴퓨팅 사고력 검사지는 분석 능력, 모델링 능력, 구현 능력, 일반화 능력의 4개 영역의 하위 항목으로 총 20개의 검사문항을 5지 선다형 객관식으로 구성하여 질문하였다. 컴퓨팅 사고력 사전 평가에 대한 집단 간 독립표본 t검정을 통해 두 실험 집단의 동질성을 확인한 후, 두 집단의 컴퓨팅 사고력의 사후 평균과 표준편차, 평균 차이 및 집단 간 독립표본 t검정을 실시하여 그 차이가 통계적으로 유의미한지 검증하였다.

3. 설계 원리 및 모형의 구성과 특징

1) 설계 원리 및 모형의 개요

최종적으로 초등학교에서 게임 기반 인공지능 융합 수업을 위한 10개의 최종 설계원리와 36개의 상세지침을 개발하였다. 설계원리는 '학습 초점의 원리', '게임 메커닉스 이해의 원리', '문제 이해와 해결의 원리', '주제 중심 인공지능 융합 수업 재구성의 원리', '인공지능 활용의 원리', '도구 활용의 원리', '상호작용의 원리', '안내의 원리', '스캐폴딩 제공의 원리', '성찰 및 공유 지원의 원리'로 총 10가지이다. 교사가 수업을 실행할 때 참고할 수 있도록 설계원리별 상세지침을 예시와 함께 제시하여 실제 초등학교 수업 맥락에서 교육과정 재구성 및 설계 과정에서 체계적으로 검토하여 활용할 수 있다.

2) 모형의 구성요소

최종 수업 모형은 크게 '게임 전 과정', '게임 중 과정', '게임 후 과정'의 세 단계로 이루어지며 총 10개의 세부 단계가 있다. 각 단계는 ① 현황 분석, ② 목표 설정, ③ 게임 메커닉스 설계, ④ 수업 준비, ⑤ 게임 스토리 도입, ⑥ 주제 중심 교과 내용 학습 지원, ⑦ 인공지능 도구 활용 경험 지원, ⑧ 인공지능 도구 활용 게임 산출물 제작 지원, ⑨ 공유 및 성찰 지원, ⑩ 정리 및 평가이다.

게임 기반 수업 설계를 위해, '게임 전 과정'에서 게임 설계와 관련하여 학습자의 선호 게임 활동 유형 및 인공지능 관련 선행 지식을 분석한다. 분석 결과를 토대로, 주제 중심 융합 교육 내용 요소를 추출하고 학습자 수준에 따라 선택 가능한 인공지능 도구들을 선정하며 학습 목표를 설정한다. 게임 설계의 마지막에는 학습자의 동기를 유발하며 융합 교육 맥락을 반영한 게임 시나리오의 구성, 게임 메커닉스 설계, 도전 과제 및 게임 규칙을 설정한다. 게임 설계 이후, 인공지능 도구를 활용할 수 있는 물리적 교육 환경을 조성하고 수업 진행 절차와 게임 규칙을 학습자에게 안내한다. '게임 중 과정'은 게임 스토리를 도입하여 최종 수행 과제를 제시하고 주제 중심 교과 융합 수업과 관련된 내용을 학습하고, 인공지능의 원리 체험 및 다양한 인공지능 도구 활용 연습을 수행한다. 이후 인공지능 도구를 활용한 게임 산출물을 제작하기 위해 교사의 안내 및 리믹스 기능을 활용하여 알고리즘을 설계하고 코딩을 한 뒤 창의적인 게임 창작물을 제작한다. 최종적으로 만든 인공지능 활용 게임 산출물을 공유하며 질의응답 및 상호 피드백을 제공한다.

위 과정에서 리더보드를 통한 게임 점수와 배지의 반영 및 게임 경험 과정에서 일어난 학습에 대한 리뷰와 분석의 디브리핑 과정이 이루어진다. 마지막으로 '게임 후 과정'에서는 모든 미션을 끝낸 후 게임 시작 스토리와 연결된 종료 스토리를 확인한다. 게임의 최종 순위를 확인하고 시상하며 수업 전체에 대한 소감을 나누고 상호 평가하는 종합적 마무리 활동이 이루어진다. 교수자가 게임 기반 인공지능 융합 수업을 초등학교 맥락에서 활용하기 위한 수업을 설계할 때, 본 모형을 활용할 수 있도록 구체적인 절차와 방법을 안내하였다([그림 10-1] 참조).

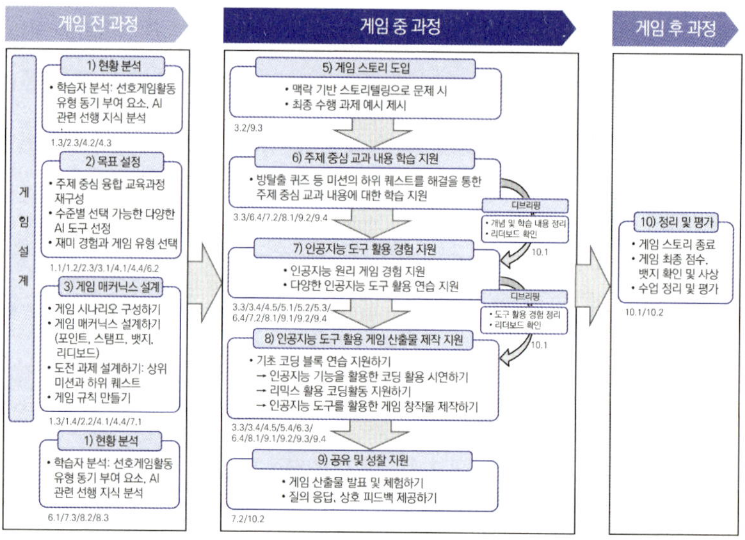

[그림 10-1] 최종 모형

3) 설계 원리

최종 설계원리는 총 10개로, 게임 기반 학습설계, 맥락기반 문제 활용, 교육과정 융합, 인공지능 융합, 학습도구 활용, 학습활동 지원, 공유 및 성찰로 분류할 수 있다. 게임 기반 학습 설계 영역에서는 학습 초점의 원리와 게임 메커닉스 이해의 원리, 맥락 기반 문제 활용은 실생활 문제를 선정하고 이해, 해결하는 원리, 교육과정 융합은 주제를 중심으로 인공지능 융합 수업을 재구성하는 원리, 인공지능 융합 영역에서는 학습자가 인공지능의 필요성과 개념 이해를 토대로 게임 제작 원리, 학습도구 활용 영역에서는 적합한 도구 선정 및 활용 원리, 학습활동 지원에서는 학습자 간 상호작용 원리, 교수자가 게임을 위한 안내 원리, 효과적인 목표달성을 위한 스캐폴딩 제공의 원리, 마지막으로 공유 및 성찰에는 학습자가 최종 산출물을 공유하고 학습 과정을 성찰하는 원리가 있다(〈표 10-2〉 참고).

〈표 10-2〉 최종 설계원리

구성요소	설계원리
게임기반 학습설계	1. 학습 초점의 원리 교수자는 해당 교과의 교육 목표를 달성하는 데 게임 기반 교육 수업의 활용이 적합한지를 검토하여 게임 활동이 학습에 초점을 맞추도록 설계한다.
	2. 게임 메커닉스 이해의 원리 교수자는 레벨, 포인트, 리더보드, 미션 등의 주요 게임 메커닉스의 특성 및 효과와 다양한 유형의 게임 작동 방식이 교육 환경에 적용되는 과정을 종합적으로 검토한다.
맥락기반 문제활용	3. 문제 이해와 해결의 원리 맥락을 기반으로 한 실생활 문제를 선정하고 스토리텔링을 활용하여 문제를 제시하며 문제 구성의 계열성을 확보한다.
교육과정 융합	4. 주제 중심 인공지능 융합 수업 재구성의 원리 융합 교육 내용과 수업 환경을 분석하고 융합 수업의 실행 가능성과 효과성을 판단하며, 융합 주제를 중심으로 융합 교과와 인공지능 도구 활용의 내용 맥락이 일치하게 통합한다.

구성요소	설계원리
인공지능 융합	5. 인공지능 활용의 원리 교수자는 인공지능 교육 내용 요소를 선정하여 학습자가 인공지능의 필요성 및 알고리즘을 학습하여 인공지능 활용 게임을 만들도록 한다.
학습도구 활용	6. 도구 활용의 원리 효과적인 수업 목표 달성을 위해 적합한 학습 도구를 선정하고 활용한다.
학습활동 지원	7. 상호작용의 원리 학습자가 게임 체험 및 게임 만들기 과정에서 협력적으로 해결할 수 있는 과제를 설정하고 수준이 혼합된 모둠을 구성하여 활발한 상호작용이 일어나도록 격려한다.
	8. 안내의 원리 학습자에게 게임기반 수업의 목적, 방향, 방법, 게임 중 유의사항 등을 안내한다.
	9. 스캐폴딩 제공의 원리 학습자가 효과적으로 학습 목표를 달성할 수 있도록 개별화된 단계적인 피드백과 스캐폴딩을 제공한다.
공유 및 성찰	10. 성찰 및 공유 지원의 원리 학습자가 활동 전반에 걸쳐 게임기반 수업에 대한 성찰의 기회를 갖도록 하고, 최종 게임 산출물을 공유하며 의견을 나누도록 한다.

4) 상세 전략

최종 설계원리의 하위에는 상세지침과 함께 교수자가 게임 기반 인공지능 융합 수업을 설계하기 위하여 현장에서 활용 가능한 예시 및 해설 또한 포함되어 있다. 10개의 설계원리 아래에 36개의 상세지침이 개발되었으며, 〈표 10-3〉은 대표적인 상세지침과 예시를 제시하였다.

〈표 10-3〉 최종 설계원리 및 상세지침(일부)

<table>
<tr><th>구성
요소</th><th colspan="2">설계원리 및 상세지침</th></tr>
<tr><td rowspan="12">게임
기반
학습
설계</td><td colspan="2">1. 학습 초점의 원리
교수자는 해당 교과의 교육 목표를 달성하는 데 게임 기반 교육이 적합한지를 검토하여 게임 활동이 학습에 초점을 맞추도록 설계한다.</td></tr>
<tr><td colspan="2">1.1. 게임 기반 활동이 해당 교과 학습의 지식 습득 및 고차원적 사고(적용, 분석, 평가, 창조) 개발의 효과를 가져오는지 검토하라.</td></tr>
<tr><td>예시 및 해설</td><td>• 학습자가 게임 기반 활동에 참여하면서 ‘지속 가능한 발전’이라는 주제 중심 교과 내용에 대해 학습하고 인공지능 도구를 활용 방법을 학습하여 인공지능 요소가 적용된 게임을 만들어 낼 수 있도록 한다.</td></tr>
<tr><td colspan="2">1.4. 학습자가 게임적 사고를 통한 스토리 전달, 참여, 문제해결과정에 대한 고려 없이 포인트, 배지와 같은 게임 메커닉스만을 활용하는 현상을 지양하라.</td></tr>
<tr><td>예시 및 해설</td><td>• 학습자가 점수, 레벨, 배지 등 학습 내용에 대한 이해 없이 게임 그 자체가 지니는 효과와 속성에만 집중하는 것을 지양한다.</td></tr>
<tr><td colspan="2">2. 게임 메커닉스 이해의 원리
교수자는 레벨, 포인트, 리더보드, 미션 등의 주요 게임 메커닉스의 특성 및 효과와 다양한 유형의 게임 작동 방식이 교육 환경에 적용되는 과정을 종합적으로 검토한다.</td></tr>
<tr><td colspan="2">2.1. 게임콘텐츠 및 게임 메커닉스의 종류와 교육 환경에 대해 종합적으로 고려하라.</td></tr>
<tr><td>예시 및 해설</td><td>• 학습자와 교육환경을 고려하여 포인트, 스탬프, 배지, 리더보드 등의 게임 메커닉스를 구조적으로 설정하고 학습자의 동기를 유발하는 요소로 활용한다.</td></tr>
<tr><td colspan="2">2.2. 수업의 진행 과정에 따라 전체적인 게임 전략을 체계적으로 결합하라.</td></tr>
<tr><td>예시 및 해설</td><td>• 하위 퀘스트들을 해결한 후 상위 미션을 해결할 수 있도록 하는 게임 구조를 설계하고 학습자가 학습 목표를 협력적으로 달성하기 위한 게임메커닉스를 게임 규칙에 반영한다. 게임 과정에서 시행착오를 통해 학습 동기를 강화하여 재도전이나 새로운 과업에 도전할 수 있는 기회를 마련한다.</td></tr>
</table>

<table>
<tr><th>구성
요소</th><th colspan="2">설계원리 및 상세지침</th></tr>
<tr><td rowspan="5">맥락
기반
문제
활용</td><td colspan="2">3. 문제 이해와 해결의 원리
맥락을 기반으로 한 실생활 문제를 선정하고 스토리텔링을 활용하여 문제를 제시하며 문제 구성의 계열성을 확보한다.</td></tr>
<tr><td colspan="2">3.2. 학습자가 친숙함을 느낄 수 있는 시나리오 형태로 문제를 제시하여 문제 맥락을 이해하고 명료화할 수 있도록 하라.</td></tr>
<tr><td>예시 및
해설</td><td>• 서사 도입을 통한 맥락을 제공하고 최종 수행 과제 스토리를 안내한다.
• 도전: 미래에서 온 편지를 보고 미래 환경의 문제의 심각성을 깨달은 뒤 '지속 가능한 발전을 위한 인공지능 게임 만들기'
• 기회: 현재의 지속 가능 발전 과제를 순차적으로 해결해 나가기</td></tr>
<tr><td colspan="2">3.3. 학습 과정의 전반에 걸쳐 학습자가 여러 가지 맥락을 종합적으로 고려할 수 있도록 점차 복잡성이 더해지는 미션과 하위 퀘스트를 해결해야 하는 계열성 있는 게임 스토리를 구성하라.</td></tr>
<tr><td>예시 및
해설</td><td>• 하위 퀘스트를 해결하여 상위 미션을 해결할 수 있도록 한다. 인공지능 도구를 활용한 게임을 만들기 위하여 주제 내용 학습하기, 인공지능 원리 체험하기, 그림 그리기, 음악 만들기, 게임 만들기 등으로 수업의 단계를 구성한다. 이때 수업이 진행될수록 복잡성이 더해지고 난이도가 높아지는 단계적인 문제를 제시한다.</td></tr>
<tr><td rowspan="5">교육
과정
융합</td><td colspan="2">4. 주제 중심 인공지능 융합 수업 재구성의 원리
융합 교육 내용과 수업 환경을 분석하고 융합 수업의 실행 가능성과 효과성을 판단하며, 융합 주제를 중심으로 융합 교과와 인공지능 도구 활용의 내용 맥락이 일치하게 통합한다.</td></tr>
<tr><td colspan="2">4.1. 융합할 교과 및 주제 중심 학습내용, 교수학습 방법, 평가 방법을 확인하고 인공지능 융합 수업이 구현 가능한지 판단하라.</td></tr>
<tr><td>예시 및
해설</td><td>• 주제 중심 융합할 교과, 성취기준, 수업활동과 학습 과정 및 최종 산출물을 평가하는 방법을 검토한다.</td></tr>
<tr><td colspan="2">4.2. 학습자의 인공지능 융합 수업에 대한 이해도와 인공지능 도구 활용 수준을 파악한 후 교육 과정을 설계하라.</td></tr>
<tr><td>예시 및
해설</td><td>• 학습자가 인공지능 융합 수업 내용과 과제를 이해하고 산출물을 만들어 낼 수 있는지, 학습자의 컴퓨터 프로그래밍 활용 수준은 어느 정도인지, 어떤 선행 경험이 있는지 파악한 후 이를 반영하여 교육 과정을 설계한다.</td></tr>
</table>

<table>
<tr><th>구성
요소</th><th colspan="2">설계원리 및 상세지침</th></tr>
<tr><td rowspan="5">인공
지능
융합</td><td colspan="2">5. 인공지능 활용의 원리
교수자는 인공지능 교육 내용 요소를 선정하여 학습자가 인공지능의 필요성 및 알고리즘을 학습하여 인공지능 활용 게임을 만들도록 한다.</td></tr>
<tr><td colspan="2">5.3. 교사의 시연을 통해 힉습자가 인공지능 일고리즘을 모방할 수 있도록 하라.</td></tr>
<tr><td>예시 및
해설</td><td>• 다양한 인공지능 도구를 활용할 때 교사가 먼저 시범을 보이고 학생들이 따라할 수 있도록 안내한다. 인공지능 기능을 활용한 게임산출물을 만들 때 교사는 예시 작품을 시연하고 학습자는 리믹스 기능을 활용하여 이를 모방하여 일부를 변형하며 연습해 볼 수 있도록 안내한다.</td></tr>
<tr><td colspan="2">5.4. 인공지능의 기능을 활용한 프로그램을 만들게 하라.</td></tr>
<tr><td>예시 및
해설</td><td>• 인공지능 도구를 활용한 이미지를 활용하거나 엔트리에 있는 인공지능 기능인 비디오 감지, 오디오 감지, 번역, 읽어주기 등을 활용하여 게임을 만들도록 안내한다.</td></tr>
<tr><td rowspan="7">학습
도구
활용</td><td colspan="2">6. 도구 활용의 원리
효과적인 수업 목표 달성을 위해 적합한 학습 도구를 선정하고 활용한다.</td></tr>
<tr><td colspan="2">6.1. 게임기반 인공지능 융합 교육이 원활하게 이루어질 수 있도록 물리적 교육 환경을 준비하라.</td></tr>
<tr><td>예시 및
해설</td><td>• 개별학생에게 필요한 노트북, 마우스 등의 기기 사용을 확인하고 무선인터넷 환경이 원활한지 점검한다.</td></tr>
<tr><td colspan="2">6.2. 수업 목표 달성을 위해 학습자들에게 사용법이 직관적이거나 쉬운 도구를 선정하라.</td></tr>
<tr><td>예시 및
해설</td><td>• 인공지능 체험 도구: artbot, voyant tools, 티처블 머신, 오토드로우, 투닝, 라이팅젤 등
• 인공지능 프로그래밍 도구: 엔트리, 스크래치</td></tr>
<tr><td colspan="2">6.3. 학습자가 문제 해결 과정에서 도구를 이용하여 문제를 분석하고 문제를 분석하여 글이나 그림으로 나타내어 구현하도록 하라.</td></tr>
<tr><td>예시 및
해설</td><td>• 게임 기반 학습 상황에서 주어진 퀘스트와 미션을 수행하기 위하여 학습자는 다양한 인공지능 도구를 활용하고 이를 바탕으로 주어진 문제를 구조화하여 논리적, 절차적 순서를 탐색하여 알고리즘을 설계한 후 창의적 게임 산출물을 제작한다.</td></tr>
</table>

<table>
<tr><th>구성
요소</th><th colspan="2">설계원리 및 상세지침</th></tr>
<tr><td rowspan="5">학습
활동
지원</td><td colspan="2">7. 상호작용의 원리
학습자가 게임 체험 및 게임 만들기 과정에서 협력적으로 해결할 수 있는 과제를 설정하고 수준이 혼합된 모둠을 구성하여 활발한 상호작용이 일어나도록 격려한다.</td></tr>
<tr><td colspan="2">7.1. 협력적 해결이 요구되는 과제를 설정하라.</td></tr>
<tr><td>예시 및
해설</td><td>• 학습자가 게임 만들기 미션을 수행할 때 모둠원과 함께 게임 산출물을 제작하도록 미션을 설계한다. 친구의 퀘스트를 도와주는 행동에 교사의 칭찬 포인트를 부여하여 협력적 문제 해결 분위기를 형성한다.</td></tr>
<tr><td colspan="2">7.3. 프로그래밍 활용 수준 및 유사한 관심 주제에 따라 학습자 간의 협의를 통해 모둠을 구성하라.</td></tr>
<tr><td>예시 및
해설</td><td>• 프로그래밍 활용 수준, 인공지능 도구 활용 능숙도, 유사한 관심 주제에 따라 2~4인이 한 팀이 되어 동시적 · 협력적으로 작업할 수 있도록 모둠별로 역할을 배정하고 서로의 작업을 보완할 수 있도록 모둠을 구성한다.</td></tr>
<tr><td rowspan="5">학습
활동
지원</td><td colspan="2">8. 안내의 원리
학습자에게 게임기반 수업의 목적, 방향, 방법, 게임 중 유의사항 등을 안내한다.</td></tr>
<tr><td colspan="2">8.1. 학습자가 교과융합 주제 학습 내용 및 도구 활용 방법과 기초 코딩 블록 활용에 대해 인지적으로 이해 가능하도록 충분한 연습 시간을 제공하라.</td></tr>
<tr><td>예시 및
해설</td><td>• '지속 가능한 발전'이라는 주제에 대한 내용에 대해 충분히 학습할 시간을 부여한다.
• 인공지능 도구의 활용 방법에 익숙하지 않은 학습자를 위하여 충분한 연습 시간을 제공하고 필요시 가정에서도 활용할 수 있도록 사이트를 안내한다.
• 인공지능 게임 산출물을 제작하기 전에 EPL 코딩 블록 활용에 대한 기초적인 단계의 연습 활동 시간을 충분히 제공한다.</td></tr>
<tr><td colspan="2">8.2. 게임기반 학습에서 학습자에게 해결해야 할 미션과 하위 퀘스트의 구성, 활동 시간, 보상 체계를 명확히 안내하라.</td></tr>
<tr><td>예시 및
해설</td><td>• 게임기반 학습의 시작으로 스토리를 활용한 도입을 할 때 전체 수업의 미션 설계에 대해 안내하고, 미션별 하위 퀘스트가 몇 개이며 어떻게 구성되어 있는지 소개한다. 전체 수업의 게임</td></tr>
</table>

구성 요소	설계원리 및 상세지침	
		메커닉스로 활용되는 포인트, 스탬프, 배지, 리더보드에 대해 소개한다.
	9. 스캐폴딩 제공의 원리 학습지기 효과적으로 학습 목표를 달성할 수 있도록 개별화된 단계적인 피드백과 스캐폴딩을 제공한다.	
	9.1. 학습자가 인공지능 도구를 활용할 때 순회지도를 통해 학습자를 관찰하여 학습 내용 및 테크놀로지의 효과적인 사용에 대한 개별화된 단계적 피드백을 제공하라.	
	예시 및 해설	• 교수자는 즉시 정답에 대한 피드백을 알려주기보다는 단계적 피드백을 통해 학습자 스스로 정답을 발견할 수 있도록 한다. • 기초 코딩 블록 활용에 대한 추가 설명 자료를 다양하게 제공하며 프로그램 활용에 대한 개별 학습 상황을 점검하고 지원한다.
	9.2. 교수자는 게임 안팎으로 도움을 얻을 수 있는 힌트 제공 환경을 조성하고, 순회 지도를 통해 수시로 학습자의 이해도를 확인하라.	
	예시 및 해설	• 교수자는 학습자를 위한 NPC를 게임 속에 설정하여 학습자가 흥미를 기반으로 하여 문제 해결에 필요한 힌트를 얻도록 지원한다. • 교수자는 순회 지도를 통해 학습자에게 이해도 점검 질문을 던지며 학습자가 도움을 얻어 문제를 해결할 수 있도록 돕는다.

5) 실제 적용 사례

수정된 3차 설계원리와 수업 모형을 실제 초등학교 교실에 적용하였다. 수업 전 게임 설계 단계의 현황 분석 단계에서는 설문을 통해 학습자의 선호게임 활동 유형, 동기 부여 요소, 인공지능 관련 선행 지식을 분석하였다. 이를 토대로 목표를 설정하는 과정에서 다양한 AI 도구와 재미 경험 등을 선택하고 수업 전반에 걸친 게임 메커닉스를 설계하였다. 게임 기반 인공지능 융합 교육을 위한 설계원리 및 상세지침과 수업 모형을 참고하여 설계한 총 8차시의 수업 설계 개요는 〈표 10-4〉와 같다.

학습자 반응을 분석하기 위하여 8차시 분량의 수업을 실행한 후 학습자 10명을 대상으로 심층면담을 실시하였다. 이를 통해 수업 모형과 활동에 대한 학습자 의견 및 강점, 약점, 개선점을 파악하였다. 또한 모형의 효과성을 확인하기 위하여 게임 기반 인공지능 융합 수업 모형을 적용한 실험 집단과 모형을 적용하지 않고 인공지능 융합 수업을 실시한 비교 집단을 설정하여 수업을 실행하였다. 사전 컴퓨팅 사고력 검사를 통해 두 집단의 동질성을 확인하고 '게임적 요소의 적용'에 따른 각 집단의 사후 검사 결과를 분석하였다. 사후 컴퓨팅 사고력 검사에 대한 집단 간 컴퓨팅 사고력에 유의미한 차이가 있는지 살펴보았다.

심층 면담은 총 10명의 참여 희망 학생을 대상으로 진행되었다. 면담 과정에서 게임 기반 학습이나 인공지능 융합 수업의 경험 유무와 기존 수업과 본 수업의 차이점, 본 수업의 장점과 가장 기억에 남는 활동, 어려웠던 점과 개선이 필요한 점 등을 질문하였다. 모형과 수업의 강점으로는 학습 과정에서 다양한 인공지능 도구와 기능의 활용, 게임적 요소를 통한 흥미 유발, 지속 가능한 발전이라는 주제에 대한 깊이 있는 학습, 자기 주도적 게임 제작 활동 수행 등의 의견이 제시되었다.

〈표 10-4〉 게임 기반 인공지능 융합 수업 설계 개요

학습 목표	• 지속 가능한 발전을 위한 과제를 알고 생활 속에서 실천할 수 있다. • 다양한 인공지능 도구를 체험하고 활용할 수 있다. • 다양한 인공지능 도구를 활용하여 지속 가능한 발전과 관련된 인공지능 게임을 제작하고 공유할 수 있다.

<table>
<tr><th>모형 단계</th><th>차시</th><th>세부 내용</th></tr>
<tr><td>수업 준비하기</td><td rowspan="2">1</td><td rowspan="2">• 게임 메커니즘인 보상 요소(포인트, 스탬프, 배지, 리더보드), 도전 과제(미션과 퀘스트), 게임 규칙 안내하기
• 나의 게임 아바타 만들기
• 게임 기반 인공지능 융합 수업을 통해 달성하고자 하는 학습 문제를 도전 과제와 함께 스토리를 통해 안내하기</td></tr>
<tr><td>게임 스토리 도입하기</td></tr>
<tr><td>주제 중심 교과 내용 학습 지원하기</td><td>2</td><td>• 방탈출 퀴즈 퀘스트를 해결하며 ‘지속 가능한 발전’ 내용 학습하기
•‘지속 가능한 발전’을 위한 실천 사항 나누기</td></tr>
<tr><td rowspan="2">인공지능 도구 활용 경험 지원하기</td><td>3</td><td>• (인공지능) 지도학습 체험하기
• (인공지능) 강화학습 게임 체험하기
• (인공지능) 이미지 인식 모델 학습하기</td></tr>
<tr><td>4</td><td>• (인공지능) 다양한 텍스트 활용 인공지능 도구 체험하기
• (인공지능) 다양한 이미지 제작 인공지능 도구 체험하기
• (인공지능) 다양한 음악 제작 인공지능 도구 체험하기</td></tr>
<tr><td rowspan="2">인공지능 도구 활용 게임 산출물 제작 지원하기</td><td rowspan="2">5
~
7</td><td>• 엔트리 블록 단계(쉬움, 중간, 어려움)를 단계 선택하여 연습하기
• (인공지능) 엔트리 인공지능 블록(번역, 비디오 감지, 오디오 감지, 읽어주기)과 인공지능 모델 학습(이미지 분류 모델, 텍스트 분류모델) 체험하고 만들기</td></tr>
<tr><td>• (인공지능) ‘지속 가능한 발전을 위한 인공지능 게임 만들기’의 예시 게임 작품 실행 및 코드 확인하기
• 팀별 계획서에 게임 설계 및 알고리즘 표현하기
• (인공지능) 리믹스 기능을 활용하여 게임을 모방하거나 변형하여 게임 제작하기
• (인공지능) 게임 산출물 수정 및 개선하기</td></tr>
<tr><td>공유 및 성찰 지원하기</td><td rowspan="2">8</td><td>• (인공지능) 팀별 게임 산출물 발표 및 피드백 나누기
• 최고의 게임 산출물 팀에 투표하기
• 학습한 내용에 대한 개념 정리 및 소감 나누기</td></tr>
<tr><td>정리 및 가하기</td><td>• 게임 종료 스토리 확인하기
• 게임 최종 보상, 배지 등을 확인하고 시상하기
• 수업 전체에 대한 소감을 나누고 자기 평가, 상호 평가 실시하기</td></tr>
</table>

4. 결론 및 향후 발전 방향

1) 효과 분석

본 수업 설계원리와 모형을 바탕으로 게임 기반 인공지능 융합 수업을 적용한 후 학습자의 컴퓨팅 사고력에 유의미한 변화가 있는지 확인하기 위하여 집단 간 사전사후 검사를 실시하였다. 두 집단의 동질 집단 여부를 검증하기 위하여 컴퓨팅 사고력 사전 평가에 대한 집단 간 독립표본 t검정(Independent Samples t-test)을 수행하였다. 독립표본 t검정의 조건을 충족하기 위하여 Levene의 등분산성 검정을 실시한 결과, 유의 확률은 .091($p > .05$)로 등분산성 가정을 만족하였다. 독립표본 t검정을 수행한 결과 t값은 .584이고 유의 확률은 .562($p > .05$)로 두 집단 간의 컴퓨팅 사고력 사전검사 결과는 차이가 없음을 확인하였다. 정규성과 등분산성에 대한 확인을 바탕으로 사후 컴퓨팅 사고력 점수에 대한 집단 간 독립표본 t검정을 수행한 결과 t값은 2.127이고 유의 확률은 .039($p < .05$)로 두 집단 간의 컴퓨팅 사고력 사후검사 점수에는 통계적으로 유의한 차이가 있음을 확인하였다. 게임 기반 인공지능 융합 수업 모형을 적용한 실험 집단의 평균은 인공지능 융합 수업만 적용한 비교 집단에 비해 사후검사 결과가 유의하게 높은 것으로 나타났다($p < .05$). 실험 집단의 전과 후의 컴퓨팅 사고력의 평균은 100점 만점에 64.04점에서 73.85점으로 상승한 것으로 나타났으며, 비교 집단은 60.45점에서 62.5점으로 상승한 것으로 나타났다. 따라서 최종 수업 모형을 적용한 수업은 학습자의 컴퓨팅 사고력 향상에 긍정적인 영향을 끼쳤다고 해석할 수 있다. 두 집

단의 컴퓨팅 사고력 사전, 사후 결과는 〈표 10-5〉와 같고 사후 컴퓨팅 사고력 점수에 대한 집단 간 독립표본 t검정 결과는 〈표 10-6〉과 같다.

〈표 10-5〉 실험 집단과 비교 집단의 사전 · 사후 컴퓨팅 사고력 검사 결과

영역	집단	*n*	사전 검사		사후 검사		평균 차이
			M	*SD*	*M*	*SD*	
컴퓨팅 사고력	A(실험 집단)	26	64.04	18.87	73.85	15.45	9.81
	B(비교 집단)	22	60.45	23.64	62.50	21.42	2.05

〈표 10-6〉 사후 컴퓨팅 사고력 점수에 대한 집단 간 독립표본 t검정 결과

Levene의 등분산 검정		사후 컴퓨팅 사고력 점수에 대한 t-검정			
F	*p*	*t*	*df*	*p*	평균 차이
3.019	.089	2.127	46	.039	11.34615

최종 수업 모형 및 설계원리와 상세지침에 대한 수업 운영 시 시사점은 다음과 같다. 첫째, 본 연구에서 개발한 모형이 학습자의 고차원적 사고력인 컴퓨팅 사고력을 향상시키는 데 효과적임을 확인할 수 있었다. 컴퓨팅 사고력이 문제에 대한 알고리즘 해결책을 설계하는 데 필요한 인지 기술이라고 할 때, 그 원인으로 최종적인 목표인 인공지능 활용 게임 산출물을 제작하는 과정에서 논리적으로 코드를 설계하며 실행과 수정을 반복하는 경험이 컴퓨팅 사고력 향상에 도움을 주었다. 또한 수업 전체가 단계적 미션과 퀘스트를 해결하는 게임적 구조로 설계되어 있어 문제의 복잡도를 줄여 나가며 논리적으로 해결하는 능력이 함양된 것으로 보인다(최숙영, 2016; Oldridge, 2017). 이는 수업이 단계성이 있었

으며, 게임 만들기 과정에서 문제를 분석하여 논리 순서나 조건을 고려하여 알고리즘 설계하기, 수정하기, 인공지능 블록 활용 등을 경험하면서 사고 과정을 습득할 수 있었다는 학생들의 의견과도 일치한다. 즉 본 수업을 통해 학생들은 인공지능 도구의 단순한 활용을 넘어서 고차적인 사고 능력을 향상시킬 수 있었다(최현종, 2021).

둘째, 구조적으로 게임화 요소를 적용한 수업의 형식과 인공지능 활용 게임 산출물을 제작하는 과정은 학생들의 몰입과 지식의 구성에 효과적임을 확인할 수 있었다. 학생들은 특히 맥락 기반의 퀘스트가 단계별로 제시되어 문제를 해결하는 활동에 만족하였으며 포인트, 배지, 리더보드와 같은 게임 메커닉스에 몰입하여 학습 동기 부여와 참여도를 높였다. 또한 게임에 활용할 인공지능 도구와 기능을 모둠 구성원의 협의로 자유롭게 결정하며, 게임 시나리오와 캐릭터 모두 학생들이 직접 자기 주도적으로 구성하였다(Garrison, 2011). 이러한 과정은 학습의 목적성을 가진 경험 활동을 통해 다양한 시행착오와 사고 과정을 거치면서 효과를 극대화하였으며, 경험학습이나 시행착오를 통한 학습, 문제의 해결방안을 탐구하는 발견학습과도 맥락을 같이한다(백영균, 2006).

셋째, 주제 중심 융합 수업을 통해 학습자의 융합 역량 및 인공지능에 대한 인식의 변화를 경험하는 데 효과적이라는 점을 확인하였다. 본 연구는 수업 전반에 걸쳐 지속 가능한 발전을 위한 게임 산출물 제작이라는 주제 기반 학습 활동을 통해 학습자들이 융합 주제와 관련된 내용을 자세하게 학습할 수 있었으며 지속 가능한 발전이라는 주제와 관련하여 더 깊게 인식하였다. 디지털 게임 기반 STEM 교육이 학생들의 학습 성취도에 긍정적인 효과가 있다는 메타분석의 결과를 지지한다(Wang et al., 2022). 또한 학습자들은 인공지능의 원리를 학습하고 다양한 인공지능 도구를 활용한 게임 산출물을 제작하면서 생활 속에서 활용되는 인공지능의 종류와 작동 원리를 이해하게 되었으며 인공지능을 다양한 분야에 널리 활용할 수 있다는 긍정적인 인식을 갖게 하였다(김정아 외, 2019). 학생들은 "인공지능은 인간과 상호작용 가능한 중요한 존재이며, 인공지능의 유용성과 미래 진로에의 도움 등을 인식하게 되었다"고 응답하여 인공지능과 관련된 핵심 역량이 신장하였음을 확인하였다.

2) 적용상의 유의점

본 장의 결과를 학교 현장에서 적용할 경우 유의점은 다음과 같다. 첫째, 게임 산출물 제작을 위한 인공 지능 도구 활용 및 EPL 프로그래밍에 대한 기초 학습의 시간을 충분히 제공할 필요가 있다. 본 연구에서는 학습자의 반응 결과 8차시보다 충분한 시간 확보와 블록형 코딩 프로그램에 대한 상세한 안내와 연습 기회가 필요하다는 의견이 있었으므로 효과적인 게임 기반 인공지능 융합 수업을 위해서 학습자를 위한 정규 교과 시간 및 창의적 체험 활동 시간에 충분한 기초 프로그래밍에 대한 선수학습 기회와 수준별 도움 자료를 추가로 제공할 필요가 있다.

둘째, 게임 기반 인공지능 융합 수업 실행이 가능한 LMS 시스템의 구축 및 학습자 개별 특성에 맞는 게임화 요소를 적용한 수업 설계가 필요하다. 본 모형을 적용한 수업을 실행할 때 학생의 미션 수행과 참여도를 교사가 패들릿에 올린 게시물과 학생의 행동 관찰을 통해 매번 체크리스트를 통해 점검하고 개별 포인트를 부여한 후 리더보드에 게시해야 했다. 교사가 게임 기반 수업 진행을 원활하게 도울 수 있는 시스템이 구축된다면 이를 통해 학생의 학습 현황 및 개별 학습 이력을 확인하며 효율적으로 개별화 피드백을 제공할 수 있을 것이다. 본 수업에서는 성별, 코딩 능력, 인공지능 도구 활용 경험 등 학습자의 개별 특성에 따라 선호하는 인공지능 도구나 활동의 유형이 다르게 나타났는데, 학습자 개별 특성에 따른 컴퓨팅 사고력이나 정의적 태도, 인공지능에 대한 인식을 바탕으로 수업을 설계하는 연구도 이루어질 필요가 있다.

마지막으로 본 모형을 적용한 수업을 진행하는 데 있어서 학교에 비디오가 장착된 개별 노트북, 헤드셋 등의 기기나 장비가 없다면 수업을 진행하는 데 제약이 있을 수 있다. 수업 중 인공지능의 비디오 인식, 음성 인식, 읽어주기 기능 등을 원활하게 활용하기 위해 이러한 도구들을 사전에 점검할 필요가 있다. 현장의 인프라 구축과 함께 게임 기반 수업 설계와 인공지능 교육 역량 강화에 대한 교사들의 추가적인 연구가 필요하다. 또한 인공지능 요소와 피지컬 컴퓨팅 도구를 활용한 게임 기반 수업 설계, '지속 가능한 발전' 주제 이외의 다양한 주제를 활용한 수업 설계 등으로 확장된 연구, 학습 과제의 특성에 따라 게임화 요소들이 어떻게 활용될 수 있을지에 대한 연구가 확대될 필요가 있다.

3) 결론 및 제언

본 장에서는 초등학교 교사가 게임 기반 인공지능 융합 수업을 효과적으로 실행할 수 있도록 게임 기반 인공지능 융합 수업을 위한 설계원리 및 상세지침, 수업 모형에 대하여 제시하였다. 본 연구는 단순한 절차 제시가 아니라 초등학생의 특성과 초등학교 수업의 맥락을 반영하여 체계적 설계 틀을 제공하였다. 또한 학습자가 실제적 맥락에서 인공지능 도구에 대한 이해와 활용을 경험하며 지식을 구성하도록 하였고, 주제를 기반으로 과목 간 간학문적 융합을 유도 및 실행하며, 이를 통해 초등학생 학습자들의 융합 역량을 촉진하는데 초점을 두었다. 또한 본 모형을 실제 교육 현장에 적용하고 학생들의 컴퓨팅 사고력의 향상을 검증한 설계, 개발 연구의 경험적 접근 사례라는 점에서 의미를 지닌다.

본 모형은 국어-정보 교과에 한정되지 않고 수학, 과학, 사회, 예술 등 다양한 교과 조합에도 적용·변형이 가능하다. 각 학교와 교과의 성취기준 및 수업 여건에 맞추어 모형의 7단계를 따라 실제 수업안을 설계하고, 소규모 파일럿을 통해 실행-평가-환류하는 실천적 적용이 요구된다. 이러한 반복적 적용을 통해 교과별 맥락에서 모형의 실행 가능성과 효과를 검증·축적함으로써, 데이터 리터러시 교육의 범용성과 확장성을 높일 수 있을 것이다.

‖ 참고 문헌 ‖

과학기술정보통신부 (2019). 인공지능 국가전략. 과학기술정보통신부.

김상균 (2017). 교육, 게임처럼 즐겨라. 홍릉과학출판사.

김정아, 김봄솔, 김태훈, 김용민, 김종훈 (2019). 언플러그드 방식을 활용한 데이터 시각화 교육이 초등학교 3학년 학생의 컴퓨팅 사고력에 미치는 효과. 정보교육학회논문지, 23(4), 283-292.

백영균 (2006). 게임기반학습의 이해와 적용. 교육과학사.

양재명, 이원규, 김자미, 서정희 (2017). 2017년도 소프트웨어(SW)교육 효과성 측정도구 개발연구. 한국교육학술정보원.

이동은 (2018). 게임 교과목 교육을 위한 4PBL 모델 제안 연구. 한국게임학회논문지, 18(5), 93-101.

이선영, 박주현, 최정혜 (2019). 기능성게임을 활용한 게이미피케이션 영어 발음 학습이 초등학생의 정의적 영역에 미치는 영향. 한국게임학회논문지, 19(2), 111-122.

이준행, 조정효, 채승철 (2021). 인공지능 융합교육을 위한 데이터 기반 교육자료 개발: 감쇠진동을 중심으로. 한국현장과학교육학회지, 15(2), 121-136.

정수진, 임철일 (2024). 초등학교에서의 게임 기반 인공지능 융합 수업 모형 개발 연구. 교육공학연구, 40(3), 643-692.

정찬용 (2019). 딥러닝 교육을 위한 게임화. 한국컴퓨터게임학회논문지, 32(4), 143-150.

최숙영 (2016). 문제해결의 관점에서 컴퓨팅 사고력 증진을 위한 교수학습에 대한 연구. 컴퓨터교육학회논문지, 19(1), 53-62.

최현종 (2021). 컴퓨팅 사고력에 기반한 인공지능 사고력 교육에 관한 고찰. 컴퓨터교육학회논문지, 24(3), 57-65.

최형신 (2018). 소프트웨어 프로그래밍교육을 통한 컴퓨팅 사고력 개발에 관한 국내 연구 고찰. 교육공학연구, 34(3), 743-774.

한안나 (2018). 국내 게이미피케이션 연구동향에 관한 체계적 문헌고찰. 한국콘텐츠학회논문지, 18(5), 566-578.

Bebras Korea. (2021). 비버챌린지와 함께하는 컴퓨팅 사고와 정보과학: 2021년도 기출문제집(초등학생용). 생능출판사.

Bicen, H., & Kocakoyun, S. (2018). Perceptions of students for gamification approach: Kahoot as a case study. *International Journal of Emerging Technologies in Learning, 13*(2), 72-80.

Garrison, D. R. (2011). *E-learning in the 21st century: A framework for research and practice* (2nd ed.). Routledge.

Kapp, K. M. (2012). *The gamification of learning and instruction: Game-based methods and strategies for training and education*. Pfeiffer.

Long, D., & Margerko, B. (2020). What is AI literacy?. Competencies and design considerations. *Proceedings of the 2020 CHI Conference on Human Factors in Computing Systems*, 1-16.

Nguyen, H., Hou, X., Stamper, J., & McLaren, B. M. (2020). Moving beyond Test Scores: Analyzing the Effectiveness of a Digital Learning Game through Learning Analytics. *Proceedings of the 13th International Conference on Educational Data Mining*, 487-495.

Oldridge, M. (2017). Is it about coding?. No. It's about computational thinking. *Hello World, 2*, 4-7.

Richey, R. C., & Klein, J. D. (2007). *Design and development research: Methods, strategies, and issues*. Routledge.

Rojas-Lopez, A., Rincon-Flores, E. G., Mena, J., Garcia-Penalvo, F. J., & Ramirez-Montoya, M. S. (2019). Engagement in the course of programming in higher education through the use of gamification. *Universal Access in the Information Society, 18*(3), 583-597.

Wang, L. H., Chen, B., Hwang, G. J., Guan, J. Q., & Wang, Y. Q. (2022). Effects of digital game-based STEM education on students' learning achievement: A meta-analysis. *International Journal of STEM Education, 9*(1), 1-13.

Wing, J. M. (2006). Computational thinking. *Communications of the ACM, 49*(3), 33-35.

Zhan, Z., Tong, Y., Lan, X., & Zhong, B. (2022). A systematic literature review of game-based learning in Artificial Intelligence education. *Interactive Learning Environments*, 1-22.

CHAPTER

11

문제 이해 역량을 위한 창의적 문제해결(CPS) 모형 기반 인공지능 융합 수업 모형(AI-CPF)[1]

이창권 · 노하은 · 김민정 · 권혜성

1. 모형 개발의 배경과 필요성

1) 실제적 요구

기존의 CPS 적용 수업은 대부분 해결에 초점을 두고, 문제의 정의나 구조화 과정을 충분히 다루지 못하는 한계를 보여왔다. 이러한 한계를 보완하기 위해 최근 연구에서는 무엇이 문제인가와 같이 문제를 스스로 정의하고 이해하는 능력, 즉 문제 이해 역량이야말로 창의성의 본질적 기반임을 강조하고 있다(전윤식 외, 2023; Runco & Diwm 1999). 최근에는 문제 해결 이전 단계인 문제의 이해에 주목하는 교육적 논의가 활발히 이루어지고 있다. 문제 이해는 단순히 문제 상황을 인식하는 수준을 넘어서, 문제의 맥락을 분석하고, 원인을 파악하며, 학습자가 의미 있는 방식으로 문제를 재구성하는 고차 사고 과정을 포함한다.

Treffinger와 동료들(2006)은 CPS의 문제의 이해 단계를 기회의 구성, 자료의 탐색, 문제의 골격 구성의 세 단계로 구분하고, 발산적 사고와 수렴적 사고의 반복을 통해 문제를 명확하게 진술해야 한다

1) 본 장의 내용은 이창권 외(2024)의 연구를 보완하여 작성되었다.

고 보았다. 그러나 이 구조는 이미 어느 정도 구조화된 문제를 다루는 상황을 전제로 하기 때문에, 비정형적 문제 상황에서는 유연성이 부족하다는 한계가 있다. Abdulla와 Cramond(2018)는 문제 관련 사고 수준을 5단계로 구분하며, CPS의 문제 이해는 Lv3(Problem Construction)에 해당한다고 보았다. 반면 이 모형은 Lv2(Problem Formulation), 즉 문제의 존재 가능성을 탐색하고 문제로 정의하는 전 단계의 사고에 주목한다. 이는 단순히 이미 구조화된 문제를 세분화하는 것이 아니라, 문제의 실재 여부와 성격을 규명하는 과정으로 이해된다. 이러한 맥락에서 CPS에서의 Problem Construction 개념과 구분되는, Problem Formulation 중심의 '문제 이해' 개념을 채택하였다. 이다연과 임철일(2021)은 문제를 다양한 관점에서 확인하고 새롭게 형성하거나 표현하는 과정을 문제 이해라고 정의하며, 단순한 인식 수준을 넘는 구조화 이전 단계의 고차 사고임을 강조하기도 하였다.

이는 특히 인공지능 융합 교육에서 중요하다. 융합교육은 실제 세계의 복잡하고 비정형적인 문제를 다루기 때문에, '어떤 문제를 해결할 것인가'를 판단하고 구조화하는 능력이 필수적이다. 단순한 기술적 활용을 넘어 인공지능을 통해 해결할 수 있는 문제를 스스로 정의하고 구조화하는 것이다. 이처럼 인공지능 시대에 필요한 교육은 문제 해결을 넘어 문제 이해를 선행해야 한다. 따라서 이 모형은 기존 CPS 모형의 문제 이해 단계를 정형화되지 않은 실제 세계의 문제에 적용하기 위해, 컴퓨팅 사고를 결합한 CT-CPS 모형을 기반으로 하였다. 학습자가 문제를 정의하고 구조화하는 전 과정에서 인공지능을 사고의 도구로 활용함으로써 창의성을 발휘할 수 있는 수업 설계에 주목하였다.

2) 이론적 배경

우리가 사는 세상은 인공지능이라는 거대한 물결 위에서 재구조화되고 있다. 2023년, 교육부는 이러한 변화에 발맞춰 '디지털 기반 교육혁신 방안'을 발표하며 인공지능이 대체할 수 없는 인간 고유의 역량을 키우는 교육을 강조했다. 이 중 창의성과 함께 미래 인재에게 가장 중요한 핵심 역량으로 꼽히는 것이 바로 문제 이해 역량이다.

오랫동안 창의성 교육의 효과적인 길잡이가 되어준 모형이 바로 창의적 문제해결(Creative Problem Solving, 이하 CPS)이다. 이 모형은 Alex Osborn이 1953년에 처음 제안한 것으로, 확산적 사고와 수렴적 사고를 반복하며 학습자가 문제를 탐색하고 정의하며, 실행 가능한 해결 방안을 창출하는 일련의 과정이다(지현경, 2021). CPS 6.1 버전은 문제의 이해, 아이디어 생성, 실행 준비라는 세 가지 큰 영역을 네 가지 단계로 나누어 제시하고 있다.

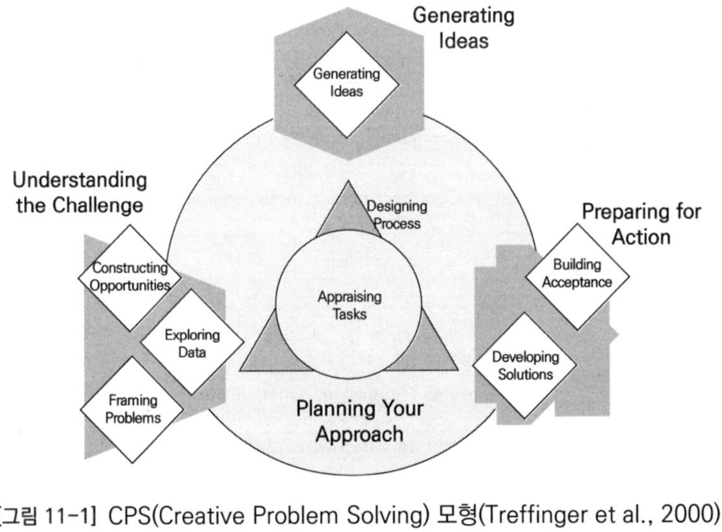

[그림 11-1] CPS(Creative Problem Solving) 모형(Treffinger et al., 2000)

이러한 CPS 모형을 소프트웨어와 컴퓨팅과 관련한 교육에 맞게 발전시킨 것이 바로 CT-CPS(Computational Thinking-CPS) 모형이다(전용주, 2017). CT-CPS 모형은 기존 CPS 모형에 컴퓨팅 사고의 각 요소를 융합하여 구안한 모형으로 컴퓨팅과 관련된 문제를 창의적으로 해결하도록 돕는다는 점에서 기존 모형과 구별되며, 문제 인식 및 분석 단계에서 스스로 문제를 찾아 컴퓨팅 사고를 통해 해결하도록 한다는 점에서 기존 SW 교육 수업모형과 차별점이 있다.

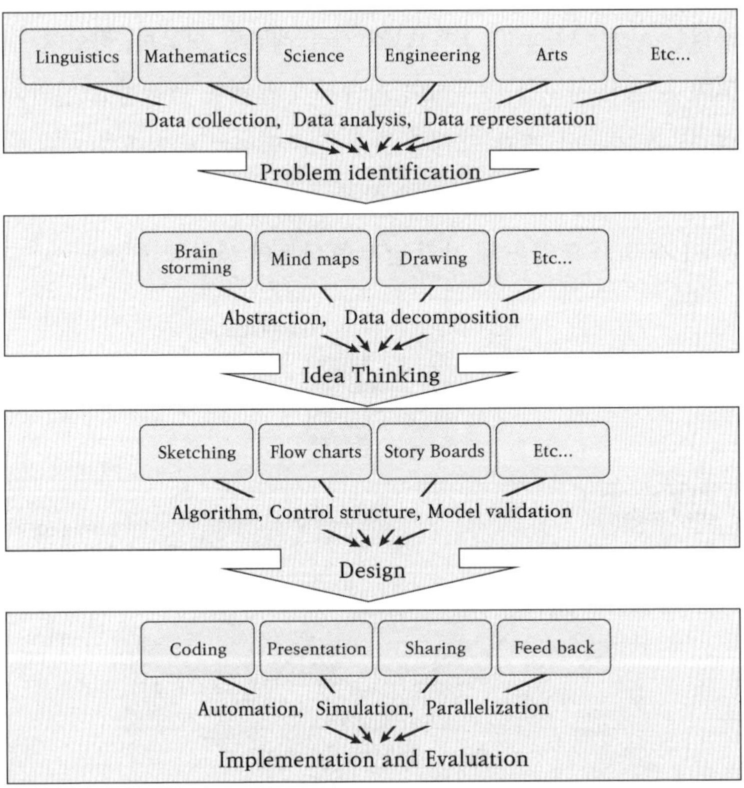

[그림 11-2] CT-CPS 모형의 수업 과정(전용주, 김태영, 2017)

2. 설계 원리 및 모형 개발 과정

설계개발연구(Design and Development Research)의 방법론에 따라, 문제 이해 역량을 위한 창의적 문제해결(CPS) 모형 기반 인공지능 융합 수업 모형(AI-CPF)을 개발하고, 모형에 따른 수업을 현장에 적용한 후 학습자의 반응을 평가하였다. 이를 위해 선행 문헌 검토를 통해 초기 수업 모형과 설계 원리 및 지침을 개발하고, 두 차례의 전문가 검토를 통해 내적 타당도를 검증했다. 이후 실제 수업 적용 평가를 진행하여 학습자의 반응을 확인하고, 이를 최종적으로 수정 및 보완하여 문제 이해 역량을 위한 AI-CPF 모형과 설계 원리 및 지침을 완성하였다.

1) 초기 모형 및 설계 원리 도출

초기 모형 도출을 위하여 창의적 문제해결(CPS) 모형, 문제 이해 개념, 그리고 인공지능 융합 교육의 주요 특징에 대한 선행 문헌을 체계적으로 검토하고 분석하였다. 특히 CPS 모형을 기반으로 개발된 다양한 수업 모형 중 전용주와 김태영(2017)이 제안한 'CT-CPS 모형'을 목적과 교육적 맥락에 맞게 변형하여, 문제 이해 역량을 중심으로 한 인공지능 융합 수업의 1차 모형을 개발하였다.

2) 내적 타당화

개발한 1차 수업 모형과 설계 원리 및 지침에 대해 교육공학 및 인공지능 융합 전문가 3인을 대상으로 1, 2차 전문가 타당화를 실시하였다. 타당화 과정에서 사용된 평가지표는 5개 영역(타당성, 설명력, 유용성, 보편성, 이해도)으로 구성되었으며, 각 항목은 4점 리커트 척도로 평가되었다. 또한, 정량적 평가 외에 개방형 의견란을 포함하여 전문가가 모형의 구조, 용어 사용, 표현 방식, 단계 구성 등에 대해 자유롭게 제언할 수 있도록 하였다. 도출된 2차 수업 모형, 설계 원리 및 지침에 대해 2차 전문가 타당화를 실시한 결과, 수업 모형과 설계 원리 및 지침 둘 다 높은 타당도를 보였으며, 내용 타당도 지수(CVI)가 모든 항목에서 1로 나타났다. 이는 본 수업 모형, 설계 원리 및 지침이 문제 이해 역량을 위한 인공지능 융합 수업에 적절하다는 평가를 받은 것으로 볼 수 있다.

3) 외적 타당화

외적 타당화는 개발된 수업 모형과 설계 원리 및 지침의 실제 교육 현장 적용 가능성과 실행 타당성을 확인하기 위한 목적으로 수행되었다. 이를 위해 서울 소재 대학교 부설 영재교육원에 소속된 중학생 6명을 대상으로 수업을 구성하고 적용하였다.

수업은 총 6차시로 구성되었으며, AI-CPF 모형의 각 단계(문제 인식, 데이터 수집, 문제화, 데이터 전처리 및 탐색적 데이터 분석, 문제해결 전략 수립)를 실제 수업 흐름에 맞게 반영하여 운영하였다. 학생들은 1인 1노트북 환경에서 수업에 참여하였고, 기본적인 인공지능 개념에 대한 사전 이해를 고려하여 사전 학습 차시를 포함하였다.

또한 수업 종료 후 반구조화된 심층 면담을 활용하여 학습자의 인식과 반응을 질적으로 수집하였다. 면담은 수업 경험 전반에 대해 학생들이 느낀 점, 수업 활동에 대한 이해도, 인공지능 융합 수업에 대한 전반적 태도 등을 포괄하는 문항으로 구성되었으며, AI 활용 경험, 문제 인식 및 정의 과정, 데이터 수집의 어려움 등 수업 전반에 걸친 정성적 반응을 수집하였다.

3. 설계 원리 및 모형의 구성과 특징

1) 설계 원리 및 모형의 개요

최종적으로 개발된 AI-CPF(AI-Creative Problem Formulation) 수업 모형은 인공지능 시대에 필요한 창의적 문제 이해 역량을 함양하기 위해 체계적으로 구성되었다. 이 모형은 기존의 창의적 문제해결(CPS) 모형을 기반으로 하되, 인공지능의 데이터 기반 특성을 반영하고 문제 발견 및 이해 과정에 초점을 맞춰 재구성되었다. 최종 모형은 5단계로 구성되었으며, 각 단계 전반에 걸쳐 인공지능 원리, 피드백 및 상호작용 요소가 지속적으로 작용하도록 설계되었다.

2) 모형의 구성요소

AI-CPF 모형은 문제 발견 과정과 문제 이해 과정으로 구분된다. 각 단계는 학생들이 주도적으로 학습에 참여하도록 이끄는 역할을 한다.

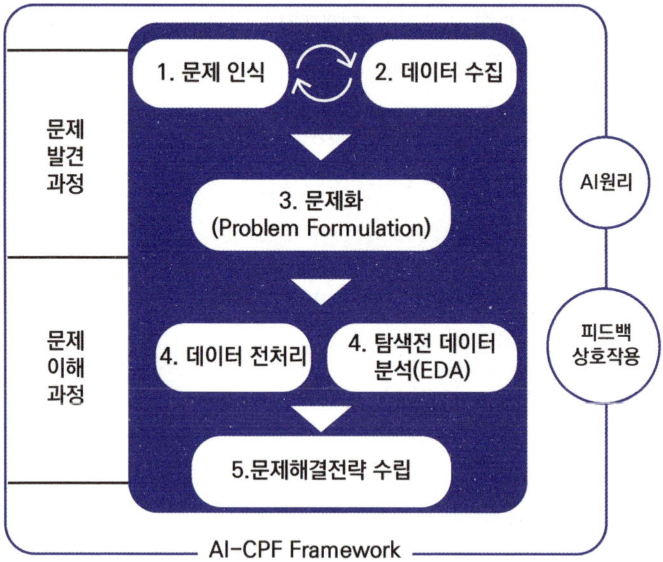

[그림 11-3] AI-CPF 수업 모형

(1) 1단계: 문제 인식

첫 번째 단계에서는 학습자가 실생활 속에서 인공지능을 활용하여 해결할 수 있는 문제를 스스로 인식하는 데 초점을 둔다. 학습자는 교과 및 일상생활과 관련된 다양한 사례를 바탕으로 브레인스토밍을 진행하며, 문제의 필요성과 가치를 탐색한다. 이 과정에서 "이 문제가 인공지능을 통해 해결 가능한가?"라는 질문을 중심으로, 문제의 특성, 실현 가능성, 기술적 한계 등을 함께 논의한다. 또한 교사와 동료 학습자 간 상호작용과 피드백을 통해 문제의 적합성을 검토하고, 해결 가치가 높은 문제를 선별하는 과정을 거친다. 이 단계는 학습자의 흥미를 자극하여 학습 동기를 높이는 동시에, 향후 데이터 탐색과 문제 구조화의 방향을 설정하는 출발점이 된다.

(2) 2단계: 데이터 수집

두 번째 단계에서는 문제 해결을 위해 필요한 데이터를 탐색하고 선정하는 과정을 수행한다. 학습자는 인식한 문제를 해결하기 위해 어떤 데이터가 필요한지 파악하고, 공공데이터포털, Kaggle, 통계청 등 다양한 데이터 소스를 활용하여 적합한 자료를 수집한다. 이 과정에서 데이터의 품질과 출처, 편향 여부, 활용 가능성 등을 검토하며, 데이터 윤리와 개인정보 보호 등 인공지능 활용 시 필수적으로 고려해야 하는 요소를 학습한다. 만약 적절한 데이터를 찾지 못하거나 수집한 데이터가 문제 해결에 부적합하다고 판단되면, 학습자는 다시 1단계로 돌아가 문제를 재정의하거나 새로운 문제를 탐색하는 순환적 과정을 경험한다. 이를 통해 학습자는 문제와 데이터 간의 정합성을 점검하고, 문제 정의의 타당성을 높일 수 있다.

(3) 3단계: 문제화

세 번째 단계는 수집한 데이터를 기반으로 문제를 인공지능이 이해할 수 있는 형태로 구체화하는 과정이다. 학습자는 해결하고자 하는 문제의 가치, 기대 효과, 관련 지식 등을 종합하여 명확한 문제 진술문을 작성하고, 문제를 예측, 분류, 추천 등 AI 처리 가능 구조로 전환한다. 예를 들어 선형회귀 모델을 활용해 학습자의 공부 시간과 성적 간 관계를 분석하려면, '공부 시간'과 '성적'이라는 변수 간 관계를 명확히 설정하고 진술문에 반영해야 한다. 이 단계는 문제를 단순히 서술하는 것을 넘어, 인공지능 모델이 활용 가능한 수준으로 문제를 구조화하는 데 중점을 둔다. 만약 문제를 구현하기 위한 데이터가 충분하지 않거나 변수 정의가 불명확하다면, 학습자는 다시 2단계로 돌아가 데이터를 보완하거나 문제 범위를 조정한다. 이러한 과정을 통해 학습자는 문제 정의 능력을 심화하며, 인공지능 기반 사고를 구체적으로 적용하는 경험을 쌓게 된다.

(4) 4단계: 데이터 전처리 및 탐색적 데이터 분석

네 번째 단계에서는 수집한 데이터를 분석 가능한 형태로 정제하고, 데이터 속성 간의 관계를 다각도로 탐색한다. 학습자는 결측치와 이상치를 처리하고, 데이터 스케일을 표준화·정규화하는 등 모델 적용을 위한 데이터 전처리 과정을 수행한다. 또한 시각화 기법을 활용하여 데이터의 분포, 변수 간 상관관계, 숨겨진 패턴 등을 분석하며 문제 해결에 유의미한 인사이트를 도출한다. 이를 통해 학습자는 데이터의 구조를 보다 깊이 이해할 수 있고, 문제 해결 전략을 세우는 데 필요한 근거를 마련할 수 있다. 만약 데이터의 품질이나 범위에 한계가 드러날 경우, 학습자는 2단계로 되돌아가 데이터를 보강하거나 새로운 데이터셋을 수집하여 분석을 보완한다. 이 단계는 단순한 기술적 조작을 넘어, 학습자의 데이터 리터러시를 강화하고 인공지능 기반 문제 해결을 위한 사고를 심화하는 핵심 과정이다.

(5) 5단계: 문제해결전략 수립

마지막 단계에서는 문제와 데이터의 특성에 따라 가장 적합한 인공지능 모델과 도구를 선정하고, 이를 활용한 문제해결 전략을 설계한다. 학습자는 여러 후보 모델의 장단점을 비교·분석하며, 모델 선택의 합리적 근거와 활용 방안을 구체화한다. 예를 들어, 선형회귀, 의사결정트리, 분류 모델 등 다양한 알고리즘을 검토한 뒤, 문제 상황에 가장 적합한 모델을 선정하고 이를 적용하기 위한 절차를 설계한다. 또한 모델의 평가 지표, 성능 검증 방법, 예상되는 한계와 리스크를 함께 고려하여 전략을 수립한다. 중요한 점은 이 단계가 실제 모델을 구현하거나 문제를 해결하는 단계가 아니라, 문제 해결을 위한 최적의 전략을 설계하는 데 초점을 둔다는 것이다. 만약 전략 수립 과정에서 문제 정의 또는 데이터 분석의 한계가 발견되면, 학습자는 3단계 또는 4단계로 되돌아가 문제 진술을 재구성하거나 데이터를 다시 탐색할 수 있다. 이 과정을 통해 학습자는 인공지능 도구와 원리에 기반한 합리적인 의사결정 과정을 경험하며, 실제 수업 설계 및 적용을 위한 토대를 마련하게 된다.

3) 설계 원리 모형

AI-CPF 모형의 설계 원리는 교육과정, 학습지원, 수업활동, 공유 및 평가 구성요소에 따라 총 13가지로 도출되었다.

〈표 11-1〉 최종 AI-CPF 수업 모형 설계 원리

구성 요소	설계 원리	설명
교육과정	1. 수업 실행 가능성의 원리	AI와 연계할 학습 내용과 수업 환경을 분석하고 AI 융합 수업의 실행 가능성과 효과성을 판단한다.
	2. 맥락 재구성의 원리	융합할 교과/단원의 학습 내용을 바탕으로 교과-AI 융합 교육과정을 하나의 맥락으로 재구성한다.
	3. 교과와 AI 연계 과제 제시의 원리	정보 교과뿐만 아니라 국어, 수학, 사회 등 다양한 교과와 연계한 실제적 협력 과제를 제시한다.
학습 지원	4. 맞춤형 스캐폴딩의 원리	AI 원리 및 기술에 대한 이해를 바탕으로 문제 발견 및 이해 과정을 성공적으로 수행할 수 있도록 다양한 형태의 학습 지원을 맞춤형으로 제공한다.
	5. 자료와 명료성의 원리	학습 내용과 활동에 대한 안내 자료와 절차를 알기 쉽고 명료한 형태로 제공한다.
	6. 자기 주도적 학습의 원리	지적 호기심을 충족시키고 학습자 스스로 문제를 발견하고 이해할 기회를 제공하는 자기 주도적인 학습 분위기를 조성한다.
	7. 문제 발견의 원리	문제 발견 과정에 도움을 줄 수 있는 기본 지식 및 사고 촉진 도구, 질문을 제공함으로써 학습자가 문제를 인식하고 데이터 수집을 통해 문제화할 수 있도록 지도한다.
	8. 문제 이해의 원리	문제 이해 과정에 도움을 줄 수 있는 AI 관련 지식, 데이터 분석 지식 및 도구 등을 제공함으로써 학습자가 문제화한 주제를 탐색적으로 분석하여 이해할 수 있도록 지도한다.
	9. AI 모델 선정의 원리	효과적인 수업 구성 및 수업 목표 달성을 위해 적합한 AI 원리를 수업 활동의 목적에 맞게 선정하고 활용한다.
	10. AI 윤리 실천의 원리	AI 원리 및 기술을 이해하고 활용하는 과정에서 AI 윤리를 실천하도록 지도한다.
	11. 사용자 특성 고려의 원리	수업 주제 및 AI 도구 선정 과정에서 사용자의 특성을 고려한다. 수업에서 다루고자 하는 문제 발견의 수준도 사용자의 특성에 따라 조절하여 적용한다.

구성 요소	설계 원리	설명
공유 및 평가	12. 과정 중심 평가의 원리	학습자의 문제 발견 과정과 결과를 지속적으로 평가하고, 이를 교수·학습에 반영하여 문제 이해 역량을 향상하도록 돕는다.
	13. 공유 및 평가 지원의 원리	학습자가 문제 발견 및 이해의 전반적인 과정을 게시, 공유하여 평가 및 피드백을 받을 수 있는 기회를 제공한다.

(1) 교육과정

AI-CPF 모형을 적용하기 위해서는 교과와 인공지능을 연계하는 과정에서 학습 목표, 학습자 수준, 환경적 요인을 종합적으로 고려해야 한다.

첫째, 수업 실행 가능성의 원리는 교과의 성취기준, 학습자 수준, 학교 환경, 지원 자원 등을 분석하여 AI 융합 수업이 실현 가능한지를 판단하는 것이다. 이를 위해 학습자가 보유한 인공지능 원리 이해 수준, 데이터 리터러시 역량, 소프트웨어 활용 능력을 사전에 파악하고, 수업 운영에 필요한 인적·물적 자원을 확보한다.

둘째, 맥락 재구성의 원리는 교과와 AI 학습 내용을 분리하지 않고, 하나의 학습 맥락으로 통합하는 것을 의미한다. 학습자는 단편적인 기술 습득을 넘어 교과 속에서 인공지능을 활용할 수 있는 구체적 사례를 다루며, 교사는 학습자의 수준과 주제의 난이도를 고려하여 학습 순서와 단원의 구성을 유연하게 재조정한다.

셋째, 교과-AI 연계 과제 제시의 원리는 교과와 AI를 연계한 실제적 학습 과제를 제공하는 것이다. 국어, 수학, 사회, 과학 등 다양한 교과에서 인공지능의 특성과 강점을 반영한 과제를 설계함으로써, 학습자가 인공지능 도구를 학습 내용과 연결해 활용할 수 있는 환경을 조성한다. 이 원리는 교과 역량과 AI 리터러시를 동시에 향상시키는 데 기여한다.

(2) 학습지원

AI-CPF 모형을 효과적으로 적용하기 위해서는 학습자의 수준을 고려한 맞춤형 지원과 명확한 학습 자료 제공이 필요하다.

첫째, 맞춤형 스캐폴딩 제공의 원리는 학습자가 문제를 발견하고 이해하는 과정을 원활히 수행할 수 있도록 다양한 학습 지원을 단계별로 제공하는 것을 의미한다. 학습자의 AI 이해 수준과 데이터 리터러시 역량에 따라 개별화된 피드백을 제공하고, 실제 사례를 제시하거나 시연을 통해 학습의 이해도를 높인다. 또한 학습자가 인공지능 학습 도구(예: Colab, 엔트리 등)를 사용하는 과정에서 기술적 어려움을 겪을 경우 즉각적인 도움을 제공하여 원활한 과제 수행을 지원한다.

둘째, 자료의 명료성 원리는 학습자들이 수업 과정과 과제를 명확히 이해할 수 있도록 학습 안내 자료를 체계적으로 제작하는 것을 목표로 한다. 교사는 데이터셋, 예시 코드, 참고 자료를 포함한 학습자료를 제공하여 학습자의 혼란을 줄이고, 문제 정의 및 분석 과정에서 필요한 정보를 빠르게 활용할 수 있도록 지원한다. 이러한 지원은 학습자의 자기 주도성을 높이고 문제 해결 과정에서의 몰입도를 향상시키는 데 효과적이다.

(3) 수업활동

AI-CPF 모형은 학습자가 스스로 문제를 발견하고 이해하는 과정을 중심으로 학습 활동을 설계한다.

첫째, 자기 주도적 학습 촉진의 원리는 학습자가 주어진 문제를 단순히 따라가는 것이 아니라, 스스로 흥미 있는 주제를 선택하고 학습 경로를 설계하며 탐구를 수행할 수 있도록 유도한다. 이를 통해 학습자는 인공지능 도구를 활용하는 과정에서 자기 효능감을 높이고, 지적 호기심을 유발할 수 있다.

둘째, 발견의 원리는 학습자가 문제를 단순히 주어진 과제로 받아들이는 것이 아니라, 스스로 문제를 인식하고 정의하는 경험을 제공하는 것을 강조한다. 이를 통해 학습자는 문제 상황을 다각도로 바라보고, 데이터 수집을 통해 새로운 문제를 스스로 구성할 수 있게 된다.

셋째, 문제이해의 원리는 수업 과정에서 데이터를 직접 수집・전처리・분석하는 실습을 포함하여 학습자가 문제화 한 주제를 탐색적으로 분석하여 이해해야 함을 강조한다. 학습자는 데이터의 구조와 속성을 이해하며, 이를 기반으로 문제 해결 전략을 세울 수 있는 능력을 기르게 된다.

넷째, AI 모델 선정의 원리는 학습자가 문제의 특성과 데이터의 구조를 고려하여 가장 적합한 인공지능 모델을 선택할 수 있도록 안내하는 것이다. 단순히 주어진 모델을 사용하는 데 그치지 않고, 분류, 회귀, 군집 등 다양한 AI 알고리즘의 원리를 이해하고 비교해 봄으로써, 학습자가 스스로의 문제에 가장 적합한 해결 모델을 선정할 수 있도록 한다.

다섯째, AI 윤리 실천의 원리는 인공지능을 활용한 문제 해결 과정에서 발생할 수 있는 윤리적 쟁점을 고려하고, 이에 대한 책임감 있는 태도를 기르는 것을 목표로 한다. 학습자는 데이터 수집과 활용 과정에서 개인정보 보호, 편향된 데이터 사용, 알고리즘의 사회적 영향 등에 대한 문제를 인식하고 고려한다. 마지막으로, 사용자 특성 고려의 원리는 수업에서 다루는 문제 발견의 수준과 AI 도구를 학습자의 특성에 따라 조정해야 한다는 원리이다. 학습자의 사고 발달 정도에 적합한 문제 수준을 선정하고, 학습자가 관심을 가지고 탐구할 수 있는 주제와 AI 도구를 제공한다.

(4) 공유 및 평가

AI-CPF 모형에서는 학습 과정의 결과뿐 아니라 과정 자체를 평가하며, 피드백 및 상호작용을 통한 문제 발견 및 이해의 전반적인 과정에 대한 공유를 실시한다.

첫째, 과정 중심 평가의 원리는 학습자가 문제를 인식하고 데이터 분석을 수행하며 문제를 구조화하는 전 과정을 평가 대상으로 삼는다. 이를 위해 학습자의 포트폴리오와 같은 다양한 산출물을 종합적으로 검토하고 구체적이고 즉각적인 피드백을 제공한다.

둘째, 공유 및 평가 지원의 원리는 학습자들이 문제 해결 과정에서 생성한 산출물을 다른 학습자와 공유하고 상호 피드백을 주고받을 수 있도록 설계하는 것이다. 학습자는 자신의 문제 발견 및 이해의 전반적인 과정을 패들릿이나 구글 클래스룸 등 온라인 협업 도구를 활용해 공개하고, 동료 학습자의 의견을 반영해 결과물을 개선할 수 있다. 이러한 공유와 협력적 피드백 과정은 학습자 간 지식 순환을 촉진하고, 문제 해결 전략의 타당성과 적용 가능성을 높이는 데 기여한다.

AI-CPF 모형의 설계 원리 및 상세 전략은 교과와 인공지능의 융합, 맞춤형 학습 지원, 문제 발견 및 이해 중심의 수업 설계, 과정 중심 평가 및 공유를 핵심 축으로 한다. 이를 통해 학습자는 단순한 기술 학습을 넘어, 문제를 스스로 정의하고 데이터 기반으로 분석하며, 인공지능 도구를 활용해 합리적 전략을 수립하는 경험을 얻게 된다.

4) 상세 지침

실제 수업 현장에서의 적용을 위해서는 설계원리를 보다 구체적이고 실행 가능한 수준의 지침으로 전환할 필요가 있다. 따라서 13가지 설계 원리를 기반으로, 수업 실행 현장에서 교사들이 참조할 수 있는 실천 중심의 상세 지침이 구성되었다. 교육과정, 학습지원, 수업활동, 공유 및 평가의 네 가지 구성 요소 내 설계 원리를 기준으로 세부 실행 지침을 제시하였다.

〈표 11-2〉 최종 AI-CPF 수업 모형 상세지침

구성요소	설계 원리	상세지침
교육과정	1. 수업 실행 가능성의 원리	1.1 융합하려는 교과 및 단원의 성취기준, 학습 내용, 교수학습 방법, 평가 방법을 확인하고 AI 융합 수업이 구현 가능한지 판단하라.
		1.2 학습자의 AI 원리 이해 수준, 데이터 리터러시와 소프트웨어 프로그램 활용 수준을 파악하여 AI 융합 수업이 구현 가능한지 판

구성요소	설계 원리	상세지침
		단하라.
		1.3 수업의 실행 및 지원 가능성을 확인하기 위해 학습 환경, 물리적 자원(HW), 학교 방침 및 분위기, 전문가 그룹 등 제반 자원과 환경을 파악하라.
	2. 맥락 재구성의 원리	2.1 융합 주제를 중심으로 융합할 교과와 AI 수업의 내용을 하나의 맥락으로 통합하라.
		2.2 교과 특성, 주제의 연계성, 학습자 수준을 고려하여 필요시 내용을 생략하거나 단원의 순서를 바꾸도록 하라.

이상에서 제시한 상세 지침은 AI-CPF 모형의 설계 원리를 교실 수업 맥락에 적용하기 위한 실천적 전략으로, 수업 준비 단계부터 활동 구성, 피드백, 평가에 이르기까지 전반적인 수업 운영을 지원하는 데 목적이 있다.

본 장에서는 지면의 한계로 인해 각 원리별 지침 중 일부 대표 사례만을 선별하여 제시하였다.

5) 실제 적용 사례

AI-CPF 모형을 기반으로 설계된 6차시 수업은 실제 데이터를 활용한 회귀 분석 모델 학습을 중심으로 진행되었다. 학습자들은 스스로 문제를 발견하고, 데이터를 수집, 전처리, 분석하여 문제를 구조화했으며, 분석 결과를 발표하고 동료 피드백을 주고받는 과정을 통해 학습을 심화했다. 예를 들어, 한 학습자는 최근 여름 폭염을 경험한 것을 계기로 "앞으로 우리나라 여름 최고 기온은 어디까지 올라갈까?"라는 문제를 설정하였다. 이를 위해 기상자료개방포털에서 1904년부터 2022년까지의 서울 연도별 평균 최고기온 데이터를 수집하였다. 수집한 데이터를 바탕으로 연도(X)와 평균 최고기온(Y)을 변수로 설정하고, "연도가 증가할수록 평균 최고기온이 상승할 것이다"라는 문제 진술문을 완성하였다. 이 과정에서 학습자는 기온 상승 추세를 데이터로 확인하는 경험을 통해, 실생활 환경 문제를 분석 가능한 형태로 구조화할 수 있었다.

또 다른 학습자는 청소년 운동 부족 문제를 데이터로 분석해 보고자 "청소년의 운동 시간과 학업 성취도의 관계"라는 문제를 설정하였다. Kaggle에서 미국 주별 SAT 점수와 주별 체육활동 시간 데이터를 수집하여, 운동 시간(X)과 SAT 점수(Y)를 변수로 설정하였다. 문제 진술문은 "운동 시간이 길수록 학업 성취도가 높을 것이다"로 완성되었다. 이 과정에서 학습자는 운동 시간과 학업 성취도의 관계를 정량적으로 탐색할 수 있는 문제를 스스로 구조화하였고, 발표에서는 "데이터로 운동의 중요성을 설득할 수 있다

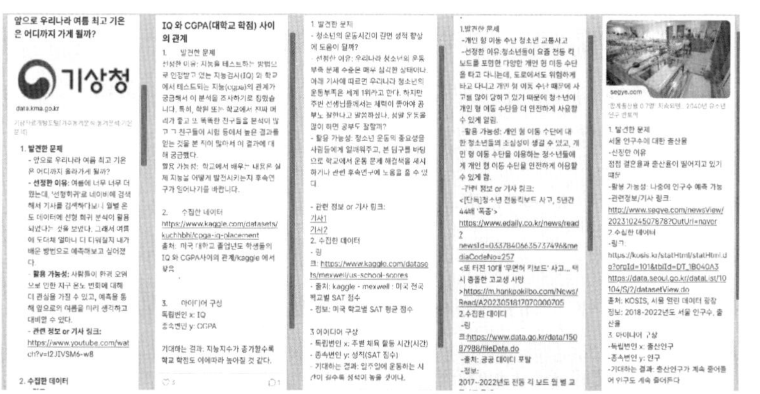

[그림 11-4] 학생 수업 산출물

는 점이 흥미로웠다"고 언급하였다.

또 다른 팀에서는 최근 급증하는 개인형 이동수단 사고에 주목하여, "청소년 전동킥보드 사고 추세"라는 문제를 설정하였다. 공공데이터포털에서 2017년부터 2022년까지의 전동킥보드 사고 통계 데이터를 수집하고, 연도(X)와 사고 건수(Y)를 변수로 설정하여 문제를 구조화했다. 문제 진술문은 "연도별 개인형 이동수단 사고 데이터를 활용해 사고 건수 변화 추세를 분석한다"로 완성되었다. 학습자는 "뉴스에서만 접하던 사고 증가 현상을 데이터로 직접 확인해 보니 흥미로웠다"고 말했다.

수업을 통하여 학습자들은 실생활 문제를 발견하고, 데이터를 탐색·수집한 뒤 문제를 구조화하는 문제화 과정을 거쳐 산출물을 완성하였다. 특히 문제를 AI가 이해할 수 있는 형태로 전환하는 과정에서 학습자들은 주제 선정의 타당성을 고민하고, 적합한 데이터를 찾아내며, 변수 간 관계를 수량화하여 명확히 정의하는 경험을 하였다. 이러한 과정을 통해 학습자들은 데이터 기반 문제 이해 능력과 문제 구조화 역량을 동시에 향상시킬 수 있었으며, 최종 산출물은 체계적으로 정리되었다.

수업 종료 후 실시한 면담 분석 결과, 학습자들은 이번 수업을 통해 문제를 스스로 발견하고 데이터를 탐색하며 문제를 구조화하는 과정에서 다양한 경험을 얻었다고 응답하였다. 한 학습자는 "학교 수업에서는 보통 문제를 정해주고 답을 쓰는 방식이었는데, 이번 수업에서는 내가 직접 문제를 정하고 데이터를 찾아야 해서 훨씬 깊이 생각할 수 있었다"라고 말해, 문제를 스스로 정의하는 과정에서 사고의 깊이가 확장되었음을 보여주었다.

또 다른 학습자는 “주제를 정하고 데이터를 찾는 과정은 어려웠지만, 내가 직접 데이터를 찾아 문제를 만들었다는 점에서 성취감이 컸다”라고 언급하며, 데이터 탐색을 통한 자기 주도적 성취 경험을 강조했다. 또한 “주제를 정하고 데이터를 찾는 게 어려웠는데, 내가 궁금했던 걸 직접 시각화해서 확인할 수 있어서 성취감이 있었다”라는 학습자의 발언에서는 데이터 시각화를 통한 만족감과 몰입 경험이 드러났으며, “다른 친구들이 한 주제를 보면서, 나도 새롭게 도전할 수 있는 문제를 발견할 수 있었다”는 반응을 통해 동료 학습을 통한 문제 발견력의 확장을 확인할 수 있었다.

마지막으로, 한 학습자는 “AI가 내 문제 해결에 도움을 줄 수 있을 거라고는 생각 못 했는데, 써보니까 신기했다”라고 말하며 AI 활용 경험에 대한 긍정적 태도 변화를 나타냈고, 또 다른 학습자는 “코드를 돌려보니 사람이 할 수 없는 분석을 쉽게 해줘서, 인공지능이 훨씬 친근하게 느껴졌다”라고 소감을 밝혔다. 결과적으로, AI-CPF 모형을 기반으로 한 6차시 수업은 학습자에게 실생활 문제를 정의하고, 데이터를 기반으로 AI 모델을 활용해 문제를 구조화하며, 분석 결과를 공유하고 성찰하는 전 과정을 경험하도록 설계되었다. 이를 통해 학습자들은 단순한 기술 습득을 넘어, 문제해결 역량, 데이터 리터러시, 성찰 능력을 종합적으로 향상시킬 수 있었다.

수업에서 어려웠던 점이나 아쉬웠던 점으로는 문제 이해 역량과 데이터 리터러시의 부족으로 인한 수업 시간 부족이라는 응답이 있었다. 학습자 A는 “문제를 스스로 찾는 게 어려웠어요. 평소에 별로 생각하지 않았던 걸 해야 하니까”라고 말했으며, 학습자 C

는 "데이터 찾는 게 이렇게 어려운 일인지 몰랐어요"라고 언급했다. 학습자 E는 "한 번도 안 해본 주제를 혼자 정해야 해서 그 과정도 당황스러운데, 힘들게 주제를 정했더니 그에 맞는 데이터를 찾을 수 없어서 시간이 오래 걸렸어요. 시간상 결국 대체할 수 있는 다른 데이터를 찾아서 해결한 점이 아쉬웠어요"라고 진술했다.

특히, 학생들이 1~2단계의 문제 발견 과정에서 적합한 데이터를 탐색하는 데 상당한 시간을 소비한 것으로 관찰되었다. 이는 학생들이 데이터 리터러시를 갖추는 것이 본 수업의 효과적인 진행에 필수적임을 나타낸다. 따라서 인공지능 학습의 초기 단계에서 데이터 리터러시 교육에 시간을 할애하는 것이 필요하며, 이러한 점을 최종 설계 원리 및 상세지침 중 지침 1.2에 추가로 기술하여 반영되었다.

4. 결론 및 향후 발전 방향

1) 효과 분석

AI-CPF 모형을 적용한 실제 수업에서 학습자들은 스스로 문제를 인식하고 데이터를 탐색하며, 문제를 구조화하는 전 과정을 경험하였다. 학습자들은 문제를 정의하고 해결 전략을 수립하는 과정에서 창의적 사고력, 데이터 리터러시, AI 리터러시의 향상을 경험하였으며, 자신만의 주제와 데이터를 활용함으로써 자기 주도성 또한 강화되었음을 확인할 수 있었다.

심층 면담 결과, 대부분의 학습자들이 단순한 AI 기술 학습을 넘어 문제를 정의하는 힘, AI의 가능성과 한계를 판단하는 안목, 그리고 실생활 문제에 대한 통찰력을 갖게 되었음을 보여주었다. 이는 AI-CPF 모형이 기존의 일방향적 AI 교육 방식과 차별화되는 실천적 교육 모델로서의 가능성을 보여준다.

2) 적용상의 유의점

AI-CPF 모형은 고차원적인 사고와 주도적 탐구를 요구하므로, 적용 시 몇 가지 유의점이 필요하다. 첫째, 학습자의 사전 역량, 특히 AI 원리 이해도와 데이터 리터러시 수준을 정확히 진단한 후 수업을 설계해야 한다. 학습자들은 문제를 정의하기보다 문제 자체를 찾는 데 어려움을 겪었으며, 적절한 데이터를 확보하는 과정에서 많은 시간을 소모하였다.

둘째, 충분한 수업 시간이 확보되어야 한다. 실제 수업에서는 문제 탐색 및 데이터 수집 단계에 상당한 시간이 소요되어, 전 과정의 학습을 마무리하기 어려웠다는 점이 관찰되었다. 따라서 AI 기초 학습, 데이터 탐색 연습 등 사전 교육 프로그램의 필요성이 제기된다.

셋째, AI로 해결 가능한 문제와 그렇지 않은 문제를 구분할 수 있도록 하는 AI 윤리 및 기술 한계에 대한 명확한 안내가 중요하다. 이를 통해 학습자가 AI를 비판적으로 이해하고, 올바르게 활용할 수 있는 기반을 마련할 수 있다.

3) 결론 및 제언

AI-CPF(AI-Creative Problem Formulation) 모형을 기반으로, 학습자가 스스로 실생활 문제를 발견하고 데이터를 활용하여 문제를 구조화하는 교수학습 방안을 제시하였다. AI-CPF 모형은 학습자의 창의적 문제 이해 역량을 함양할 수 있는 체계적인 학습 설계를 제공하며, 학습자가 단순한 문제 풀이를 넘어 스스로 문제를 정의하고 구조화하는 경험을 지원한다.

이 모형은 기존의 단순한 AI 활용 교육을 넘어, 학습자 중심의 창의적 AI 융합 수업을 설계할 수 있는 구체적이고 실천적인 방법을 제시한다는 점에서 의의가 있다. 교사가 미리 정해놓은 문제를 학습자가 단순히 해결하는 방식에서 벗어나, 학습자가 스스로 문제를 발굴하고 데이터를 통해 문제를 구조화하는 과정을 경험함으로써, 수업의 패러다임을 지식 습득 중심에서 탐구·창의 중심으로 전환할 수 있음을 보여준다.

또한 AI-CPF 모형을 통해 학습자는 단순한 AI 기술 소비자가 아니라, 데이터를 기반으로 스스로 문제를 정의하고 해결책을 탐색하는 창의적 문제 발견자로 성장할 수 있는 가능성을 갖게 된다. 실제 탐구 경험을 통해 학습자는 AI로 해결할 수 있는 문제와 해결할 수 없는 문제를 구분하고 이해하게 되며, 이를 통해 AI의 한계와 가능성을 균형 있게 인식하게 된다. 이는 AI 시대의 핵심 역량인 문제 해결력, 데이터 리터러시, 융합적 사고력을 강화하는 데 기여하며, 미래 교육에서 학습자가 주도적으로 지식을 창출하고 문제를 해결하는 능력을 함양하는 데 중요한 시사점을 제공한다.

종합하면, AI-CPF 모형을 적용한 수업 설계를 통해 AI 시대의 학습자가 갖추어야 할 새로운 역량을 효과적으로 지원할 수 있는 가능성을 제시하였다. 향후에는 본 모형을 다양한 교육 맥락과 학습자 집단에 적용하여 그 효과성을 검증하고, AI 모델 적용과 결과 해석까지 확장하는 심화형 학습 설계를 통해 AI 기반 창의적 문제해결 교육의 완성도를 높일 필요가 있다.

‖ 참고 문헌 ‖

이다연, 임철일 (2021). 창의적 문제해결(CPS)의 문제 이해 단계를 위한 중등학생용 온라인 지원 도구 개발. 교육정보미디어연구, 27(3), 843-874.

이창권, 노하은, 김민정 (2024). 문제 이해 역량을 위한 창의적 문제해결(CPS) 모형 기반 인공지능 융합 수업 모형(AI-CPF) 개발. 창의력교육연구, 24(2), 17-43.

전용주 (2017). 새로운 교육과정의 소프트웨어 교육을 위한 컴퓨팅 사고력 기반 창의적 문제해결(CT-CPS) 수업모형의 개발 및 적용. 한국교원대학교 대학원 박사학위논문.

전용주, 김태영 (2017). 중등 소프트웨어 수업에서 컴퓨팅 사고력 기반 창의적 문제해결(이하 CT-CPS) 수업모형의 인지적 · 정의적 효과성 분석. 컴퓨터교육학회 논문지, 20(4), 47-57.

지현경 (2021). 창의적 문제해결을 위한 교과-소프트웨어융합 수업설계 모형 개발 연구. 서울대학교 대학원 박사학위논문.

Abdulla, A., & Cramond, B. (2018). The Creative Problem Finding Hierarchy: A Suggested Model for Understanding Problem Finding. *Creativity Theories - Research - Applications, 5*(2), 197-229.

Runco, M. A., & Dow, G. (1999). Problem finding. In M. A. Runco & S. Pritzker (Eds.), *Encyclopedia of Creativity II*. Academic Press: London.(pp.433-435).

Treffinger, D. J., Isaksen, S. G., & Dorval, K. B. (2000). *Creative Problem Solving: An Introduction* (3rd ed.). Waco, Texas: Prufrock Press

Treffinger, D. J., Isaksen, S. G., & Dorval, K. B. (2006). *Creative problem solving: An introduction* (4th Ed.). Waco, Texas: Prufrock Press.

CHAPTER 12

디자인 씽킹 기반 인공지능 챗봇 제작 수업 모형[1)]

윤지원

1. 모형 개발의 배경과 필요성

1) 실제적 요구

학습자들에게 어떠한 배움을 주어야 하는가는 교육계의 영원한 고민일 것이다. 과학기술의 눈부신 발전은 사회의 변혁을 촉진했고, 덕분에 교육계의 고민은 해가 갈수록 깊어지고 있다. 사회가 빠르게 변화하지만 학습자들에게는 변화 속에서도 미래에 변치 않을 능력을 길러주어야 한다는 역량 중심 교육과정 패러다임으로 전환된 지 오래다. 여기에 인공지능이라는 혁신적인 기술이 삶의 전환에 큰 축을 맡고 있고, 이를 교육에 녹여내려는 노력이 활발하게 이루어지고 있다.

인공지능 교육은 단순히 인공지능을 이해하기 위한 학습이거나, 인공지능을 학습의 도구로서 활용하는 데 그치는 것이 아니라 인공지능과 교과의 성취기준을 융합하여 학습자의 미래 역량을 길러줄 수 있는 수업으로 설계될 때 의미가 크다. 이에 인공지능의 핵심 기술인 자연어 처리를 활용한 챗봇 제작 활동을 교과와 결

1) 본 장의 내용은 윤지원(2023)의 논문을 보완하여 작성되었다.

합하고, 학습자가 직접 제작 과정에 참여하도록 하여 창의적 문제해결력과 같은 미래 역량 함양에 효과적인 수업 모형과 설계원리를 개발하고자 하였다.

인공지능 융합 교육은 아직 명확히 정의되지 않았으나, 교과 개념을 새롭게 해석하고 문제 해결에 인공지능 기술을 활용하는 교육으로 이해된다(정제영 외, 2023). 이는 학습자의 인공지능 소양을 기반으로 문제해결력과 창의력 함양을 지향하며(최숙영, 2023), 단순한 컴퓨터 교육을 넘어 다양한 교과에서 적용될 필요가 있다. 임철일(2024)은 인공지능 융합 수업 모형과 원리 개발의 필요성을 강조하며, 이를 통해 학습자의 창의·융합적 고차 사고 능력을 촉진할 수 있다고 보았다.

단순히 인공지능을 도구로써 사용하는 기존 교육 방식의 한계를 극복하고 학습자의 고차원적 사고 능력을 함양하는 인공지능 융합 교육을 위한 새로운 수업 모형이 필요한 시점이다. 본 모형과 설계 원리는 사용자 중심의 접근을 통해 복잡한 실생활의 문제를 해결하는 디자인 씽킹과 디지털 대전환 시대의 학습자의 핵심 역량을 함양하는 데 필수적인 인공지능을 'AI 챗봇 기획'이라는 활동으로 교과와 인공지능을 융합하여 인공지능 리터러시뿐만 아니라 창의적 문제해결능력과 같은 미래 역량을 동시에 향상시키고자 한다.

2) 이론적 배경

먼저 인공지능(Artificial Intelligence)이란 인간처럼 고도의 지능을 가진 인공적 기계(조영임, 2020)로서, 인간처럼 보고, 말하고 생각하기 위해 자연어 처리, 지식 표현, 추론, 기계학습, 컴퓨터 시각, 로봇 공학의 여섯 가지 기술 분야(한선관 외, 2021)가 적용된다. Alan Turing(1950)은 "인간을 감쪽같이 흉내 내는 것이 인공지능의 완성"이라고 하였는데, 최근 많이 쓰이고 있는 인공지능 챗봇은 인간의 언어 형태로 사람과 자연스럽게 상호작용하는 컴퓨터 프로그램이라고 할 수 있다. 인공지능 챗봇은 인간의 언어로 상호작용하지만 인간과 달리 지치거나(윤기영, 이명호, 2020) 물리적 한계가 없다는 특징 덕분에 교육적 목적으로 활용한다면 다음과 같은 장점이 있다. 시간과 공간의 제약을 넘어선 교육의 실현이다. 인공지능 챗봇은 디지털 기기만 있다면 시간과 장소에 구애받지 않고 대화(신동광, 2019)할 수 있기 때문이다. 다음으로 챗봇은 학생 스스로 생각하는 힘과 자기 효능감을 높이기 위한 피드백을 제공(Holmes et al., 2019/2020)함으로써 학습에 긍정적인 영향을 줄 수 있다. 마지막으로 챗봇은 학습자의 반복되는 질문에도 인내심을 잃지 않고(김민지 외, 2021) 즉각적인 학습 도움을 줄 수 있기 때문에 학습자는 부담 없이 배울 수 있다. 물론 인공지능 챗봇의 교육적 활용에 있어 한계점도 존재한다. 외국어 학습에서 시간이 흐를수록 학습자의 흥미가 급격히 감소하였는데, 이는 실제 사람에 비해 챗봇의 가치가 낮아서 발생하는 현상일 수 있다(Holmes et al., 2019/2020). 따라서 챗봇과의 대화를 통해 학습이 일어나는 행위 이상의 가치를 반영하여 학습자의 흥미를 이끄면서도 학습에 긍정적인 영향을 미치는 인공지능 챗봇을 활용한 수업의 설계가 필요하다고 볼 수 있다.

다음으로 본 모형이 기반하고 있는 디자인 씽킹은 사용자의 입장에서 사고하고 창의적인 해결책을 도출하는 문제 해결 과정으로, 기업의 혁신 도구에서 출발해 교육 등 다양한 분야로 확산되었다. 미국의 디자인 혁신 기업 IDEO의 접근처럼 인간의 요구·기술 적용·비즈니스 성공을 통합하려는 시도에서 비롯되었는데, Stanford d.School은 디자인 씽킹의 핵심 마음가짐으로 '인간 중심적 마음가짐'과 '협업'을 강조한다. '인간 중심적 마음가짐'이란 MRI 기계를 해적선처럼 꾸며 아동의 검진 중 발생하는 두려움을 줄인 사례(송동주 외, 2016)처럼 사용자 관점에서 문제를 정의하고 해결책을 찾는 것이다. 문제를 해결하기 위해 다학제적 팀을 구성하여 다양한 관점과 아이디어를 발산하게 하며 공감적 이해를 높이는 데에서 '협업'의 특징을 찾아볼 수 있다. 디자인 씽킹 프로세스의 이러한 접근은 복잡성이 커진 사회 문제 해결을 위해 일상 문제를 새롭게 바라보고 해결하는 데 기여한다. 지식 기반 경쟁 심화와 융합 산업의 대두로 다학제적 협업이 요구되면서 디자인 씽킹이 주목받았고, 산업 분야뿐만 아니라 교육현장에서도 학습자의 창의적 문제 해결 역량을 키우는 방법으로 자리 잡고 있다.

디자인 씽킹의 모델은 여러 가지가 있는데, 가장 폭넓게 쓰이는 교육 목적 모델로 Stanford d.School의 5단계 모델이 있다(송동주 외, 2016). 공감하기(Empathize), 문제 정의하기(Define), 아이디어 도출하기(Ideate), 프로토타입 제작하기(Prototype), 테스트하기(Test)로 구성되며, 의미 있는 혁신을 위해 사용자의 삶에 관심을 가져야 한다는 점이 강조된 모델이다. 가정 교과는 일상생활에서 직면하는 다양한 문제를 해결하는 새로운 지식을 창조하고 융합하는 역량을 기르는 학문적 성격(교육부, 2015)을 띠고 있는데,

디자인 씽킹과 교과가 연결되는 점이라고 할 수 있다.

셋째, 창의적 문제해결력을 말하기 위해서는 창의적 사고와 문제 해결의 정의를 먼저 살펴볼 필요가 있다. 창의적 사고는 이전에 없던 새로운 결과를 생산하는 것이며 문제 해결은 마주한 문제 상황에 대한 새로운 해결책을 이끌어 내는 것(Guilford, 1950)이다. 문제 해결 과정과 창의적 과정에 유사성이 있으며(Weisberg, 1986), 최근에는 이 두 개념을 동일시하는 입장이 나타난다(나은지, 2020). OECD(2018)는 미래 학습자의 핵심으로 기본 역량과 변혁적 역량, 그리고 학생의 주도적 행위주체성(student agency)을 강조한다. 우리나라도 2015 개정 교육과정에서 창의융합형 인재를 위한 6대 핵심 역량을 제시하며, 2022 개정 교육과정은 실생활과 연계하여 학생들이 깊이 있게 문제를 해결하는 학습을 요구한다. 따라서 학생이 주도적으로 복잡한 문제를 해결하며 창의적 문제해결력을 기를 수 있는 수업이 필요하다. 학생들이 비정형화된 주변의 문제를 해결하기 위해 융합적 사고를 할 수 있도록 인공지능과 디자인 씽킹 프로세스를 접목하여 가정 교과 교육과정을 재구성하면 학생의 창의적 문제해결력 함양을 기대할 수 있을 것이다.

2. 설계 원리 및 모형 개발 과정

본 모형은 디자인 씽킹 기반 인공지능 챗봇 제작 수업의 설계 모형 및 원리를 개발하기 위하여 설계 · 개발 연구(Design and Development Research) 방법론을 적용하였다. 설계 · 개발 연구는 교수적 혹은 비교수적 산출물과 도구, 그리고 새로운 모형의 생성에 관한 실증적 기반 확립을 목표로 하는 체계적인 연구이다(Richey & Klein, 2007/2012). 수업 설계는 학습과 발달을 촉진하는 방법을 구체화하는 지침을 제공하고(Reigeluth, 1999/2010), 개발은 이를 물리적 형태로 만드는 과정이다(Seels & Rickey, 1994). 이러한 활동은 경험적 증거에 근거하며, 설계·개발 연구의 유형은 크게 '산출물 및 도구 연구(유형 1)'와 '모형 연구(유형 2)'로 구분된다. 중학교 현장에 적용할 수 있는 수업 모형 개발을 위해 Richey & Klein(2007/2012)의 유형 2 모형 연구 방법을 채택하였다. 특히 설계·개발 연구 방법론은 실천 지향적 성격을 지니며, 유형 2 연구는 일반화된 결론을 제시하여 현장 확산에 용이하다. 따라서 본 모형은 교수학습 설계자에게 단계별 지침과 원리를 제공함으로써 인공지능 융합 수업을 보다 체계적이고 효과적으로 구현하는 데 기여할 수 있다.

1) 초기 모형 도출

디자인 씽킹 기반 인공지능 챗봇 수업 모형과 설계원리를 개발하기 위해 Reigeluth(1983)의 이론 구성 절차 중 귀납적 접근법을 따르는 것으로 시작되었다. 선행문헌 검토를 통해 디자인 씽킹, 인공지능 융합 수업, 챗봇 활용 수업과 관련된 주요 요소들을 확인하고 이를 바탕으로 형성적 가설을 개발한 뒤 설계원리를 도출하였다. 문헌 분석 과정에서 '인공지능의 활용', '학습 환경 조성', '문제해결 활동'과 같은 범주가 추출되었으며, 이를 구조화하여 초기 모형을 설계하였다. 특히 인공지능과 챗봇에 대한 사전 이해 제공, 팀 빌딩을 통한 공감 형성, 실재감 있는 협력 과제 몰입, 비전공자도 활용 가능한 챗봇 제작 경험, 실생활 연계 활용 등이 수업 설계에 필요함을 도출하였다. 이를 위해 챗봇 빌더 'AILearn'을 사용하고, 학생들에게 역할 기반 페르소나를 부여하여 참여를 촉진하며, 프로토타입 테스트와 사용자 피드백 수집 절차를 포함하였다. 최종적으로 Stanford d.School의 5단계 모형을 토대로 이러한 시사점을 반영하여 다음 그림과 같은 초기 수업 모형을 제시하였고 적절성의 원리, 몰입의 원리, 실용성의 원리 등 총 5개의 설계원리와 10개의 상세지침을 정리하였다.

[그림 12-1] 초기 수업 모형

2) 내적 타당화

전문가 타당화에는 Davis(1992)가 제안한 기준을 적용하여 석·박사 학위와 7년 이상의 현업 경력을 가진 교육공학 및 인공지능 관련 전문가를 중심으로 참여자를 선정하였다. 다만 인공지능 챗봇 활용 경험을 갖춘 교육공학 전문가가 드물어, 경력 4년의 현직 연구원 2인도 추가하여 총 4인의 전문가가 참여하였다.

1차 전문가 타당화 결과, 초기 수업 모형은 보편성·타당성·이해도 측면에서는 적절했으나 설명력과 유용성이 낮아 보완이 필요했다. '내용 타당도 지수(CVI)'는 보편성에서 높았으나 설명력과 유용성에서 낮았고, 전문가 수가 적어 '평가자 간 일치도(IRA)'도 낮게 나타났다. 설계원리와 상세지침은 대체로 3.00점 이상이었으나 일부 항목은 낮은 점수를 받았고, CVI와 IRA 역시 낮아 수정이 요구되었다. 전문가들은 도식화, 디자인 씽킹 절차의 강조, 챗봇 주제 반영, 원리 용어 수정 등을 제안하였으며, 이를 반영해 다음 그림과 같은 2차 모형으로 개선하였다. 전문가 의견을 반영하여 학습 단원 및 인공지능 도구 선정의 원리, 배경 지식 제공의 원리, 순환의 원리 등 총 8개의 2차 설계원리와 13개의 상세지침으로 발전시켰다.

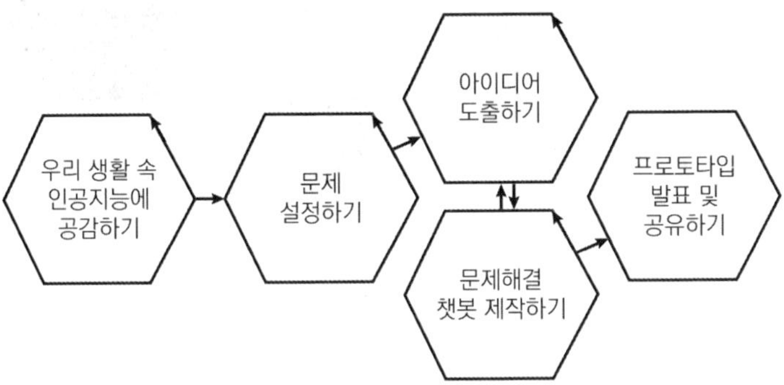

[그림 12-2] 2차 수업 모형

2차 전문가 타당화는 1차보다 전문가 수를 6명으로 확대하여 실시하였으며, 수업 모형과 설계원리·상세지침의 타당성을 검토하였다. 수업 모형은 타당성, 유용성, 이해도, 보편성에서 평균 3.00점 이상으로 비교적 타당했으나 설명력(3.17점)이 다소 낮아 보완이 필요했다. CVI는 전 영역에서 0.80 이상, IRA는 0.80으로 전문가 간 일치도가 높게 나타났다. 설계원리 역시 대부분 평균 3.00점 이상이었으나 목표 및 책무 부여, 연습 기회 제공 원리에서 다소 낮게 평가되었고, IRA는 0.63으로 나타났다. 전문가들은 설명의 구체화, 시각적 구분, 상세지침의 보완 및 일부 용어 수정 등을 제안하였다. 이를 반영하여 수정한 3차 수업 모형은 그림과 같다.

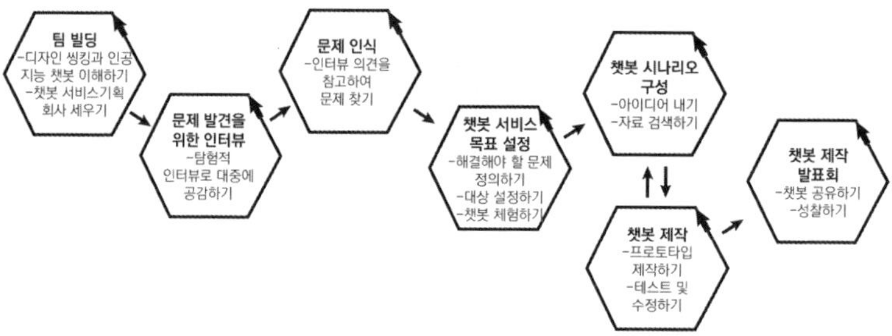

[그림 12-3] 3차 수업 모형

3차 설계원리는 성찰의 원리를 비롯해 총 9개로 수정되었으며, 14개의 상세 지침을 포함한다. 수정된 3차 설계원리의 예시는 다음의 〈표 12-1〉과 같다.

〈표 12-1〉 3차 설계원리와 상세지침 일부 예시

1. 학습 단원 및 인공지능 도구 선정의 원리	
지침	1.1 학습자가 교과 지식과 인공지능을 융합하기 위해 창의적 문제해결 과정이 필요한 학습 내용을 선정하라.
예시 및 해설	'윤리적인 소비 생활'과 같이 다룰 수 있는 종류나 해결책이 다양할 수 있는 학습 주제를 선정함.
지침	1.2 학습자가 수업 환경에서 활용 가능한 인공지능 도구를 선정하라.
예시 및 해설	학습자의 코딩 활용 경험, 교실의 인터넷 환경 및 개별 디바이스의 사양 등을 고려하여 적절한 인공지능 챗봇 빌더를 선택함.

3) 외적 타당화

외적 타당화는 개발된 수업 모형과 설계원리를 실제 현장에서 적용하여 효과와 개선점을 확인하고 최종안을 도출하는 데 목적이 있다. 선행문헌과 내적 타당화로 도출된 3차 모형을 토대로 연구자가 교수자로 참여하여 서울 소재 중학교 2학년 65명을 대상으로 수업을 진행하였다. 수업은 가정 교과 블록타임제 수업으로 운영되었으며, 관찰, 학생 소감, 설문 및 면담을 통해 효과와 개선점을 파악하였다. 학습 주제는 청소년의 실생활과 지속 가능성이라는 맥락을 반영하여 '윤리적인 소비생활'로 설정하였다. 에듀테크 도구로는 학습자의 코딩 경험 수준을 고려해 블록형 챗봇 빌더인 단비Ai의 'AILearn'을 사용하였다. 전체 수업은 디자인 씽킹 기반으로 팀 빌딩, 문제 발견 및 정의, 챗봇 기획, 제작, 발표의 순환적 과정을 포함하여 운영하였다. 외적 타당화 과정에서 3차 수업 모형을 적용하여 운영한 수업의 설계 개요는 다음의 〈표 12-2〉와 같다.

〈표 12-2〉 3차 수업 모형 적용을 통한 수업 설계 개요

주요 과정	학습 목표		세부 내용
팀 빌딩	1 차시	• 디자인 씽킹과 창의적 문제 해결 과정을 이해할 수 있다. • 생활 속 인공지능 챗봇의 활용 사례를 말할 수 있다. • 윤리적 소비에 대해 설명할 수 있다.	• 디자인 씽킹과 인공지능 챗봇 이해하기 • 챗봇 서비스 기획 회사 세우기 • 윤리적인 소비생활에 대해 알아보기
문제 발견을 위한 인터뷰	1 차시	• 나와 우리 주변의 일상생활 속 윤리적 소비 관련 문제를 발견할 수 있다.	• 탐험적 인터뷰로 '윤리적인 소비생활'에 대한 대중의 인식에 공감하기

주요 과정	학습 목표		세부 내용
문제 인식	1 차시	• 실생활 속 윤리적 소비 관련 문제를 정의할 수 있다.	• 인터뷰 의견을 참고하여 윤리적 소비 생활 관련 문제 찾기
챗봇 서비스 목표 설정	1 차시	• 청소년 소비자와 관련된 윤리적 소비 문제를 정의할 수 있다. • 인공지능 챗봇 활용의 장점과 단점을 설명할 수 있다.	• 모둠별 해결해야 할 윤리적 소비 생활 문제 정의하기 • 인공지능 챗봇 체험하기 • 챗봇 서비스 목표 설정하기
챗봇 시나리오 구성	2 차시	• 소비자의 윤리적인 소비생활 실천을 돕는 인공지능 챗봇의 내용을 제안할 수 있다.	• 윤리적인 소비생활 실천을 돕는 인공지능 챗봇 구상 아이디어 내기 • 윤리적인 소비생활 자료 검색하기
챗봇 제작	2 차시	• 윤리적인 소비생활 실천을 돕는 인공지능 챗봇의 산출물을 제작하고 적용할 수 있다.	• 챗봇 프로토타입 제작하기 • 챗봇 소개 자료 만들기
챗봇 제작 발표회	4 차시	• 챗봇 제작발표회를 통해 학습자들이 만든 인공지능 챗봇을 발표하고 공유할 수 있다.	• 발표 및 부스 체험을 통해 챗봇 공유하기 • 성찰하기

3. 설계 원리 및 모형의 구성과 특징

1) 설계 원리 및 모형의 개요

최종 수업 모형은 중학교 맥락에서 디자인 씽킹 기반 인공지능 챗봇 제작 수업을 안내하는 데 목적이 있다. 주 사용자는 중학교 교사이며, 단독 교과뿐 아니라 여러 교과가 함께 참여하는 융합 수업에서도 활용 가능하다. 본 모형은 교과 주제와 관련된 문제를 생활 주변에서 발견하고, 인공지능 챗봇으로 해결 방안을 구현하는 과정을 지원한다.

첫째, 본 모형은 실행 절차와 활동을 단계적으로 제시하여 교사가 약 16차시 분량의 수업을 설계할 수 있도록 하였다. 둘째, 학습자의 코딩 경험과 무관하게 블록 기반 챗봇 빌더를 사용하여 제작할 수 있도록 설계되었으며, 필요시 수준에 맞는 다른 도구로도 확장 가능하다. 셋째, 인공지능과 교과 내용을 연결하여 문제 해결을 제안하는 융합적 성격을 지니며, 다학문적 확장 가능성을 갖는다. 넷째, 디자인 씽킹 기반 협력적 프로젝트를 통해 창의적 문제해결력, 협력, 인공지능 이해, 진로 탐색 등 미래 역량을 함양한다. 마지막으로, 실제로 작동하는 챗봇을 제작·발표함으로써 가시적 결과물을 통한 성취감과 몰입을 제공한다.

2) 모형의 구성요소

최종 수업 모형은 디자인 씽킹 기반 인공지능 챗봇 제작 수업의 전체 절차를 8단계로 구조화하였다. 구체적으로는 ① 도달점 확인, ② 팀 빌딩, ③ 공감, ④ 문제 인식, ⑤ 챗봇 서비스 목표 설정, ⑥ 챗봇 시나리오 구성, ⑦ 챗봇 제작, ⑧ 챗봇 제작발표회 단계이다. 이 과정은 내적·외적 타당화를 거치면서 지속적으로 수정·보완되었으며, 특히 외적 타당화 과정에서 실제 학습자의 반응을 반영하여 일부 절차를 조정하였다.

우선, 수업 시간 확보와 단계 세분화가 이루어졌다. 기존 3차 모형에서는 첫 차시에 도달점 확인과 팀 빌딩이 함께 이루어졌으나, 최종 모형에서는 이를 분리하여 1차시에 프로젝트의 최종 목표와 학습 동기를 명확히 제시하고, 2차시에는 팀 결속력을 다지는 '팀 빌딩'을 별도로 배치하였다. 또한 5단계 '챗봇 서비스 목표 설정'은

2차시로 확대하여 학습자가 챗봇 빌더를 실제 체험해 보고 익숙해질 시간을 확보하였다. 이는 학생들의 사전 경험 차이를 고려한 조치로, AI 도구 활용의 기초 역량을 보장하기 위함이다.

둘째, 순환적 학습 구조를 반영하였다. 디자인 씽킹의 본질은 언제든 앞선 단계로 되돌아가 수정할 수 있다는 점이다. 따라서 5단계 '챗봇 서비스 목표 설정', 6단계 '챗봇 시나리오 구성', 7단계 '챗봇 제작' 단계는 필요에 따라 반복·순환이 가능하도록 설계되었다. 실제 현장 적용 과정에서 학습자들이 챗봇 시나리오를 수정하거나 프로토타입을 개선하는 모습이 빈번히 관찰되었기 때문에, 모형에서도 이 순환 구조를 화살표로 표기하여 반영하였다. 이는 문제 해결 과정의 유연성과 창의적 재구성을 장려하는 중요한 장치가 된다.

셋째, 본 모형은 각 단계의 실행을 돕기 위해 구체적인 설계원리와 상세지침을 제시한다. 최종적으로 제시된 설계원리는 10개, 상세지침은 23개로 구성되며, 이는 교수자가 수업을 설계할 때 직접 참고할 수 있는 실천적 기준을 제공한다. 설계원리는 수업 주제 선정, 배경 지식 제공, 목표 및 책무 부여, 협력, 지식 재구성, 연습 기회 제공, 순환, 상호작용 등으로 이루어져 있으며, 각 원리마다 구체적 활동 지침이 포함된다. 예컨대 '연습 기회 제공의 원리'에서는 챗봇 빌더 사용이 낯선 학생들을 위해 안내 자료를 제작하고 순서도를 통해 대화 흐름을 연습하게 하는 지침이 포함된다.

3) 최종 모형 및 설계 원리

최종적으로 도출된 수업 모형은 다음 그림과 같다.

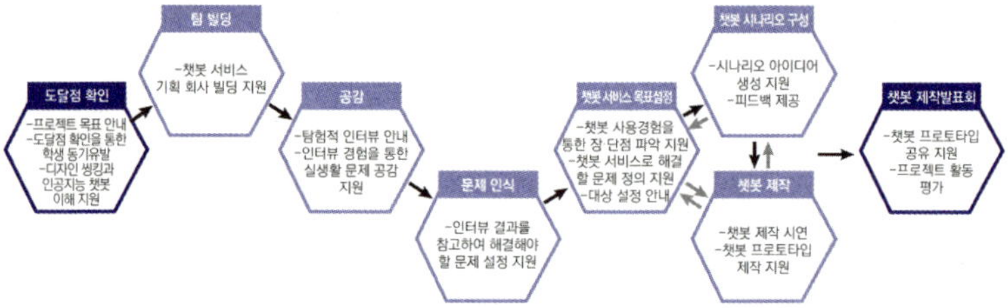

[그림 12-4] 최종 수업 모형

다음으로 〈표 12-3〉은 최종 수업 모형의 각 단계에 적용되는 설계원리와 상세지침을 종합적으로 정리한 것이다. 이를 통해 교사는 학습 목표 달성을 위한 구체적인 전략과 방법을 쉽게 참고할 수 있으며, 수업 실행 과정에서 예상되는 학습자의 어려움을 미리 대비할 수 있다.

〈표 12-3〉 최종 설계원리와 상세지침

설계원리와 상세지침	
1. 학습 경험 선정의 원리	
지침 1.1 학습자가 교과의 내용체계와 인공지능 챗봇 제작을 융합하기 위해 창의적 문제해결 과정이 필요한 학습 내용을 선정하라.	
예시 및 해설	'윤리적인 소비 생활'과 같이 다룰 수 있는 종류나 해결책이 다양할 수 있는 비구조화된 문제의 학습 주제를 선정함.
지침 1.2 학습자가 수업 환경에서 활용 가능한 인공지능 도구를 선정하라.	
예시 및 해설	학습자의 코딩 활용 경험, 교실의 인터넷 환경 및 개별 디바이스의 사양 등을 고려하여 학습자의 현재 수준에서 활용하기 적합한 인공지능 챗봇 빌더를 선택함.
2. 배경 지식 활성화의 원리	
지침 2.1 학생들의 이해를 돕기 위해 생활 속 문제를 해결하는 디자인 씽킹의 예시를 준비하라.	

설계원리와 상세지침	
예시 및 해설	디자인 씽킹의 의미나 과정, 결과물 등을 중학생이 쉽게 이해할 수 있도록 만들어진 동영상 자료를 준비함.
지침 2.2 인공지능 챗봇의 장점과 단점을 이해하기 위해 우리의 생활 속에서 활용하는 인공지능 챗봇 사례를 탐색하도록 지원하라.	
예시 및 해설	실생활에서 학습자가 활용해 보거나 알고 있는 인공지능 챗봇의 예시를 패들릿에 모아 함께 살펴보며 각 챗봇의 장단점을 짚어보면서 향후 기획할 인공지능 챗봇에의 시사점을 탐구할 수 있는 기회를 마련함.
지침 2.3 챗봇에 적용된 인공지능 기술의 원리를 이해하기 위해 기초 단계의 자연어 처리를 먼저 경험할 수 있도록 지원하라.	
예시 및 해설	챗봇의 첫인사에 해당하는 '안녕', '하이', '안녕하세요'와 같은 다양한 표현들을 저장한 후 자신이 입력한 값을 학습하여 첫인사가 구동되는 것을 경험하게 함.
3. 목표 설정의 원리	
지침 3.1 프로젝트의 최종 도달점을 상기시켜 학습자들이 학습에 몰입하여 참여할 수 있도록 지원하라.	
예시 및 해설	소비자의 윤리적인 소비 행동 실천을 돕는 챗봇 서비스 기획 회사가 한자리에 모여 대중 앞에서 제작발표회가 열릴 것임을 안내함.
지침 3.2 인공지능 챗봇의 개발 목표를 설정하기 위해 사용자 경험에 대한 이해와 분석 경험을 제공하여 문제를 정의하도록 지원하라.	
예시 및 해설	윤리적인 소비 생활의 문제점을 발견하기 위해 소비자를 대상으로 해당 문제와 관련한 탐험적 인터뷰를 실시함.
지침 3.3 중학교 학습자가 만들 수 있는 인공지능 챗봇의 형태를 이해하여 최종 챗봇 제작 목표 수준을 세울 수 있도록 안내하라.	
예시 및 해설	ChatGPT를 비롯해 이미 상용화된 인공지능 챗봇의 원리를 이해하되, 중학교 학습자가 한정된 수업 시간 내에 제작할 수 있도록 챗봇 제작의 난이도를 현실적으로 조정하였음을 안내함.
4. 협력의 원리	
지침 4.1 학습자가 모둠원과 협력할 수 있도록 학습 환경을 조성하라.	
예시 및 해설	모둠원이 동시에 작성할 수 있는 학습활동지를 활용함. - 교사의 순회 지도를 통해 학습자들의 협력적 참여를 이끎.

<table>
<tr><th colspan="2">설계원리와 상세지침</th></tr>
<tr><td colspan="2">지침 4.2 실제적 맥락의 문제를 협력적으로 해결할 수 있도록 모둠과 개인별 책임을 부여하라.</td></tr>
<tr><td>예시 및 해설</td><td>팀 빌딩을 통해 학습자끼리 유대감을 형성하도록 지원하고, 디자이너 혹은 개발자와 같은 구체적 책무성을 부여함.</td></tr>
<tr><td colspan="2">5. 아이디어 생성의 원리</td></tr>
<tr><td colspan="2">지침 5.1 아이스브레이킹 놀이를 통해 학습자들이 유연한 사고를 발산할 수 있도록 교실 분위기를 조성하라.</td></tr>
<tr><td>예시 및 해설</td><td>아이디어 생성 단계의 수업에 앞서 긍정적인 분위기를 만들 수 있는 '우리 모두 다같이'나 '박수게임', 집중력을 강화할 수 있는 '스톱&고' 등의 아이스브레이킹 놀이를 실시하여 학습자들이 창의적인 아이디어를 생성할 수 있도록 긴장을 풀어냄.</td></tr>
<tr><td colspan="2">지침 5.2 문제 해결을 위한 아이디어가 도출될 수 있도록 다양한 사고 기법을 안내하라.</td></tr>
<tr><td>예시 및 해설</td><td>브레인스토밍, 유목화, 도트 투표, 만다라트 등 학습자들이 아이디어 발산 및 수렴을 할 수 있는 다양한 방법을 소개함.</td></tr>
<tr><td colspan="2">지침 5.3 제한된 시간 안에 학습자들이 아이디어 발산 및 수렴 과정을 거칠 수 있도록 안내하라.</td></tr>
<tr><td>예시 및 해설</td><td>시간이 무한정 주어진다고 더 나은 아이디어가 반드시 생성되는 것이 아니므로 제한된 시간 내에 빠르게, 최대한 많은 아이디어를 발산한 후 수렴해 가는 과정이 의미 있음을 강조함.</td></tr>
<tr><td colspan="2">6. 지식 재구성의 원리</td></tr>
<tr><td colspan="2">지침 6.1 문제 해결을 위한 아이디어를 실제적 맥락의 시나리오로 재구성할 수 있도록 지도하라.</td></tr>
<tr><td>예시 및 해설</td><td>소비생활을 주제로 만든 대화흐름 예시를 통해 챗봇 시나리오 구성방향을 설명함.</td></tr>
<tr><td colspan="2">지침 6.2 문제해결 과정에 실재감을 부여할 수 있도록 일상생활에서 활용될 수 있는 결과물로 제작하도록 지원하라.</td></tr>
<tr><td>예시 및 해설</td><td>문제해결방법을 단순히 제안하는 것이 아닌, 해결책을 실생활에서 사용할 수 있고 즉시 실물로 구현되는 인공지능 챗봇을 제작하는 과정을 통해 제안하도록 유도함.</td></tr>
<tr><td colspan="2">지침 6.3 챗봇 빌더를 활용하여 기획한 시나리오를 인공지능 챗봇으로 구현하기 위해 쉬운 시나리오 구성 방법부터 단계별로 심화 적용하도록 지도하라.</td></tr>
</table>

설계원리와 상세지침	
예시 및 해설	다양한 인사 표현의 입력부터 질문과 답변의 매칭, 답변의 목록화, 링크나 이미지 삽입 등 단계적으로 활용방법을 안내하여 학습자들이 도전적인 과제에 좌절감을 느끼지 않고 지속할 수 있게끔 유도함.
7. 연습 기회 제공의 원리	
지침 7.1 챗봇 대화 흐름의 구현 방법을 이해하기 위해 학습자가 제작할 인공지능 챗봇의 예시를 미리 경험해 볼 수 있도록 지원하라.	
예시 및 해설	챗봇 빌더에서 구현할 수 있는 이미지 삽입, 링크 삽입, 버튼형 목록 생성 등의 기능이 구현되어 있는 인공지능 챗봇의 예시를 사용해 보며 향후 학습자가 제작할 인공지능 챗봇 시나리오를 어떻게 구성해야 할지 이해할 수 있도록 도움.
지침 7.2 챗봇을 실제로 제작하기 전에 순서도를 작성하여 챗봇 대화의 흐름에 대한 연습 경험을 제공하라.	
예시 및 해설	점착 메모지를 활용하여 챗봇 시나리오의 순서도 및 예상되는 발화를 작성하도록 안내함.
지침 7.3 인공지능 챗봇 빌더를 다루는 작업이 생소하여 학습자에게 어려울 수 있으므로 안내 자료를 제공하라.	
예시 및 해설	인공지능 챗봇 빌더를 사용하는 방법을 수업 중 시연할 뿐만 아니라 사용법을 담은 5분 내외의 영상을 만들어 학습자들이 챗봇 제작 과정 중에 항상 활용할 수 있도록 함.
8. 순환의 원리	
지침 8.1 챗봇 제작 과정 중 더 나은 아이디어가 발견되거나 문제점이 수집될 경우 앞선 디자인 씽킹 단계로 돌아가도록 유연한 단계 적용을 안내하라.	
예시 및 해설	챗봇을 구현하는 단계에서 디자인 씽킹 프로세스의 유연한 단계 적용이 가능함을 안내함.
9. 상호 작용의 원리	
지침 9.1 교사의 격려와 지지를 통해 학습자들에게 자신감을 불어넣어 도전적인 과제를 보람 있게 완성할 수 있게 유도하라.	
예시 및 해설	평소 경험해 보지 못한 인공지능 도구의 사용이나 챗봇 구현 과정 중 오류가 발생하는 등 수행 중 예기치 못한 일이 발생할 수 있음을 미리 안내하고, 수행 과정에서 교사는 학생들에게 끊임없는 격려와 지지를 표현하여 학습자들이 포기하지 않고 과제를 완성할 수 있도록 도움.

설계원리와 상세지침	
지침 9.2 발표에서 동료 평가 및 피드백이 자유롭게 이루어지도록 학습 분위기를 조성하라.	
예시 및 해설	매 차시 활동의 마무리 단계에서 모둠이 발전시킨 아이디어 혹은 프로토타입을 공유하고 이에 대한 동료 및 교사의 피드백을 받을 수 있는 시간을 제공함.
10. 성찰의 원리	
지침 10.1 동료 및 교사의 피드백을 바탕으로 학습자들이 성찰 일지를 쓰도록 안내하라.	
예시 및 해설	학습 마무리 단계에서 성찰 일지를 작성하여 오늘 활동의 잘한 점과 부족한 점을 스스로 평가하여 다음 수행에 반영할 수 있도록 안내함.

4) 실제 적용 사례

(1) 팀 빌딩

긴 호흡의 프로젝트의 시작 단계로서 학습자들의 윤리적인 소비 생활 실천을 돕는 인공지능 챗봇 제작 프로젝트에 몰입할 수 있도록 돕는 활동을 진행하였다. 이를 위해 디자인 씽킹 과정에 대해 알아보기, 우리 주변의 인공지능 챗봇을 찾아 이해하기, 프로젝트의 최종 도달 목표인 '인공지능 챗봇 제작 발표회' 확인하기의 세 가지를 중심으로 수업을 설계하였다. 또한 강력한 팀워크를 형성할 수 있는 팀 빌딩 활동을 실시하였는데, 디자인 씽킹을 기반으로 실생활의 문제를 창의적으로 해결하는 결과물을 도출하기 위해서는 팀 내 친밀감을 통해 결속력을 다지는 작업이 선행되어야 하기 때문이다.

(2) 문제 발견을 위한 탐험적 인터뷰

팀 빌딩을 통해 인공지능 챗봇 서비스 회사를 세운 다음으로 교과 단원의 학습을 실시하여 우리가 책임 있는 소비자로서 행동 전환이 왜 필요한지를 확인하였다. 현재 소비 생활의 문제점을 발견하기 위해 탐험적 인터뷰를 실시하였는데, 이는 디자인 씽킹 과정의 '공감하기'에 해당하는 단계로서 문제를 발견하기 위해 소비자의 일상을 먼저 탐구하여 윤리적 소비에 영향을 미치는 요인을 파악하기 위한 활동이다. 학급 내 인터뷰 실시 후 내용을 간단하게 점착 메모지에 정리하는 것으로 마무리하였다.

(3) 문제 인식

프로젝트 최종 단계 및 모둠별 세운 챗봇 서비스 기획 회사를 다시 한번 확인 후 아이스브레이킹 놀이를 실시하였다. 창의적인 아이디어 발산을 위해서 자유로운 학습 분위기와 학습자의 열린 마음이 중요하기 때문이다. 아이스브레이킹 놀이로 분위기를 조성한 후 자신이 이해한 윤리적 소비에 대해 글과 이미지로 느낌을 표현하는 활동을 진행하였다. 지난 시간에 실시한 소비자 인터뷰 내용을 정리하며 무엇이, 왜 문제이고, 누구와 관련되며, 어디서 발생되는지 등을 기준으로 정리한 뒤, 팀이 다룰만한 문제의 주제를 최대한 많이 생성한 후, 팀 내 스티커 투표를 통해 하나의 문제로 의견을 수렴하였다.

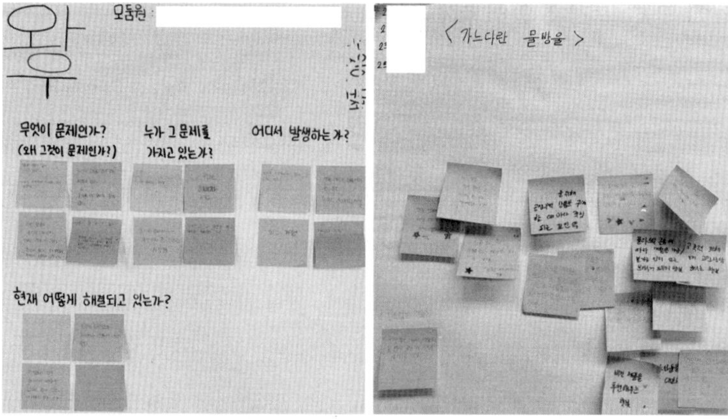

[그림 12-5] 문제 설정을 위한 아이디어 발산 및 수렴

(4) 챗봇 서비스 목표 설정

가장 먼저 챗봇 빌더를 체험해 보며 팀별로 설정한 문제를 인공지능 챗봇 서비스로써 어떻게 다룰지 아이디어를 얻는 시간을 가

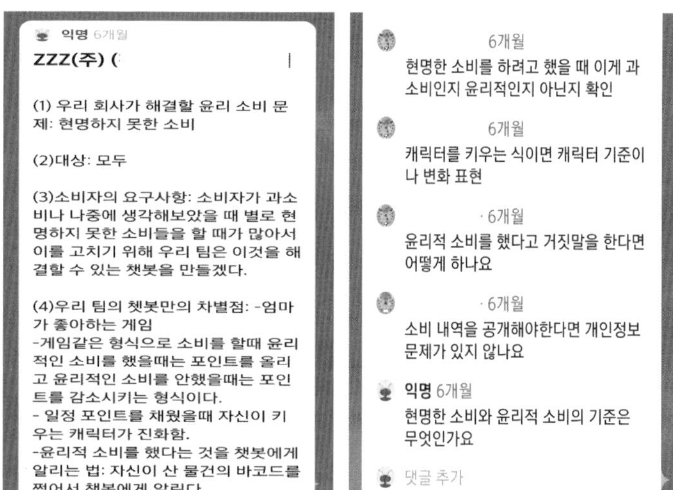

[그림 12-6] 챗봇 서비스 목표 설정 및 상호 피드백 기록

진 후, 앞서 정의한 문제를 구체화하는 활동을 실시하였다. 팀별 토의를 통해 소비자의 행동 변화를 유도하는 인공지능 챗봇 서비스의 목표를 설정하여 발표하고, 학급 내 아이디어에 대한 피드백을 주고받는 과정을 거쳐 챗봇 서비스 목표를 구체화하였다. 상호 피드백 시 평가 기준은 '소비자에게 매력적인 문제인가', '윤리적 소비 실천을 도울 수 있는가', '챗봇으로 구현 가능한 주제인가'와 같다.

(5) 챗봇 시나리오 구성

실제 챗봇 서비스 기획자가 업무 현장에서 하는 일을 영상을 통해 알아보고, 인공지능 챗봇 서비스 기획자로서 소비자의 행동을 변화시키는 큰 줄기의 대화 흐름을 순서도의 형태로 표현하였다.

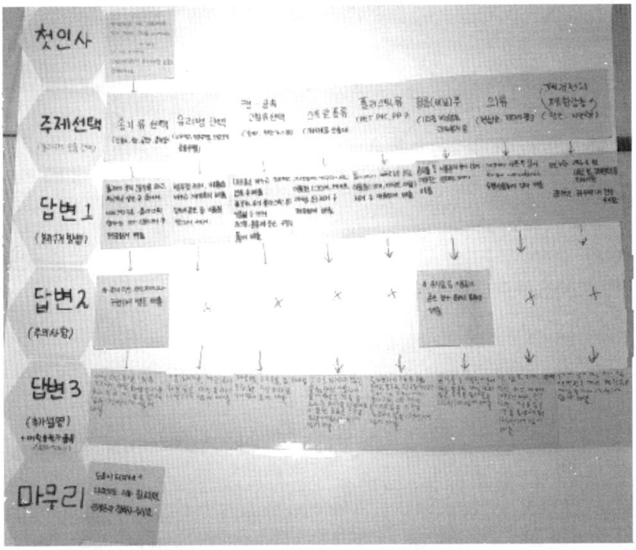

[그림 12-7] 챗봇 시나리오 구상

시나리오 작성 시 토의를 통해 결정한 아이디어를 쉽게 옮길 수 있도록 점착 메모지를 활용하여 구체적인 대화 흐름을 생성하였고, 이러한 시나리오는 확정이 아니라 언제든 이전 단계로 되돌아가서 수정할 수 있도록 '챗봇 시나리오 구성' 단계와 '챗봇 제작' 단계는 서로 순환적인 구조를 가짐을 학생들에게 안내하였다.

(6) 챗봇 제작

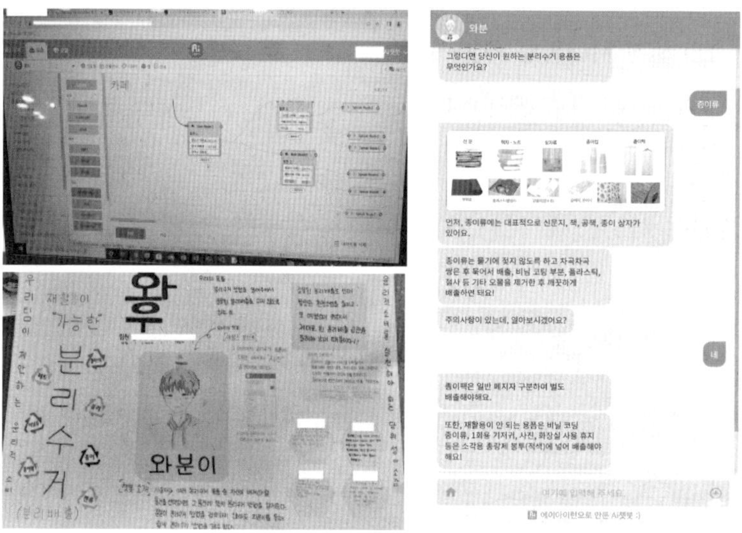

[그림 12-8] 챗봇 시나리오 구성 화면(좌-상), 디자이너 학습자가 만든 챗봇 소개 자료(좌-하), 챗봇 '와분'의 대화 예시(우)

본 단계는 실제 챗봇 프로토타입을 제작하는 활동으로, 챗봇 빌더에서 팀별 시나리오를 대화로 구현하는 방법을 시연한 후, 모둠 내 개발자와 디자이너로 역할을 구분하여 챗봇 제작 활동을 진행하였다. 개발자는 '버튼형 대화'를 기반으로 시나리오로 구성한 대화 흐름에 따라 사용자가 챗봇과 대화하는 흐름을 구현하고, 디자이너 역할을 맡은 학습자는 챗봇에 들어갈 구체적인 사진이나 웹사이트 링크 등 자료를 찾아 선별하는 역할과 발표회 자료를 만드는 역할을 부여하였다. 공동의 책무성을 가지고 같은 목표를 달성하기 위해 서로의 역할이 보완적으로 이루어짐을 강조하며 챗봇 제작 단계를 이끌었다.

(7) 챗봇 제작발표회

팀별로 개발한 인공지능 챗봇의 프로토타입을 공유하기 위해 학년의 모든 학생이 강당에 모여 '인공지능 챗봇 제작발표회'를 열었다. 부스 형태로 운영된 본 행사는 팀별로 기획한 챗봇 서비스를 소개하는 발표보드와 챗봇 프로토타입을 체험할 수 있는 디바이스를 두었고, 청중들은 부스를 자유롭게 돌아다니며 소비 행동의 변화를 유도하는 챗봇 서비스를 체험하고, 평가하였다.

[그림 12-9] 챗봇 소개 부스 설치 모습

발표 및 부스 체험 종료 후에는 우수 챗봇 서비스를 선정하였는데 소비자의 윤리적 소비 행동 실천을 돕는 챗봇인지, 소비자가 사용하기에 매력적인 챗봇인지, 개발 중인 프로토타입의 완성도가 높은지의 평가 기준을 고려하여 온라인 설문 기능을 통해 우수 팀을 뽑는 투표를 진행하였고, 그 결과 금상, 은상, 동상 및 인기상을 선정하였다. 또한 프로젝트를 종합 성찰하는 시간을 가지며 마무리하였다.

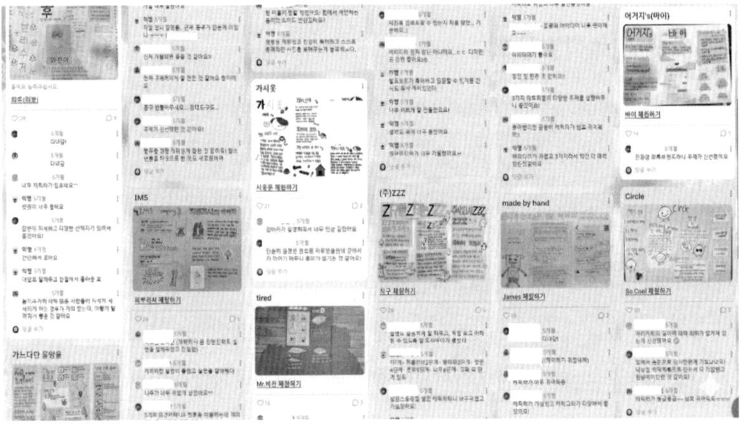

[그림 12-10] 전체 학급의 챗봇을 모아놓은 패들릿

4. 결론 및 향후 발전 방향

1) 효과 분석

'디자인 씽킹 기반 인공지능 챗봇 제작 수업 모형'은 인공지능 융합 수업의 새로운 방향을 제시함과 동시에 학습자의 여러 고차원적 사고 능력이 함양되는 등 효과가 있음을 확인하였다. 학습자 관찰 및 설문, 면담 결과 창의적 문제해결력뿐만 아니라 인공지능

에 대한 이해도, 협력 및 진로 탐색 능력도 함양할 수 있었다. 본 수업 모형의 적용을 통해 학습자가 단순히 아이디어를 제시하는 수준을 넘어 실제적인 해결 방안을 탐구하고 구현할 수 있었음을 보여준다. 이러한 성과는 코딩 등 소프트웨어 관련 선수학습 경험과 무관하게 적용 가능하다는 점에서 의의가 있으며, 학교 현장에서 일반화할 수 있는 디자인 씽킹 기반 인공지능 융합수업 모형을 제시했다는 점에서 교육학적 · 실천적 가치가 크다.

2) 적용상 유의점

다만 수업 적용에 있어 몇 가지 유의점이 있다. 원활한 운영을 위해서는 충분한 기술 지원과 인프라 환경이 뒷받침되어야 하며, 특히 인터넷 환경과 디바이스 활용 조건이 수업 효과에 큰 영향을 줄 수 있다. 또한 본 모형은 소규모 학교에서의 외적 타당화를 기반으로 하였으므로, 학교 규모와 맥락에 따라 챗봇 발표회 방식이나 운영 절차를 유연하게 수정할 필요가 있다. 아울러 학습자의 산출물을 더욱 심화하기 위해서는 프로토타입 개선 과정을 추가하는 것이 바람직하며, 향후에는 생성형 AI 등 보다 발전된 인공지능 챗봇 기술을 활용한 수업으로 확장 가능성이 있다. 실제로 2022년 말 모형의 적용 이후에는 ChatGPT의 커스터마이즈 기능을 활용한 챗봇 제작 프로젝트로 발전시켜 적용하였다.

3) 결론 및 제언

우리의 삶 속에 인공지능 챗봇이 갈수록 깊숙이 들어온 현재, 학습자들에게 인공지능 챗봇을 기획하고 만드는 수업 모형의 적용을 통해 인공지능 리터러시뿐만 아니라 창의적 문제해결력과 같은 고차원적인 사고 능력을 함양하는 인공지능 융합 수업이 더욱 필요해지고 있다. 본 수업 모형 및 상세 지침을 기반으로 다양한 현장 여건에 맞추어 지속적으로 수업 모형을 정교화하고, 여러 교과로의 확산을 통해 본 모형이 인공지능 융합 수업이라는 미래 교육의 실제적 대안으로 자리매김할 수 있을 것이다.

‖ 참고 문헌 ‖

교육부 (2015). 교육과정 총론.

교육부 (2022). 교육과정 총론.

교육부 (2015). 정보과 교육과정.

김민성 (2022). 목표기반시나리오를 활용한 인공지능 기반 지리 교수학습 전략 개발. 한국지리학회지, 11(3), 271-286.

김민지, 염지윤, 정혜원, 임철일 (2021). 인공지능 챗봇의 교육적 활용 연구 동향 분석: 활동이론을 중심으로. 교육정보미디어연구, 27(2), 699-721.

모윤하 (2020). 디지털 스토리텔링을 위한 챗봇 개발. 서울대학교 대학원 석사학위논문.

서혜인 (2020). 디자인 씽킹(design thinking)을 적용한 미술수업이 청소년의 창의적 문제해결력에 미치는 효과. 이화여자대학교 대학원 석사학위논문.

송가영, 정은영 (2020). 디자인 씽킹 기반 융합 수업이 창의성에 미치는 영향. 융합교육연구, 6(2), 71-95.

송동주, 박재호, 강상희 (2016). 디자인씽킹. 영남대학교 출판부.

송유경, 임철일 (2021). 디자인 씽킹 기반 인공지능 서비스 기획 교육 프로그램 개발 연구. 교육정보미디어연구, 27(2), 619-650.

신진선, 조미헌 (2021). 초등학생을 위한 활동중심 인공지능 융합 교육 프로그램 개발 및 적용. 정보교육학회논문지, 25(3), 437-448.

윤기영, 이명호 (2020). 뉴노멀: 우리가 알던 세상은 끝났다. 책들의정원.

윤지원 (2023). 디자인 씽킹 기반 인공지능 챗봇 제작 수업 모형 개발. 서울대학교 석사학위논문.

이웅기, 강상희, 이종찬, 최서연, 최욱명, 임철일 (2020). 딥러닝(Deep learning) 기반 미술 학습 지원도구 개발: 생성 모델링(Generative modeling)을 활용하여. 교육정보미디어연구, 26(1), 207-236.

임철일 (2024). AI 융합 교육을 위한 설계 개발 연구 방법론의 활용 가능성. 김동일, 유성상 (공편), 혁신과 공존의 교육학: 개념과 실천(pp. 403-440). 교육과학사.

정제영, 김갑수, 박보람, 박휴용, 이선복 (2023). AI융합교육개론. 박영스토리.

조규락, 김선연 (2020). 디자인 씽킹 기반 창의적 활동에 대한 중요도-수행도 분석. 학습자중심교과교육연구, 20(11), 39-61.

조영임 (2016). 인공지능 기술 동향 및 발전 방향. 정보통신기술진흥센터 주간기술동향, 1733, 13-26.

지현경 (2021). 창의적 문제해결을 위한 교과-소프트웨어융합 수업설계 모형 개발 연구. 서울대학교 대학원 박사학위논문.

최서연 (2022). 인공지능 교육시스템 기반 초등학교 수학 수업 설계모형 개발. 서울대학교 대학원 석사학위논문.

최숙영 (2023). AI 융합교육의 이해와 해결 과제에 대한 고찰. 산업융합연구(구 대한산업경영학회지), 21(1), 147-157.

한선관, 류미영, 김태령 (2021). AI 사고를 위한 인공지능 교육. 성안당.

Davis, L. L. (1992). Instrument review: Getting the most from a panel of experts. *Applied nursing research, 5*(4), 194-197.

Guilford, J. P. (1950). Creativity. *American Psychologist, 5*, 444-454.

Holmes, W., Bialik, M., & Fadel, C. (2020). 인공지능 시대의 미래교육 (가르침과 배움의 함의)(정제영, 이선복 Trans.). 박영스토리. (Original work published 2019)

Hwang, G. J., & Chang, C. Y. (2021). A review of opportunities and challenges of chatbots in education. *Interactive Learning Environments*, 1-14.

IDEO, & Riverdale Country School. (2014). *Design Thinking for Educators*

(정의철, 이명호 Trans.). IDEO LLC. (Original work published 2012)
Organisation for Economic Co-operation and Development. (2018). *The future of education and skills: Education 2030*. Paris: OECD.
Reigeluth, C. M. (1983). Instructional design: What is it and why is it?. In C. M. Reigeluth (Ed.), *Instructional-Design Theories and Models: An Overview of their Current Status*. Hillsdale, N. J: Erlbaum Associates.
Reigeluth, C. M. (1999). What is instructional-design theory and how is it changing?. (Chapter 1, pp. 5-29). In C. M. Reigeluth (Ed.), *Instructional-Design Theories and Models: A New Paradigm of Instructional Theory. (Volume II)*. Hillsdale, N. J: Lawrence Erlbaum Assoc.
Reigeluth, C. M. (2010). *Instructional-Design Theories and Models Volume II* (최욱, 박인우, 변호승, 양영선, 왕경수, 이상수, 이인숙, 임철일, 정현미 Trans.). 아카데미프레스. (Original work published 1999)
Richey, R. C., Klein, J. D., & Nelson, W. A. (2004). Developmental research: Studies of instructional design and development. *Handbook of research for educational communications and technology, 2*, 1099-1130.

CHAPTER 13

피지컬 컴퓨팅 도구를 활용한 AI STEM 수업 모형[1)]

이은서

1. 모형 개발의 배경과 필요성

1) 실제적 요구

미래핵심역량에 관하여 P21은 학습과 혁신기술(learning & innovation skills), 정보통신기술(information, media, & technology skills), 생애와 경력 기술(life & career skills)로 구분하여 제시하고 있다. 특히 학습과 혁신기술(learning & innovation skills)은 비판적 사고력과 문제해결능력, 창의력, 협업능력, 의사소통능력에 컴퓨팅 사고력을 추가하여 구성된다(박성익 외, 2021; 임철일, 2019; Wing, 2008).

교육 현장에서는 디지털 리터러시 및 컴퓨팅 사고력 함양이 강조되고 있으며, 교과 교육과 AI, SW 교육의 연계를 중시하면서 컴퓨팅 도구를 활용하여 정보교육, 수학과, 과학과 교육에서의 논리적, 절차적 문제해결력 함양과 디지털 융합 수업의 융합을 제시하고 있다(교육부, 2021).

교과 융합 교육인 STEAM 교육에 AI를 융합하기 위한 시도가 확

1) 본 장의 내용은 이은서(2024)의 석사학위논문을 보완하여 작성되었다.

대되고 있으며(최숙영, 2023), 이러한 움직임은 해외에서도 활발하게 나타나고 있다. 미국, 영국, 호주 등에서도 AI 컴퓨팅(Computing)과의 융합 교육을 시도하고 있다(박한별 외 2021). 구체적으로 살펴보면, 미국은 STEM 교육법안(Stem Education Act of 2015)에서 컴퓨터 과학 교육에 대한 요구 차원에서 STEM+C로 구성하였고(CBO, 2015), 영국은 컴퓨팅 과목을 STEM에 포함시킨 후(김자미 외, 2020) AI 교육과 STEM 교육을 융합하여 STEAM 센터를 운영하고 있다(KIAT, 2019). 독일은 융합교육을 MINT(Mathematik Informatik Naturwissenschaften Technik: 수학, 데이터 정보학, 자연과학, 공학)의 약자로 명명하여 4차 산업혁명과 관련된 인재양성 교육을 진행하고 있으며(MINT, 2021), 호주는 정보기술, 컴퓨팅 사고력에 중점을 두고 융합교육을 시행하고 있다(ACARA STEM, 2021). 한편 OECD Education 2030 프로젝트에서는 데이터 리터러시를 미래교육을 위한 핵심역량의 '핵심기초(core foundations)' 중 하나로 제시하면서, 지능정보사회에서 데이터 기반 문제해결 능력의 중요성이 대두되고 있다.

현재 국내 과학과 교육과정에서의 연역적 방법 기반 과학 탐구 학습이 아닌 데이터 기반 자율적 과학탐구를 할 수 있는 교수학습이 요구되고 있다(정대홍, 손미현, 2020). '데이터 기반 과학 탐구 학습'은 실생활 데이터를 수집, 공유, 분석하여 문제를 해결하는 탐구(홍옥수 외, 2021)하는 학습을 의미한다. 이에 따라 데이터 기반 과학탐구 학습을 위한 지능형 과학실과 같은 미래형 교수학습 환경에서 교수학습 설계에 대한 연구의 필요성이 대두되고 있다.

2) 이론적 배경

지능정보사회를 살아갈 학생들에게는 기존 교과 지식 암기를 넘어, 융합적 사고와 창의적 문제해결 능력이 요구된다. 이에 미래 교육은 지식의 단순 전달을 넘어, 학습자가 융합적 사고와 문제해결력을 발휘할 수 있도록 하는 방향으로 나아가고 있다. 특히 한국과학창의재단(2021)에서 제시한 미래형 융합교육은 기존의 교과 중심 교육을 넘어 다양한 학문을 연계하여 실제적 문제 해결을 목표로 하는 교육 패러다임이다. 이는 과학, 기술, 공학, 예술, 수학을 아우르는 STEAM 교육을 기반으로 하여 학생들에게 융합적 사고력과 창의적 문제해결 능력을 함양하는 데 중점을 둔다. 이러한 미래형 융합교육은 복잡한 사회적 문제를 해결할 수 있는 통섭적 인재 양성의 필요성에 대응하기 위해 제안된 것으로, 학생들이 실제 맥락 속에서 다양한 지식을 활용하고 새로운 가치를 창출할 수 있는 역량을 기르는 것을 강조한다.

이와 맞물려 AI 융합교육의 필요성이 사회적으로 확산되고 있다. 인공지능이 일상생활 전반에 스며든 사회에서 학습자는 단순히 기술을 사용하는 수준을 넘어, AI의 원리와 활용 방식을 이해하고 이를 다양한 지식과 연결하여 새로운 가치를 창출할 수 있어야 한다고 여겨진다. 따라서 미래인재를 양성하기 위한 교육은 지식 전달 중심의 전통적인 방식에서 벗어나, 체험과 탐구, 실험 중심의 학습을 도입하여야 한다. 이러한 학습 방식은 과학기술 기반의 융합적 사고력 증진을 가능하게 하고, 실생활의 다양한 문제를 해결할 수 있는 역량을 기르는 데 기여한다. 특히 AI 기술이 요구하는 비판적 사고, 데이터 활용 능력, 창의적 문제해결력은 교과 간 경계를 허물고 융합적 지식을 실천할 수 있도록 하는 교육적 토대가 된다.

AI STEAM 교육은 이러한 요구를 반영한 개념으로, 인공지능의 개념과 원리에 대한 이해를 토대로 과학, 수학, 기술, 공학, 예술 등 다양한 교과 지식을 연계하여 문제를 해결하는 능력을 기르는 교육을 의미한다(박한별 외, 2021; 임다미 외, 2022). 이는 학습자가 단편적인 기술 습득에 머무르지 않고, AI라는 도구를 매개로 복합적인 문제를 해결할 수 있도록 함으로써 미래 사회가 요구하는 핵심 역량을 배양한다. AI STEAM 교육은 단순한 기술 교육을 넘어, 융합적이고 창의적인 문제해결 과정을 통해 학습자가 자기 주도적이고 협력적인 탐구자로 성장하는 것을 지향한다.

AI STEAM의 교육적 실천을 구체화하기 위한 중요한 매개체가 피지컬 컴퓨팅 도구가 될 수 있다. 피지컬 컴퓨팅은 현실 세계와 가상 세계가 상호작용하는 개념으로, 디지털 기기를 활용하여 물리적 입력을 받고 이를 디지털로 변환하여 처리한 결과를 다시 물리적으로 출력하는 과정을 의미한다(한선관, 류미영, 2016; O'Sullivan & Igoe, 2004). 이러한 과정은 학습자가 단순한 추상적 개념을 넘어서 실제 세계와의 연결 속에서 컴퓨팅의 본질을 이해할 수 있도록 돕는다. 피지컬 컴퓨팅 도구는 센서, 아두이노, 마이크로비트와 같은 장치를 통해 학생들이 직접 조작하면서 결과를 확인할 수 있게 하며, 이는 곧 학습자의 몰입도와 학습 지속성을 높이는 효과를 가져온다.

선행연구를 통해 피지컬 컴퓨팅 도구가 컴퓨팅 사고력, 문제해결력, 비판적 사고력, 창의력 등 고차적 사고력 함양에 효과적임이 확인되어 왔다(Papert, 2000; Resnick & Silverman, 2005). 그러나 초등학생 대상의 프로그래밍 교육에서는 학습자의 발달적 특성 때문에 어려움이 존재한다. 구체적 조작기에 해당하는 초등학생들은 추상적인 프로그래밍 문법이나 코드 구조를 이해하는 데 인지적 부담을 크게 느끼며, 이로 인해 학습 동기 유발이나 학습 지속이 어려운 경우가 많다(이은형, 이태욱, 2015).

이러한 한계를 보완하는 것이 피지컬 컴퓨팅 도구의 장점이다. 학생들은 피지컬 컴퓨팅을 통해 눈에 보이는 결과를 직접 조작하고 피드백을 받으며, 문제 해결 활동에 실용적이고 실제적으로 참여할 수 있다. 예를 들어, 센서를 이용하여 환경 데이터를 수집하거나 로봇을 제어하는 활동은 학습자가 단순한 코드를 넘어서 테크놀로지의 작동 원리를 이해하고, 이를 바탕으로 새로운 기능을 재창조할 수 있도록 돕는다(Brown, 2015; Kostakis et al., 2015). 따라서 피지컬 컴퓨팅 기반 교육은 추상적인 개념 학습에서 오는 인지적 부담을 줄여주며, 학습자의 탐구 의지를 강화하고 AI와 융합된 문제해결 학습을 가능하게 한다.

미래형 융합교육과 AI 융합교육은 모두 학습자의 융합적 사고력과 문제해결 역량을 함양하기 위한 교육적 방향성을 공유하며, AI STEAM 교육은 이를 구체화한 실천적 형태로서 주목받고 있다. 더불어 피지컬 컴퓨팅 도구는 초등학교 현장에서 이러한 교육을 실현할 수 있는 효과적인 매개체로 기능하며, 학습자의 인지적 발달 수준을 고려한 체험 기반 학습을 가능하게 한다. 이는 결국 AI 융합교육이 지향하는 학습자 주도적, 창의적, 문제해결 중심 교육을 실질적으로 구현하는 데 핵심적 역할을 한다.

2. 교수설계 전략 및 모형 개발 과정

피지컬 컴퓨팅 도구 활용 AI STEM 수업 모형을 개발하기 위하여 설계·개발 연구방법론(Design and Development Research, Richey & Klein, 2007)을 적용하였다. 설계·개발 연구는 교수설계 분야에서 실질적 지식 창출과 기존 실천의 개선을 목표로 하며, 특히 본 연구에서는 유형 2(모형 연구)를 적용하여 다음 세 가지 단계를 거쳐 일반화 가능한 수업모형을 개발하였다.

1) 초기모형 도출

피지컬 컴퓨팅 도구 활용 교육, AI 융합교육, STEM 융합교육 영역에 관한 교수학습 모형 교수학습설계 및 프로그램 개발, 효과성 등 관련 선행문헌을 검토하여 교수학습모형 초안을 도출하였다.

선행문헌 분석을 토대로, 피지컬 컴퓨팅 도구 활용 수업, 컴퓨팅 사고력 배양 수업, 과학과 수학과 컴퓨팅 융합 수업의 목표는 공통된 고차적 사고 역량이 문제해결력이고, 문제해결학습 모형을 기반으로 주로 융합수업이 이루어지고 있음을 확인하였다(김지영, 김태영, 2016; 남윤경 외, 2019; Brenna & Resnick, 2012).

피지컬 컴퓨팅 도구 활용 수업은 주로 효과성 분석이나 수업 모형 또는 교육 프로그램을 개발하기 위해 주로 연구되고 있었지만 구체적인 교수설계전략이나 세부적인 교수학습활동으로 구성된 모형 연구는 미비하였다.

연구 주제에 관한 교수설계 및 실행의 어려움에 대한 경험적 고찰 의견과 피지컬 컴퓨팅 도구 활용 AI STEM 수업 설계 및 실행 가능성에 대한 반구조화된 개별 면담을 실시하였다. 면담결과를 분석하여 선행문헌 분석 및 경험적 고찰을 통한 교수학습모형 전체 초안을 도출하였다.

2) 내적 타당화

개발된 수업 모형과 교수·학습 지침의 내적 타당성을 확보하기 위해 전문가 타당도 검증을 실시하였다. 검증에는 교육공학, 인공지능 교육, 교과교육(수학, 과학, 컴퓨터교육) 분야의 전문가 총 6명이 참여하였다. 1차 검토에서는 모형의 타당성, 설명력, 유용성, 이해도, 보편성을 평가할 수 있는 준거(나일주, 정현미, 2001)를 토대로 4점 척도 문항과 개방형 문항을 병행하였다. 그 결과 수집된 정량적·정성적 피드백을 바탕으로 모형과 지침을 수정·보완하였다. 이후 2차 검토에서는 보완된 모형을 다시 제시하여 최종 설계원리와 세부 지침의 적절성을 확인하였다. 분석 방법으로는 평균, 표준편차, 내용타당도 지수(CVI), 평가자 간 일치도 지수(IRA)를 산출하는 정량적 분석과, 개방형 문항 응답을 범주화하여 보완점에 직접 반영하는 정성적 분석을 병행하였다. 이를 통해 제안된 수업 모형과 교수·학습 지침의 내적 타당성이 확보되었다.

3) 외적 타당화

외적 타당화는 개발된 수업 모형과 교수전략을 실제 교육 현장에 적용하여 교수자와 학습자의 반응을 분석하였다. 현장 적용은 경기도 소재 A초등학교 5학년에서 이루어졌으며, 담임교사 1인과 해당 학급 학생 23명의 학생을 대상으로 하였다. 수업은 초등교육, 컴퓨터 교육을 전공한 교사가 담당하였으며, 총 33차시에 걸쳐 진행되었다. 적용 절차는 ① 준비 단계(사전・사후 검사 도구 개발, 면담지 개발, 연구 참여 동의서 수집), ② 사전 검사(인지적 영역 검사, 역량 및 태도 검사), ③ 현장 적용(수업 실행 및 자료 수집), ④ 자료 분석 및 해석의 단계로 이루어졌다.

연구 도구로는 사전・사후 검사를 통해 인지적 영역 검사와 역량 및 태도 검사를 실시하였다. 인지적 영역 검사는 정보과학 사전 검사와 컴퓨팅 사고력 기반 정보과학 Bebras computational challenge 사전 검사, 컴퓨팅 사고력 중 자동화 영역 검사를 포함하였다. 또한 수업 반응을 확인하기 위해 교수자와 학습자 대상 수업 반응 조사 면담과 학습자 수업 만족도 조사를 실시하였다.

분석 방법은 정량 분석과 정성 분석을 병행하였다. 정량 분석에서는 사전・사후 검사의 평균과 표준편차를 산출하고, 정규성 검정과 등분산성 검정을 통해 적절한 통계 검정 방법을 선택하여 대응표본 t-검정 또는 윌콕슨 부호순위 검정을 사용하였다. 정성 분석에서는 교수자와 학습자 면담 내용을 전사하여 분석하였으며, 학습자의 반응을 바탕으로 수업 모형의 효과성과 적용 가능성을 확인하였다. 이를 통해 현장 맥락에서 수업 설계 원리의 실행 가능성과 효과성을 검증하였다.

3. 설계 전략 및 모형의 구성과 특징

1) 설계 전략 및 모형의 개요

본 모형은 공교육 현장에서 피지컬 컴퓨팅 도구를 활용한 AI STEM 수업을 효과적으로 실행하기 위한 절차적 안내 모형으로, 초중고 교사들이 문제해결학습 경험을 제공할 수 있도록 설계되었다.

모형은 사전교육인 ABCD 교육과 문제해결학습 기반의 본 수업으로 구성되며, 다섯 가지 주요 특징을 가진다. 첫째, 각 수업 단계와 활동을 명시적이고 구체적으로 제시하여 교수자가 체계적으로 수업을 진행할 수 있도록 한다. 둘째, 사전교육은 차시의 유연성을 두고, 본 수업은 한 단원 규모로 설계하여 교육과정 재구성과 수업 상황에 따라 유연하게 적용 가능하다. 셋째, 1인 1기기 환경, 안전한 공간, 원활한 네트워크 등 피지컬 컴퓨팅 도구 활용을 위한 환경적 요소가 마련된 것을 전제로 한다. 넷째, 실제 교육현장의 시간표 중심 수업 구조를 반영한 선형성과 프로젝트 학습의 순환성을 모두 고려하여, 단계적 진행과 필요시 이전 단계로의 회귀가 가능하도록 설계되었다. 다섯째, 각 단계별 교수전략과 상세 지침을 구체적으로 제시하여 교사가 수업 설계 및 실행 시 겪을 수 있는 어려움을 최소화하도록 지원하고자 하였다.

최종 도출된 수업 모형은 초등교육에서 피지컬 컴퓨팅 도구를 활용한 AI STEM 융합 수업을 통해 학습자의 융합적 문제해결력을 향상시키는 것을 목표로 한다. 특히 이 모형은 P21에서 제시한 미래핵심역량 중 학습과 혁신기술인 비판적 사고력과 문제해결능력, 창의력, 협업능력, 의사소통능력에 컴퓨팅 사고력을 통합하여 함양하는 데 중점을 둔다.

2) 모형의 구성요소

피지컬 컴퓨팅 도구를 활용한 AI STEM 수업 모형은 사전교육인 ABCD 교육과 본 수업으로 구성된다. 교과교육에 해당하는 수학과, 과학과의 문제해결 학습인 D 교육을 토대로, 컴퓨팅 사고 기반의 문제해결 학습인 C 교육(Computational thinking), 데이터 기반 문제해결학습의 B 교육(Big data), 인공지능을 활용한 문제해결 학습인 A 교육(Artificial Intelligence)을 통해 최종적으로 학습자가 실생활 문제를 해결하는 모형의 구조는 다음 그림과 같다.

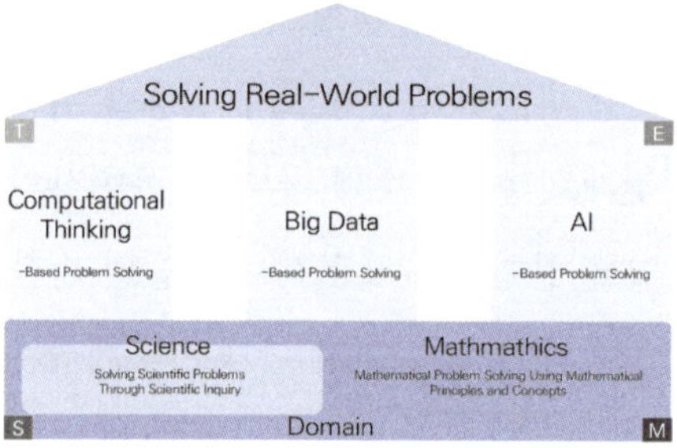

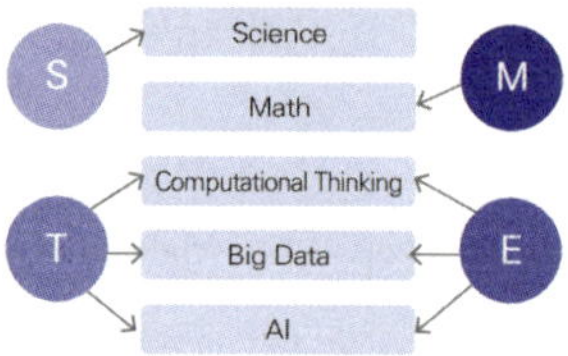

[그림 13-1] 수업모형 구조

사전교육인 ABCD 교육은 A 교육(Artificial Intelligence), B 교육(Big data), C 교육(Computational thinking), D(Domain; 교과교육)로 구성되며, C → B → A 순서로 제안하지만, 교수자의 의도에 따라 조정 가능하다.

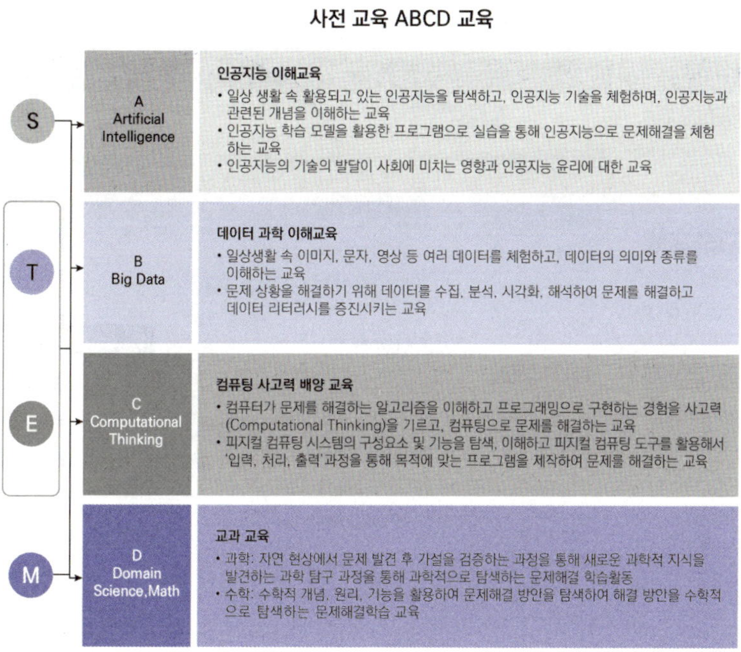

[그림 13-2] 사전교육

사전교육에 이후 이루어지는 본 수업 모형은 문제해결학습, 탐구학습, 프로젝트 학습을 기반으로 하여 4단계 순환 구조로 설계되었다. 1단계는 문제 인식 및 정의, 2단계는 문제해결 설계 및 실행(탐구 설계, 데이터 분석, AI 활용 문제해결), 3단계는 문제해결 결과 공유 및 평가, 4단계는 정리 및 성찰로 구성된다.

이 모형은 첫 수업 시 안내된 탐구 프로젝트 학습으로 시작하여 점진적으로 자유 탐구 프로젝트 학습으로 전환하며 학습자 주도성을 확대한다. 피지컬 컴퓨팅 도구를 통해 추상적인 AI 개념을 구체적이고 체험적으로 학습할 수 있으며, STEM 각 영역이 실생활 문제해결 과정에서 자연스럽게 융합되도록 설계된 특징을 가진다.

[그림 13-3] AI STEM 수업모형

3) 수업 모형

최종 수업모형의 단계와 단계별 설명은 다음과 같이 크게 4단계로 이루어진다. 이 모형은 실생활 문제를 인식하고 분석하여 탐구 문제를 정의한 뒤, 피지컬 컴퓨팅 도구와 센서를 활용해 문제를 해결하기 위한 데이터를 수집·분석하여 문제의 원인을 확인하고, 문제를 해결하기 위해 피지컬 컴퓨팅 도구 및 센서와 AI 모델을 활용하여 AI 모델링·프로그래밍 과정을 거쳐 문제해결 도구를 개발한다. 마지막으로 결과를 공유·평가하고, 일반화와 성찰 과정을 통해 학습을 정리하며 또 다른 실생활 문제를 발견하고 프로젝트를 다시 수행할 수 있는 절차로 구성된다. 이 과정에서 본격적인 문제해결 설계 및 실행단계에서는 크게 '데이터 분석 탐구 설계 및 실행과 AI 활용 문제해결 설계 및 실행'으로 이루어진다. 자세한 모형의 단계의 세부 내용은 다음과 같다. 실생활 문제를 발견하고 정의하는 단계부터 AI를 활용한 문제 해결과 결과 공유, 평가, 성찰까지의 전체 탐구·문제 해결 과정이 단계적으로 이어진다. 먼저 학생들은 자연 현상이나 일상생활에서 문제를 관찰하고 의문문 형태로 문제의식을 표현하며, 사전 지식과 경험을 떠올려 문제 상황을 구체화한다. 이후 문제에서 핵심 요소를 추출하고 관련 요인과 정보를 분석하여 문제를 작은 단위로 분해하며, 필요 자료를 수집·분석해 탐구 문제를 자신의 언어로 재정의하고 가설을 세운다.

문제 해결 단계에서는 탐구 계획서를 작성하고, 피지컬 컴퓨팅 도구와 센서를 활용해 데이터를 수집·분석한다. 수집된 데이터는 전처리와 시각화를 거쳐 변수 간 관계와 경향성을 탐색하며, 과학적 개념과 원리와 연결해 해석한다. 이어 AI 모델을 학습·테스트해 문제 해결 도구를 설계·구현하고, 오류 수정과 최적화를 통해 성능을 개선한다.

마지막으로 탐구 결과를 발표하고 도구 작동을 시연하며, 동료 평가와 토의를 통해 개선점을 도출하고 실생활 적용 가능성을 논의한다. 산출물과 성찰 기록을 e-포트폴리오에 정리하며 전체 과정을 되돌아보고 자기 평가를 실시해 향후 개선 방향을 모색한다.

4) 상세 전략

피지컬 컴퓨팅 도구를 활용한 AI STEM 수업을 위한 최종 교수전략은 총 35개의 교수전략과 해당 교수전략을 수업설계에 적용하기 위한 106개의 상세 지침으로 구성된다. 또한, 상세 지침에 예시 및 해설이 필요한 경우는 추가로 상세한 해설과 구체적 예시 내용을 제시하여 교수자의 교수전략 활용에 대한 유용성을 높이고자 하였다. 이 중 핵심 교수전략과 상세지침을 다음 〈표 13-1〉에서 제시하였다.

〈표 13-1〉 최종 교수전략

<table>
<tr><th colspan="2">주요 단계</th><th>교수전략</th></tr>
<tr><td colspan="2" rowspan="2">수업 전체
(사전 교육,
AI STEM 수업)</td><td>1. 사전 교육(ABCD)과 문제해결 기반 AI STEM 수업 설계 시 학습자 분석을 반영하여 설계하라.</td></tr>
<tr><td>2. 사전교육 중 ABC 교육(컴퓨팅 사고력 배양 교육, 데이터 과학 이해 교육, 인공지능 이해 교육; 이하 ABC 교육)은 문제해결 기반 AI STEM 수업에 필요한 기초 소양 교육으로서 이해 교육에 초점을 두고, 실습 및 체험활동 중심으로, D에 해당하는 교과 교육은 문제해결활동을 설계하라.</td></tr>
<tr><td rowspan="5">ABCD 교육</td><td>D
(교과 교육)</td><td>5. AI STEM 수업 설계 시 수학, 과학 교육과정에서 융합을 위한 적절한 영역 및 단원, 주제를 선정하라.</td></tr>
<tr><td rowspan="2">C
(Computational thinking)
컴퓨팅 사고
배양 교육</td><td>8. 피지컬 컴퓨팅 도구 활용 교육 이전, 기초적 컴퓨팅 사고력 관련 학습활동을 설계하라.</td></tr>
<tr><td>11. 피지컬 컴퓨팅 도구 활용 수업 시 센서 및 액추에이터를 통한 입력, 처리, 출력의 기본 원리를 이해하도록 교수학습활동을 구성하라.</td></tr>
<tr><td rowspan="2">B
(Big Data)
데이터과학
이해 교육</td><td>13. 데이터 과학 이해 교육은 수학과 교육과정의 관련 개념 영역과 연계하여 지도하라.</td></tr>
<tr><td>14. 학생이 직접 데이터 수집, 분석, 시각화, 해석 및 의사결정 하는 데이터 기반 문제해결학습을 설계 및 운영하라.</td></tr>
</table>

주요 단계		교수전략
	A (Artificial Intelligence) 인공지능 이해 교육	15. 인공지능을 이해하기 위해 실생활에 활용되는 사례를 탐색하여 우리 생활에 미치는 영향을 인지할 수 있는 활동을 구성하라.
		16. 인공지능의 학습 원리를 이해하기 위해, 인공지능 교육 플랫폼을 활용하여 간단한 인공지능 모델 프로그램을 만들어 보는 실습 활동을 안내하라.
AI STEM 수업	AI 기반 STEM 수업 전	17. AI STEM 수업은 수준과 층위를 점진적으로 상향하여 설계 및 실행하라.
		18. 협력적 문제해결학습 환경을 조성하고, 지원하라.
	문제 인식 및 정의	20. 실생활 문제를 분해, 분석, 명료화하는 활동을 토대로, 차후 탐구 문제를 정의할 수 있도록 단계적 접근해라.
		21. 문제가 다소 복잡한 경우, 자료 수집 필요성과 가능성을 검토하여, 조사를 통해 문제와 관련된 배경 자료를 수집, 분석하도록 안내하라.
		22. 탐구 문제를 정의 및 가설 설정을 안내하라.
	데이터 기반 탐구 설계 및 실행	24. 탐구를 위한 피지컬 컴퓨팅 도구, 센서 및 부품을 선정하는 과정에서 학습자에게 도움이나 피드백을 제공하라.
		26. 프로그래밍 과정을 학습자의 수준에 맞추어 지원하라.
		28. 데이터 분석을 통해 탐구 문제 관련 정보를 도출하고, 예상(가설)을 검증할 수 있도록 안내하라.
		29. 데이터 분석을 통해 알게 된 사실 과학적 개념 및 지식과 연계지어 이해할 수 있도록 안내하라.
	AI 활용 문제 해결책 설계 및 실행	31. AI 모델링 활동은 학습자의 수준을 고려하여 교육용 플랫폼의 AI 모델을 활용하라.
		32. AI 모델을 활용한 프로그래밍 검증을 지원하라.
	문제 해결 결과 공유 및 평가	33. 문제해결 과정과 결과를 충분히 공유하고 수정 및 개선안을 도출할 수 있도록 안내하라.
	정리 및 성찰	34. 탐구를 통해 알게 된 것을 정리하고 탐구 과정과 결과를 종합적으로 정리하여 작성하도록 안내하라.
	새로운 문제 발견	35. 새로운 문제 발견하는 방법을 안내하고, 자유 탐구 기반 AI STEM 문제해결학습을 시작할 수 있도록 지원하라.

5) 실제 적용 사례

내적 타당화를 거쳐 개선된 수업 모형과 교수전략을 바탕으로 실제 학교 현장에서 AI STEM 수업을 설계하고 실행하였다. 전체 수업은 사전교육과 본격적인 AI STEM 수업으로 구성되어 수학, 과학 교과의 교육과정을 컴퓨팅 사고력, 데이터 과학, 인공지능 교육의 내용을 고려하여 재구성하여 융합수업을 설계하였다. 사전교육의 영역별 세부 내용과 차시별 목표, 활용 플랫폼을 설정하였다.

사전교육 단계에서는 학생들의 접근성을 높이기 위해 게임형 코딩 활동을 중심으로 진행하였다. MapleStory World와 Scratch를 통해 순차, 반복, 조건 등 코딩의 기초 개념을 학습하고, 피하기형 게임 제작을 통해 변수 개념과 문제해결 과정을 익혔다. 학생들은 타인의 코드를 해석하고 실행 결과를 예측하는 활동으로 컴퓨팅 사고력을 배양할 수 있는 수업을 하였으며, 스마트탭, 휴대폰으로 접근성이 높은 Octo Studio를 활용해 코딩학습 경험을 확장시킬 수 있도록 안내하였다.

인공지능 학습 단계에서는 AutoDraw, QuickDraw, Paint with Music 등을 활용한 인공지능 활용 학습 활동을 통해 이미지, 음성, 모션 인식 기술의 원리를 알아보고 실습해 보며 토의하였다. 특히 Teachable Machine을 활용한 '가위바위보' 인식 모델 제작 활동에서 데이터의 양과 클래스 구분의 중요성을 이해하고, AI 모델 학습 과정을 직접 경험하였다. 또한 생성형 AI 플랫폼을 활용해 학습자료를 만들어 보는 활동을 통해 데이터의 신뢰성, 편향, 윤리적 문제에 대한 논의를 포함하여 단순한 기술 활용 경험을 넘어선 비판적 성찰의 기회를 제공하였다.

본격적인 AI STEM 수업은 실생활 문제해결을 중심으로 구성되었다. 교실 내 적정 조도라는 구체적인 탐구 주제를 통해 학생들이 직접 문제를 정의하고, 라이트 센서와 LED 센서 등 피지컬 컴퓨팅 도구로 데이터를 수집하였다. 수집된 데이터는 Scratch와 스프레드시트를 활용하여 전처리하고 시각화함으로써 데이터 분석 과정의 의미를 체득하였다.

<데이터 수집 도구 설계>

<학습자 산출물>

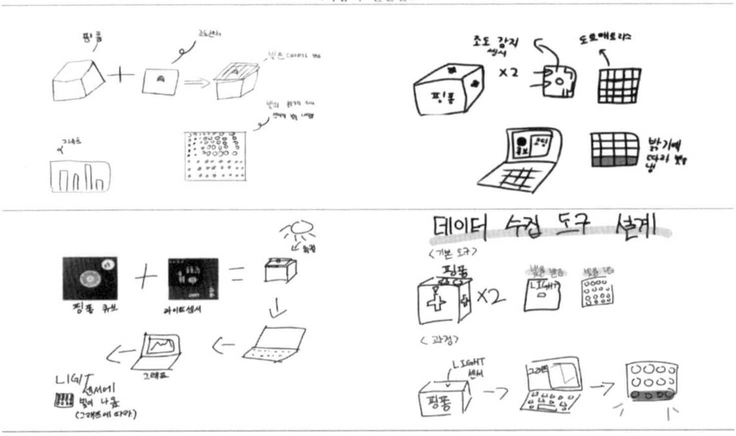

[그림 13-4] 학습자의 데이터 수집 설계

수집한 조도 데이터를 바탕으로 AI 모델을 학습시켜 학습하기 위해 최적화된 적정 조도 여부를 판별하는 해결책을 제시하였다. 이 과정에서 최적화 활동을 수행하고 산출물을 공유하며 성찰하였다.

<탐구 데이터 전처리 및 시각화>

<학습자 산출물>

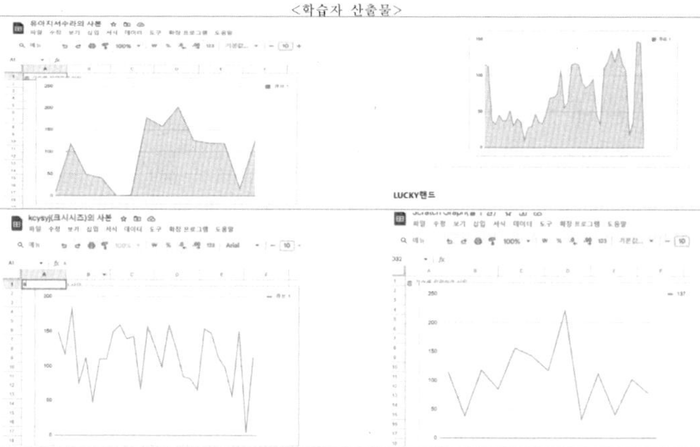

[그림 13-5] 데이터 분석 과정

수업에 참여한 학생들은 인공지능 모델을 활용한 문제해결 경험에 대해 신기하고 흥미롭다는 긍정적인 반응을 보였다. 본 수업은 실생활 문제해결을 기반으로 AI 융합 교육을 구체적으로 실천한 사례로서, 학생들의 탐구 역량과 AI 리터러시를 동시에 신장시킨 의의를 가진다.

<AI 모델링 및 프로그램 개발>

<학습자 산출물>

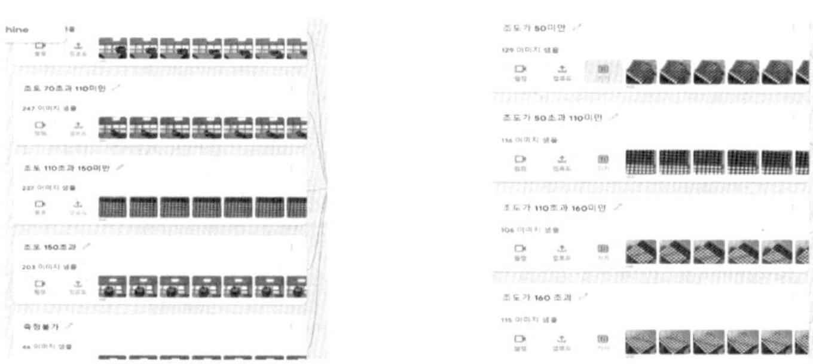

[그림 13-6] AI 모델링 과정

4. 결론 및 향후 발전 방향

1) 효과 분석

AI STEM 수업 모형은 다양한 영역에서 유의미한 교육적 효과를 나타냈다.

먼저 인지적 영역 검사에서, 정보과학 검사와 컴퓨팅 사고력 자동화 영역 모두에서 실험집단의 성취가 통계적으로 유의하게 향상되었다. 정보과학 검사의 경우, 실험집단의 사전 평균 점수가 약 18.6점이었으나 수업 후 29.9점으로 상승하였고, 통제집단의 평균 20점보다 약 9점 높았다. 이러한 차이는 유의수준 .001 미만에서 통계적으로 유의한 것으로 나타났다. 또한 컴퓨팅 사고력 자동화 영역 검사에서도 평균 점수가 23.3점에서 46.3점으로 상승하였으며, 성취율로 환산하면 41.6%에서 78.5%로 향상되어, AI 기반 STEM 수업이 학습자의 논리적 사고력과 프로그래밍 자동화 역량을 효과적으로 증진시킨 것으로 나타났다.

역량 및 태도 검사 결과에서도 전반적인 긍정적 변화가 확인되었다. STEAM 교육 핵심역량 검사에서는 융합, 창의, 도전, 배려의 모든 하위 요인에서 평균이 상승하였으며, 이는 모두 통계적으로 유의한 차이를 보였다. 특히 융합적 사고력과 창의적 문제 해결 태도가 강화된 것으로 나타났다. 지식정보처리역량 검사에서도 문제 인식, 해결책 탐색, 해결책 평가의 세 요인 모두 유의하게 향상되어, 학습자가 정보 탐색과 비판적 판단 능력을 고도화한 것으로 분석되었다.

또한 과학기술에 대한 태도 검사에서는 자신감, 흥미, 가치의 세 요인에서 모두 유의미한 상승이 확인되었고, 이는 과학기술에 대한 긍정적 태도와 자기효능감의 증진을 의미한다. 과학과 핵심역량 검사에서도 과학적 사고력, 탐구능력, 문제해결력, 의사소통, 평생학습 능력 등 모든 하위 요인에서 통계적으로 유의한 향상이 나타나, 학습자의 과학적 탐구 및 문제해결 전 과정에서 핵심역량이 강화된 것으로 나타났다.

데이터과학 교육에 대한 태도 검사에서는 인지적, 정서적, 행동적 요인 모두에서 유의한 상승이 나타났으며, 이는 학습자의 데이터 활용과 분석에 대한 흥미와 참여 의지가 향상되었음을 시사한다. 마지막으로 AI 리터러시 검사에서는 AI 인식, 원리 이해 및 활용, 윤리, 사회적 가치의 모든 요인에서 평균 점수가 상승하였으며, 특히 'AI 원리 이해 및 활용' 영역에서 가장 큰 폭의 향상이 확인되었다. 이는 학습자들이 AI의 작동 원리와 활용 방법뿐 아니라, 사회적 가치와 윤리적 관점에서도 성숙한 인식을 형성했음을 의미한다.

종합적으로 볼 때, 피지컬 컴퓨팅 도구를 활용한 AI STEM 수업은 학습자의 인지적 능력 향상뿐 아니라, STEAM 핵심역량, 과학기술 태도, 데이터과학 태도, 그리고 AI 리터러시까지 포괄적으로 긍정적 변화를 이끌어낸 것으로 나타났다. 따라서 본 수업 모형은 학습자의 창의적 문제 해결력, 비판적 사고력, 융합적 사고, AI 이해 및 윤리 인식을 통합적으로 신장시키는 효과적인 교육적 접근임이 실증적으로 확인되었다.

2) 적용상의 유의점

AI STEM 수업 모형 적용을 한 교수자와의 면담을 통해 수업 진행에 있어 사전수업부터 본 수업까지 체계적으로 설계하여 실행함으로 인해, 산발적으로 진행하던 수업들이 효율을 가지게 설계되면서 학생들의 이해도가 향상되었음이 확인되었다. 하지만 다양한 교과의 시수를 활용한 장기적인 융합 프로젝트 수업을 진행하기 위해 교육과정 조절과 같은 어려운 문제가 발생할 수 있어 이에 대한 사전에 체계적인 수업 설계가 전제가 된다.

또한 수업 모형의 각 단계가 세분화되어 있어 설계 시 체계적인 접근이 가능하지만, 동시에 교사에게 부담감이 높아질 수 있으므로 교수자와 학습자 맥락에 따라 적절한 수준에서 간소화하는 것을 고려해야 한다. 피지컬 컴퓨팅 도구 활용 및 인공지능 모델링 등이 포함된 수업의 특성상 학생들의 기본적인 사고력, 탐구 역량, 디지털 리터러시 등이 전제되어야 하므로 학습자의 사전 역량 수준을 파악하고 필요시 개념 이해를 위해 개념학습 차시를 유동적으로 조정할 수 있다. 또한 물리적 자원인 피지컬 컴퓨팅 도구의 준비와 관리에 대한 체계적인 수업환경 및 교수학습활동 설계가 전제가 되기도 한다.

학습자 대상 면담 결과, 피지컬 컴퓨팅 도구를 활용하여 데이터를 기반으로 AI를 활용해 문제해결 수업을 진행할 때 교과목을 각자 배우던 수업보다 통합성 및 흥미 향상이 보고되었으나, 이러한 효과를 지속적으로 유지하기 위해서는 학습자의 동기와 참여도를 지속적으로 관리해야 함이 확인되었다.

교수자는 여러 과목이 융합되고 각자의 수업에서 요구하는 학습내용이나 방법이 다르기 때문에 자칫 산만해지거나 의도와 다르게 흘러갈 수 있는 상황을 방지하기 위해 핵심 단계들을 중심으로 수업을 개최하고 설계해야 한다. 동시에 현장 적용 시 각 교육현장의 특성에 맞게 모형을 유연하게 조정할 수 있는 역량을 갖춰야 하며, 지속적인 전문성 개발을 통해 본 수업모형을 적용하기 위해 더 최적화된 피지컬 컴퓨팅 도구나 SW 교육 플랫폼에 대한 이해를 높이고 적용하는 전문성이 요구되기도 한다.

3) 결론 및 제언

위와 같이 해당 장에서는 피지컬 컴퓨팅 도구를 활용한 AI STEM 수업 모형과 교수전략을 개발하고 타당성을 확인한 연구를 살펴보았다.

사전 ABCD 교육과 문제해결 프로젝트 중심의 AI STEM 수업으로 구성된 수업 모형을 개발했고, 35개의 교수전략과 106개의 상세 지침을 제시하였다. 실제 교육현장 적용 결과, 학습자들의 문제해결력, 컴퓨팅 사고력, 데이터 과학에 대한 긍정적 태도, STEAM 핵심역량, AI 리터러시 등에서 효과성이 확인되었다. 이를 통해 확인하게 된 연구의 의의는 다음과 같다. 첫째, 2017년부터 제시되어 온 우리나라 국가 과학 교육과정에서 컴퓨팅 사고력을 과학, 수학 교과와 같은 기초적 학문에 어떻게 적용하여 가르칠 수 있는지에 대한 기준 및 지침이 없고 관련된 연구가 미비한 현 시점에서 구체적인 지침이 될 수 있다(남윤경 외, 2019). 둘째, 이동영과 남윤경(2018)이 분석한 국내 STEAM 프로그램 76개 중 공학적 문제

해결이 정확하게 적용된 사례가 28%에 불과한 상황에서 이러한 수업 모형을 활용할 때 대안이 될 수 있다. 셋째, TIMSS에서 나타난 우리나라 학생들의 과학에 대한 정의적 태도가 성취도와 비교하여 상대적으로 낮게 나타났는데(상경아 외, 2017) 과학에 대한 정의적 태도를 향상하기 위한 수업 모형으로 활용될 수 있다.

다만 연구의 한계점으로는 초등 5학년 23명을 대상으로 제한적으로 적용해 본 점, 사전교육 ABC의 세부 내용 체계 개발의 필요성 등이 확인되었다. 본 연구의 제언 사항은 다음과 같다. 첫째, 본 연구는 초등학교 5학년 대상으로 적용하였으나, 피지컬 컴퓨팅 도구 활용한 코딩을 정규 실과 및 정보과 교육과정에서 배우는 6학년, 중·고등학교에 적용해 모형의 개선점을 도출할 수 있다. 학년을 상향할 경우 피지컬 컴퓨팅 도구의 수준을 상향하여, 아두이노를 활용할 수 있고, EPL의 수준을 텍스트 언어로 향상하여 적용 후 시사점을 도출할 필요가 있다.

둘째, 본 연구에서 외적 타당화 시 23명에게만 적용하였지만, 보다 큰 규모의 학습자를 대상으로 외적 타당화 검토 후, 학습자의 의견을 수렴할 필요가 있다. 또한 STEM 수업에서 여학생들의 성취가 부진할 것이라는 연구자의 예상과 달리, 수업 적용 후 컴퓨팅 사고력 측정 및 평가 검사 결과, 여학생의 컴퓨팅 사고력 향상이 두드러진 것을 확인할 수 있었으나, 23명의 적은 수의 학습자를 대상으로 하였으므로 더 큰 규모의 학습자를 대상으로 적용하여 시사점을 도출할 필요가 있다.

셋째, 본 모형은 사전교육 ABC에 있어 대략적인 내용을 제시하고, 세부적인 내용 요소나 체계표를 제공하지 않았으나 이에 대한 보강을 통해 정교화와 일반화가 이루어질 필요가 있다.

넷째, 수학, 과학, 공학, 기술 융합 중심의 STEM 수업으로 주제를 한정했다. A에 해당하는 인문사회계열 수업과의 융합, 예술 영역과의 융합을 통해 STEAM 수업으로 확장할 수 있다. 또는 사회(Society), 기술(Technology), 과학(Science) 융합 모형인 STS 모형, 과학 관련 사회쟁점(SocioScientific Issues: SSI) 모형과 같이 다양한 융합 수업 모형으로의 확장 및 융합에 대한 탐색을 통해 다양한 융합을 시도할 수 있다(황요한 외 2020).

다섯째, 문제해결 기반의 AI STEM 수업 설계 시 Domain에 해당하는 정규 교육과정에 기반하여 체계적으로 운영되는 과학, 수학 과목과 현재 정규 교육과정에 포함되어 있지 않거나 수업을 실행할 수 있는 교육과정의 시수가 상대적으로 부족한 Computational Thinking, Big Data, AI 교육을 융합하기 위해서는 치밀한 교육과정 재구성 설계가 요구된다. 또한 융합 시 과목 간 비중이 상대적으로 차이가 나는데, 이를 보완할 수 있는 상세한 교수전략에 대한 후속 연구가 요구된다.

‖ 참고 문헌 ‖

교육부 (2015). 과학과 교육과정. 교육부 고시 제2015-74호 [별책 9].

교육부 (2020). 실과(기술가정) 정보과 교육과정(제2020-236호)수정(2020.9.11.)

교육부 (2021). 2022 개정 교육과정 총론 주요사항. 교육부 교육과정정책과.

김자미, 우호성, 이원규 (2020). SW융합교육 강화를 위한 중등교원 양성기관의 SW교육 방안. 컴퓨터교육학회 논문지, 23(6), 1-13.

김지영, 김태영 (2016). 중등 수학과학 영재를 위한 피지컬컴퓨팅 교육이 융합적 역량 향상에 미치는 영향. 컴퓨터교육학회 논문지, 19(2), 87-98.

나일주, 정현미 (2001). 웹기반 가상교육 프로그램 설계를 위한 활동모형 개발. 교육공학연구, 17(2), 27-52.

남윤경, 유진아, 한금주, 정주훈 (2019). SEM-CT: 과학(S), 공학(E), 수학(M)적 문제해결과정과 컴퓨팅 사고(CT). 컴퓨터교육학회 논문지, 22(3), 37-54.

박성익, 임철일, 이재경, 최정임, 조영환 (2021). 교육공학과 수업. 파주: 교육과학사.

박한별, 김자미, 이원규 (2021). 인공지능 융합교육을 위한 교원의 역량 도출. 컴퓨터교육학회 논문지, 24(5), 17-25.

상경아, 곽영순, 최지현, 전성균 (2017). 수학 과학 성취도 추이변화 국제비교 연구: TIMSS 2015 심층 분석. 한국교육과정평가원 연구보고 RRO 2017-5-1.

손미현, 정대홍 (2020). 지식정보처리역량 함양을 위한 데이터 기반 과학탐구 모형 개발. 한국과학교육학회지, 40(6), 657-670.

임철일 (2012). 교수설계 이론과 모형. 교육과학사.

임철일 (2019). 미래 사회와 교육을 위한 교육공학 연구 및 실천 영역의 재조명. 교육공학연구, 35(2), 253-287.

임다미, 강신천, 이은상 (2021). 초 · 중등 인공지능(AI)교육 학교 적용 방안 연구. 한국과학창의재단

이동영, 남윤경 (2018). 공학설계 측면에서 한국 STEAM 프로그램 분석틀 제안. 대한지구과학교육학회지, 11(1), 63-77.

이은서 (2024). 피지컬 컴퓨팅 도구를 활용한 AI 기반 STEM 수업 모형 개발. 서울대학교 석사학위논문.

이은형, 이태욱 (2015). 엔트리(Entry)를 활용한 초등 프로그래밍 입문수업 모델. 한국컴퓨터교육학회 학술발표대회논문집, 19(1), 43-46.

최숙영 (2023). AI 융합교육의 이해와 해결 과제에 대한 고찰. 산업융합연구, 21(1), 147-157.

한국과학창의재단 (2021). 미래형 융합교육 선도학교 모델 기획 연구.

한선관, 류미영 (2016). 컴퓨팅 사고력을 위한 소프트웨어 교육. 생능출판사.

홍옥수, 김경미, 이재영, 김율 (2022). 지능형 과학실의 개념과 특징. 한국과학교육학회지, 42(2), 177-184.

황요한, 문공주, 최윤희 (2020). 컴퓨팅 사고 기반 과학 관련 사회쟁점(CT-SSI) 교육 프로그램을 통해 나타나는 학생들의 컴퓨팅 사고 역량과 그 변화 분석, 교육문화연구, 26(2), 175-196.

ACARA STEM. (2021). *STEM education: A national STEM school education strategy for 2021 and beyond*. Australian Curriculum, Assessment and Reporting Authority.

Brennan, K., & Resnick, M. (2012). New frameworks for studying and assessing the development of computational thinking. In *Proceedings of the 2012 annual meeting of the American Educational Research Association*.

Brown, T. A. (2015). *Confirmatory factor analysis for applied research*. Guilford publications.

CBO (Congressional Budget Office). (2015). *STEM Education Act of 2015*. Congressional Budget Office (CBO).

Korea Institute for Advancement of Technology. (2019). *UK's AI industry promotion strategy*(Issue Paper GT2019-EU01). https://gtonline.or.kr/kor/data/issue/dataView.do?data_sid=233518

Kostakis, V., Niaros, V., & Giotitsas, C. (2015). Production and governance in hackerspaces: A manifestation of Commons-based peer production in the physical realm?. *International Journal of Cultural Studies, 18*(5), 555-573.

MINT. (2021). Retrieved from https://mintzukunftschaffen.de/

O'Sullivan, D., & Igoe, T. (2004). *Physical computing: sensing and controlling the physical world with computers*. UK: Course Technology Press.

Papert, S. (2000). What's the big idea?. Toward a pedagogy of idea power. *IBM Systems Journal, 39*(3), 720-729.

Resnick, M., & Silverman, B. (2005, June). Some reflections on designing construction kits for kids. In proceedings of the 2005 conference on *Interaction design and children* (pp. 117-122). ACM.

Richey, R. C., & Klein, J. (2007). *Design and Development Research: Methods, Strategies, and Issues*. Mahwah, Lawrence Erlbaum Associates, Publishers.

Wing, J. M. (2008). Computational thinking and thinking about computing. *Philosophical Transactions of the Royal Society A: Mathematical, Physical and Engineering Sciences, 366*(1881), 3717-3725.

CHAPTER 14

창의적 문제해결을 위한 AI 융합 수업 설계 지원 시스템 개발 모형[1]

이다연

1. 모형 개발의 배경과 필요성

1) 실제적 요구

창의적 문제해결을 위한 AI 융합 수업을 통해 기르고자 하는 학습자의 역량은 특정 교과에 한정되지 않는다. 인공지능의 원리와 기술을 토대로 창의적 문제를 해결하고 인공지능 리터러시를 기르는 교육 목표는 개별 교과 차원을 넘어 모든 교과와 학년에서 요구된다(전인성 외, 2021). 따라서 전 교과 교사들이 창의적 문제해결 중심의 AI 융합 수업을 실천해야 하며, 최근에는 초・중・고등학교 현장에서 이러한 수업 활성화의 필요성이 더욱 강조되고 있다(문샛별 외, 2022). 이는 미래 사회가 요구하는 핵심 역량을 기르기 위한 필수 과제로 제기되고 있다(김태령 외, 2020).

그러나 실제 학교 현장에서는 이러한 수업이 충분히 정착되지 못하고 있다. 그 이유는 크게 네 가지로 정리할 수 있다. 첫째, 교사에게 고차원적이고 종합적인 수업 설계 능력이 요구된다는 점이다. 창의적 문제해결형 인공지능 융합 수업을 설계하려면 교사

1) 본 장의 내용은 이다연(2024)의 박사학위논문을 보완하여 작성되었다.

가 학습자 특성을 이해하고 과제를 분석하여 학습 내용을 구성할 수 있어야 하며(허희옥, 강신천, 2023), 둘 이상의 교과 지식을 연결하여 주제를 설정하고 이를 교육과정과 연계해 재구성할 수 있는 능력이 필요하다(박한별 외, 2021). 또한 컴퓨터 과학과 데이터 과학의 기본 지식을 바탕으로 인공지능 기술과 도구를 활용할 수 있어야 한다(김태령 외, 2020). 더불어 창의적 문제해결 활동을 설계하려면 문제 발견, 분석, 해결안 도출 및 실행과 같은 단계별 과정을 이해하고(Amabile, 1996), 그에 맞는 학습 활동을 조직할 수 있어야 한다. 학습자 활동을 지원하는 적절한 피드백과 스캐폴딩 제공, 결과물 평가 능력 역시 필수적이다(Hathcock et al., 2015). 그러나 이러한 역량을 동시에 갖춘 교사는 많지 않아 실제 수업 실행에 어려움이 존재한다.

둘째, 수업 운영에 필요한 자료와 지식이 충분히 확보되지 않았다는 점이다. 교사 양성과정에서 AI 융합 수업에 관한 교수설계 역량이나 이해도를 높여주는 교육은 부족하고, 학생 지도에 활용할 수 있는 자료 또한 제한적이다. 특히 시중 교재는 기술적 측면에 집중되어 있어 창의적 문제해결을 위한 수업 활동 설계와 관련된 자료가 미흡하다(장병철 외, 2021). 이 때문에 많은 교사들이 개념이나 방법 자체를 잘 알지 못해 실천으로 이어지지 못한다(최도연, 전용주, 2023).

셋째, (예비)교사들이 심리적 부담과 거부감을 느낀다는 점이다. 창의적 문제해결 중심의 AI 융합 수업은 기존과 달리 복잡하고 새로운 형태의 수업이므로 상당수 교사들이 이를 어렵게 인식한다(최도연, 전용주, 2023). 새로운 방식에 대한 심리적 저항(McCrickerd,

2012)과 더불어, 인공지능이라는 낯선 기술을 수업에 접목하는 것 자체에 대한 거부감도 확산을 가로막는 요인으로 작용한다(송연옥, 변호승, 2013). 이러한 인식을 완화하려면 교사를 대상으로 한 충분한 교육과 지원이 필요하다.

넷째, 수업 설계를 체계적으로 지원하는 구체적 방안에 관한 연구가 부족하다는 점이다. 지금까지는 여러 수업 설계 모형이 제시되었으나, 교사들이 이를 실제 수업에 적용하는 정도는 낮다. 이는 인공지능이나 수업 설계에 전문성을 지닌 교사는 모형을 적절히 활용할 수 있으나, 그렇지 않은 교사에게는 모형만으로 체계적 수업을 설계하기가 어렵기 때문이다.

따라서 창의적 문제해결을 위한 AI 융합 수업을 효과적으로 지원하는 체계적 시스템 개발이 필요하다. 수업 설계 지원은 목표 설정, 내용 구성, 방법 계획, 수업안 작성 등 전 과정을 보조하는 활동을 의미하며, 단계별 설명, 활동 지침, 예시와 양식 등을 포함해야 한다. 이러한 시스템은 교사가 전문가가 아니어도 수업을 구조화할 수 있게 하며(간진숙, 이칭찬, 2010), 설계에 필요한 시간과 비용을 절감시킨다(김동식, 1995; Merrill, 1998). 또한 반복 사용을 통해 교사 스스로 설계 능력을 내재화할 수 있고(임철일 외, 2014), 수업 실행과 결과를 표준화하여 일관성을 확보할 수 있다. 나아가 교사의 부담을 줄여 수업 실천을 확산시키는 효과도 기대된다. 그러나 현재까지는 이와 같은 시스템을 설계하기 위한 원리나 구체적 모형에 대한 연구가 충분하지 않다.

이에 창의적 문제해결을 목표로 하는 AI 융합 수업을 지원할 수 있는 설계요소와 지침을 포함한 설계원리 및 개념모형을 개발하였다. 이를 위해 관련 문헌 고찰, 전문가 면담, 사례 분석을 통해 설계요소를 도출하고, 이를 바탕으로 프로토타입을 구현하여 교수자의 반응과 수업 실행 효과를 검토하였다. 이 연구는 교수설계 전문가 및 개발자에게 체계적인 가이드라인을 제공함으로써 인공지능 융합 수업의 확산과 정착에 기여할 것으로 기대된다.

2) 이론적 배경

인공지능(AI)은 인류 역사상 가장 강력한 동력으로 평가받으면서 세계 각국은 인공지능 교육을 미래 사회의 필수 역량으로 보고 적극적으로 추진하고 있다. 미국은 초・중등 교육 가이드라인과 교사 연수를 제공하고 있으며, 영국은 컴퓨팅을 정규 교과로 운영하고 있고, 중국은 국가 계획에 따라 단계별 교과서를 발간하였다. 우리나라도 '2022 개정 교육과정'을 통해 인공지능 필수 교육을 확대하고 있다.

이 중에서 특히 강조되는 것은 '인공지능 융합 수업'이다. 단순히 인공지능 도구 사용에 그치는 수업이 아니라 학습자가 문제를 발견하고 새로운 시각에서 이해하며 AI를 창의적으로 적용하는 AI 융합 수업이 인공지능 교육의 궁극적인 목표라 할 수 있다(홍선주 외, 2020). 인공지능 도구를 활용하여 창의적으로 문제를 해결하는 수업은 학습자의 미래 역량 함양에 기여한다. 첫째, 인간 고유의 창의적 문제해결력을 키우며(Runco, 2023), 둘째, 동료와의 협업 능력을 높이고, 셋째, 자기 주도적 학습 태도를 강화한다. 넷째, 다양한 맥락에서 문제를 해결하면서 변화 적응력을 높이고, 다섯째, 인공지능 리터러시(AI literacy)를 함양한다(Aoun, 2017; 최숙영, 2022). 결과적으로 AI 융합 수업은 단순한 기술 습득을 넘어 인간과 인공지능이 공존하는 미래 사회에서 필요한 핵심 역량을 기르는 교육적 토대가 된다.

2. 설계 원리 및 모형 개발 과정

1) 초기 모형 도출

효과적인 설계모형 개발을 위해 선행문헌 검토, 전문가 면담, 사례분석을 활용하였다. Reigeluth의 이론구성 절차를 참고해 귀납적 · 연역적 접근을 병행하였으며, 문헌 분석을 통해 초기 원리와 지침 및 개념모형을 도출하였다. 또한 교사 · 교수자 · 전문가 면담과 기존 시스템 사례 분석을 통해 설계요소와 원리를 보완하여 최적화된 모형을 도출하였다.

2) 내적 타당화

내적 타당화는 전문가 검토와 프로토타입 개발 · 사용성 평가로 진행되었다. 먼저 선행문헌, 면담, 사례 분석을 통해 도출된 설계요소, 원리, 개념모형의 타당성을 확인하기 위해 세 차례의 전문가 타당화를 실시하였다. 교육공학 및 인공지능 교육 전문가가 요소, 구조, 사용성을 검토하였으며, 4점 척도와 개방형 문항으로 평가를 수집하였다. 결과는 CVI와 IRA를 활용해 분석하였으며, 세 차례 보완 과정을 거쳐 설계 결과물의 타당성을 강화하였다.

이후 Axure를 활용해 웹 기반 프로토타입을 개발하고, 두 차례의 사용성 평가를 진행하였다. 참여자는 전문가, 현직 교사, 예비교사로 구성되었으며 다양한 교과와 학교급을 반영하였다. 평가요소는 이해성, 사용 용이성, 유용성, 일관성, 안정성, 매력성 여섯 가지로 설정되었고, Cronbach α가 .90 이상으로 높은 신뢰도를 보였다.

또한 '수업 설계 지원', '정보 제공', '공유 및 소통' 항목을 통해 교수설계 지원 효과를 점검하였다. 설문(73문항)과 면담 결과는 통계분석과 질적 코딩을 통해 강점과 개선점을 도출하였다. 이를 반영해 프로토타입을 보완하였으며, 최종적으로 창의적 문제해결을 위한 AI 융합 수업 설계 지원 시스템의 내적 타당성이 확보되었다.

3) 외적 타당화

외적 타당화는 개발된 설계원리와 모형의 실제 효과를 검증하는 과정으로, 최종 프로토타입(AiT)을 대상으로 설문조사, 실험, 현장 평가를 실시하였다(Richey & Klein, 2007). 설문은 초·중등 현직 교사와 예비교사를 대상으로 진행되었으며, 사용성(이해성, 용이성, 유용성 등)과 교수설계 효용성(수업 설계, 정보 제공, 공유·소통)을 평가하였다. 모든 항목의 Cronbach α 값이 .70 이상으로 신뢰성을 확보하였다.

실험은 교사·예비교사 30명을 실험집단, 비교집단, 통제집단으로 나누어 수업 과정안을 작성하도록 하고, 3인의 전문가 평가 점수를 바탕으로 크루스칼 왈리스 검정(Kruskal Wallis Test)을 실시하였다. 이를 통해 집단 간 차이를 분석하였다.

현장 평가는 초등·중등 교사 각 1인과 학생들을 대상으로 실제 수업을 운영하며 진행되었다. 학습자 사전·사후 검사, 수업 후 면담을 통해 창의적 문제해결력과 AI 리터러시 향상, 수업 만족도, 개선 요구를 확인하였다. 이를 통해 최종 프로토타입의 타당성이 입증되었다.

3. 설계 원리 및 모형의 구성과 특징

1) 설계 요소

창의적 문제해결을 위한 인공지능 융합 수업 설계 지원 시스템의 최종 설계 요소는 크게 수업 설계 지원과 교수자 지원으로 구분된다. 전자는 수업 설계 과정 전반과 인공지능 기반 창의적 문제해결 활동을 안내하는 요소를 포함하며, 후자는 정보 제공, 공유와 소통, 정서적 지원, 그리고 편의성 측면의 요소를 포함한다.

먼저 수업 설계 과정 지원은 분석, 설계, 개발, 사용성 평가 등 광의의 교수설계 전 과정을 종합적으로 안내하도록 하는 요소이다. 수업 설계는 개별 수업 단위의 교수 활동을 계획하는 협의적 관점과, 수업 전반을 체계적으로 구조화하는 광의적 관점으로 구분되는데, 본 시스템은 이 과정을 체계화하여 교사의 수업 설계 활동을 단계별로 지원하도록 한다(조영환, 2022). 이를 위해 수업 분석, 설계, 차등적 지원, 과정안 개발 및 검토, 그리고 사용성 평가의 원리를 제시하였다.

인공지능 기반 창의적 문제해결 활동 설계 지원은 인공지능 기술과 도구를 활용해 문제를 창의적으로 해결하는 핵심 교수학습 활동을 설계하도록 하는 요소이다(김태령 외, 2020). 이 과정은 인공지능 도구 학습, 문제 발견, 문제 분석, 해결안 도출, 문제 해결, 평가의 여섯 단계로 이루어지며, 시스템은 교사가 이 절차를 모두 포함하여 수업을 설계할 수 있도록 돕는다. 이를 통해 교사는 수업을 보다 체계적이고 효율적으로 설계할 수 있으며(간진숙, 이칭찬, 2010; 김동식, 1995), 문제 이해, 창의적 아이디어 생성, 문제 해결 준비, 창의적 문제 해결의 원리를 반영하도록 지원한다.

다음으로, 교수자 지원 요소는 네 가지로 나뉜다. 첫째, 정보 제공은 교사에게 인공지능 융합 수업과 관련 기술·도구에 관한 종합적 정보를 안내하는 기능이다. 교사는 필요한 정보를 검색·저장(스크랩)할 수 있으며, 시스템은 상세 설명과 함께 최적화된 도구를 추천해야 한다. 또한 대시보드를 통해 교사의 활동 현황과 시스템 활용 상태를 직관적으로 파악할 수 있도록 한다. 이를 위해 인공지능 도구·수업 사례 안내와 검색·추천, 정보 저장, 대시보드 제공 등의 원리가 마련되었다.

둘째, 공유 및 소통은 사용자 간 상호작용을 활성화하는 요소이다. 교사들은 인공지능 융합 수업 사례나 도구 활용 경험을 공유하고, 만족도나 의견을 교환할 수 있어야 한다(Hsu et al., 2021). 이를 위해 메시지 기능이나 인공지능 챗봇을 통한 소통 지원도 포함된다.

셋째, 심리적 지원은 시스템을 활용하는 과정에서 교사가 긍정적인 정서를 경험하도록 돕는 요소이다. 특히 창의적 문제해결을 위한 설계 과정에서 지속적인 긍정적 피드백을 제공함으로써 교사의 동기와 적극성을 높일 필요가 있다(최도연·전용주, 2023).

넷째, 편의성은 시스템 사용을 직관적이고 간편하게 만드는 요소이다. 교사가 별도의 복잡한 학습 과정 없이 기능과 구조를 쉽게 이해할 수 있도록 단순하고 명확한 화면 구성이 요구된다. 또한 다양한 편의 기능을 제공해 수업 설계 과정을 원활히 수행할 수 있도록 해야 하며(이혜정, 최명숙, 2010), 이에 따라 도움 제공, 편리한 기능 지원, 직관적인 인터페이스 구성 원리가 제시되었다.

〈표 14-1〉 설계 요소

설계 요소	중요 요소	하위 요소
창의적 문제해결을 위한 인공지능 융합 수업 설계 지원	수업 설계 과정 지원	분석, 설계(인공지능 기반 창의적 문제해결 활동 설계), 개발(과정안 작성), 사용성 평가
	인공지능 기반 창의적 문제해결 활동 설계 지원	도구 학습, 문제 발견, 문제 분석, 해결안 도출, 문제해결, 평가
교수자 지원	정보 제공	대시보드, 인공지능 기술 및 도구, 우수 수업 사례, 정보 검색 및 추천, 정보 저장(스크랩)
	공유 및 소통	공유(수업 설계 결과물, 만족도, 후기 등), 소통, 메시지 및 챗봇
	심리적 지원	긍정적 피드백, 보상 체계
	편의성	편리한 기능 제공, 직관적 화면 구성, 도움 제공

2) 설계 원리

(1) 수업 설계 과정 지원

① 수업 분석 원리

이 원리는 교사가 창의적 문제해결 중심의 인공지능 융합 수업을 설계하기 전에 반드시 고려해야 할 요소들을 직접 점검하도록 하는 데 목적이 있다. 구체적으로 학년, 교과, 단원, 수업 유형 등을 설정하고, 인터넷 연결 상태, 전자기기 및 피지컬 컴퓨팅 도구 활용 가능 여부 등 수업 환경을 검토하도록 안내한다.

② 수업 설계 원리

이 원리는 교사가 인공지능 융합 수업을 구체화할 때 일반적으로 요구되는 절차(도구 학습-문제 발견-문제 분석-해결안 도출-문제해결-평가)를 모두 반영하도록 안내하는 것이다. 시스템은 각 단계에서 학습자가 수행할 활동을 제시하고, 단계별 활동을 구체화할 수 있도록 설명과 자료를 함께 제공해야 한다.

③ 지원 수준 차등 원리

이 원리는 시스템의 개입 정도를 단계별로 차등화하여 교사의 자유도를 조절하는 것이다. 개입이 강할수록 교사는 정해진 절차에 따라 수업을 설계하게 되며, 개입이 약할수록 교사의 자율성이 확대된다.

④ 과정안 개발 및 검토 원리

이 원리는 교사가 차시별로 과정안을 작성할 수 있도록 안내하고, 도입 · 전개 · 정리 단계를 체계적으로 포함하게 하는 것이다. 도입 단계에서는 동영상, 이미지, 질문 등을 활용하여 동기를 유발하고, 전개 단계에서는 창의적 문제해결 활동을 중심으로 운영한다. 마지막 정리 단계에서는 학습자가 자기 성찰과 동료 공유 활동을 하도록 설계한다.

⑤ 과정안 사용성 평가 원리

교사가 작성한 과정안에 대해 동료 교사나 학습자의 의견을 받아 수정·보완할 수 있도록 하는 원리이다. 시스템은 평가 문항이나 피드백 도구를 제공하고, 이를 반영해 과정안을 개선할 수 있도록 해야 한다.

(2) 인공지능 기반 창의적 문제해결 활동 설계 지원

① 문제 이해 활동 설계 원리

창의적 문제해결을 위해서는 문제를 올바르게 인식하는 과정이 선행되어야 한다(Runco, 1994). 이에 따라 시스템은 교사가 학습자가 스스로 문제를 발견할 수 있는 활동을 설계하도록 안내하며, 교사가 제공해야 할 자료나 지원 방법도 제시한다. 또한 학습자가 선정한 문제에 인공지능 기술·도구가 적절히 활용될 수 있는지 검토하도록 돕고, 문제의 원인을 분석하며, 마지막에는 학습자가 자신의 언어로 문제를 재정의하도록 설계해야 한다.

② 창의적 해결안 도출 활동 설계 원리

이 원리는 학습자가 다양한 아이디어를 발산하고 이를 해결안으로 발전시키도록 지원하는 것이다. 교사는 학습자들이 토론을 통해 창의적 아이디어를 제시하도록 설계하고, 사고도구 활용 사례를 제공해야 한다. 시스템은 이러한 도구와 전략, 우수사례를 제공하여 학습자의 아이디어 발산과 구체적 해결안 도출을 돕는다.

③ 창의적 문제해결 활동 설계 원리

이 원리는 '문제해결'과 '평가' 단계의 효과적인 설계를 위한 것이다. 교사는 학습자가 해결안을 실제 문제에 적용하고 타당성을 점검하도록 수업을 설계해야 하며, 문제가 해결되지 않을 경우 새로운 대안을 탐색할 수 있도록 지도해야 한다. 또한 해결 결과를 공유하고 피드백을 교환하는 활동을 포함하도록 한다.

(3) 정보 제공

① 인공지능 기술 및 도구 안내 원리

이 원리는 수업에 활용할 수 있는 인공지능 기술과 도구를 체계적으로 소개하는 것이다. 시스템은 기술 설명, 교육적 활용 방법, 실제 사례를 함께 제공해야 하며, 난이도, 활용 현황, 교사·학습자의 수준 등에 관한 정보를 함께 제시해야 한다.

② 인공지능 융합 수업 안내 원리

교사가 인공지능 융합 수업의 개념, 절차, 모형, 사례를 한눈에 이해할 수 있도록 별도의 안내 페이지를 제공하는 원리이다. 이를 통해 인공지능 융합 수업에 대한 교사의 이해와 동기를 높인다.

③ 도구 및 사례 검색 · 추천 원리

교사가 인공지능 도구와 수업 사례를 다양한 기준(유형, 난이도, 학년, 교과, 만족도 등)으로 검색할 수 있고, 검색 결과와 유사한 자료를 추천받을 수 있도록 하는 원리다.

④ 정보 저장(스크랩) 원리

교사가 수업 설계 과정에서 지속적으로 참고하고 싶은 정보를 개인적으로 저장하고 필요할 때 쉽게 다시 확인할 수 있도록 하는 원리다.

⑤ 대시보드 제공 원리

대시보드는 교사의 수업 설계 현황과 주요 활동을 시각적으로 제시한다. 설계 진행 상태, 참고 사례, 인기 도구, 공지, 메시지 등이 종합적으로 제공되어야 한다.

(4) 공유 및 소통

① 공유 원리

교사가 설계 결과물, 도구 활용 후기, 학습자 반응 등을 다른 교사와 공유할 수 있도록 하는 원리이다.

② 소통 원리

교사 간 의견 교환과 개별 메시지 전달을 지원하는 원리이다. 추천, 공감하기, 메시지 기능 등을 통해 상호작용을 촉진한다.

(5) 심리적 지원

① 긍정적 피드백 원리: 시스템이 교사의 설계 과정과 활동에 대해 격려와 보상을 제공하여 긍정적 정서를 유도하는 원리다. 이를 통해 교사의 적극적 참여를 촉진한다.

② 도움 제공 원리: 시스템 사용 초기에 튜토리얼이나 챗봇 지원을 통해 교사가 원활하게 기능을 익히고 문제 상황에서 즉각

적인 도움을 받을 수 있도록 하는 원리이다.

(6) 편의성

① 편리한 기능 제공 원리: 과정안 작성 시 이미지, 동영상, 텍스트 파일 등을 손쉽게 첨부할 수 있도록 지원하는 원리다. 드래그 앤 드롭 기능을 제공하고, 게시판·커뮤니티 기능에도 적용하여 사용 편의성을 높인다.

② 직관적 화면 구성 원리: 교사가 별도의 학습 없이도 시스템을 쉽게 이해하고 사용할 수 있도록 직관적이고 단순한 인터페이스를 제공하는 원리이다. 메뉴바 배치, 수업 설계 과정의 시각화 등으로 사용성을 높인다.

3) 설계 모형

설계 모형은 크게 창의적 문제해결을 위한 인공지능 융합 수업 설계 지원과 교수자 지원의 두 축으로 구분된다. 전자는 시스템이 제공해야 할 핵심 서비스로 모형의 상단에 위치하며, 후자는 교사의 실제 수업 설계를 보완하는 다양한 지원 기능을 포함한다.

창의적 문제해결을 위한 인공지능 융합 수업 설계 지원 시스템의 최종 개념모형은 [그림 14-1]에 제시된 바와 같다. 이 모형은 크게 수업 설계 지원 요소와 교수자 지원 요소로 구분된다. 전자는 수업 설계 과정 지원과 인공지능 기반 창의적 문제해결 활동 설계 지원으로, 후자는 정보 제공, 공유와 소통, 심리적 지원, 편의성 확보로 구성된다.

우선, 창의적 문제해결을 위한 수업 설계 지원은 시스템이 제공해야 할 핵심 기능으로 개념모형의 상단에 배치된다. 수업 설계는 광의의 교수설계 단계에 해당하는 분석, 설계, 개발, 사용성 평가를 포함하며, 각 단계가 유기적으로 연결되도록 시스템이 안내한다. 분석 단계에서는 학년, 교과, 단원과 같은 기본 요소뿐만 아니라 문제 유형, 난이도 등을 검토하고 학습 목표를 구체화한다. 설계 단계에서는 창의적 문제해결 활동을 중심으로 한 수업 구성이 이루어지며, 이 과정에서 교사의 역량에 따라 차등적인 지원이 제공된다. 지원이 강화된 경우 시스템의 개입이 높아 교사에게 상세한 안내가 제시되고, 지원이 약화된 경우 교사는 제공된 양식을 바탕으로 보다 자율적인 설계를 수행할 수 있다. 개발 단계에서는 도입-전개-정리로 이어지는 차시별 과정안을 작성하게 되며, 이후 사용성 평가 단계에서는 동료 교사나 학습자 피드백을 반영해 과정안을 수정·보완함으로써 설계를 완성한다.

한편, 수업 설계 지원은 인공지능 기반 창의적 문제해결 활동의 절차를 중심으로 구체화된다. 해당 절차는 인공지능 도구 학습, 문제 발견, 문제 분석, 해결안 도출, 문제 해결, 평가의 여섯 단계로 구성된다. 따라서 교사는 이 여섯 단계에 맞춰 학습자가 수행해야 할 활동을 포함하도록 설계를 진행하며, 시스템은 각 단계별로 필요한 안내와 자료를 제공한다.

개념모형의 하단에는 교수자 지원 요소가 배치된다. 첫째, 정보 제공은 교사가 효과적으로 수업을 설계할 수 있도록 인공지능 기술·도구, 수업 사례, 관련 자료를 체계적으로 제공하는 것을 의미한다. 검색과 저장 기능, 개인화된 추천, 대시보드를 통한 활동 현황 제시 등이 포함된다. 둘째, 공유 및 소통은 교사들이 설계 결과물이

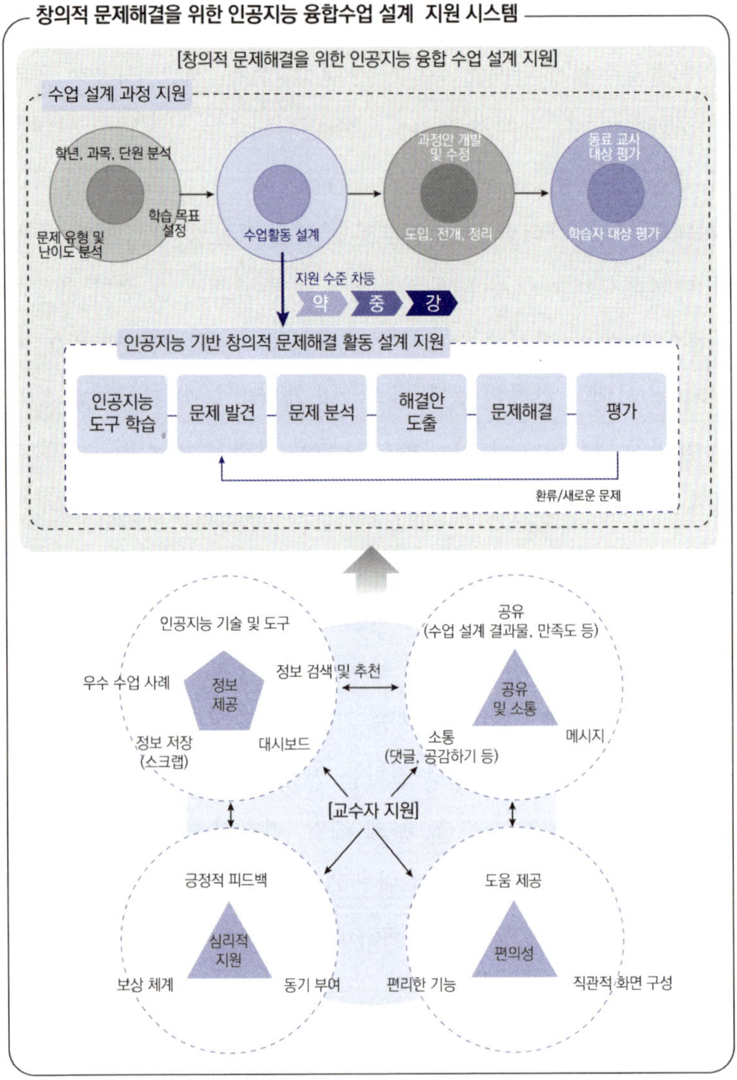

[그림 14-1] 개념 모형

나 도구 활용 경험, 만족도 등을 서로 교환할 수 있는 장치를 의미하며, 이를 위해 댓글, 공감, 메시지 기능이 요구된다. 셋째, 심리적 지원은 교사의 수업 설계 과정에 긍정적 피드백을 제공하고, 결과물 공유나 게시 활동에 대한 보상을 마련함으로써 동기와 참여 의지를 높이는 것이다. 마지막으로 편의성 요소는 사용자가 시스템을 쉽게 이해하고 활용할 수 있도록 직관적인 인터페이스를 제공하고, 필요시 챗봇 등을 통한 즉각적인 도움을 지원하는 것을 의미한다.

결국 이 개념모형은 수업 설계 단계별 지원과 교사 중심의 보조 기능을 종합하여, 창의적 문제해결을 위한 AI 융합 수업이 원활히 설계・실행될 수 있도록 체계적 기반을 제공한다.

4) 실제 적용 사례

도출된 설계요소, 설계원리 및 개념모형을 적용하여 조기 프로토타입을 도출하고 두 차례의 사용성 평가를 바탕으로 최종 프로토타입(AiT)을 개발하였다.

[그림 14-2] 최종 프로토타입 AiT

4. 결론 및 향후 발전 방향

1) 효과 분석

창의적 문제해결을 위한 인공지능 융합 수업 설계 지원 시스템(AiT)의 효과를 다각도로 검증하였다. 효과 분석은 크게 세 가지 차원에서 이루어졌다. 첫째, 교사의 수업 설계 역량 강화 측면, 둘째, 학습자의 역량 변화 측면, 셋째, 교육 현장의 실제 적용 가능성 측면이다.

우선, 교사 차원에서 살펴보면, 이 시스템을 활용한 수업 설계는 설계 과정에서의 부담을 완화하고 수업안의 완성도를 높이는 데 긍정적 효과가 있었다. 참여한 교사들은 시스템이 제시하는 단계별 안내와 사례 제공, 그리고 다양한 도구 소개가 수업 설계의 질을 높였다고 응답하였다. 특히 수업 설계 경험이 많지 않은 예비교사들은 체계적인 절차 안내 덕분에 쉽게 수업을 설계할 수 있었으며, 수업안 작성에 소요되는 시간을 줄일 수 있었다는 점을 강조하였다. 이는 수업 설계 지원 시스템이 교사의 경험 수준에 따라 비계(scaffolding) 역할을 수행했음을 보여준다. 또한 교사들은 과정안 공유와 피드백 기능을 통해 새로운 아이디어를 얻고 자신의 수업을 개선할 수 있었으며, 이는 교사 간 협력과 전문성 향상에도 기여하였다.

학습자 차원에서도 긍정적인 효과가 확인되었다. 초등과 중등 학급을 대상으로 진행된 현장 적용 결과, 학생들은 인공지능 도구와 기술을 활용하여 문제를 해결하는 과정을 경험하면서 창의적 문제해결력과 AI 리터러시가 향상되었다. 초등학생의 경우 블록 코딩을 통해 일상적 문제를 자유롭게 해결해 보는 경험을 통해 문제해결에 대한 자신감을 얻었다. 중학생들은 인공지능 챗봇을 개발하여 지역 문화를 홍보하는 프로젝트를 수행하면서, 인공지능 기술을 단순 활용을 넘어 창의적으로 응용할 수 있음을 확인하였다. 이러한 경험은 학생들에게 융합적 사고를 가능하게 했으며, 수업 과정에서 메타인지적 성찰 능력을 발휘하도록 유도하였다. 예컨대 문제 해결이 막힐 때 동료 학습자의 아이디어를 참고하거나, 자기 점검을 통해 시간을 관리하며 결과물을 완성하려는 시도 등이 그것이다. 결과적으로 학생들은 수업을 통해 단순 지식 습득을 넘어 학습 과정에 대한 주도성을 기를 수 있었다.

나아가, 교육 현장에서의 실천적 적용 가능성도 입증되었다. 실제 수업을 운영한 교사들은 시스템이 제공하는 자료와 안내 덕분에 수업 실행 과정에서 어려움을 줄일 수 있었으며, 학습자들이 적극적으로 참여하는 수업을 경험할 수 있었다고 평가하였다. 또한 학생들의 수업 만족도와 흥미가 향상되어 수업 참여 동기가 높아졌다는 점은 주목할 만하다. 특히 인공지능 융합 수업은 학습자 중심의 참여와 협력을 강조하는 특성이 있어, 결과적으로 학업 성취도 향상에도 긍정적 영향을 미쳤다.

종합하면, 개발된 시스템은 교사의 수업 설계 역량 강화, 학습자의 창의적 문제해결력 및 AI 리터러시 증진, 교육 현장에서의 실천 가능성 확보라는 세 측면에서 효과를 입증하였다. 이는 향후 인공지능 융합 교육이 단순한 시범적 접근을 넘어, 실제 수업 현장에서 지속적으로 활용될 수 있음을 보여준다.

2) 적용상의 유의점

시스템의 효과에도 불구하고, 실제 적용 시에는 몇 가지 중요한 유의점이 존재한다.

첫째, 연구 참여 규모의 한계이다. 현장 평가는 초등 1개 학급과 중등 1개 학급을 대상으로 진행했으며 참여 학생 수는 총 43명으로 제한적이었다. 또한 참여 교사 역시 2명으로, 교사의 경력, 담당 과목, 수업 경험 등 다양한 변인을 충분히 반영하지 못하였다. 따라서 이번 연구의 긍정적 결과를 일반화하기 위해서는 더 많은 학급과 교사를 대상으로 한 후속 연구가 필요하다. 특히 교사의 전문성 차이나 학습자의 배경 변인을 통제하지 못한 점은 효과 분석의 해석에서 주의가 요구된다.

둘째, 시스템 기능의 적용 범위가 제한적이라는 점이다. 현재 개발된 프로토타입은 수업 설계 과정에 초점을 맞추고 있어, 분석-설계-개발-실행-평가로 이어지는 광의의 수업 설계 전 과정 전체를 포괄하지는 못한다. 교사가 수업안을 입력하면 시스템이 적절한 설계 방안을 제안하는 수준에 머물러 있으며, 학습자 데이터 분석을 통한 맞춤형 지원이나 수업 실행 단계에서의 동적 지원은 부족하다. 향후에는 학습분석(Learning Analytics)이나 지능형 교수 시스템(ITS)과 연계하여 개인화된 학습 지원까지 가능하도록 확장할 필요가 있다.

셋째, 연구 방법론적 한계이다. 설문조사, 실험, 현장 평가를 통해 효과를 검증하였으나, 시스템을 활용한 집단과 그렇지 않은 집단을 체계적으로 비교하지는 못하였다. 따라서 시스템이 갖는 순수 효과를 확인하기 위해서는 동일한 조건에서 두 집단을 비교하는 실험 설계가 필요하다. 특히 교사의 수업 역량 차이가 학습자 성취에 영향을 줄 수 있으므로, 교사 변인을 통제하는 실험 연구가 요구된다.

넷째, 기술적 발전 속도의 고려이다. 인공지능 기술과 도구는 빠르게 변화하고 있으며, 교사가 이를 지속적으로 학습하고 수업에 적용하기에는 어려움이 따른다. 따라서 시스템은 최신 기술과 사례를 신속히 반영할 수 있는 업데이트 체계를 갖춰야 하며, 교사들이 변화에 부담을 느끼지 않도록 사용자 친화적인 인터페이스와 지원 체계가 필요하다. 또한 시스템을 활용하는 과정에서 교사의 심리적 저항을 줄이고 긍정적 경험을 제공하기 위한 피드백 기능 역시 중요하다.

마지막으로, 교사 협력과 공유 문화의 형성이 필요하다. 제공된 커뮤니티 기능은 교사 간 협력을 촉진하는 데 의미가 있었지만, 실제 현장에서 이러한 기능이 지속적으로 활용되기 위해서는 교사들이 자발적으로 참여할 수 있는 학습공동체가 병행되어야 한다. 교사 간 협력이 활성화될 때 비로소 시스템의 장점이 극대화될 수 있다.

3) 결론 및 제언

창의적 문제해결을 위한 인공지능 융합 수업 설계를 지원하는 시스템을 개발하고, 이를 바탕으로 설계요소, 설계원리, 개념모형을 도출하였다. 또한 프로토타입을 개발하여 (예비)교사와 학습자를 대상으로 설문조사, 실험, 현장 평가를 진행함으로써 시스템의 효과를 다각도로 검증하였다. 연구 결과를 종합하면 다음과 같은 결론을 내릴 수 있다.

첫째, 창의적 문제해결을 위한 인공지능 융합 수업은 도구 학습, 문제 발견, 문제 분석, 해결안 도출, 문제해결, 평가의 여섯 단계 절차로 구조화될 수 있으며, 개발된 시스템은 이러한 절차를 체계적으로 지원함으로써 교사와 학습자의 역량 강화를 돕는다는 점을 확인하였다.

둘째, 본 시스템은 교사의 수업 설계 역량 수준에 따라 차별화된 지원을 제공한다는 점에서 의의가 있다. 경험이 부족한 교사에게는 강력한 비계(scaffolding)로 작동하고, 경험이 풍부한 교사에게는 효율적인 도구로 활용됨으로써 교사 개개인의 수준과 필요에 맞춘 맞춤형 지원을 가능하게 한다. 이러한 특성은 교사의 자기효능감을 높이고 전문성 향상에도 기여한다.

셋째, 학습자 측면에서는 시스템을 활용한 수업 경험이 창의적 문제해결력, 인공지능 리터러시, 융합적 사고 역량의 종합적 향상으로 이어졌다. 특히 자기 주도적 학습과 메타인지가 활성화되면서 단순한 문제 해결 차원을 넘어 학습 과정 전반에 대한 성찰과 조절 능력이 강화되는 효과가 있었다.

넷째, 시스템은 교사 간 협력과 공유를 촉진하는 매개체로서 기능한다. 과정안 공유와 피드백 기능을 통해 교사들은 다양한 교수학습 전략을 교환할 수 있으며, 이는 온라인 교사 학습공동체 형성으로 이어져 교사들의 지속적인 전문성 개발을 가능하게 한다.

이러한 결론을 바탕으로 후속 연구 및 실천을 위한 몇 가지 제언을 제시할 수 있다. 먼저, 시스템의 효과를 보다 명확히 규명하기 위해서는 비교 실험 설계를 강화할 필요가 있다. 즉, 시스템을 활용한 집단과 그렇지 않은 집단을 구분하여 그 차이를 분석하는 방식으로 효과성을 검증해야 한다. 또한 연구의 일반화 가능성을 높이기 위해 다양한 학급과 교사를 대상으로 연구를 확대해야 한다.

아울러, 향후에는 분석, 설계, 개발, 실행, 평가에 이르는 광의의 수업 설계 전 과정을 포괄적으로 지원할 수 있는 시스템으로 발전시켜야 한다. 나아가 자동화된 수업 설계와 맞춤형 지원을 가능하게 하는 생성형 인공지능의 활용을 구체화하여, 새로운 설계원리와 인터페이스 개발로 연결하는 심층 연구가 필요하다. 마지막으로 급변하는 인공지능 기술 환경에 적응하기 위해 시스템은 지속적으로 업데이트되어야 하며, 교사의 피드백을 적극 반영하여 개선하는 순환 구조를 마련하는 것이 바람직하다.

‖ 참고 문헌 ‖

간진숙, 이칭찬 (2010). 대학교수자용 웹기반 수업설계 시스템. 정보과학회논문지: 소프트웨어 및 응용, 37(3), 222-232.

김동식 (1995). 교수 설계 자동화 시스템 개발을 위한 개념적 탐색. 교육공학연구, 11(2), 81-112.

김태령, 류미영, 한선관 (2020). 초중등 인공지능 교육을 위한 프레임워크 기초 연구. 인공지능연구 논문지, 1(1), 31-42.

문샛별, 이원태, 허희옥 (2022). 인공지능 융합 화학수업에 대한 고등학생의 인식과 만족도 분석. 한국컴퓨터교육학회 학술발표대회논문집, 26(1), 113-116.

박한별, 김자미, 이원규 (2021). 인공지능 융합교육을 위한 교원의 역량 도출. 컴퓨터교육학회 논문지, 24(5), 17-25.

송연옥, 변호승 (2013). 교사들의 디지털교과서 수용 방해요인에 관한 질적 탐색. 교육공학연구, 29(1), 27-53.

이혜정, 최명숙 (2010). 중등학교 교사를 위한 웹기반 수업설계지원시스템(WIDSS)의 개발 및 적용. 교육정보미디어연구, 16(2), 223-248.

임철일, 김성욱, 한형종, 서승일 (2014). 창의적 문제해결을 위한 스마트 지원 시스템의 수업 적용: 미술대학 수업 사례. 아시아교육연구, 15(3), 171-201.

장병철, 전수진, 김한성, 한창수, 이현아, 김학인, 박광현, 김완재, 김화해, 김정남, 장의덕 (2021). 고등학교 학생을 위한 인공지능 교육자료 개발. 한국컴퓨터교육학회 학술발표대회논문집, 25(1(A)), 37-40.

전인성, 김수환, 송기상 (2021). 국내 인공지능 교육 정책 동향 및 기관별 운영 현황 분석. 한국컴퓨터교육학회 학술발표대회논문집, 25(1(A)), 99-103.

조영환 (2022). 교육적 관점에서 본 인공지능. 한정주 (편), 인공지능 시대 교사가 만드는 미래학교 (pp. 19-47). 교육과학사.

최도연, 전용주 (2023). 안동시 초등교원의 2022 개정교육과정 인공지능 수업에 대한 인식연구. 한국컴퓨터교육학회 학술발표대회논문집, 27(1), 323-326.

최숙영 (2022). AI 리터러시 프레임워크에 대한 연구. 컴퓨터교육학회 논문지, 25(5), 73-84.

허희옥, 강신천 (2023). 인공지능융합교육 설계를 위한 교사 역량. 컴퓨터교육학회 논문지, 26(2), 89-100.

홍선주, 조보경, 최인선, 박경진 (2020). 학교 교육에서 인공지능(AI)의 개념 및 활용 (ORM 2020-21-3). 한국교육과정평가원.

Amabile, T. M. (1996). *Creativity in context*. Westview Press.

Aoun, J. E. (2017). *Robot-proof: Higher education in the age of artificial intelligence*. MIT Press.

Hathcock, S. J., Dickerson, D. L., Eckhoff, A., & Katsioloudis, P. (2015). Scaffolding for creative product possibilities in a design-based STEM activity. *Research in Science Education, 45*(5), 727-748. https://doi.org/10.1007/s11165-014-9437-7

Hsu, T. -C., Chen, M. -Y., & Chen, Y. -H. (2021). The effects of integrating mobile devices with teaching and learning on students' learning performance: A meta-analysis and research synthesis. *Journal of Computer Assisted Learning, 37*(2), 333-348. https://doi.org/10.1111/jcal.12492

McCrickerd, J. (2012). Understanding and reducing faculty reluctance to improve teaching. *College Teaching, 60*(2), 56-64. https://doi.org/10.1080/87567555.2011.633287

Merrill, M. D. (1998). ID Expert™: A second generation instructional development system. *Instructional Science, 26*(3), 243-262. https://doi.org/10.1023/A:1003187913634

Reigeluth, C. M., Bunderson, C. V., & Merrill, M. D. (1978). What is the design science of instruction?. *Journal of Instructional Development, 1*(2), 11-16. https://doi.org/10.1007/BF02905771

Richey, R. C., & Klein, J. D. (2007). *Design and development research: Methods, strategies, and issues*. Lawrence Erlbaum Associates.

Runco, M. A. (2023). AI can only produce artificial creativity. *Journal of Creativity, 33*(3), 100063. https://doi.org/10.1016/j.yjoc.2023.100063

찾아보기

『 ㄱ 』

과학적 개념 ······ 202
과학적 탐구 과정 ······ 201
개인화된 학습 지원 ······ 382
게이미피케이션(Gamification) ··· 257
게임 기반 교육 ······ 254, 255, 257
게임 기반 학습 ······ 254, 255
과학 탐구 ······ 114
교과 간 AI 융합 교육 ······ 36
교수자 지원 ······ 370, 376

『 ㄷ 』

대기 오염 ······ 101
데이터 과학 ······ 350
데이터 과학 기반 수업 ······ 90
데이터 리터러시 ······ 36, 37, 59, 88, 111, 112, 170, 336
데이터 스캐폴딩 ······ 127
디버깅 ······ 160
디자인 씽킹 ······ 308, 310, 312
디지털 소양 ······ 111

『 ㅁ 』

모형 사용 연구 ······ 30
모형 연구 ······ 39, 62, 116, 172, 256
문제 이해 ······ 282
미래형 융합교육 ······ 339

『 ㅂ 』

백워드 설계 ······ 115, 119

『 ㅅ 』

사용성 평가 ······ 207, 215
선개념 ······ 202
사회과 탐구 수업 ······ 171
생성형 AI ······ 144
생성형 인공지능 ······ 150
설계 과정 지원 ······ 369
설계 · 개발 연구 ······ 62, 90
설계 · 개발 연구 방법 ······ 39, 116, 171, 146, 229, 256

수업 설계 지원 ······ 365
수업 설계 지원 시스템 ······ 369
수업 환경 ······ 211
수학교육 ······ 144
수학적 사고 ······ 153
스프레드시트 ······ 351
실제성 ······ 189
쓰레기 매립지 논쟁 ······ 74

『 ㅇ 』

오개념 ······ 199, 202
오개념 교정 ······ 201
역량 중심 교육과정 ······ 15
영어 읽기 수업 ······ 226
융합 교육과정 ······ 15
인공지능 교육 ······ 350
인공지능 리터러시 ······ 308
인공지능 챗봇 ······ 309, 327, 329
인구 문제 ······ 188
임베딩 벡터 시각화 ······ 238

『 ㅈ 』

자연어처리(NLP) ······ 225
지능형 교수 시스템(ITS) ······ 382

『 ㅊ 』

창의적 AI 융합 수업 ······ 304
창의적 문제해결(CPS) ······ 283, 285, 311, 363, 365, 366, 369, 376
창의적 문제해결능력 ······ 308
챗봇 ······ 160

『 ㅋ 』

컴퓨팅 사고력 ······ 272, 273, 350

『 ㅌ 』

탐구 촉진자 ······ 120

『 ㅍ 』

프롬프트 ······ 160
피지컬 컴퓨팅 ······ 338, 339
피지컬 컴퓨팅 기반 교육 ······ 339
피지컬 컴퓨팅 도구 ··· 343, 348, 354
피지컬 컴퓨팅 도구 활용 수업 ··· 340

『 ㅎ 』

활동 체제 ········ 217
학습분석 ········ 382
협력교사 간 협의체 구성 ········ 47
환경오염 ········ 129

『 기타 』

2015 개정 교육과정 ········ 35
2022 개정 교육과정 ··· 14, 59, 88
132, 135, 169

(A)

ACTUA ········ 36, 38
AI STEAM ········ 338
AI STEAM 교육 ········ 338, 339
AI STEM 수업 ······ 343, 348, 350
AI STEM 수업 모형 ········ 353
AI 교육 ········ 336
AI 기반 STEM 수업 ········ 353
AI 디지털 교과서 ········ 14, 111
AI 융합 SSI 수업 ········ 89
AI 이해 교육 ········ 13
AI 챗봇 ········ 308
AI 활용 교육 ········ 13
AI-CPF 모형 ········ 287, 291
293, 294
AI-CPF(AI-Creative
Problem Formulation)
모형 ········ 304
AI-CPF(AI-Creative
Problem Formulation)
수업 모형 ········ 287
AI-STEAM ········ 205
AI-STEM ········ 204
AI4K12 ········ 36, 225
AIME(AI-integrated
Mathematics
Education) ········ 146
AiT ········ 379
AutoDraw ········ 350
Axure ········ 368

(C)

CPS ········ 281, 282
CPS 모형 ········ 284
CT-CPS(Computational
Thinking-CPS) ········ 284
CT-CPS 모형 ········ 284

(E)

EDSA 탐구 모형 ········ 114

(L)

LLM(large language model) · 228

(O)

OECD Education 2030 ··········336

(P)

Paint with Music ···················350
PRISMA ··································204

(Q)

QuickDraw ·······························350

(R)

Reigeluth ························205, 367
RPISD 모형 ·························41, 49

(S)

Scratch ···································351
SSI(Socioscientific Issue) ········87
STEAM ····················16, 201, 335
STEAM 교육 ····························337
STEAM 수업 ····························358
STEM ·························16, 35, 336

저자 약력

임철일(林哲一 / Cheolil Lim)

[학력] 서울대학교 사범대학 교육학과(학사)
서울대학교 대학원 교육학과(교육사회학전공 석사)
미국 인디애나 대학교 대학원 교수체제공학과(교육공학전공 박사)

[현재] 서울대학교 사범대학 교육학과 교수
교육부 AIEDAP 교원 AI·디지털 역량 강화 사업단장
서울대학교 사범대학 학습과학연구소 미래교육혁신센터장
서울대학교 대학연대 지역인재양성 사업단장

홍수민(洪秀旼 / Sumin Hong)

[학력] 서울여자대학교 중어중문학과(학사)
서울대학교 대학원 교육학과(교육공학전공 석사)
서울대학교 대학원 교육학과(교육공학전공 박사)

[현재] 서울대학교 사범대학 강사, 서울여자대학교 교양학부 강사
서울대학교 학습과학연구소 객원연구원
서울대학교 사범대학 학습과학연구소 미래교육혁신센터 연구원

고보경(高甫京 / Bokyung Go)

[학력] 이화여자대학교 교육공학과(학사)
서울대학교 대학원 교육학과(교육공학전공 석사)
서울대학교 대학원 교육학과(교육공학전공 박사)

[현재] 서울교육대학교 강사

곽헌동(郭轩彤 / Xuantong Guo)

[학력] 중국 하얼빈이공대학교 외국어대학 한국어학과 (학사)
서울대학교 대학원 교육학과(교육공학전공 석사)
서울대학교 대학원 교육학과(교육공학전공 박사과정)
[현재] 서울대학교 사범대학 학습과학연구소 미래교육혁신센터 연구원

권혜성(權惠星 / Hyeseong Kwon)

[학력] 청주교육대학교 초등교육과(학사)
서울대학교 대학원 교육학과(교육공학전공 석사)
서울대학교 대학원 교육학과(교육공학전공 박사과정)
[현재] 경기도교육청 교사
서울대학교 사범대학 학습과학연구소 미래교육혁신센터 연구원

박성경(朴誠憼 / SungKyung Park)

[학력] 한동대학교 ICT 융합학과(학사)
서울대학교 대학원 교육학과(교육공학전공 석사)
서울대학교 대학원 교육학과(교육공학전공 박사과정)
[현재] 서울대학교 사범대학 학습과학연구소 미래교육혁신센터 연구원

박주현(朴柱泫 / Juhyeon Park)

[학력] 목포대학교 영어교육과(학사)
서울대학교 대학원 교육학과(교육공학전공 석사)
서울대학교 대학원 교육학과(교육공학전공 박사과정)
[현재] 서울대학교 사범대학 학습과학연구소 미래교육혁신센터 연구원

이다연(李夛挻 / Dayeon Lee)

[학력] 경북대학교 사범대학 영어교육과(학사)
서울대학교 대학원 교육학과(교육공학전공 석사)
서울대학교 대학원 교육학과(교육공학전공 박사)
[현재] 서울대학교 대학연대 지역인재양성 사업단 객원교수

이은서(李垠諝 / Eunseo Lee)

[학력] 대구교육대학교 초등교육과(학사)
서울대학교 대학원 교육학과(교육공학전공 석사)
서울대학교 대학원 교육학과(교육공학전공 박사과정)
[현재] 서울특별시교육청 교사
서울대학교 사범대학 학습과학연구소 미래교육혁신센터 연구원

임은선(任銀善/ Eunseon Lim)

[학력] 중앙대학교 사범대학 영어교육과(학사)
서울대학교 대학원 교육학과(교육공학전공 석사)
서울대학교 대학원 교육학과(교육공학전공 박사수료)
[현재] 서울대학교 사범대학 교육학과 강사
서울대학교 사범대학 학습과학연구소 미래교육혁신센터 연구원

정경욱(鄭景旭 / Kyungwook Jeong)

[학력] 경인교육대학교 초등교육과(학사)
서울교육대학교 대학원(과학교육전공 석사)
서울대학교 대학원 교육학과(교육공학전공 박사과정)
[현재] 경기도교육청 교사
서울교육대학교 강사
서울대학교 사범대학 학습과학연구소 미래교육혁신센터 연구원

채지윤(蔡智潤 / Jiyoon Chae)

[학력] 이화여자대학교 사범대학 영어교육학과(학사)
서울대학교 대학원 교육학과(교육공학전공 석사)
서울대학교 대학원 교육학과(교육공학전공 박사수료)
[현재] 서울교육대학교 강사

김민정(金玟廷 / Minjung Kim)

[학력] 서울대학교 사범대학 수학교육과(학사)
서울대학교 사범대학 AI융합교육학과(석사)
[현재] 서울특별시교육청 교사

김승하(金承河 / Seungha Kim)

[학력] 연세대학교 교육과학대학 교육학과(학사)
연세대학교 인공지능융합대학 컴퓨터과학과(학사)
서울대학교 사범대학 교육학과(교육공학전공 석사)

노동규(盧東奎 / Dongkyu Noh)

[학력] 서울대학교 사범대학 화학교육과(학사)
서울대학교 사범대학 AI융합교육학과(석사)
[현재] 서울특별시교육청 교사
교육부 AIEDAP 리더교원
교육부 학생평가 중앙지원단
서울시교육청 에듀테크 선도교사

노지영(魯智榮 / Jiyeong Noh)

[학력] 서울교육대학교 초등교육과(학사)
서울대학교 사범대학 AI융합교육학과(석사)
한국교원대학교 대학원 교육학과(교육행정전공 박사)

[현재] 서울특별시교육청 교사
서울대학교 사범대학 AI융합교육학과 강사

노하은(盧하은 / Haeun Noh)

[학력] 서울대학교 사범대학 수학교육학과(학사)
서울대학교 사범대학 AI융합교육학과(석사)

[현재] 서울특별시교육청 교사

서유나(徐柔娜 / Yuna Seo)

[학력] 서울교육대학교 졸업(학사)
서울대학교 사범대학 AI융합교육학과(석사)

[현재] 서울특별시교육청 교사

윤지원(尹智園 / Jiwon Yun)

[학력] 중앙대학교 사범대학 가정교육과(학사)
서울대학교 사범대학 AI융합교육학과(석사)

[현재] 서울특별시교육청 교사
서울특별시교육청 IB MYP, DP 지원단
서울특별시교육청 AI에듀테크 선도교사

이창권(李昌權 / Changkwon Lee)

[학력] 고려대학교 사범대학 컴퓨터교육과(학사)
서울대학교 사범대학 AI융합교육학과(석사)
고려대학교 대학원 컴퓨터학과(박사과정)
[현재] 서울특별시교육청 교사

전민선(全珉宣 / Minseon Jeon)

[학력] 서울대학교 생물교육과(학사)
서울대학교 대학원 교육학과(교육공학전공 석사)
서울대학교 대학원 교육학과(질적교육연구 박사과정)

전유선(全有善 / Yousun Jeon)

[학력] 이화여자대학교 사범대학 화학교육과(학사)
서울대학교 대학원 화학교육과(석사)
서울대학교 대학원 화학교육과(박사수료)
[현재] 서울특별시교육청 교사

정수진(鄭秀珍 / Jung SuJin)

[학력] 서울교육대학교 교육전문대학원 영어교육학과(석사)
서울대학교 사범대학 AI융합교육학과(석사)
[현재] 서울특별시교육청 교사
교육부 AIEDAP 마스터교원
서울시교육청 AI·SW·디지털 컨설팅위원
강남서초교육지원청 AI·에듀테크 선도교사단

AI융합 교육을 위한 수업 설계의 원리와 모형

2026년 1월 25일 1판 1쇄 인쇄
2026년 1월 30일 1판 1쇄 발행

편저자 : 임 철 일 · 홍 수 민
발행인 : 한 정 주
발행처 : 교 육 과 학 사

경기도 파주시 광인사길 71
전화 (031)955-6956~8 / 팩스 (031)955-6037
Home-page : www.kyoyookbook.co.kr
E-mail : kyoyookbook@daum.net
등록 : 1970년 5월 18일 제2-73호

낙장·파본은 교환해 드립니다.
Printed in Korea.

정가 24,000원
ISBN 978-89-254-1964-0